KB059483

제일철학에 관한 성찰

르네 데카르트

르네 데카르트

이현복 옮김

MEDITATIONES DE PRIMA PHILOSOPHIA

LA RECHERCHE DE LA VÉRITÉ PAR LA LUMIÈRE NATURELLE

NOTÆ IN PROGRAMMA

René Descartes

Meditationes
de Prima
Philosophia

■ ● 문예인문클래식

제일철학에 관한 성찰
자연의 빛에 의한 진리 탐구 | 프로그램에 대한 주석

르네 데카르트

이현복 옮김

문예출판사

옮긴이의 말

정확히 2년 전, 2019년 1월에 데카르트《방법서설 *Discours de la méthode*》의 개정판에 대한 '옮긴이의 말'을 썼다. 이 개정판에 이어 2년 동안, 1997년에 출간된《성찰 *Meditationes de prima philosophia*》에 대한 개정작업을 본격적으로 진행했다. 원래는 이 두 책의 개정판을 동시에 출간하려 했지만, 이런저런 사정으로 2년의 차이를 두게 되었다.

《방법서설》개정판의 '옮긴이의 말'에서 밝혔듯이, 의역으로 가독성에 무게를 두었던 초판과는 달리 개정판에서는 가급적 원문에 가까운 번역을 염두에 두었다. 이는 20여 년에 걸쳐 우리에게서 이루어진 데카르트 저서의 번역 및 연구 상황의 변화, 이에 따른 옮긴이의 두 가지 생각 때문이었다. 하나는 초판이 출간된 25년 전과 달리 지금은 데카르트 저서들 대부분이 번역되었고《제일철학에 관한 성찰》(이하《성찰》) 역시 여러 번역본이 나와 있으며 데카르트 철학에 관한 국내 연구 또한 눈에 띄게 진척된 상황에서, 어느 정도의 딱딱함을 감수하더라도 원문을 보다 충실히 반영한 번역서였으면 좋겠다는 생각이었다. 또 하나는 가능한 한 원전 그대로 독자에게 보여주는 것이 저자에 대한 도리이고, 얼마 되지 않는 역량으로 원문을 손질하는 것은 역자의 과신이자 독자에 대한 결례라는 생각이었다.

옮긴이에게 이번 번역은 초판 번역보다 더욱 벅찼다. 초판에서는 의미상 크게 문제되지 않을 것 같은 단어들은 약하게 옮길 수도 있었고 긴 문장은 가독성을 고려해서 끊을 수도 있었지만, 이번에는 그럴 수가 없었다. 연결사는 물론 느낌을 나타내는 부사 하나, 쉼표 하나, 수동문장 하나에도 고심하지 않을 수 없었고, 이 때문에 비문으로 보이는 어색한 문장과 가독성에 방해됨 직한 긴 문장을 완전히 피해갈 수 없었다. 무엇보다도 미진한 라틴어 해독 능력, 그리고 그것을 우리말로 옮기는 표현능력이 문제였다. 전자로 인해 데카르트가 개념에 부여한 의미, 행간에 숨어 있는 의미를 헤아리는 것이 날로 힘들었다. 초판 때의 과감함이 가끔은 그리웠다. 후자로 인해 개정판 출간은 계속 지연되었다. 이로 인해 여러 곳의 도움을 받아야 했다. 그럼에도 부족함과 아쉬움은 여전할 것이다. 이 모든 것은 마땅히 옮긴이의 몫이다.

이번 번역에서는 초판 번역에 애써 눈길을 주지 않은 채 처음부터 다시 하려고 했다. 옮긴이의 눈에 과도한 의역으로 비친 뤼인느 공작le duc de Luynes의 1647년 《성찰》 불역본 그리고 코팅엄J. Cottingham의 영역본은 원전의 의미를 파악하기 위해서만 사용했다. 개정판의 번역의도와 가장 부합된 것이 베이사드M. Beyssade의 불역본과 부케나우A. Buchenau의 독역본인지라 이 둘을 주로 참고했다. 그리고 라틴어 개념에 대한 한자 번역어를 찾기 위해 미키 기요시三木 淸의 일역본을 뒤적였다. 최명관, 원석영, 양진호의 국역 또한 우리말 번역어를 정하는 데 특히 많은 도움이 되었다. 《자연의 빛에 의한 진리 탐구La Recherche de la Vérité par la lumière naturelle》는 알키에F. Alquié, 사비니M. Savini 및 파이에E. Faye의 불역본과 그 주해 및 해설, 슈미트G. Schmidt의 독역본, 코팅엄의 영역본을 참고했다. 《프로그램에 대한 주석Notæ in Programma》은 알키에의 불역본, 부케나우의 독역본, 코팅엄의 영역본을 참고했다.

개정판에는 초판에 없는 〈기하학적 배열에 따라 신의 현존 및 영혼과 육체의 구별을 입증하는 근거들Rationes Dei existentiam & Animae a Corpore distinctionem probantes more geometrico dispositae〉을 추가했다. 이것은 〈성찰, 학자들의 반박과 데카르트의 답변〉 중 두 번째 답변에서 제시된 글이다.《성찰》의 주제인 신의 현존 및 영혼과 육체의 구별 증명을《성찰》에서 시도한 방식과는 달리 '기하학적 배열에 따라' 혹은 '기하학적 방식으로' 증명해달라는 두 번째 반박자의 요청을 받아들여 매우 압축적으로 풀어내고 있다는 점에서《성찰》의 내용을 이해하는 데 도움이 될 것으로 판단했다. 그리고《자연의 빛에 의한 진리 탐구》가 〈제1성찰〉 및 〈제2성찰〉의 주제에 다소 상이한 방식으로 접근하고 있다는 점에서 개정판에서는 주해를 보다 구체화하고 해설을 덧붙였다. 나아가 데카르트의 '제일철학' 혹은 '형이상학'이 종국적으로 겨냥하는 것이 무엇인지를 논의한 옮긴이의 졸고를 해설에 추가했다.

이번 번역에 많은 분의 직접적인 도움이 있었다. 한양대 대학원생들 그리고 지금 독일에서 유학 중인 김찬우와 이예진은 개정판 초역을 함께 정리하고 읽고 다듬어주었다. 서울대 백주진 교수님은《자연의 빛에 의한 진리 탐구》의 원고 수정 및 내용에 대한 구체적인 조언을 마다치 않으셨고, 이번 번역에서 참고한 베이사드의《성찰》 불역본을 비롯한 여러 문헌을 소개해주셨다. 이 불역본에서 베이사드 또한 옮긴이가 이번《성찰》 번역 시 가진 문제의식을 공유하고 있음을 확인할 수 있어 적지 않은 위안이 되었다. 연세대 김은주 교수님은《성찰》 번역문의 교정뿐만 아니라 번역어의 적합성과 가독성에 대해서도 많은 의견을 주셨다. 국민대 이근세 교수님은《성찰》과《자연의 빛에 의한 진리 탐구》의 원고 전체를 면밀히 살펴주셨고, "장문은 사유의 깊이를 반영한다"는 말씀으로 옮긴이의 번역에 힘을 실어주셨다. 동학 원석영 박사님은 탈고 직전 문제성 있는 번역어의 최종 확정을 함께해주셨고, 그의 역서《성찰 1: 〈성찰〉에 대한 학자들의 반론과 데카르트의 답변》은 개정판에 추가된 〈기하학적 배열에 따라 신의 현존 및 영혼과 육체의 구별을 입증하는 근거들〉 번역의 길잡이가 되었다. 두루 다시 한번 깊이 감사드린다.

또한 개정판의 주해는 본문과 마찬가지로 완전히 새롭게 작성되었고, 그 작업은 대부분 2019년 12월부터 2021년 2월까지 독일 괴팅겐 대학Georg-August-Universität Göttingen에서 머무는 동안 이루어졌다. 3개월의 괴팅겐 체류는 그 대학 철학부Philosophisches Seminar 루트비히B. Ludwig 교수의 초청, 독일 훔볼트 재단Alexander von Humboldt-Stiftung의 지원 아래 가능했다. 훔볼트 재단은 물론, 연구 공간과 논의 시간을 흔쾌히 마련해준 괴팅겐 대학 철학부 루트비히 교수, 슈타인파스H. Steinfath 교수 그리고 비서 카라쿠스I. Karakus에게 이 자리를 빌려 고마움을 전하고 싶다.

새로운 판형의 '문예 인문클래식'으로 개정판을 기꺼이 출간해주신 문예출판사 전준배 대표님, 교정과 편집에 남다른 애정과 세심함을 보여주신 이효미 편집자님에게 감사드린다. 그리고 30여 년 전 데카르트를 만나게 해주신 신오현 교수님, 박사학위 논문을 지도해주신 고故 뢰트W. Röd 교수님, 대학 시절부터 한결같은 마음을 내어주신 이영자 선생님께 머리 숙인다.

2021년 1월
이현복

옮긴이의 말

이 책은 데카르트의 형이상학에 관한 텍스트《제일철학에 관한 성찰》,《자연의 빛에 의한 진리 탐구》,《프로그램에 대한 주석》을 번역한 것이다. 물론 이때 중심이 되는 것은《성찰》이지만, 데카르트의 형이상학을 이해하는 데 좋은 길잡이가 될 것 같아 나머지 두 텍스트를 함께 묶었다.

《성찰》은 1641년에 파리에서 초판이, 1642년에 암스테르담에서 재판이 라틴어로 출간되었다. 그리고 뤼인느 공작이 번역한 불역판이 1647년에 출간되었다. 이 각각에서《성찰》의 제목은 약간 수정되었다. 초판의 제목은《제일철학에 관한 성찰, 여기서 신의 현존 및 인간 영혼의 불멸성이 증명됨 *Meditationes de prima philosophia, in qua Dei existentia et animae immortalitas demonstratur*》이고, 재판의 제목은《제일철학에 관한 성찰, 여기서 신의 현존 및 인간 영혼과 신체의 상이성이 증명됨 *Meditationes de prima philosophia, in quibus Dei existentia, & animae humanae a corpore distinctio, demonstrantur*》이며, 불역판의 제목은《제일철학에 관한 데카르트의 형이상학적 성찰, 여기서 신의 현존 및 인간 영혼과 신체의 실재적 상이성이 증명됨 *Les méditations métaphysiques de René Descartes touchant la première philosophie, dans lesquelles l'existence de Dieu, et la distinction réelle entre l'âme et le corps de l'homme sont démonstrées*》이다.

데카르트는 1640년에 《성찰》의 원고를 탈고하고, 당대의 몇몇 신학자 및 철학자에게 그 내용 검토를 의뢰한 결과, 상당한 양의 반론과 답변이 라틴어 재판에 수록되었다. 《성찰》에 대한 평가는 이 반론에 대한 자신의 답변을 독서한 후에 내려달라고 독자에게 부탁하고 있는 점으로 보아, 그 속에 상당히 중요한 내용이 들어 있음이 틀림없다. 그럼에도 불구하고 이것 없이 《성찰》의 번역판을 출간하게 된 점이 아쉽기 짝이 없지만, 일곱 부분으로 되어 있는 그 방대한 양을 감안하여 추후에 별도로 번역할 생각이다. 그리고 여기서는 일반적으로 《성찰》의 정본으로 간주되는 라틴어 재판을 기본 텍스트로, 불역판을 참고서로 삼아 번역했고, 때 라틴어 판은 아당C. Adam과 타네리P. Tannery가 편집한 '데카르트 전집 *Œuvres de Descartes*'(전 13권) 가운데 제7권(VII)을, 불역판은 알키에F. Alquié의 '데카르트: 철학 전집 *Descartes: Œuvres philosophiques*'(전 3권) 가운데 제2권(II)을 기본서로 삼았다.

"건전한 사람이 그 생각에 떠오르는 모든 것에 대해 가져야 하는 의견을 종교나 철학의 도움 없이 순전히 그 스스로 규정해주고, 기이한 학문의 비밀 속으로 침투하는 자연의 빛에 의한 진리 탐구"라는 제목을 지닌 《자연의 빛에 의한 진리 탐구》의 정확한 집필 연도는 아직 알려져 있지 않지만, 아마 1644년에서 1647년경으로 데카르트 연구가들은 추정하고 있다. 미완의 책인 《자연의 빛에 의한 진리 탐구》는 클레르슬리에C. Clerselier가 불어로 쓰여진 원본을 소지했던 것으로 알려져 있고, 데카르트의 유작을 편집한 미명의 사람에 의해 라틴어로 번역된 것으로 알려져 있다. 그리고 이 책은 1701년에 《정신지도규칙 *Regulae ad directionem ingenii*》과 더불어 비로소 세상에 선보이게 되었으나, 지금은 불어판과 라틴어판이 부분적으로 남아 있을 뿐이다. 이 책에서 데카르트는 코기토 명제의 도출 과정을 상세하게 설명하고 있다. 여기서는 아당과 타네리판 가운데 제10권(X)을 기본서로 삼아 번역했다.

《프로그램에 대한 주석》의 원제목은《1647년 말에 네덜란드에서 인쇄된, "인간 정신 혹은 이성적 영혼이 무엇이고 또 무엇일 수 있는지에 대한 설명"이라는 제목이 달린 어떤 프로그램에 대한 주석 *Notæ in Programma quoddam, sub finem Anni 1647 in Belgio editum, cum hoc Titulo: Explicatio Mentis humanae, sive Animae rationalis, ubi explicatur quid sit, & quid esse possit*》이다. 이 책은 레기우스H. Regius가 1647년에 "인간 정신 혹은 이성적 영혼이 무엇이고 또 무엇일 수 있는지에 대한 설명Explicatio Mentis humanae, sive Animae rationalis, ubi explicatur quid sit, & quid esse possit"이라는 제목의 프로그램으로 데카르트의 철학을 공박하자 데카르트가 그 문구 하나하나에 주석을 달면서 다시 비판한 책이다. 레기우스는 데카르트와 아주 긴밀한 관계를 유지했던 데카르트 철학의 추종자였지만, 나중에 견해 차이로 데카르트와 결별하게 된 위트레흐트 대학의 의학 교수였다. 1647년에 라틴어로 집필된 이 책에서 데카르트는 자신의 형이상학적 개념을 보다 분명하게 개진하고 있다. 여기서는 아당과 타네리판 가운데 제8-2권(VIII-2)을 기본서로 삼고, 알키에판을 참고서로 삼아 번역했다.

《자연의 빛에 의한 진리 탐구》와《프로그램에 대한 주석》은 아주 짧은 글이다. 그렇지만 두 텍스트는《성찰》의 형이상학적 사유와 불가분의 관계를 맺고 있다. 아니 오히려 더 분명하게 그 내용을 드러내고 있다. 더욱이《성찰》이 데카르트의 중기 철학을 대변하고 있다면, 두 텍스트들은 그의 말기 철학을 대변하고 있다. 그럼에도 그 양자의 내용은 거의 변하지 않고 있음을 보여주는 것만으로도 번역될 가치가 있다고 생각된다.

이 두 텍스트는 처음으로 우리말로 번역되었지만, 《성찰》은 이미 여러 번역서가 나와 있다. 그럼에도 불구하고 《성찰》을 이렇게 다시 옮기게 된 것은, 기존의 책에 오역이 있어서라기보다는 주해가 들어 있는 번역서가 있으면 좋겠다는 생각이 들었기 때문이다. 또 데카르트의 전 작품을 번역했으면 하는 역자의 욕심 때문이었다. 물론 여기에 있는 주해는 아직 많이 미진하고, 또 오독이 있을는지도 모른다. 가능하면 주관적인 것보다는 객관적인 사실을 설명하는 데에 치중했다. 끝으로 데카르트의 철학이 역자의 서양철학 이해에, 그리고 철학의 모습을 그리게 해주는 중요한 동기였고, 그래서 그것을 우리 언어로 된 텍스트를 통해 우리 모두 쉽게 공유하자는 바람이 있었기 때문이다.

여기의 번역과 주해가 오히려 데카르트 이해에 방해가 되지나 않을까 하는 두려움이 역자의 마음을 무겁게 한다. 잘못된 부분이 있으면 물론 기꺼이 수정할 것이다. 나아가 자신이 직접 말한 것 외에는 자신의 말이라고 생각하지 말라는 데카르트의 경고성 부탁이 글을 옮기는 역자의 머리에 항상 맴돌았음도 고백하지 않을 수 없다. 그리고 문예출판사 가족과 한양대 철학과 가족에게 이런저런 이유로 고맙다는 인사를 하고 싶다.

1997년 여름에
이현복

차례

일러두기

1. 이 책의 원전은 Ch. Adam & P. Tannery (ed.), *Œuvres de Descartes*, (Vol. 1~13, Paris, 1974~1986)이다. 관례에 따라 AT로 약칭하며, 권수는 로마자로 표기한다. 본문 여백에 원전의 쪽수를 표시했다.
2. 주석과 주해는 모두 옮긴이의 것이다.
3. 본문에서 줄표는 독자의 이해를 돕기 위해 옮긴이가 추가한 것이다.
4. 원문에서 볼드체와 이탤릭체로 강조된 단어는 한글의 가독성을 고려해 모두 볼드체로 표기했다.

- • 1641년에 출간된 라틴어 초판의 원제목은 《제일철학에 관한 성찰, 여기서 신의 현존 및 인간 영혼의 불멸성이 증명됨 *Meditationes de prima philosophia, in qua Dei existentia et animae immortalitas demonstrantur*》이다.
  1642년에 출간된 라틴어 재판의 원제목은 《제일철학에 관한 성찰, 여기서 신의 현존 및 인간 영혼과 육체의 구별이 증명됨 *Meditationes de prima philosophia, in quibus Dei existentia, & animae humanae a corpore distinctio, demonstrantur*》이다.
  1647년에 출간된 불역판의 원제목은 《제일철학에 관한 데카르트의 형이상학적 성찰, 여기서 신의 현존 및 인간 영혼과 육체의 실재적 구별이 증명됨*Les meditations métaphysiques de René Descartes touchant la première philosophie, dans lesquelles l'existence de Dieu et la distinction réelle entre l'âme et le corps de l'homme sont démonstrées*》이다.

신성한 파리 신학 대학의 가장 지혜롭고
저명하신 학장님 및 박사님들에게*

제가 이 글을 여러분께 바치는 이유는 매우 정당하고, 여러분 또한   [1]
제 기획을 이해하시면 이 글을 보호해주실 매우 정당한 이유를 가
지시리라 믿습니다. 그래서 제가 이 글에서 무엇을 추구했는지 몇
말씀 드리는 것보다 이 글을 추천하기에 더 좋은 것은 없을 것입
니다.

저는 언제나 신과 영혼이라는 두 문제는 신학보다는 철학의 도
움으로 증명되어야 하는 문제들 가운데 주요한 것이라고 여기고
있었습니다. 왜냐하면 우리 신자들에게 인간 영혼은 육체와 함께
소멸하지 않는다는 것, 그리고 신은 현존한다는 것이 신앙에 의해   [2]
믿기에 충분하다고 해도, 확실히 불신자들에게는, 만일 이 두 가
지가 자연적 이성¹에 의해 먼저 입증되지 않는다면, 어떠한 종교
도 심지어 거의 어떠한 도덕적인 덕도 설득할 수 있을 것 같지 않
기 때문입니다. 그리고 현세에서는 자주 덕보다 악덕에 더 큰 보상

---

*   원어는 "Sapientissimis Clarissimisque viris Sacrae Facultatis Theologiae Parisiensis
     Decano et Doctoribus"이다. 일반적으로 〈헌사Epistola〉로 약칭된다.

이 약속되므로, 적은 이들만이 이익보다 올바름을 앞세울 것입니다. 그들이 신을 두려워하지도 내세를 기대하지도 않는다면 말입니다. 물론 신의 현존은 성서에서 가르치므로 믿어야 하고, 역으로 성서는 신으로부터 주어지므로 믿어야 한다는 것은 전적으로 참입니다. 신앙은 신의 선물이므로, 나머지 것들을 믿도록 은총을 내리는 그 신은 자신이 현존한다는 것을 우리가 믿도록 은총을 내리는 것 역시 할 수 있기 때문입니다. 그럼에도 그것을 불신자들에게 내놓을 수 없는 이유는, 그것을 순환론이라고 판단할 것이기 때문입니다. 그리고 정말로 저는, 신의 현존이 자연적 이성에 의해 입증될 수 있음을 여러분 모두와 다른 신학자들도 단언한다는 것, 또한 성서에서도 신에 관한 인식은 피조물들에 대해 갖게 되는 많은 인식보다 더 쉽다는 것, 그것도 너무 쉬워서 그 인식을 갖지 않는 자들은 질책받아야 한다는 것이 추론된다는 것을 깨달았습니다. 실로 이것은 〈지혜서〉 제13장 말씀에서 드러납니다. **그들을 용서해서는 안 된다. 왜냐하면 그들이 이 세상의 것을 찬미할 수 있을 만큼 많이 알 수 있었다면 그것의 주인을 어찌 더 쉽게 찾지 못했는가?** 그리고 〈로마서〉 제1장에 그들은 **변명의 여지가 없다**라는 말씀이 있습니다. 게다가 같은 곳에서 **신에 대해 알려져 있는 것은 그들 안에서 명백하다**라는 말씀은 우리에게, 신에 관해 알 수 있는 모든 것은 다른 데서가 아니라 오직 우리 자신의 정신에서만 취한 근거들을 통해 보여질 수 있음을 알려주는 것 같습니다. 그래서 어떻게 해서 그렇게 되는지, 어떤 길로 신이 이 세상의 것들보다 더 쉽게 그리고 더 확실하게 인식될 수 있는지를 탐구하는 것이 남의 일이라고 생각하지 않았습니다.

[3]   그리고 영혼에 관해서는, 비록 많은 이들이 영혼의 본성은 쉽게

탐구될 수 없다고 판단했을지라도, 심지어 몇몇 이들은 인간적 근거들[2]이 영혼은 육체와 더불어 동시에 소멸함을 설득한다고, 그 반대는 신앙을 통해서만 견지된다고 감히 말했을지라도, 레오 10세가 주재한 제8차 라테란 공의회는 그들을 단죄하기 때문에, 그리고 기독교 철학자들에게 그들의 논거를 해소하고 온 힘을 다해 진리를 입증하라고 명시적으로 명하기 때문에, 나도 이 작업을 착수하는 데 주저하지 않았습니다.

게다가 불경한 자들 대부분이 신은 존재한다는 것, 인간 정신은 신체와 구별된다는 것을 믿으려 하지 않는 이유가 이 둘을 지금까지 누구도 증명할 수 없었다고 말하는 것에만 있음을 저는 알고 있습니다. 물론 저는 그들에게 조금도 동의하지 않습니다. 오히려 반대로 뛰어난 인물들이 이 문제들을 위해 내세운 거의 모든 근거들은, 이것들이 충분히 이해될 경우, 증명의 힘을 가진다고 생각하고, 또 이미 다른 어떤 이에 의해 발견된 적이 없는 근거들은 거의 있을 수 없다고 확신하고 있습니다. 그렇지만 한 번은 모든 근거들 가운데 가장 좋은 것들을 열심히 찾고, 모든 이들이 앞으로 그것들이 증명들임을 인정할 만큼 정확하고 명료하게 개진한다면, 철학에서 이보다 더 유익한 일은 행해질 수 없다고 믿고 있습니다.[3] 그리고 마지막으로, 몇몇 이들은 제가 학문에서 온갖 종류의 어려움을 해결하기 위해 어떤 방법을 개발했다고 알고 있습니다. 진리보다 더 오래된 것은 아무것도 없으니 이 방법은 새로운 것이 아니긴 합니다만, 그들은 제가 가끔 그 방법을 다른 경우에 적용해서 성과를 거두는 것을 보았기 때문에, 이 일을 해보라고 극히 집요하게 요청해왔습니다. 그래서 이 주제에 대해 무언가를 시도하는 것이 제 의무라고 생각했습니다.[4]

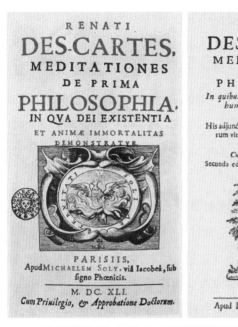
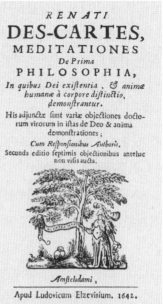

좌 《성찰》의 초판 속표지. 1641년에 파리에서 라틴어 초판이 출간되었다.
우 《성찰》의 재판 속표지. 1642년에 암스테르담에서 라틴어 재판이 출간되었다.

[4]　　그런데 제가 할 수 있었던 모든 것은 전부 이 논고 안에 들어 있습니다. 이 진리들을 입증하기 위해 내세울 수 있는 상이한 모든 근거들을 이 안에 모으려고 했다는 것은 아닙니다. 이런 것은 충분히 확실한 근거가 전혀 없을 때나 할 만한 일로 보이기 때문입니다. 저는 단지 제일의, 주요한 근거들만 따라갔고, 그래서 지금 이것들을 극히 확실하고 명증적인 증명들로 감히 내놓습니다.[5] 그리고 덧붙여, 심지어 이것들은, 이보다 더 훌륭한 근거들을 언젠가 발견할 수 있게 해주는 어떤 길이 인간 지력에 나타난다고는 생각되지 않는 그러한 것들입니다.[6] 제가 여기서 평소의 제 습관보다 조금 더 자유롭게 제 근거들에 대해 말하지 않을 수 없는 것은 실로 사안이 중요하

고, 이 모든 것이 향하는 신의 영광 때문입니다. 그렇지만 제가 그 근거들을 아무리 확실하고 명증적인 것으로 여긴다고 해도, 그렇다고 해서 그것들이 모든 이의 능력에 부합한다고 확신하지는 않습니다. 오히려 아르키메데스, 아폴로니우스, 파포스 및 다른 이들이 많은 것들을 써놓은 기하학의 경우와 같습니다. 이것들 또한 모든 이들로부터 명증하고 확실한 것으로 간주되고 있는데, 이는 이것들이, 따로따로 고찰하면, 아주 쉽게 인식되지 않는 것, 그리고 귀결이 전제와 정확하게 정합적이지 않은 것을 전혀 포함하고 있지 않기 때문입니다. 그럼에도 불구하고 이것들은 약간 길고 매우 주의 깊은 독자를 요구하기 때문에, 아주 적은 이들에 의해서만 이해되고 있습니다. 마찬가지로, 제가 여기서 사용하는 증명들이 확실성과 명증성에서 기하학의 증명들과 동등하다고, 아니 심지어 이것들을 넘어선다고 여기지만, 이것들을 충분히 지각할 수 있는 이들이 많지 않을 것 같아 두렵습니다. 이는 한편으로 그 증명들이 약간 길고 서로 의존하기 때문이고, 다른 한편으로는 특히 그것들이 선입견에서 전적으로 자유로운 정신을, 그리고 감각들의 관여에서 쉽게 벗어나는 정신을 요구하기 때문입니다.[7] 그래서 확실히 세상에는 형이상학적 연구에 적합한 이들이 기하학 연구에 적합한 이들보다 많 [5] 지 않습니다. 게다가 이런 차이가 있습니다. 기하학에서는 확실한 증명을 갖지 않는 것에 대해서는 아무것도 쓰지 않는 것이 관행임을 모든 이들이 확신합니다. 그러므로 미숙한 자들은 참된 것을 반박하는 데서 과오를 범하기보다는 거짓된 것인데도 그것을 이해하는 듯이 보이고 싶어서 그것에 찬성하는 데서 더 자주 과오를 범합니다. 반면 철학에서는 찬반 양쪽에서 논쟁될 수 없는 것은 아무것도 없다고들 믿고 있습니다. 그러므로 진리를 탐색하는 이들은 적

데카르트가 활동하던 당시 파리의 소르본.

고, 어느 쪽이든 가장 좋은 것을 과감히 공격함으로써 재능 있는 자라는 명성[8]을 얻으려고 기를 쓰는 이들이 훨씬 더 많습니다.

바로 이런 이유에서 제 근거들이 어떠한 것일 수 있든 간에, 그것은 철학에 속하기 때문에, 여러분이 여러분의 비호로 저를 도와주시지 않는다면, 저는 그 근거들의 도움으로 크게 가치 있는 일을 하리라고 희망할 수 없습니다. 그러나 모든 이들의 정신에 고착된 여러분 학부의 명성은 대단하고, 소르본이라는 이름이 지니는 권위는 대단해서, 신앙에 관한 것에서 신성한 공의회 다음으로 여러분 단체만큼 신뢰받는 단체는 일찍이 없었습니다. 이뿐만 아니라 인간적 철학에서도[9] 명료함과 견고함에서나, 판단을 내릴 때의 공정함과 현명함에서나 여러분 단체보다 더 나은 곳은 어디에도 없다고들 믿고 있습니다. 그래서 만일 여러분이 황송하게도 이 글을 크게 배려해서 **우선,** 이 글을 정정해주신다면 — 왜냐하면 저는 제가 그저 인간에 불과할 뿐만 아니라 무엇보다 제가 무지하다는 것을 잊지 않고 있기 때문에, 이 책 안에 오류가 없다고 단언하지 않습니다──, **그다음에** 빠져 있는 것들, 혹은 충분히 완전하지 않은 것들, 혹은 설명을 더 요하는 것들이 첨가되고 완전하게 되고 해명된다면── 이것은 여러분이 스스로 하셔도 되고, 아니면 여러분이 알려주시면 제가 직접 할 것입니다──, 그리고 **끝으로** 이 글에 들어 있는 근거들, 즉 신은 존재한다는 것 그리고 정신은 신체와 다르 [6] 다는 것을 입증해주는 근거들이 극히 정확한 증명들로 간주되어야 할 만큼 명료성에 이르게 된 후에── 저는 그 근거들이 그런 명료성에 이를 수 있다는 믿음을 갖고 있습니다──, 여러분이 바로 이것을 선언하고 공개적으로 증언하고자 하신다면, 말씀드리건대 이것이 이루어진다면, 저는 이 문제들에 대해 일찍이 있어온 모든 오류가 인간 정신에서 즉시 지워질 것임을 의심치 않습니다.[10] 실로, 그 진리는 여타 재능 있는 자들과 학식 있는 자들로 하여금 여러분의 판결에 쉽게 서명하게 할 것입니다. 그리고 권위는 재능 있는 자들 혹은 학식 있는 자들보다는 흔히 사이비 학자들인 무신론자들로 하여금 모순적인 영혼을 내려놓게 할 것이며,[11] 또 그들은 어쩌면 재능을 갖춘 모든 이들이 그 근거들을 증명들로 간주하는 것을 알고는, 이해하지 못하는 것으로 보이지 않으려고 그들 스스로 그것을 보호할지도 모릅니다. 그리고 끝으로, 그 밖의 모든 이들은 이렇게 많은 증언들을 쉽게 믿을 것이고, 신의 현존이나 인간 영혼과 육체의 실재적 구별을 감히 의심하는 자들은 세상에 더 이상 없을 것입니다. 이것이 얼마나 유익한지는 뛰어난 지혜를 지닌 여러분 스스로가 누구보다 가장 잘 평가하실 수 있을 것입니다. 항상 가톨릭교회의 최대 지주였던 여러분에게 신과 종교에 관한 것을 여기

서 더 이상의 말로 추천한다는 것은 저에게 어울리는 일도 아닐 것
입니다.

독자를 위한 서언*

나는 이미 얼마 전에 신과 인간 정신에 관한 문제를 1637년 프랑스
어로 출판된 《이성을 올바로 인도하고 학문들에서 진리를 찾기 위
한 방법서설 *Discours de la méthod pour bien conduire sa raison et chercher la
vérité dans les sciences*》에서 언급한 바 있다. 사실 나는 거기서 그 문제
를 자세히 다루는 것이 아니라 그저 살짝 건드리고, 그것을 나중에
어떤 방식으로 다루어야 할지 독자의 판단을 들어보려고 했다. 왜
냐하면 그 문제는 내가 한 번 이상은 다루어야 한다고 판단할 만큼
나에게 매우 중요한 것으로 보였기 때문이다. 또 내가 그것을 설명
하기 위해 따라가는 길은 인적이 매우 드물고 보통 이용되는 길에
서 상당히 떨어져 있어서,[12] 프랑스어로 쓰여 누구나 읽는 글에서
그 길을 보다 상세히 일러주는 것은 이로울 것이 없다고 여겼기 때
문이다. 그렇게 했다면, 약한 지력의 소유자들조차 자신들도 그 길
에 들어서야 한다고 믿게 되었을 테니 말이다.

　거기서 나는 내 글 안에 비난받을 만한 것을 접한 이들은 모두

---

*　원어는 "Praefatio ad lectorem"이다. 일반적으로 〈서언 Praefatio〉으로 약칭된다.

파리 거리에 서 있는 데카르트.

나에게 알려달라고 청한 바 있는데,[13] 내가 그 문제들에 대해 언급한 것과 관련해서 주목할 만한 반박은 두 가지밖에 없었다. 그 문제들에 대한 보다 자세한 설명에 들어가기에 앞서, 나는 여기서 이 반박들에 대해 짧게 답할 것이다.

[8] 첫 번째는, 인간 정신은, 자신에게 회귀할 때, 자신이 사유하는 것 이외에 다른 것임을 지각하지 못한다는 사실로부터, 그 본성 혹은 **본질**이 오직 사유하는 것에만 있다는 사실은 따라 나오지 않는다는 것, 그래서 **오직**이라는 말이 어쩌면 마찬가지로 영혼의 본성에 속한다고 말할 수도 있을 그 밖의 모든 것을 배제한다는 것이다.[14] 이 반박에 대한 내 대답은, 나 역시 거기서 그것들을 사물의 진리 자체의 순서(나는 분명 그때 이것을 다루지 않았다)에 따라서가 아니라, 다만 나의 지각의 순서에 따라서만 배제하려고 했다는 것이고, 그런 만큼 이것이 의미한 바는, 내가 내 본질에 속한다고 아

는 것은 나는 사유하는 것 혹은 사유하는 능력을 내 안에 가진 것이라는 사실 외에 어떠한 것도 전혀 인식하지 못한다는 것이다. 그러나 어떻게 해서 내가 다른 어떠한 것도 내 본성에 속하지 않는다고 인식한다는 사실로부터 다른 어떠한 것도 실제로 내 본성에 속하지 않는다는 사실이 따라 나오는지는 다음에 보여줄 것이다.[15]

두 번째는, 내가 나보다 더 완전한 것의 관념을 내 안에 가지고 있다는 사실로부터 이 관념 자체가 나보다 더 완전하다는 사실은 따라 나오지 않는다는 것, 그리고 이 관념을 통해 재현되는 것이 현존한다는 사실은 더욱더 따라 나오지 않는다는 것이다. 그러나 이 반박에 대해 나는 관념이라는 말 안에 동음이의가 숨어 있다고 답한다. 왜냐하면 한편으로 관념은 질료적으로 지성의 작용으로 간주될 수 있고, 이 의미에서 그것은 나보다 더 완전하다고 말할 수 없다. 다른 한편으로 관념은 표상적으로 이 작용을 통해 재현된 것으로 간주될 수 있고, 이 사물은, 비록 지성 외부에 현존한다고 가정되지는 않더라도, 그 본질 때문에 나보다 더 완전할 수 있기 때문이다.[16] 그러나 어떻게 해서 나보다 더 완전한 것의 관념이 내 안에 있다는 사실만으로부터 나보다 더 완전한 것이 실제로 현존한다는 사실이 따라 나오는지는 다음에 상세히 개진될 것이다.[17]

그 외에도 나는 제법 긴 두 개의 글을 보긴 했지만, 그것들은 무신론자들의 상투적인 문구에서 빌려온 논거들로 이 주제에 관한 결론들을 공격한 것만큼 내 근거들을 공격한 것이 아니었다. 그리 고 이런 유의 논거들은 내 근거들을 이해하는 이들에게 아무런 힘도 가질 수 없고, 또 많은 이들의 판단은 도착되고 박약해서, 그들은 나중에 들었지만 참되고 확고한 반론보다는 아무리 거짓되고 불합리해도 먼저 받아들인 의견들에 의해 더 설득된다. 그렇기 때문에 나는 먼저 그 논거들에 대해 보고하는 셈이 되지 않도록, 여기서 그것들에 대해 답하지 않으려고 한다. 나는 다만 일반적으로 다음과 같이 말해둔다. 무신론자들이 흔히 신의 현존을 공박하기 위해 던지는 모든 것은 언제나, 신에게 인간의 정념들을 덮어씌우거나,[18] 아니면 신이 할 수 있는 것과 해야 하는 것을 우리가 결정하고 파악하려고 시도할 만큼의 큰 힘과 지혜가 우리 정신에 있다고 자부하는 것에 달려 있다는 것이다. 그런 만큼, 우리가 우리 정신은 유한한 것으로, 반면 신은 파악될 수 없고 무한한 것으로 고찰해야 한다는 사실을 기억하기만 한다면, 그들의 공박은 우리에게 어떠한 어려움도 일으키지 않을 것이다.

그러나 지금, 어쨌든 일단 사람들의 판단을 경험했으므로, 나는 여기서 다시 신과 인간 정신에 관한 그 문제들 그리고 동시에 제일 철학 전체의 시초들을 다루는 일에 착수할 것이다. 그러나 나는 대중의 박수도 독자의 쇄도도 기대하지 않는다. 게다가 나는, 나와 함께 진지하게 성찰하고, 정신을 감각에서 그리고 동시에 모든 선입견에서 떼어놓을 수 있고 떼어놓으려고 하는 이들 외에는,[19] 누구에게도 이 글을 읽으라고 권하지 않으며, 나는 그러한 이들이 아주

[10] 적다는 것을 잘 알고 있다.[20] 한편, 내 근거들의 계열과 연관 관계를 파악하는 것에는 신경 쓰지 않고, 흔히들 그렇듯이, 그저 개개의 어구에 매달려 트집 잡는 일에만 골몰하는 이들은 이 글을 읽어도 큰 결실을 거두지 못할 것이다. 그리고 그들이 어쩌다 많은 부분에서 억지 부릴 기회를 잡는다고 해도, 나를 궁지로 몰거나 답변할 만한 반박을 내놓기는 쉽지 않을 것이다.

그러나 나는 다른 이들에게조차도 처음부터 그들을 모든 점에서 만족시킬 것이라고 약속하지 않으며, 내가 누군가에게 난점들

로 보이게 될 모든 것을 예견할 수 있다고 믿을 정도로 자만하지 않기 때문에, 나는《성찰》에서 우선, 확실하고 명증적인 진리 인식에 도달하는 데 도움을 준 것으로 보이는 바로 그 사유들을 개진할 것이고, 이로써 나를 설득시킨 바로 그 근거들을 통해 혹시 내가 다른 이들도 설득할 수 있는지를 시험해볼 것이다. 그다음에, 이 글이 인쇄되기 전에 내가 검토를 의뢰했던 지력과 학식이 출중한 몇몇 이들의 반박에 답할 것이다. 왜냐하면 그들이 이미 손대지 않은 다른 어떤 것이, 적어도 어떤 중요한 것이 다른 이들의 정신에 떠오르기란 쉽지 않을 것이라고 내가 감히 희망할 만큼, 그들이 내놓은 반론은 수도 많고 종류도 다양하기 때문이다. 그래서 나는, 황송스럽지만, 독자들에게 이 반박들과 그 해결들을 모두 통독하기 전에는《성찰》에 대해 판단을 내리지 말기를 거듭거듭 청하는 바이다.[21]

다음 여섯 성찰의 요약*

[12]   〈제1성찰〉에서는, 우리가 모든 것에 대해, 특히 물질적인 것들에 대해 의심할 수 있는 이유들이 개진된다. 이는 물론 우리가 학문들에서 지금까지 갖고 있던 것과 다른 토대들을 갖지 않는 동안이다. 그런데 저 폭넓은 의심의 유용성은 눈앞에 당장 드러나지는 않더라도 대단히 큰데, 이 의심이 우리를 모든 선입견에서 자유롭게 하고, 정신을 감각에서 떼어놓는 데 가장 쉬운 길을 열어준다. 그리고 마침내, 우리가 나중에 참이라고 발견한 것에 대해 더 이상 의심할 수 없게 해준다.[22]

〈제2성찰〉에서는, 정신은 자기 고유의 자유를 사용하면서, 그 현존에 대해 조금이라도 의심할 수 있는 모든 것은 현존하지 않는다고 가정하며, 그동안에 그 자신이 현존하지 않는다는 것은 불가능하다는 것을 깨닫는다.[23] 이것 또한 극히 유용한데, 이런 식으로 정신은 도대체 어떤 것이 자기에게, 즉 지성적 본성에 속하고, 도대체 어떤 것이 물체에 속하는지를 쉽게 구별하기 때문이다.[24] 그러나

---

*   원어는 "Synopsis sex sequentium meditationum"이다. 일반적으로 〈요약Synopsis〉으로 약칭된다.

어쩌면 이곳에서, 영혼의 불멸성에 관한 근거들을 기대하는 자들이 있을 수 있기 때문에, 나는 여기서 그들에게 다음을 일러두어야 한다고 생각한다. 즉, 나는 내가 정확하게 증명하지 않은 것은 아무 것도 쓰지 않으려고 노력했고, 그래서 기하학자들이 사용하는 순서, 다시 말해 찾고 있는 명제에 대해 어떤 것을 결론짓기 전에 그 명제가 의존하는 모든 것을 먼저 내놓는 순서만을 따를 수밖에 없었다는 것이다. 그런데 영혼의 불멸성을 인식하기 위해 먼저 요구되는 제일의 그리고 주요한 것은,[25] 우리가 영혼에 대해 극히 명료한 개념을, 그리고 물체의 모든 개념과 완전히 구별되는 개념을 형성하는 일이다. 바로 이것이 〈제2성찰〉에서 수행되었다. 그 외에도 우리가 명석판명하게 이해하는 모든 것은 우리가 이해하는 바 그대로 참임을 아는 것이 요구된다. 이것은 〈제4성찰〉 이전에는 증명될 수 없는 것이다. 또 물체의 본성에 대한 판명한 개념을 가져야 하는데, 이 개념은 일부는 여기 〈제2성찰〉에서, 일부는 〈제5성찰〉과 〈제6성찰〉에서 형성된다. 그리고 이로부터, 정신과 물체가 그렇게 인식되듯이, 상이한 실체들이라고 명석판명하게 인식되는 모든 것은 사실상 서로 간에 실재적으로 구별되는 실체라고 결론지어야 하는데, 이것은 〈제6성찰〉에서 종결된다.[26] 그리고 이 점은 또한 같은 〈제6성찰〉에서, 우리는 분할 가능한 것이 아니고서는 어떠한 물체도 이해하지 못하고, 반대로 분할 불가능한 것이 아니고서는 어떠한 정신도 이해하지 못한다는 사실로부터 확증된다. 왜냐하면 우리는 아무리 작은 임의의 물체라도 그 절반을 생각할 수 있지만, 어떠한 정신도 그 절반을 생각할 수 없기 때문이다. 그런 만큼 이것들의 본성들은 단지 상이할 뿐만 아니라, 어떤 식으로 상반된다는 것이 인지된다.[27] 그러나 나는 이 책에서 이 점에 관해서는 더 이상

1641년의 암스테르담 시청.
네덜란드는 생애의 대부분을 국외에서 보낸 데카르트가 가장 오래 머물렀던 곳이다.

다루지 않았다. 왜냐하면 여기에서 말한 것만으로도 신체의 부패로 인해 정신의 사멸이 따라 나오지 않는다는 것을 보여주기에 충분하고, 그래서 필사의 인간들에게[28] 내세의 삶에 대한 희망을 주기에 충분하기 때문이다. 다른 한편으로 이는 바로 이 정신의 불멸성을 결론지을 수 있는 전제들이 자연학 전체의 설명에 의존하기 때문이다. 먼저, 절대적으로 모든 실체들, 다시 말해 현존하기 위해서 신이 창조해야 하는 것들은 그 본성상 부패될 수 없는 것들이고, 신이 그것들에 협력을 거부하여 무로 되돌리지 않고서는 결코 존재하기를 멈출 수 없다는 것을 알아야 한다. 그다음, 일반적으로 취해진 물체는 실체이고, 그래서 그것 또한 결코 파멸하지 않지만,[29] 인간 신체는 여타 물체들과 다른 한에서 단지 기관들의 특정한 조형 및 이런 종류의 다른 우연적 성질들로 주조된 것인 반면, 인간

[14]

정신은 그런 식으로 우연적 성질들로 구성된 것이 아니라 하나의 순수 실체임에 주의해야 한다. 왜냐하면 정신이 다른 것을 이해하고, 다른 것을 의욕하며, 다른 것을 감각하는 등 정신의 모든 우연적 성질들이 바뀐다고 해도, 정신 그 자체가 달라지는 것은 아니기 때문이다. 반면 인간 신체는 그 부분들 가운데 몇몇의 형태가 바뀐다는 사실만으로도 다른 것이 되기 때문이다. 이로부터, 신체는 분명 아주 쉽게 사멸하는 반면, 정신은 그 본성상 불멸이라는 것이 따라 나온다.[30]

〈제3성찰〉에서, 나는 신의 현존을 증명하기 위한 내 주요 논증을 내가 보기에는 아주 충분히 설명했다. 그렇기는 하지만, 독자들의 영혼을 가능한 한 감각에서 떼어놓기 위해 나는 거기서 물체적인 것으로부터 끌어낸 비유를 사용하고 싶지 않았고, 이 때문에 아마 모호한 것들이 많이 남아 있을 것이다. 그러나 그것은, 희망컨대, 나중에 〈반박들과 답변들〉에서 완전히 제거될 것이다. 그중에는, 예를 들어, 어떻게 해서 우리 안에 있는 최고 완전한 존재자[31]의 관념은 최고 완전한 원인에서 나오지 않을 수 없을 만큼 아주 큰 표상적 실재성을 갖고 있는가 하는 것이 있다. 이것은 답변에서, 그 관념이 어떤 기술자의 정신 안에 있는 매우 완전한 기계의 비유로 예증된다. 왜냐하면 이 관념의 표상적 기술은 어떤 원인, 즉 이 기술자의 지식이나 그에게 그것을 전수한 다른 어떤 이의 지식을 가져야 하는 것처럼, 우리 안에 있는 신의 관념은 신 그 자신을 원인 [15]으로 갖지 않을 수 없기 때문이다.

〈제4성찰〉에서는, 우리가 명석판명하게 지각하는 모든 것은 참이라는 것이 입증되고, 동시에 거짓의 근거가 무엇에 있는지도 설명된다. 이것은 앞서 말한 것들을 확증하기 위해서도 나머지 것을 이해하기 위해서도 반드시 알아야 하는 것이다. (그러나 여기서 잠시 주의해야 할 것은, 나는 죄, 즉 선악의 추구에서 저지르는 오류가 아니라, 오직 진위의 판별에서 일어나는 오류만을 다루고 있다는 것이다. 또 신앙이나 삶의 인도에 속하는 것이 아니라, 오직 사변적 진리 그리고 자연의 빛만의 도움으로 알려지는 진리만을 살피고 있다는 것이다.)[32]

〈제5성찰〉에서는, 일반적으로 취해진 물체적 본성이 설명되는 것 외에 새로운 근거에 의해 신의 현존이 증명된다. 그러나 아마 다시 이 근거에도 몇몇 어려움이 나타날 수 있겠지만, 이것은 나중에 〈반박들과 답변들〉에서 해결될 것이다. 그리고 끝으로, 어찌해서 기하학적 증명들의 확실성은 신의 인식에 의존한다는 것이 참인지가 드러난다.

끝으로 〈제6성찰〉에서는, 지성작용이 상상작용과 분간되고, 그 차이의 표지들이 기술되며, 정신이 신체와 실재적으로 구별된다는 것이 입증된다. 그럼에도 불구하고 정신이 신체와 하나의 어떤 것을 구성할 만큼 밀접하게 결합되어 있다는 것이 드러난다.[33] 감각들에서 생기곤 하는 모든 오류들이 점검되고, 이것들을 피할 수 있는 수단들이 개진된다. 그리고 마지막으로, 물질적 사물들의 현존을 [16] 결론짓게 할 수 있는 모든 근거들이 제시된다. 이것은 내가 그 근거들이 입증해주는 것, 즉 세계가 실제로 있다는 것, 인간은 신체를 가진다는 것, 그리고 건전한 정신을 가진 그 누구도 결코 진지하게 의심한 적이 없는 이와 유사한 것들을 입증하는 데에 그 근거들이 매우 유용하다고 여겼기 때문이 아니다. 그것은 오히려 그 근거들을 고찰함으로써 그것들이 우리를 우리 정신과 신의 인식에 이르게 해주는 근거들만큼 확고하지도 명료하지도 않다는 것이 인지되기 때문이다. 그런 만큼 우리 정신과 신의 인식에 이르게 해주는 근거들은 인간 지력이 알 수 있는 모든 것 가운데 가장 확실하고 가장 명증적이다. 바로 이 하나의 사실에 대한 입증이야말로 내가 이 《성찰》에서 목표로 삼은 것이다. 이 책에서 그때그때 다루어지는 그 밖의 다른 여러 문제들을 내가 여기서 언급하지 않는 것도 그 때문이다.

제1성찰 의심할 수 있는 것들에 관하여*

[17] 나는 이미 몇 년 전 내가 유년기부터 얼마나 많은 거짓된 것을 참
된 것으로 인정했는지, 그리고 그 후 그 위에 세운 그 모든 것이 얼
마나 의심스러운지, 따라서 내가 언젠가 학문에서 확고하고 불변
하는 어떤 것을 세우길 원한다면, 일생에 한 번은 모든 것을 뿌리
째 뒤집고 최초의 토대들에서 새로 시작해야 한다는 것을 깨달았
다.³⁴ 그러나 이 일은 엄청난 것으로 보였고, 이 공부에 임하는 데³⁵
더 이상 적당한 때가 없을 만큼 성숙한 나이가 되기를 기다렸다. 이
런 이유로 이리 오래 미루었기 때문에, 행하기 위해 남은 시간을 숙
고하는 데 소비한다면, 이제부터 나는 과오를 범하게 될 것이다. 그
[18] 러므로 바로 오늘 나는 정신을 모든 근심에서 벗어나게 했고, 평안
한 여가를 마련했으며, 홀로 물러나 있고, 마침내 진지하고 자유롭
게 내 의견들에 대한 이 전반적인 전복에 종사할 것이다.³⁶

그런데 이를 위해 모든 의견이 거짓임을 밝힐 필요는 없으며, 이
것은 아마도 내가 결코 해낼 수 없는 일이다. 오히려 이미 이성은

---

* 원어는 "De iis quae in dubium revocari possunt"이다.

전적으로 확실하고 의심의 여지가 없는 것이 아닌 것에 대해서는 명백히 거짓인 것 못지않게 신중히 동의를 삼가야 한다고 설득하기[37] 때문에, 만일 내가 그 의견들 어느 하나에서 어떤 의심의 근거를 찾아낸다면, 그 모든 것을 거부하기에 충분할 것이다.[38] 또 이를 위해 그 의견들을 하나하나 통람해야[39] 하는 것도 아니며, 이는 끝이 없는 일이다. 오히려 토대를 파헤치면 그 위에 세운 것은 모두 저절로 무너져 내리기 때문에, 나는 곧장 내가 예전에 믿은 모든 것이 의거하던 원리들 자체를 공격할 것이다.[40]

사실, 내가 지금까지 극히 참된 것으로 인정한 것은 무엇이든 감각들로부터, 혹은 감각들을 통해서 받아들인 것이다. 그러나 나는 감각들이 가끔 속인다는 것을 포착했고, 한 번이라도 우리를 기만한 것에 대해서는 전적으로 신뢰하지 않는 편이 현명한 처사다.[41]

그러나 아마도, 감각들이 아주 작은 것 그리고 멀리 있는 것에 관해서는 가끔 우리를 속일 수 있겠지만, 같은 감각들로부터 길어낸[42] 것이라고 해도, 도저히 의심될 수 없는 다른 많은 것들이 있다. 예를 들어, 지금 내가 여기 있다는 것, 난롯가에 앉아 있다는 것, 겨울 도포를 입고 있다는 것, 이 종이를 손에 쥐고 있다는 것 및 이와 유사한 것들이다. 게다가, 이 손들 자체 그리고 이 신체 전체가 내 것이라는 것이 어떤 근거로 부정될 수 있겠는가?[43] 혹시 내가 알지 못하는 어떤 광인과 나를 비교한다면 모를까 말이다. 그들은 뇌가 흑담즙질의 증기로 교란되어 극빈자이면서도 제왕이라고, 벌거벗고 있으면서도 자색 옷을 입고 있다고, 진흙 머리를 갖고 있다고, 자기 전체가 호박이라고 혹은 유리로 주조되어 있다고 한결같이 진지하게 주장하는 자들이다. 그러나 저들은 제정신이 아니고, 만일 내가 그들의 어떤 예를 따라 한다면, 나 자신도 그들 못지않게

[19]

앙투안 아르노A. Arnauld의 초상화.
"대大 아르노"로 불리는 프랑스 신학자로
데카르트의 《성찰》에 대한 반박으로
유명하다.

정신나간 것으로 보일 것이다.[44]

정말 훌륭하게도, 마치 내가 밤에는 으레 잠자고 꿈속에서는 그 똑같은 모든 것을 겪는 인간, 아니 심지어 가끔은 저들이 깨어 있을 때 겪는 것보다도 덜 그럴 법한 것을 겪기도 하는 인간이 아닌 것처럼.[45] 정말로[46] 밤의 안식은 익숙한 이런 것들, 즉 옷을 벗고 침대에 누워 있건만, 내가 여기 있다고, 도포를 입은 채 난롯가에 앉아 있다고 얼마나 자주 설득하는가! 그러나 지금 확실히 나는 깨어 있는 눈으로 이 종잇조각을 바라보고, 내가 흔드는 이 머리는 잠들지 않았으며, 뻔히 알면서[47] 이 손을 펴보고 감각한다. 자고 있을 때, 이렇게 판명한 것들은 일어나지 않았을 것이다. 과연, 마치 내가 또한 다른 경우에 꿈에서 이와 유사한 사유들로 농락당한 것을 기억하지 못하는 것처럼.[48] 이런 것들을 더욱 주의 깊게 사유하는 동안, 나는 깨어 있음이 꿈과 결코 확실한 표지로 구별될 수 없다는 사실을 너무나 분명히 보고서 경악하게 되며, 바로 이 경악으로 내가 꿈

꾸고 있다는 의견이 나에게 거의 굳어진다.[49]

자, 그러면 우리는 꿈꾸고 있다고 하자.[50] 이 특수한 것들, 우리가 눈뜨고 있다는 것, 머리를 흔든다는 것, 손을 편다는 것은 참이 아니라고 하자. 어쩌면 우리는 이러한 손조차, 이러한 신체 전체조차 갖고 있지 않다고 하자. 그렇더라도 꿈꾸면서 보이는 것은 참된 사물들을 본뜨지 않고서는 꾸며질 수 없는 어떤 화상들과 같은 것임을, 그래서 적어도 눈, 머리, 손 그리고 신체 전체와 같은 일반적인 것들만큼은 어떤 공상적인 것이 아니라 참된 것으로 현존한다는 것을 분명히 시인해야 한다.[51] 왜냐하면 사실 화가들이 사이렌과 [20] 사티로스를 극히 괴기한 형태로 꾸며내려고 애쓸 때조차도, 그들은 그것들에 모든 면에서 새로운 본성들을 부여할 수는 없으며, 상이한 동물의 지체들만을 섞을 뿐이기 때문이다. 아니면 혹시라도 그들이 누구도 그와 유사한 것을 전혀 본 적이 없을 만큼 새로운 어떤 것을, 그래서 전적으로 허구이고 거짓인 어떤 것을 생각해낸다고 해도, 그렇지만 확실히, 최소한 색들—— 화가들이 그것을 구성하는—— 은 참된 것이어야 하기 때문이다. 그리고 이와 다르지 않은 이유에서, 이 일반적인 것들, 즉 눈, 머리, 손 및 이와 유사한 것들조차 공상적일 수 있다고 해도, 그렇지만 적어도 더더욱 단순하고 보편적인 다른 어떤 것들—— 이것들로부터, 참된 색들의 경우처럼, 우리 사유 안에 있는 저 모든 사물들의 상들이, 이것들이 참이든 거짓이든, 만들어지는—— 은 참된 것임을 반드시 시인해야 한다.[52]

이런 유에 속한다고 보이는 것은, 물체적 본성 일반 그리고 그 연장이다. 나아가 연장된 것들의 형태, 이것들의 양, 즉 이것들의 크기와 수, 이것들이 현존하는 장소, 이것들이 지속하는 시간 및 이와 유사한 것들이다.[53]

그 때문에 우리가 어쩌면 다음과 같이 결론지어도 잘못은 아닐 것이다. 자연학, 천문학, 의학 및 복합적인 것들의 고찰에 의존하는 다른 모든 학문들은 실로 의심스러운 반면, 산술, 기하학 그리고 가장 단순하고 극히 일반적인 것들만을 다루고, 이것들이 자연 안에 있는지 없는지에 대해서는 거의 고려하지 않는 이런 종류의 다른 학문들은 확실하고 의심할 수 없는 어떤 것을 포함한다고 말이다.[54] 왜냐하면 내가 깨어 있든 잠들어 있든, 둘과 셋이 합해지면 다섯이고, 사각형은 네 개보다 더 많은 변을 갖지 않으므로, 이처럼 명료한 진리들이 거짓의 의혹을 받는 일은 있을 수 없는 것으로 보이기 때문이다.[55]

[21] 그렇기는 하지만, 내 정신에는 모든 것을 할 수 있고, 내가 현존하는 바 그대로 나를 창조한 신이 존재한다는 어떤 오래된 의견이 새겨져 있다.[56] 그런데 그가 어떠한 땅도, 어떠한 하늘도, 어떠한 연장된 것도, 어떠한 형태도, 어떠한 크기도, 어떠한 장소도 전혀 존재하지 않게끔, 그럼에도 이 모든 것이 정확히 지금처럼 현존하는 것으로 나에게 보이게끔 만들지 않았다는 것을 나는 어디로부터[57] 아는가? 게다가 심지어, 내가 다른 이들이 자신은 극히 완전히 안다고 여기는 것에서 가끔 오류를 범한다고 판단하는 것과 마찬가지로, 내가 둘과 셋을 더할 때마다, 혹은 사각형의 변을 셀 때마다, 혹은 더 쉬운 다른 어떤 것을 꾸며낼 수 있다면, 그것을 할 때마다, 내가 속게끔 만들지 않았다는 것을 나는 어디로부터 아는가?[58] 그렇지만 아마도 신은 내가 그렇게 기만당하는 것을 원치 않았을 것이다. 그는 최고로 선하다고 말해지니 말이다. 그러나 내가 항상 속게끔 나를 창조한 것이 신의 선성과 상충한다면, 내가 가끔 속는 것을 허용하는 것 또한 그 선성에 걸맞지 않은 것으로 보인다. 그렇지

만 마지막 것은 말해질 수 없는 것이다.[59]

물론 다른 모든 것이 불확실하다고 믿을 바에야 차라리 그처럼 유능한 어떤 신을 부정하는 것을 더 좋아하는 이들도 아마 더러 있을 것이다. 그러나 우리는 그들에 반대하지 말자. 그리고 신에 대해 말해진 그 전부가 허구라고 하자. 그런데 그들은 숙명에 의해, 우연에 의해, 사물의 지속적인 연쇄에 의해,[60] 혹은 임의의 다른 방식으로 내가 지금의 나에 이르게 되었다고 가정한다. 속는다는 것 그리고 오류를 범한다는 것은 일종의 불완전성으로 보이므로, 그들이 내 기원으로 지정한 작자가 덜 유능하면 할수록, 내가 항상 속을 만큼 불완전하다는 것은 더욱 개연성을 가질 것이다.[61] 사실 나는 이 논거들에 답할 것이 아무것도 없다. 그러나 내가 마침내 시인하지 않을 수 없는 것은, 내가 예전에 참이라고 여긴 것들 가운데 의심하는 것을 허락하지[62] 않는 것은 아무것도 없다는 것, 그리고 이는 무분별이나 경솔에 의해서가 아니라 타당하고 숙고된 근거들 때문이라는 것, 그러므로 내가 확실한 어떤 것을 찾아내기를 원한다면, 이제부터 명백히 거짓인 것에 대해서처럼 이 논거들에 대해서도 신중히 동의를 삼가야 한다는 것이다. [22]

그러나 이런 것을 주목한 것으로는 아직 충분치 않고, 기억하도록 마음을 써야 한다. 왜냐하면 익숙한 의견들은 끈질기게 되돌아오고, 오랜 관습과 친교의 권리로 인해 그것들에게 종속된 나의 쉽게 믿는 마음을 거의 내 뜻에 반해서까지 점령해버리기 때문이다.[63] 그리고 내가 그 의견들이 실제로 그러한 것이라고, 즉 이미 드러났듯이, 어떤 식으로든 의심스럽기는 하지만, 그럼에도 매우 개연적인 그러한 것이라고 가정하는 동안, 또 내가 그것들을 부정하기보다는 믿는 편이 훨씬 더 이성에 부합하는 그러한 것이라고 가정하는 동안, 나는 결코 그것들에 동의하고 신뢰를 보내는 습관을 없애지는 못할 것이다. 이런 이유에서, 이를테면 선입견의 양쪽 무게를 같게 함으로써, 마침내 그 어떤 못된 습관도 더 이상 내 판단을 사물에 대한 올바른 지각에서 벗어나게 하지 못할 때까지, 자발적으로 완전히 반대쪽으로 돌려서, 내가 나 자신을 속이고, 한동안 그 의견들이 전적으로 거짓되고 공상적이라고 꾸며낸다고 해도 나쁜 짓을 하는 것은 아니라고 생각한다. 왜냐하면 이로부터 어떠한 위험도 어떠한 오류도 그동안에 일어나지 않을 것임을, 그리고 지금 나는 행위가 아니라 인식의 문제에만 전념하고 있으므로, 내가 필요 이상 불신에 동의하지 않을 것임을 알기 때문이다.[64]

그러므로 나는 진리의 원천인 최선의 신이 아니라, 악의 있고 동시에 최고로 유능하고 교활한 어떤 악령이 나를 속이는 데 온 힘을 쏟았다고 가정할 것이다.[65] 나는 하늘, 공기, 땅, 색, 형태, 소리 및 모든 외적인 것은 그가 나의 쉽게 믿는 마음에 덫을 놓은 꿈들의 속임수들[66]일 뿐이라고 여길 것이다. 나는 나 자신이 손도, 눈도, 살도, 피도, 어떤 감각기관도 갖지 않는 것으로, 이 모든 것을 갖고 있다고 그릇되게 믿는 것으로 간주할 것이다. 나는 완강하게 이 성찰에 깊이 잠겨 있을 것이다. 그리고 이런 식으로, 만일 정말로 참된 어떤 것을 인식하는 것이 내 힘 안에 있지 않다면, 그러나 나는 적어도 내 안에 있는 것, 즉 거짓에 동의하지 않을 것이고, 또 이 기만자가 아무리 유능하고 아무리 교활하다고 해도 나에게 아무것도 강요할 수 없도록 굳건한 정신으로 경계할 것이다.[67] 그러나 이것은 고된 기획이며, 나태함은 나를 일상적인 삶의 습관으로 돌려놓는다. 그리고 꿈속에서 상상의 자유를 즐기던 수감자가 자고 있는 건 아닐까 하는 의혹이 나중에 들기 시작할 때, 깨는 것이 두려

[23]

워 매혹적인 환상들과 함께 서서히 눈을 감는 것과 다르지 않게, 나는 저절로 오래된 의견들 속으로 다시 빠져들고 눈뜨는 것을 두려워한다. 평온한 안식 뒤에 고된 생시가 이어지고, 앞으로는 어떤 빛 속이 아니라, 이미 제기된 헤어날 수 없는 난제들의 어둠 속에서 지내야 하는 것은 아닐까 하면서.[68]

제2성찰   인간 정신의 본성에 관하여: 정신이 신체보다 더 쉽게 알려진다는 것*

나는 어제의 성찰로 대단한 의심들 속에 던져져 더 이상 그것들을 잊을 수도 없고, 그것들이 어떤 식으로 해소되어야 하는지를 알지도 못한다. 오히려 갑자기 깊은 소용돌이에 휘말린 것처럼 어지러워 바닥에 발을 댈 수도 없고 물 위로 빠져나올 수도 없다. 그렇지만 나는 나가려고 힘쓸 것이고, 어제 들어선 그 길을 다시 갈 것이다. 물론 조금이라도 의심을 용납하는[69] 모든 것은 내가 전적으로 거짓임을 발견한 경우와 똑같이 멀리하면서 말이다. 그리고 내가 확실한 어떤 것을 인식할 때까지, 혹은 다른 것이 없다면, 적어도 확실한 것은 아무것도 없다는 바로 이것을 확실한 것으로 인식할 때까지 앞으로 계속 갈 것이다. 아르키메데스는 지구 전체의 위치를 옮기기 위해 확고부동한 일점 외에 아무것도 요구하지 않았다. 나 또한 확실하고 흔들리지 않는 최소한의 어떤 것을 찾게 된다면 큰 것을 희망할 수 있을 것이다.[70]

그러므로 나는 내가 보는 모든 것을 거짓이라고 가정하고, 거짓

[24]

---

* 원어는 "De natura mentis humanae: quod ipsa sit notior quam corpus"이다.

말하는[71] 기억이 재현하는 것은 그 어떤 것도 현존하지 않았다고 믿는다. 나에게는 감각기관이 전혀 없다. 물체, 형태, 연장, 운동 및 장소는 환상들[72]이다. 그러면 무엇이 참일 것인가? 아마도 이것 하나, 아무것도 확실하지 않다는 것이리라.[73]

그러나 내가 방금 점검한, 의심할 최소한의 기회조차 없는 그 모든 것과 상이한 것은 아무것도 없다는 것을 나는 어디로부터 아는가? 내 안에 이 사유들[74] 자체를 집어넣는 어떤 신—혹은 내가 그자를 어떤 이름으로 부르든 간에—이 존재한다는 말인가?[75] 그러나 어쩌면 나 자신이 그 사유들의 작자일 수도 있는데, 나는 왜 그렇다고 여기는가? 그러면 나는 적어도 어떤 것이란 말인가? 그러나 나는 이미 내가 감각기관과 신체를 갖고 있다는 것을 부정했다. 그렇지만 나는 주춤한다, 왜냐하면 이로부터 무엇을?[76] 내가 신체 [25] 와 감각기관 없이 존재할 수 없을 만큼 그것들에 매여 있는 것은 아닌가? 그러나 나는 하늘도, 땅도, 정신도, 물체도, 세계 안에는 아무것도 없다고 나에게 설득했다. 그러면 나는 존재하지 않는다는 것 역시 설득한 것이 아닌가? 아니 확실히, 내가 나에게 어떤 것을 설득했다면,[77] 나는 존재하고 있었다. 그러나 누군지는 모르는, 계획적으로[78] 나를 항상 속이는 최고로 유능하고 최고로 교활한 기만자가 존재한다. 그러므로 그가 나를 속인다면, 나 또한 존재한다는 것은 의심스러운 것이 아니다. 그리고 그가 할 수 있는 만큼 속인다고 해도, 그렇지만 내가 어떤 것이라고 사유하는 동안, 그는 결코 내가 무이게끔 만들지는 못할 것이다. 그래서 내가 모든 것을 충분하고도 남을 만큼 재어보게 되면, 나는 존재한다, 나는 현존한다는 이 명제는 마침내, 내가 그것을 발화할 때마다 심지어 정신에 떠올릴 때마다, 필연적으로 참이라고 결론지어야 한다.[79]

피에르 가상디 P. Gassendi의 초상화.
1642년 《성찰》을 두고 데카르트와
논쟁을 벌였다.

그러나 나는 아직, 지금 필연적으로 존재하는 그 나는 도대체 누구인지를 충분히 이해하지 못한다.[80] 그리고 이제부터 나는 자칫 다른 어떤 것을 신중치 못하게 나로 취하지 않도록, 그래서 모든 것 가운데 가장 확실하고 가장 명증하다고 주장하는 이 인식에서조차 길을 잃지 않도록 경계해야 한다. 이 때문에 나는 이제, 내가 이 사유들에 이르기 전 그 당시에 나는 도대체 무엇이라고 믿었는지를 다시 한번 성찰할 것이다. 그런 다음, 제시된 근거들에 의해 조금이라도 약화될 수 있는 것은 무엇이든 그것에서 뺄 것이다. 그렇게 되면 결국에는 확실하고 흔들리지 않는 것만이 정확하게 남을 것이다.[81]

그러면 지금까지 나는 도대체 무엇이라고 여겼는가?[82] 물론 인간.[83] 그러나 인간은 무엇인가? 이성적 동물이라고 말할 것인가? 아니다, 왜냐하면 그다음에는 동물이란 무엇이고, 이성적이란 무엇인지를 물어야 하고, 그래서 한 문제에서 더 많고 더 어려운 문제들로 빠져들 것이기 때문이다. 그리고 나는 지금 이런 종류의 정교한 것들[84]에 허비할 만큼 한가한 것도 아니다. 나는 오히려 여기서 나는 무엇인지를 고찰할 때마다 지금까지 내 사유에 저절로 그리고 자연적으로 떠올랐던 것에 주의를 기울일 것이다.[85] 처음에 [26] 떠올랐던 것은, 내가 얼굴, 손, 팔 및 이 지체들의 기계 전체를 갖고 있다는 것이다. 이런 것은 시체에서도 보이는 것으로, 나는 그것을 신체라는 이름으로 지칭하고 있었다. 그다음에 떠올랐던 것은, 내가 양분을 섭취한다는 것, 걷는다는 것, 감각한다는 것, 사유한다는 것으로, 나는 분명 이 활동들을 영혼과 연관시키고 있었다.[86] 그러나 나는 이 영혼이 무엇인지에 주의하지 않았거나, 아니면 그것을 나의 보다 거친[87] 부분들 안에 퍼져 있을, 바람이나 불이나 공기와 비슷한, 내가 알지 못하는 미세한 것[88]이라고 상상하고 있었다. 그러나 물체에 대해서는 의심하기는커녕, 오히려 그 본성을 판명하게 인식한다고 여기고 있었다. 혹시라도 내가 그것을 정신에 떠올랐던 대로 기술하려 했다면 이렇게 설명했을 것이다. 내가 이해하는 물체란, 어떤 형태로 한정될 수 있고, 어떤 장소로 경계가 정해질 수 있고, 공간을 점유해서 다른 모든 것을 그 공간에서 몰아낼 수 있으며, 촉각으로, 시각으로, 청각으로, 미각으로 혹은 후각으로 지각될 수 있고, 또한 여러 방식으로 움직이지만 실은 자기 스스로가 아니라 접촉되는 다른 것에 의해 어디론가 움직일 수 있는 모든 것이다. 왜냐하면 나는 스스로 움직이는 힘을 가진다는 것은 감각하는 힘이나 사유하는 힘과 마찬가지로 물체의 본성에 결코 속하지 않는 것으로 판단하고 있었고, 게다가 그런 능력들이 어떤 물체들에서 발견된다는 것에 오히려 놀라고 있었기 때문이다.

그러나 극히 유능하고, 이렇게 말해도 된다면, 사악한 어떤 기만

자가 온 힘을 다해 모든 것에서 나를 농락했다고 가정하는 지금은 어떠한가?[89] 방금 물체의 본성에 속한다고 말한 모든 것 가운데 내가 무언가를 조금이라도 갖고 있다고 단언할 수 있는가? 주의를 집중하고, 사유하고, 되돌아보지만 아무것도 떠오르지 않는다. 헛되이 같은 것을 반복하다가 지쳐버린다. 그러나 내가 영혼에 귀속시킨 것들 가운데, 양분을 섭취한다거나 걷는다는 것은 어떠한가? 나는 분명 지금 신체를 갖지 않으므로, 이것 또한 허구[90]와 다름없다. 감각한다? 이것도 물론 신체 없이는 행해지지 않으며, 꿈에서 감각한다고 보인 것이 나중에 알아보니 감각하지 않은 것이 아주 많았다. 사유한다? 이번에 나는 발견한다, 사유이다, 이것만이 나로부터 떼어내질 수 없다. 나는 존재한다, 나는 현존한다. 확실하다. 그러나 얼마 동안? 물론 내가 사유하는 동안.[91] 왜냐하면 어쩌면, 내가 모든 사유를 그친다면, 나는 그 즉시 존재하기를 완전히 멈추는 일이 생길 수도 있기 때문이다.[92] 지금 나는 필연적으로 참인 것 외에는 아무것도 인정하지 않는다. 그러므로 정확히 나는 오직 사유하는 것이고, 이것은 정신, 영혼, 지성 혹은 이성이며,[93] 이것들은 그 의미가 이전에 나에게 알려지지 않았던 말들이다. 그러나 나는 참된 것이고, 참으로 현존하는 것이다.[94] 그러나 어떠한 것? 나는 말했다, 사유하는 것.[95]

그 이외에 무엇인가? 상상해보자.[96] 나는 인체로 불리는 지체들로 조립된 것이 아니다. 나는 또한 이 지체들에 퍼져 있는 미세한 공기도 아니고, 바람도 불도 증기도 숨도 아니며, 내가 꾸며내는 그 무엇도 아니다. 나는 그것이 무라고 가정했기 때문이다. 이 입언은 여전히 유효하지만, 그럼에도 불구하고 나는 어떤 것이다.[97] 그러나 어쩌면, 내가 모르고 있기 때문에 내가 무라고 가정하는 바로

크리스티안 하위헌스C. Huygens는
네덜란드의 귀족으로 평생 동안
데카르트와 깊은 우정을 나누었다.

그것들이 사물의 진리 안에서 내가 알고 있는 그 나와 다르지 않은
일이 생길 수도 있지 않을까? 나는 알지 못하고, 이것에 대해 나는
지금 논쟁하지 않는다. 나는 나에게 알려져 있는 것들에 대해서만
판단을 내릴 수 있다.[98] 나는 내가 현존한다는 것을 알고 있고, 내
가 알고 있는 이 나는 누구인지를 묻고 있다. 이렇게 정확하게 취
해진 나에 대한 앎은 내가 그 현존에 대해 아직 알고 있지 않은 것   [28]
들에 의존하지 않는다는 것, 따라서 내가 상상력으로 지어내는 것
들 중 어떤 것에도 의존하지 않는다는 것은 극히 확실하다.[99] 그리
고 **내가 지어낸다**라는 이 말은 나에게 내 오류를 알려준다. 왜냐하
면 내가 무엇인지를 상상하는 경우, 나는 실제로 그것을 꾸며낼 것
인데, 이는 상상한다는 것은 물체적 사물의 형태 혹은 상을 주시하
는 것과 다름없기 때문이다.[100] 그런데 나는 지금, 내가 존재한다는
것, 그리고 동시에 그 모든 상들 그리고 일반적으로 물체적 본성과
관련된 것은 모두 그저 몽상[101]일 수 있음을 확실히 안다. 이런 것을

깨닫고 있으면서도, 내가 도대체 누구인지를 더욱 판명하게 알아보기 위해 상상해보자라고 말하는 것은 어리석어 보인다. 내가 지금 확실히 깨어 있고 참된 어떤 것을 보기는 하지만, 아직 충분히 명증하게 보는 것은 아니라서, 꿈이 나에게 그것을 보다 참되고 보다 명증하게 재현하도록 애써 잠을 청하자고 말하는 것처럼 말이다. 그래서 나는, 내가 상상력의 도움으로 파악할 수 있는 것들 가운데 어떤 것도 나에 대해 갖고 있는 이 앎에 속하지 않는다는 것, 그리고 정신이 자신의 본성을 최대한 판명하게 지각하기 위해서는 아주 주의 깊게 정신을 그것들로부터 멀어지게 해야 한다는 것을 알게 된다.

그러나 그러면 나는 무엇인가? 사유하는 것. 이것은 무엇인가? 의심하는 것, 이해하는 것, 긍정하는 것, 부정하는 것, 원하는 것, 원하지 않는 것, 또한 상상하는 것 그리고 감각하는 것이다.

정말로 이것들은 적은 것이 아니다. 그 모든 것이 나에게 속한다면 말이다. 그러나 왜 속하지 않겠는가? 지금 거의 모든 것을 의심하고, 그렇지만 어떤 것은 이해하며, 이 한 가지만은 참이라고 긍정하고, 그 밖의 것은 부정하며, 더 많은 것을 알고자 욕망하고, 속는 것을 원하지 않으며, 심지어 본의 아니게 많은 것을 상상하고, 또한 그것들을 감각에서 온 것으로서 감지하는[102] 바로 내가 아닌가? [29] 내가 항상 자고 있다고 해도, 심지어 나를 창조한 자가 온 힘을 다해 나를 농락한다고 해도, 나는 존재한다는 것과 동등하게 참이 아닌 것이 그 가운데 무엇인가?[103] 나의 사유와 구별되는 것이 무엇인가? 나 자신과 분리된다[104]고 말해질 수 있는 것이 무엇인가? 왜냐하면 의심하고, 이해하고, 원하는 것이 나임은, 이것을 보다 명증하게 설명해주는 것은 아무것도 떠오르지 않을 만큼 명백하기 때문이다. 그렇지만 나는 또한 상상하는 바로 그 나다. 왜냐하면, 비록 어쩌면, 내가 가정했듯이, 상상된 어떤 것도 전혀 참이 아니라 해도, 상상하는 힘 자체는 실제로 현존하고, 내 사유의 부분을 이루기 때문이다. 마지막으로, 나는 감각하는 그 나, 즉 물체적 사물들을 감각을 매개로 감지하는 그 나다. 분명히 나는 지금 빛을 보고, 소리를 듣고, 열을 느낀다. 이것들은 거짓인데, 나는 자고 있기 때문이다.[105] 그러나 적어도 본다고, 듣는다고, 따듯해진다고 보이는 것, 이것은 거짓일 수 없다.[106] 이것이 본래 나에게 있어 감각하다로 불리는 것이다. 그리고 이것은, 이렇게 정확하게 취해질 경우, 사유하다와 다름없다.[107]

이것들로부터 나는 내가 도대체 누구인지를 어느 정도 더 잘 알기 시작한다. 그러나 여전히, 물체적 사물들, 즉 사유가 그것들의 상들을 형성하고, 감각들이 탐색하는 물체적 사물들이 상상력에 의해 포착되지 않는,[108] 내가 알지 못하는 그 나보다 훨씬 더 판명하게 알려지는 것으로 보이고, 또 그런 생각을 떨칠 수도 없다. 그렇지만 의심스러운 것, 알려지지 않은 것, 나와 무관한 것이라고 내가 알아차리는 것들이 참된 것, 알려진 것보다, 요컨대 나 자신보다 더 판명하게 파악된다는 것은 정말로 놀라운 일이다. 그러나 나는 그것이 왜 그런지 보고 있다. 내 정신은 방황하길 즐기고, 여전히 진리의 경계 안에 갇히는 것을 견디지 못한다. 그렇다면 좋다. 정신의 고삐를 한 번 더 최대한 늦춰보자. 잠시 후 적당한 시점에 다시 [30] 고삐를 당기면 보다 쉽게 끌려올 것이다.

흔히들 모든 것 중에서 가장 판명하게 파악된다고 믿는 것을 고찰해보자. 물론 우리가 만지고, 우리가 보는 물체들이다. 물체들 일반이 아니라 특수한 물체이다. 일반적인 지각들은 상당히 더 혼동되기 마련이기 때문이다. 이 밀랍을 예로 삼아보자. 이것은 방금 벌집에서 꺼낸 것이다. 아직도 모든 꿀맛을 잃지 않고 있다. 본래 꽃의 향기를 어느 정도 간직하고 있다. 색, 형체, 크기도 뚜렷하다. 단단하고, 차갑고, 쉽게 만져지고, 손마디로 두드리면 소리를 낼 것이다. 요컨대, 어떤 물체가 가능한 한 판명하게 인식되기 위해 필요하다고 보이는 모든 것이 이 밀랍에 있다. 그런데 보라. 말하는 동안 불에 가까이 가져가니 남은 맛은 사라지고, 향기는 날아가고, 색은 변하고, 형체는 없어지고, 크기는 늘어나고, 액체로 되고, 뜨거워지고, 거의 만질 수도 없고, 또 지금은 두드려도 소리를 내지 않는다. 여전히 동일한 밀랍이 그대로 남아 있다는 것인가? 그대로 남아 있음을 시인해야 한다. 아무도 부정하지 않고, 아무도 달리 여기지 않는다. 그러면 밀랍에서 그처럼 판명하게 파악된 것은 무엇이었나? 확실히 내가 감각으로 닿았던[109] 것 중에는 아무것도 없다. 미각, 후각, 시각, 촉각 또는 청각으로 감지한 것은 모두 지금 바뀌었고, 밀랍은 그대로 남아 있기 때문이다.

아마도 그것은 내가 지금 사유하고 있는 것, 즉 밀랍 자체는 꿀의 그 단맛도, 꽃의 그 향기도, 그 흰 빛깔도, 형체도, 소리도 아니라, 조금 전의 이 양상들이 지금은 다른 양상들을 보이며 나에게 나타난 물체였다. 그러나 내가 이렇게 상상하는 그것은 정확하게 무엇인가? 주의하자. 그리고 밀랍에 속하지 않는 것들을 제거하면서[110] 남아 있는 것을 보자. 분명 연장되고, 유연하고, 가변적인 것 외에 아무것도 없다. 그러나 유연한, 가변적인, 이것은 무엇인가?[111] 이것은 이 밀랍이 원형에서 사각형으로 또는 사각형에서 삼각형으로 변할 수 있다고 내가 상상하는 것이 아닌가? 전혀 아니다. 왜냐하면 나는 밀랍이 이런 종류의 무수한 변화를 받아들일 수 있다고 파

[31]

잉글랜드 왕국의 정치철학자, 토마스 홉스
T. Hobbes의 초상화. 홉스는 청교도 혁명
직전에 프랑스로 망명하여 데카르트,
가상디 등과 친교를 나누었다.

악하지만, 내가 상상하면서 그 무수한 것들을 통람할 수도 없고, 따라서 이 파악은 상상능력에 의해 완수되지도 않기 때문이다.[112] 연장된, 이것은 무엇인가? 밀랍의 연장 자체 또한 알려지지 않은 것이 아닌가? 왜냐하면 밀랍이 녹으면 연장은 커지고, 끓으면 더 커지며, 열이 증가하면 다시 더 커지기 때문이다. 그리고 이 밀랍 또한 내가 일찍이 상상하면서 포괄했던 것보다 더 많은 다양성을 연장에 따라 받아들인다고 여기지 않고서는, 나는 밀랍이 무엇인지를 올바로 판단하지 못할 것이기 때문이다. 그러므로 나는 이 밀랍이 무엇인지를 상상조차 못한다는 것, 오히려 정신에 의해서만 지각한다는 것을 용인하는 일만 남아 있다. 나는 이 특정한 밀랍을 말하고 있다. 왜냐하면 밀랍 일반에 대해서는 더욱 분명하기 때문이다. 그러나 정신에 의해서가 아니면 지각되지 않는 이 밀랍은 도대체 어떠한 것인가? 물론 그것은 내가 보는 것, 내가 만지는 것이고, 내가 상상하는 것과 동일한 것이며, 요컨대 내가 처음부터 그것이라고 여겼던 것과 같은 것이다. 그런데 주의해야 하는 것은, 그 밀랍의 지각은 시각도 촉각도 상상력도 아니라는 것, 전에는 그렇게 보였다고 해도 결코 그렇지 않았다는 것, 오히려 그것은 정신만의 통찰이라는 것, 그리고 이 통찰은, 내가 이것을 구성하는 것들에 덜 주의하느냐 더 주의하느냐에 따라, 이전처럼 불완전하고 혼동될 수도 있고 지금처럼 명석하고 판명할 수도 있다는 것이다.[113]

[32] 그러나 나는 그러는 동안 내 정신이 너무나 쉽게 오류로 기운다는 사실에 깜짝 놀란다. 비록 내가 내 안에서 이런 것들을 고요히 말없이 고찰한다고 해도, 나는 말 자체에 매여 있고, 말하는 관습에 거의 속아 넘어가기 때문이다.[114] 실로, 만일 밀랍이 옆에 있다면, 우리는 밀랍 그 자체를 보고 있다고 말하지, 색이나 형체 때문에 밀랍이 옆에 있다고 판단한다고는 말하지 않는다. 이로부터 나는 바로, 밀랍은 눈의 봄에 의해 인식되고, 정신만의 통찰에 의해 인식되는 것은 아니다, 라고 결론지었을 것이다.[115] 만일 내가 지금 우연히 창문으로 거리를 지나다니는 사람들을 바라보지 않았더라면 말이다. 또한, 밀랍과 마찬가지로, 관습대로 그 사람들 자체를 본다고 말하는 그 사람들을 바라보지 않았더라면 말이다. 그런데 내가 그 안에 자동기계들이 숨어 있을 수도 있는 모자들과 옷들 외에 보는 것이 무엇인가? 그러나 나는 그것들이 사람들이라고 판단한다. 그리고 이처럼, 내가 눈으로 본다고 여겼던 것을 나는 정신 안에 있는 판단능력만으로 파악한다.

그러나 대중 이상으로 지혜롭기를 바라는 자가 대중이 고안한 말의 형식들에서 의심[116]을 찾아낸 것은 부끄러워할 일이다. 계속 앞으로 나아가자. 그리고 내가 밀랍이 무엇인지를 보다 완전하게 보다 명증하게 지각한 것이, 내가 처음 밀랍을 바라보고, 바로 그 외적 감각이나, 아니면 적어도 이른바 공통감각, 다시 말해 상상적인 힘으로[117] 인식한다고 믿었던 그때인지, 아니면 오히려 밀랍이 무엇이고 어떤 식으로 인식되는지를 보다 세심하게 탐구하고 난 지금인지에 주목해보자. 이에 대해 의심한다는 것은 확실히 어리석은 일이다. 첫 번째 지각에서 도대체 무엇이 판명했던가? 아무 동물이나 가질 수 있는 것으로 보이지 않는 것이 있었던가? 그러나 내가 밀랍을 외적 형식들과 구별하고, 마치 옷을 벌거벗겨 놓은 듯이 고찰할 경우, 내 판단 안에 여전히 오류가 있을 수 있다고 해도, 나는 실제로 인간 정신 없이는 밀랍을 그렇게 지각할 수 없다.

그러나 나는 바로 이 정신에 대해, 즉 나 자신에 대해 무엇을 말 [33] 할 것인가? 왜냐하면 나는 아직도 정신 외에 다른 어떤 것이 내 안에 있다는 것을 인정하지 않기 때문이다. 말하건대, 이 밀랍을 그토록 판명하게 지각하는 것으로 보이는 나는 무엇인가? 나는 나 자신을 훨씬 더 참되게 훨씬 더 확실하게 인식할 뿐만 아니라, 훨씬 더 판명하고 더 명증하게 인식한다는 것이 아닌가? 왜냐하면 내가 밀랍을 본다는 사실로부터 밀랍이 현존한다고 판단한다면, 내가 밀랍을 본다는 사실로부터 확실히[118] 나 자신 또한 현존한다는 사실이 훨씬 더 명증하게 추론되기 때문이다. 실로, 내가 보는 것이 실제로 밀랍이 아닌 경우가 있을 수 있고, 심지어 내가 어떤 것을 보는 눈들조차 갖지 않는 경우가 있을 수 있다. 그러나 내가 볼 때, 즉 내가 본다고 사유할 때(나는 지금 이것을 구별하지 않는다), 사유하는 나 자신이 어떤 것이 아닌 경우는 결코 있을 수 없다. 이와 유사한 이유로, 만일 내가 밀랍을 만진다는 사실로부터 밀랍이 현존한다고 판단한다면, 같은 것, 즉 나는 존재한다는 것이 다시 추론될 것이다. 만일 내가 밀랍을 상상한다는 사실로부터, 혹은 임의의 다른 원인으로부터 밀랍이 현존한다고 판단한다면, 완전히 같은 것, 즉, 나는 존재한다는 것이 다시 추론될 것이다.[119] 그리고 내가 밀랍에 대해 깨닫는 바로 이것은 내 외부에 위치한 나머지 모든 것에 적용될 수 있다. 그런데 더 나아가, 만일 밀랍에 대한 지각이 시각이나 촉각만이 아니라 더 많은 원인들에 의해 나에게 알려진 다음 더욱 판명하게 보였다면, 나는 지금 나 자신을 그만큼 더 판명하게 인식한다는 것을 시인해야 한다. 왜냐하면 밀랍에 대한 지각이든 그 어떤 다른 물체에 대한 지각이든, 그 지각에 도움이 될 수 있는 모든 근거들은 동시에 그리고 더욱 잘 내 정신의 본성을 입증하기 때문이다![120] 그러나 또한, 정신 안에는 정신에 대한 인식을 더욱 판명하게 해줄 수 있는 다른 근거들이 아주 많이 있기 때문에, 물체에서 정신의 본성으로 흘러오는[121] 근거들은 고려할 필요가 거의 없어 보인다.

[34]　　그리고 보라. 마침내 나는 자연적으로 내가 원했던 곳으로 돌아왔다.[122] 왜냐하면 나는 지금 물체 자체는 본래 감각들에 의해 혹은 상상능력에 의해서가 아니라 지성에 의해서만 지각된다는 것, 그리고 그것은 만져지거나 보여서가 아니라 이해되어서만 지각된다는 것을 알고 있으므로, 나는 나에 의해 내 정신보다 더 쉽게 그리고 더 명증하게 지각될 수 있는 것은 아무것도 없음을 명백하게 인식하기 때문이다.[123] 그러나 오랜 의견의 습관이란 그리 빨리 내려놓을 수 있는 것이 아니라서, 이 새로운 인식을 오랜 성찰로 내 기억에 더욱 깊이 새겨 넣기 위해 여기서 멈추는 것이 좋을 것이다.

제3성찰   신에 관하여, 그가 현존한다는 것*

나는 지금 눈을 감을 것이고, 귀를 막을 것이고, 모든 감각을 멀리할 것이며, 심지어 물체적 사물들의 상들을 모두 내 사유에서 지워버릴 것이다. 아니면 적어도, 그것은 거의 불가능한 일이기에, 그 상들을 헛된 것 그리고 거짓된 것으로서 무로 여길 것이며, 나하고만 말하고 내 안을 보다 깊이 들여다보면서, 나 자신이 나에게 조금씩 더 알려지고 더 친숙해지도록 애쓸 것이다. 나는 사유하는 것이고, 그것은 의심하는, 긍정하는, 부정하는, 약간의 것을 이해하는, 많은 것을 모르는, 원하는, 원하지 않는, 또한 상상하는 그리고 감각하는 것이다. 왜냐하면 앞서 주목했듯이, 비록 내가 감각하는 것들 혹은 상상하는 것들이 어쩌면 내 외부에서는 무일지는 몰라도, 그렇지만 내가 감각 그리고 상상력으로 부르는 이 사유 양태들이, 단지 사유의 특정 양태들인 한에서, 내 안에 있다는 것을 확신하기 때문이다.[124]   [35]

그리고 나는 이 약간의 것들 안에서 내가 정말로 알고 있는 모

---

* 원어는 "De Deo, quod existat"이다.

든 것, 아니면 적어도 내가 지금까지 알고 있다고 알아차린 모든 것을 점검했다. 나는 이제 혹시라도 내가 아직 돌아보지 않은 다른 것들이 여전히 내 안에 있는지를 더욱 세심히 둘러볼 것이다.[125] 나는 내가 사유하는 것임을 확신한다. 그러면 나는 또한 내가 어떤 것을 확신하는 데 요구되는 것도 알고 있다는 것인가?[126] 실로, 이 최초의 인식 안에는 내가 긍정하는 것에 대한 명석판명한 지각 외에 아무것도 없다. 물론 이러한 지각이, 만일 내가 그렇게 명석판명하게 지각하는 어떤 것이 거짓인 일이 언제고 일어날 수 있다면, 나에게 사물의 진리를 확신시키기에 충분치 않을 것이다. 따라서 이제, 내가 매우 명석판명하게 지각하는 모든 것은 참이라는 것을 일반적인 규칙으로 정립할 수 있는 것으로 보인다.[127]

그렇기는 하지만, 내가 전에 전적으로 확실하고 명백한 것으로 받아들였지만, 나중에 의심스러운 것으로 알아챈 많은 것들이 있다. 그러면 그것은 어떠한 것들이었나? 그것은 땅, 하늘, 별 그리고 내가 감각으로 포착했던 다른 모든 것들이었다. 그런데 내가 그것들에 대해 명석하게 지각했던 것은 무엇이었나? 그것은 그러한 사물들의 관념들 자체, 즉 사유들 자체가 내 정신에 나타난다는 것이었다.[128] 그러나 나는 지금조차도 그 관념들이 내 안에 있다는 것을 부정하지 않는다. 그런데 내가 긍정했고, 심지어 내가 믿는 습관 때문에 명석하게 지각한다고 여겼지만, 실제로는 지각하지 않은 다른 어떤 것이 있었다. 그것은 그 관념들이 유래하고, 그 관념들과 전적으로 유사한 어떤 것이 내 외부에 있다는 것이었다. 그리고 여기서 나는 속고 있었거나, 아니면 적어도 만일 내 판단이 참이었다면, 그것은 내 지각의 힘 때문에 일어난 게 아니었다.[129]

정말 뭐라고?[130] 산술적인 또는 기하학적인 것들에서 매우 단순

하고 쉬운 것, 예를 들어 둘과 셋을 더하면 다섯이라는 것, 혹은 이 [36]
와 유사한 것들을 고찰하고 있었을 때, 내가 적어도 이것들이 참임
을 긍정할 만큼 충분히 명료하게 직관하지 않았다고?[131] 분명히, 나
는 나중에 그것들에 대해 의심할 수 있다고 판단했는데, 그 이유는
다름 아니라 혹시 어떤 신이 극히 명백하게 보이는 것들에서조차
기만당하는 그러한 본성을 나에게 부여했을 수도 있다는 것이 정
신에 떠올랐기 때문이다.[132] 그러나 신의 전능성에 관해 사전에 형
성된 이 의견이 나에게 떠오를 때마다, 정말로 신이 원한다면, 내가
정신의 눈으로 극히 명증하게 직관한다고 여기는 것들에서조차 오
류를 범하게끔 하는 것은 신에게는 쉬운 일임을 시인하지 않을 수
없다.[133] 그러나 내가 매우 명석하게 지각한다고 여기는[134] 것들 자
체로 향할 때마다, 나는 그것들로부터 완전히 설득되어 이런 말들
이 저절로 터져 나올 것이다. 누구든지 나를 속일 수 있으면 속여
보라. 그렇지만 내가 나는 어떤 것이라고 사유하는 동안, 결코 내가
무이게끔 하지는 못할 것이다. 혹은 나는 존재한다는 것이 지금 참
이므로, 내가 존재한 적이 없다는 것이 어느 날 참이게끔 하지는 못
할 것이다. 혹은 아마 또한, 둘 더하기 셋이 다섯보다 더 많게끔 또
는 더 적게끔 하지도 못할 것이다. 혹은 분명히 내가 명백한 모순을
인지하는 이와 유사한 것들을 하지는 못할 것이다.[135] 그리고 확실
히, 나는 어떤 신이 기만자라고 여길[136] 어떠한 기회도 갖지 못하므
로, 또 어떤 신이 존재하는지 여부조차 아직 충분히 알지도 못하므
로, 단지 이런 의견에 의존하는 의심의 근거는 매우 빈약하고, 말하
자면 형이상학적[137]이다. 그러나 또한 이 의심의 근거를 제거하기
위해 나는 기회가 나타나자마자 바로 신이 존재하는지 그리고 존
재한다면 기만자일 수 있는지를 조사해야 한다. 왜냐하면 이것을

얀 프로보스트J. Provost의
기독교 우의화. 데카르트는
당대 신학적 주제에 대한
논쟁에 휘말리는 것을 원치
않았다. 위트레흐트의
신학자들은 이런 데카르트를
무신론자라고 비난했다.

모르는 한, 나는 내가 언젠가 다른 어떠한 것에 대해 전적으로 확신
할 수 있을 것 같지 않기 때문이다.[138]

그런데 지금 순서는, 먼저 내 모든 사유들[139]을 특정한 종류로 나
[37] 누고, 그 가운데 어떤 것에 본래 참 또는 거짓이 있는지를 탐구하기
를 요구하는 것으로 보인다. 내 사유들 가운데 어떤 것은 사물의 상
과 같은 것이고, 관념이라는 이름은 본래 이것에만 어울린다.[140] 이
를테면, 내가 인간, 키메라, 하늘, 천사 혹은 신을 사유할 때다. 그러
나 다른 것들은 이것 외에도 다른 어떤 형상들[141]을 갖고 있다. 이를
테면, 내가 원할 때, 두려워할 때, 긍정할 때, 부정할 때, 나는 항상
어떤 것을 내 사유의 주제로 포착하기는 하지만, 그러나 나는 또한
이 사물의 유사함 이상의 어떤 것을 사유를 통해 포괄한다.[142] 그리

고 이것들 가운데 어떤 것은 의지들 혹은 정념들로, 그러나 다른 어떤 것은 판단으로 불린다.[143]

이제 관념들에 대해 말하자면, 만일 그것들이, 내가 그것들을 다른 어떠한 것과 관련짓지 않고, 그 자체로만 고찰된다면, 그것들은 본래 거짓일 수 없다. 왜냐하면 내가 산양을 상상하든 키메라를 상상하든, 내가 그중 하나를 상상한다는 것은 다른 하나를 상상하는 것 못지않게 참이기 때문이다. 또한 의지 자체에서도, 혹은 정념들에서도 거짓을 두려워해서는 안 된다. 왜냐하면 비록 내가 나쁜 것을 원할 수 있다고 해도, 심지어 어디에도 존재하지 않는 것을 원할 수 있다고 해도, 그렇다고 해서 내가 그것들을 원한다는 것이 참이 아닌 것은 아니기 때문이다. 그러므로 남아 있는 것은 판단들뿐이며, 이것들에서 나는 속지 않도록 조심해야 한다. 그런데 판단들에서 발견될 수 있는 주되고 가장 흔한 오류는 내 안에 있는 관념들이 내 외부에 위치한 어떤 것들과 유사하다고, 혹은 일치한다고 판단하는 것에 있다. 왜냐하면 분명, 만일 내가 관념들을 다른 어떤 것들과 관련짓지 않고, 내 사유의 특정 양태들로서 관념들 그 자체만을 고찰한다면, 관념들은 나에게 오류를 저지를 어떤 질료도 거의 줄 수 없기 때문이다.

그런데 이 관념들 가운데 어떤 것은 본유적인 것, 어떤 것은 외래적인 것, 어떤 것은 나 자신에 의해 만들어진 것으로 보인다.[144] 왜 [38] 냐하면 사물이 무엇이고, 진리가 무엇이며, 사유가 무엇인지를 내가 이해한다는 것, 이것들을 다른 데서가 아니라 내 본성 자체로부터 가지는 것으로 보이기 때문이다.[145] 그런데 내가 지금 소리를 듣고, 태양을 보며, 열을 느낀다는 것, 지금까지 나는 이것들을 내 외부에 위치한 어떤 것들에서 유래한다고 판단했다. 그리고 마지막으로, 세이렌, 히포그리프 그리고 이와 유사한 것들은 나 자신에 의해서 꾸며진다.[146] 어쩌면 나는 또한 그 모든 것이 외래적인 것이라고, 아니면 그 모든 것이 본유적인 것이라고, 아니면 그 모든 것이 만들어진 것이라고 여길 수도 있는데, 왜냐하면 나는 아직 그것들의 참된 기원을 명석하게 통견하지 않았기 때문이다.[147]

그러나 여기서는 주로 내가 내 외부에 현존하는 사물들에서 취해진 것으로 간주하는 관념들에 대해, 이 관념들이 저 사물들과 유사하다고 믿게끔[148] 나를 움직이는 근거가 도대체 어떠한 것인지를 물어야 한다. 사실, 자연이 그렇게 가르치는 것으로 보인다. 그리고 이것 외에도 나는 그 관념들이 내 의지에도, 따라서 나 자신에도 의존하지 않는다는 것을 경험한다.[149] 왜냐하면 그 관념들은 자주 내 뜻에 반해서조차 나타나기 때문이다. 예컨대 지금 내가 원하든 원하지 않든 나는 열을 감각하고, 이 때문에 나는 그래서 감각 혹은 열의 관념은 나와 상이한 것, 즉 내 곁에 있는 불의 열로부터 나에게 도래한다고 생각한다.[150] 그리고 그 상이한 것이 다른 것보다 오히려 자신과 유사한 것을 내 안에 들여보낸다고 내가 판단하는 것보다 더 자연스러운[151] 것은 아무것도 없다.

나는 이제 그 근거들이 충분히 확고한지를 볼 것이다. 내가 여기서 자연이 그렇게 가르친다고 말할 때, 내가 이해하는 바는, 단지 어떤 자발적 충동에 의해 내가 그것을 믿게끔 이끌린다[152]는 것이지, 어떤 자연의 빛에 의해 그것이 참임이 나에게 드러난다는 것은 아니다.[153] 이 둘은 서로 많이 다른 것이다. 실로, 자연의 빛에 의해 나에게 드러나는 모든 것, 예를 들어, 내가 의심한다는 사실로부터 내가 존재한다는 것이 따라 나온다는 것, 그리고 이와 유사한 것들은 전혀 의심스러울 수 없는데, 이는 내가 이 빛만큼 신뢰하는 다

른 어떤 능력도 있을 수 없기 때문이고, 또 그것이[154] 참이 아니라
고 가르쳐줄 수 있는 다른 어떤 능력도 있을 수 없기 때문이다. 그
러나 자연적 충동에 관한 한, 나는 이미 예전에 자주, 좋은 것을 선
택해야 할 때 그 충동이 나를 더 나쁜 쪽으로 몰아갔다고[155] 판단했
고, 또 내가 왜 다른 사안에서 그것을 더 신뢰해야 하는지도 알지
못한다.

다음으로, 비록 그 관념들이 내 의지에 의존하지 않는다고 해도,
그렇다고 해서 그것들이 필연적으로 내 외부에 위치한 사물들에서
유래한다는 것은 알려진 바가 없는데, 왜냐하면 내가 방금 말했던,
내 안에 있을지라도 내 의지와는 상이해 보이는 저 충동들과 마찬
가지로, 어쩌면 또한 아직 나에게 충분히 알려지지 않은 다른 어떤
능력이 그러한 관념들의 산출자[156]로서 내 안에 있을지도 모르기
때문이다. 내가 꿈꾸는 동안 외부 사물들의 도움이 전혀 없이도 그
관념들이 내 안에서 형성되는 것을 지금까지 늘 본 것처럼 말이다.

그리고 마지막으로, 그 관념들이 나와 상이한 사물들에서 유래한
다고 해도, 이로부터 그것들이 그 사물들과 유사해야 한다는 것은
따라 나오지 않는다. 아니 오히려 나는 자주 많은 경우에서 커다란
차이를 포착했던 것으로 보인다. 예를 들어, 나는 내 안에서 태양에
대한 두 가지 상이한 관념들을 발견한다. 그 하나는 감각에서 길어
올려진 것 같은 관념, 그리고 무엇보다도 내가 외래관념으로 간주
하는 것들 가운데 포함되어야 하는 관념인데, 이것을 통해 태양은
나에게 아주 작게 나타난다. 반면 다른 하나는 천문학적 근거들에
서 취해진 관념, 다시 말해 나에게 본유적인 어떤 개념들에서[157] 끌
어내진 관념이거나, 혹은 어떤 다른 방식으로 나에 의해 만들어진
관념인데, 이것을 통해 태양은 지구보다 몇 배나 큰 것으로 현시된

다. 분명, 이 두 관념 모두 내 외부에 현존하는 저 태양과 유사할 수 없으며, 또 이성은 태양 자체에서 가장 직접 유출된 것으로 보이는 관념이 태양과 가장 유사하지 않다고 설득한다.[158]

[40]   이 모든 것은 내가 지금까지 확실한 판단이 아니라 그저 어떤 맹목적 충동으로,[159] 감각기관을 통해, 아니면 임의의 다른 방식으로 그 관념들 혹은 상들을 내 안에 들여보내는 나와 상이한 어떤 사물들이 현존한다고 믿고 있었음을 충분히 증명한다.

그러나 내 안에 그 관념들이 있는 사물들 가운데 어떤 것이 내 외부에 현존하는지를 탐구하는 또 다른 어떤 길이 나에게 떠오른다. 즉, 그 관념들이 단지 사유의 특정 양태들인 한에서, 나는 그것들 간의 어떠한 비동등성[160]도 인지하지 못하며, 그것들은 모두 같은 방식으로 나로부터 유래하는 것으로 보인다. 그러나 이 관념은 이 사물을, 다른 관념은 다른 사물을 재현하는 만큼, 이 동일한 관념들이 서로 매우 상이하다는 것은 명백하다.[161] 왜냐하면 나에게 실체를 현시하는 관념은 그저 양태 혹은 우연적 성질을 재현하는 관념보다 더 큰 어떤 것이고, 말하자면, 더 많은 표상적 실재성[162]을 자기 안에 포함한다는 것은 의심의 여지가 없기 때문이다. 그리고 다시, 나에게 어떤 지고하고 영원하고 무한하고 전지하고 전능하고 자기 이외의 모든 것의 창조자인 신을 이해하게 해주는 관념은 유한 실체를 현시하는 관념보다 틀림없이 더 많은 표상적 실재성을 자기 안에 갖고 있기 때문이다.

그러나 지금, 자연의 빛에 의해 명백한 것은, 작용 및 전체 원인 안에는 그 원인의 결과 안에 있는 것과 적어도 동등한 실재성이 있어야 한다는 것이다.[163] 왜냐하면 묻건대, 결과는 원인에서가 아니면 도대체 어디에서 자신의 실재성을 받아들일 수 있겠는가? 그리

보헤미아의 왕녀
엘리자베스Elizabeth.
데카르트를 사숙私淑하면서
데카르트와 많은 서신을 주고받았다.
데카르트 최후의 저작인 《정념론》은
엘리자베스를 위하여 쓰였다.

고 원인은, 자신이 또한 실재성을 갖고 있지 않다면, 어떻게 실재성
을 결과에게 줄 수 있겠는가? 그리고 이로부터, 어떤 것이 무에서
생긴다는 것은 불가능하다는 것, 그리고 또한 더 완전한 것, 다시
말해 자기 안에 더 많은 실재성을 포함하는 것이 덜 완전한 것에서
생긴다는 것은 불가능하다는 것이 따라 나온다. 그리고 이 진리는
현실적 혹은 형상적 실재성[164]을 갖고 있는 결과들에 대해서만이 [41]
아니라, 그저 표상적 실재성만이 고려되는 관념들에 대해서도 명
료하다. 다시 말해, 예를 들어, 전에는 존재하지 않았던 어떤 돌이
지금 존재하기를 시작한다는 것은 돌 안에 놓여 있는 것 전체를 형
상적으로든 우월적으로든[165] 자기 안에 갖고 있는 어떤 것에 의해
산출되지 않고서는 불가능하다. 그리고 열이 전에는 뜨겁지 않았
던 주체 안에 도입된다는 것은 열과 적어도 동등한 정도의 완전성

을 갖고 있는 것에 의해서가 아니고서는 불가능하며, 그 밖의 경우도 마찬가지다. 그러나 이뿐만 아니라 또한, 열이나 돌의 관념이 내 안에 있다는 것은 열이나 돌 안에 있다고 내가 생각하는 것과 적어도 동등한 실재성을 자기 안에 갖고 있는 어떤 원인에 의해 내 안에 놓여 있지 않고서는 불가능하다. 왜냐하면 그 원인이 자기의 현실적 즉 형상적 실재성을 내 관념 안에 아무것도 옮기지 않는다고 해도, 그렇다고 해서 그것이 아마 덜 실재적일 것이라고 생각해서는 안 되며, 오히려 관념이 내 사유의 양태인 만큼, 관념은 내 사유에서 빌리는 형상적 실재성 이외에 다른 어떤 형상적 실재성도 자기 스스로 요구하지 않는 것이 그 본성이라고 생각해야 하기 때문이다.[166] 그런데 이러한 관념이 다른 것이 아니라 오히려 이런저런 표상적 실재성을 포함한다면, 이 관념은 분명 그 실재성을 자신이 포함하는 표상적 실재성과 적어도 동등한 형상적 실재성을 가지는 어떤 원인으로부터 얻어야 한다. 왜냐하면 만일 우리가 그 원인 안에 있지 않은 어떤 것이 관념 안에서 발견된다고 조정할 경우, 관념은 그것을 그러므로 무로부터 가질 테지만, 사물이 관념을 통해 지성 안에 표상적으로 존재하는 이 존재방식이 아무리 불완전하다고 해도, 이것은 분명 무가 전혀 아니며, 따라서 무로부터 나올 수 없기 때문이다.[167]

또한 나는 내가 내 관념들에서 고찰하는 실재성이 그저 표상적인 것이므로, 그 실재성이 이 관념들의 원인들 안에 형상적으로 존재할 필요는 없고, 그 원인들 안에서도 표상적으로 존재하면 충분하다는 의혹을 품어서도 안 된다. 왜냐하면 이 표상적 존재방식이 관념의 본성상 관념들에 어울리듯이, 형상적 존재방식은 관념의 원인의 본성상 관념들의 원인들에, 적어도 최초의 그리고 주된 원인들에 어울리기 때문이다.[168] 그리고 혹시라도 한 관념이 다른 관념에서 생길 수 있다고 해도, 그렇지만 여기에 무한 진행이 있는 것이 아니라, 결국에는 어떤 최초의 관념에 도달해야 하며, 이 최초의 관념의 원인은 원형과 같은 것이라, 그 안에는 관념 안에 그저 표상적으로 존재하는 모든 실재성이 형상적으로 포함되어 있다.[169] 그런 만큼 자연의 빛에 의해 나에게 명료한 것은, 관념들은 일종의 상들처럼 내 안에 있으며, 이 상들은 분명 그것들이 추출된 사물들의 완전성에 미치지 못하기는 쉬울 수 있겠지만, 더 크거나 더 완전한 어떤 것을 포함할 수는 없다는 것이다.[170]

그리고 이 모든 것을 더 오래 더 주의 깊게 조사하면 할수록, 나는 그것들이 참임을 그만큼 더 명석하고 더 판명하게 인식한다. 그러나 이것들로부터 결국 무엇을 결론지을 것인가?[171] 그것은, 만일 내 관념들 가운데 어떤 관념의 표상적 실재성이 매우 커서, 형상적으로도 우월적으로도 내 안에 존재하지 않는다고, 따라서 내가 나 자신이 그 관념의 원인일 수 없다고 확신한다면, 이로부터 세계 안에 나 홀로 존재하는 것이 아니라 그 관념의 원인인 다른 어떤 것 또한 현존한다는 것이 필연적으로 따라 나온다는 것이다. 그러나 만일 그러한 관념이 내 안에서 아무것도 발견되지 않는다면, 나는 나와 상이한 어떤 것의 현존을 나에게 확신시켜주는 논거를[172] 전혀 갖지 못할 것이다. 나는 모든 것을 극히 세심히 둘러보았고, 지금까지 다른 어떤 것도 발견할 수 없었기 때문이다.

그런데 내 안에 있는 이 관념들 가운데, 나 자신을 나에게 현시해주는 관념에 대해서는 이제 아무 어려움도 없겠지만, 이 관념 외에 신을 재현하는 다른 관념이 있고, 물체적인 것, 무생물, 천사, 짐승 그리고 마지막으로 나와 유사한 다른 인간을 재현하는 다른 관념 [43]

들이 있다.[173]

그리고 다른 인간, 짐승 혹은 천사를 현시하는 관념들에 대해서는, 나 이외에 어떠한 인간도, 짐승도, 천사도 세계 안에 존재하지 않는다고 해도, 나는 그 관념들이 내가 나 자신에 대해, 물체적인 것에 대해 그리고 신에 대해 갖고 있는 관념들로부터 구성될 수 있음을 쉽게 이해한다.[174]

그러나 물체적 사물들의 관념들에 대해서는,[175] 이것들 가운데 나 자신으로부터 비롯될[176] 수 있었다고 보이지 않을 만큼 큰 것은 아무것도 눈에 띄지 않는다. 왜냐하면 내가 그것들을 더욱 깊이 들여다보고, 어제 밀랍의 관념을 조사했던 대로 하나하나 조사한다면, 나는 그 관념들에서 명석판명하게 지각하는 것은 아주 적다는 것을 알게 되기 때문이다. 그것은 크기, 즉 길이, 폭, 깊이로 된 연장, 이 연장의 경계로부터 생기는 형태, 상이한 형태의 것들이 서로 접하는 위치 및 이 위치의 변화 즉 운동이고, 여기에 실체, 지속 및 수가 추가될 수 있다. 그러나 그 나머지 것들, 즉 빛, 색, 소리, 냄새, 맛, 뜨거움과 차가움 그리고 다른 촉각적 성질들은 매우 혼동되고 모호하게[177]만 나에 의해 사유되고, 그런 만큼 나는 그것이 참인지 거짓인지조차, 다시 말해, 내가 그것에 대해 갖는 관념이 어떤 사물에 대한 관념인지 사물이 아닌 것에 대한 관념인지조차 알지 못한다.[178] 왜냐하면 내가 조금 전에 본래 의미에서의 거짓 즉 형상적 거짓은 판단에서만 발견될 수 있음을 주의한 바 있지만, 관념이 사물이 아닌 것을 사물로 재현할 때 다른 어떤 질료적 거짓이 관념 안에 있다는 것은 분명하기[179] 때문이다. 예를 들어, 내가 뜨거움과 차가움에 대해 갖는 관념들은 거의 명석판명하지 않기 때문에, 차가움이 단지 뜨거움의 결여인지, 아니면 뜨거움이 차가움의 결여인지, 아니면 둘 다 실재적 성질들인지,[180] 아니면 둘 다 아닌지를 나는 그 관념들로부터 알아낼 수 없다. 그리고 사물의 관념으로가 아니면 어떠한 관념도 있을 수 없기 때문에, 만일 정말 차가움이 뜨거움의 결여와 다른 것이 전혀 아님이 참이라면, 차가움을 실재적이고 적극적인 어떤 것으로 나에게 재현하는 관념을 거짓이라고 말한들 부당한 것은 아니며, 그 밖의 경우도 마찬가지다.

내가 이런 관념들에 나와 상이한 어떤 작자를 지정할 필요가 없다는 것은 분명하다. 왜냐하면, 만일 정말 그 관념들이 거짓이라면, 다시 말해 어떠한 것들도 재현하지 않는다면, 그것들이 무에서 유래한다는 것, 달리 말해 그것들이 내 안에 있는 것은 내 본성에 어떤 것이 빠져 있고,[181] 또한 내 본성이 전적으로 완전하지도 않다는 이유 외에 다른 어떤 이유도 없음을 자연의 빛은 나에게 알려준다. 그러나 만일 그 관념들이 참된 것이라면, 그것들은 사물이 아닌 것과 구별할 수조차 없을 만큼 적은 실재성을 나에게 현시하므로, 그것들이 왜 나 자신에서 나올 수 없는지를 나는 알지 못한다.[182]

그러나 물체적 사물들에 대한 관념들 안에서 명석판명한 관념들 가운데, 어떤 것들, 즉 실체, 지속, 수 및 이런 유의 다른 것들은 내가 나 자신의 관념에서 빌릴[183] 수 있었을 것으로 보인다. 왜냐하면 내가 돌은 실체, 즉 스스로 현존할 수 있는 것이라고 사유하고, 똑같이 나는 실체라고 사유할 때, 내가 나는 사유하는 것이지 연장된 것이 아닌 반면, 돌은 연장된 것이지 사유하는 것은 아님을 인식하고, 따라서 이 두 개념 사이에 극도의 상이성이 있음을 인식한다고 해도, 그렇지만 그것들은 실체라는 점에서는 서로 일치하기 때문이다. 그리고 똑같이, 내가 나는 지금 존재한다는 것을 지각하고 전에도 한동안 존재했었다는 것을 상기할 때, 그리고 내가 다양한 여러 사유들을 갖고 있고 그 수를 이해할 때, 나는 지속과 수의 관념들을 획득하며, 그런 다음 이것들을 임의의 다른 어떤 것들로 옮길 수 있다.[184] 그러나 물체적 사물들의 관념들을 이루는 나머지 모든 것들, 즉 연장, 형태, 위치 및 운동은, 나는 사유하는 것과 다름없기 때문에 형상적으로 내 안에 포함되지 않기는 하지만, 그러나 그것들은 그저 실체들의 어떤 양태들인 반면 나는 실체이기 때문에 내 안에 우월적으로 포함될 수 있을 것으로 보인다.[185]

이로써 신의 관념만이 남으며, 이 관념 안에 나 자신으로부터 비롯될 수 없었던 어떤 것이 있는지를 고찰해야 한다. 신이라는 이름으로 내가 이해하는 바는, 어떤 무한한, 비의존적인, 전지한, 전능한, 그리고 한편으로는 나 자신, 다른 한편으로는, 만일 다른 어떤 것이 현존한다면, 현존하는 다른 모든 것을 창조한 실체이다. 분명, 이 모든 것들은 내가 보다 세심히 주의를 기울일수록 그만큼 더 나로부터만 비롯될 수 있을 것으로 보이지 않는 그러한 것들이다.[186] 그러므로 앞에서 말한 것으로부터 신은 필연적으로 현존한다고 결론지어야 한다.

왜냐하면 나는 실체라는 바로 이 사실로부터 실체의 관념이 분명 내 안에 있다고 해도, 그렇다고 해서 그것이, 나는 유한하므로 그 관념이 실제로 무한한 어떤 실체에서 유래하지[187] 않고서는, 무한 실체의 관념은 아닐 것이기 때문이다.

그리고 나는 내가 무한한 것을 참된 관념을 통해 지각하는 것이 아니라, 정지와 어둠을 운동과 빛의 부정을 통해 지각하듯이, 단지 유한한 것의 부정을 통해서만 지각한다고 생각해서는 안 된다.[188] 왜냐하면 나는 반대로, 무한 실체 안에는 유한 실체 안에 있는 것보다 더 많은 실재성이 있다는 것, 따라서 유한한 것에 대한 지각보다 무한한 것에 대한 지각이, 즉 나 자신에 대한 지각보다 신에 대한 지각이 어떤 의미에서 앞선다는 것을 명백히 이해하기 때문이다. 실로, 만일 더 완전한 존재자의 관념이 내 안에 전혀 없고, 내가 그것과의 비교를 통해 내 결함을 인지하지 않는다면, 어떻게 내가 나는 의심한다는 것, 나는 욕망한다는 것, 다시 말해, 어떤 것이 나에 [46] 게 빠져 있다는 것 그리고 나는 전적으로 완전하지는 않다는 것을 이해하겠는가?[189]

또 내가 조금 전에 뜨거움, 차가움 및 이와 유사한 것들의 관념들에 대해 주의했듯이, 이 신의 관념은 어쩌면 질료적으로 거짓이라고, 그래서 무로부터 나올 수 있다고 말할 수도 없다. 왜냐하면 반대로 신의 관념은 극히 명석하고 판명하며, 다른 어떤 관념보다 더 많은 표상적 실재성을 포함하므로, 그 관념보다 그 자체로 더 참된 관념도 없고, 그 관념에서보다 거짓의 의혹이 덜 발견되는 관념도 없기 때문이다.[190] 말하건대, 이 최고로 완전하고 무한한 존재자의 관념은 극히 참되다. 왜냐하면, 혹시 이러한 존재자가 현존하지 않는다고 꾸며낼 수 있을지는 몰라도, 그렇지만 그 관념이, 앞에서 차가움의 관념에 대해 말했듯이, 나에게 실재적인 것을 아무것도 현시하지 않는다고 꾸며낼 수는 없기 때문이다. 그 관념은 또한 극히 명석판명하다. 왜냐하면 내가 실재적인 것으로 그리고 참된 것으로 지각하는 것은 무엇이든, 또 어떤 완전성을 내포하는[191] 것은 무엇이든 전부 그 관념 안에 포함되어 있기 때문이다.[192] 그리고 내가 무한한 것을 파악하지 못한다는 것도, 혹은 내가 도저히 파악할 수 없는, 그리고 혹시 사유로 닿을 수조차 없는 다른 것이 신 안에 무수히 많이 있을지도 모른다는 것도 장애가 되지 않는다. 왜냐하면 유한한 나에 의해 파악되지 않는다는 것은 무한한 것의 본성에 속하기

데카르트 철학의 청년 추종자
버만F. Burman의 초상화.

때문이다. 또 내가 바로 이것을 이해한다는 것만으로, 그리고 내가
명석하게 지각하는 모든 것, 어떤 완전성을 내포한다고 내가 아는
모든 것, 또 어쩌면 내가 모르는 다른 무수한 것들 또한 형상적으로
든 우월적으로든 신 안에 존재한다고 내가 판단한다는 것만으로 내
가 신에 대해 갖는 관념이 내 안에 있는 모든 관념들 가운데 가장 참
되고 가장 명석판명한 관념이기 위해 충분하기 때문이다.

그러나 어쩌면 나는 내가 이해하는 것보다 더 큰 어떤 것일지도
모르고, 내가 신에게 귀속시키는 그 모든 완전성이, 비록 아직 발현
되지 않고, 현실화되지도 않고 있지만, 가능적으로는 어떤 식으로
[47] 내 안에 있을지도 모른다.[193] 왜냐하면 나는 이미 내 인식이 조금씩
증대되는 것을 경험하기 때문이고, 또 나는 그 인식이 이렇게 점점
더 무한에까지 증대되지 못하게 하는 것이 무엇인지도, 심지어 그

인식이 이렇게 증대되면, 내가 왜 그 도움으로 신의 나머지 모든 완전성을 획득할 수 없는지도, 마지막으로, 만일 이 완전성들을 위한 능력이 이미 내 안에 있다면, 그것이 왜 이런 완전성들의 관념들을 산출하기에 충분치 않은지도 알지 못하기 때문이다.

천만에,[194] 그 어떤 것도 가능하지 않다. 왜냐하면 우선, 내 인식이 점차 증대된다는 것, 그리고 많은 것들이 아직 실현되고 있지는 않지만 가능적으로 내 안에 있다는 것이 참이라도 해도, 그 가운데 어떠한 것도 신의 관념에 속하지 않는바, 이는 신의 관념 안에는 분명 가능적인 것은 전혀 없기 때문이다.[195] 그리고 점차 증대된다는 바로 이것이야말로 불완전성에 대한 아주 확실한 방증[196]이기 때문이다. 나아가, 내 인식이 계속 점점 더 증대된다고 해도, 그럼에도 불구하고 나는 내 인식이 결코 현실적으로[197] 무한하지 못할 것임을 이해하는바, 이는 내 인식이 그 이상의 증대를 받아들일 수 없는 지점에는 결코 도달하지 못할 것이기 때문이다. 반면, 나는 신이 그 완전성에 아무것도 추가될 수 없을 만큼 현실적으로 무한하다고 판단한다. 마지막으로, 관념의 표상적 존재는 엄밀히 말해 무와 다름없는 그저 가능적 존재에 의해서가 아니라, 오직 현실적 혹은 형상적 존재에 의해서만 산출될 수 있음을 나는 지각한다.[198]

그리고 분명, 세심하게 주의를 기울인다면, 이 모든 것 안에 자연의 빛에 의해 명백하지 않은 것은 아무것도 없다. 그러나 내가 주의를 덜 집중하고, 감각적 사물들의 상들이 정신의 눈을 멀게 하면, 왜 나보다 더 완전한 존재자의 관념이 실제로 더 완전한 어떤 존재자에서 반드시 유래하는지를 기억하기란 그리 쉬운 일이 아니다. 그래서 나는 더 나아가, 만일 그러한 존재자가 전혀 현존하지 않는다면, 그 관념을 갖고 있는 나 자신이 존재할 수 있는지를 기꺼이

마랭 메르센M. Mersenne 신부의 초상화.
라 플레슈 예수회 왕립학교에서
데카르트와 함께 공부하였으며,
데카르트와 많은 양의 서신을
지속적으로 교환했다.

[48] 탐구할 것이다.[199]

과연 나는 누구로부터 나오는가? 물론 나로부터, 아니면 부모로
부터, 아니면 신보다 덜 완전한 다른 어떤 것으로부터.[200] 신보다
더 완전한 것은, 심지어 신만큼 완전한 것은 그 어떤 것도 사유되거
나 꾸며내질 수 없으니 말이다.[201]

그런데, 만일 내가 나로부터 나온다면, 나는 의심하지도 원하지
도 않을 것이며, 단적으로[202] 그 어떤 것도 나에게 빠져 있지 않을
것이다. 왜냐하면 모든 완전성들에 대한 관념들이 내 안에 있다면,
나는 그 모든 완전성들을 나에게 주었을 것이고, 그래서 내가 바
로 신일 것이기 때문이다. 그리고 혹시, 나에게 빠져 있는 완전성들
이 이미 내 안에 있는 완전성들보다 획득하기가 더 어려울 수 있다
고 생각해서는 안 된다. 왜냐하면 반대로, 나, 다시 말해 사유하는

것, 혹은 사유하는 실체가 무로부터 출현하는 것이 이 실체의 우유
성들에 불과한, 내가 모르는 많은 것들에 대한, 인식들을 획득하는
것보다 훨씬 더 어려웠다는 것은 명백하기 때문이다.[203] 그리고 확
실히, 만일 내가 더 큰 저것을 나로부터 얻는다면, 적어도 나는 더
쉽게 가지게 되는 이것들을 나로 하여금 거부하지 않게 했을 것이
고,[204] 또 내가 신의 관념 안에 포함되어 있는 것으로 지각하는 것
들 가운데 다른 어떤 것도 거부하지 않았을 것이다. 왜냐하면 사실
그것들에서 만들어내기가 더 어렵게 보이는 것은 어떤 것도 없기
때문이다. 그리고 만일 그것들에서 만들어내기가 더 어려운 것들
이 있다면, 확실히 그것들 또한 나에게 더 어렵게 보일 것이다. 만
일 정말 내가 갖고 있는 나머지 것들을 나로부터 얻는다면 말이다.
왜냐하면 나는 그것들에서 내 힘이 한정되는 것을 경험할 것이기
때문이다.[205]

그리고 혹시 내가 지금 존재하는 대로 항상 존재해왔다고 가정
한다 해도, 이 근거들의 힘을 피하지는 못한다. 마치 이 가정으로부
터 내 현존의 어떠한 작자도 찾을 필요가 없다는 것이 따라 나오
나 하는 것처럼 말이다. 왜냐하면 생애의 시간 전체는 무수한 부분
들로 나뉠 수 있고, 그 각각의 부분들은 나머지 부분들에 어떤 식으 [49]
로도 의존하지 않으므로, 내가 조금 전에 존재했다는 사실로부터
내가 지금 존재해야 한다는 사실은 따라 나오지 않기 때문이다. 만
일 어떤 원인이 이 순간에, 말하자면 나를 한 번 더 창조하지 않는
다면, 다시 말해 나를 보존하지 않는다면 말이다. 실로, 어떠한 것
이든 그것이 지속되는 매 순간 보존되기 위해서는, 그것이 아직 현
존하지 않았을 경우에 새롭게 창조하기 위해 필요했던 것과 전적
으로 동일한 힘과 작용이 필요하다는 것은 시간의 본성에 주의를

기울이는 이들에게는 명료하고, 그런 만큼 보존은 개념적으로만 창조와 구별된다는 것 역시 자연의 빛에 의해 명백한 것들 가운데 하나이다.[206]

그래서 나는 이제, 지금 존재하는 이 나, 이 나를 조금 후에도 존재하게끔 할 수 있는 어떤 힘을 내가 갖고 있는지를 나 자신에게 물어야 한다. 왜냐하면 나는 사유하는 것과 다름없으므로, 혹은 적어도 지금은 바로 사유하는 것이라는 나의 그 부분만을 다루고 있으므로, 만일 그러한 힘이 내 안에 있다면, 나는 의심의 여지 없이 그것을 의식할 것이기 때문이다. 그러나 그리고 나는 내 안에 그러한 힘이 전혀 없다는 것을 경험하며,[207] 바로 이것으로부터 나는 내가 나와 상이한 어떤 존재자에 의존한다는 것을 극히 명증하게 인식한다.

그러나 어쩌면 그 존재자는 신이 아닐지도 모르고, 나는 부모로부터, 아니면 신보다 덜 완전한 임의의 다른 원인들로부터 산출되었을지도 모른다. 천만에, 이미 앞에서 말했듯이, 원인 안에는 최소한 결과 안에 존재하는 것만큼은 있어야 한다는 것은 명료하다.[208] 그리고 그 때문에 나는 사유하는 것이고 신에 대한 어떤 관념을 내 안에 가지는 것이므로, 내 원인으로 지정되는 것이 결국 어떠한 것이든, 그것 역시 사유하는 것이고, 내가 신에 귀속시키는 모든 완전성의 관념을 가지는 것임을 시인해야 한다.[209] 그리고 그것에 대해 다시, 그것이 자기 자신으로부터 나오는지 아니면 다른 것으로부터 나오는지를 물을 수 있다. 실로, 만일 자기 자신으로부터라면, [50] 앞에서 말한 것으로부터, 그가 바로 신임이 분명하다. 왜냐하면 사실, 그것이 그 스스로 현존하는 힘을 가지므로, 그것은 또한 의심의 여지 없이 그 모든 완전성들—— 그것이 이것들의 관념들을 자신 안에 갖고 있는—— 다시 말해, 내가 신 안에 있다고 생각하는 그 모든 완전성들을 현실적으로 소유하는 힘도 가지기 때문이다. 그러나 만일 그것이 다른 것으로부터 나온다면, 이 다른 것에 대해 다시 같은 방식으로, 그것이 자기 자신으로부터 나오는지, 아니면 다른 것으로부터 나오는지를 물을 것이고, 이 물음은 결국 궁극 원인에 이를 때까지 이어질 것이며, 이 궁극 원인은 신일 것이다.

실로, 이때 어떠한 무한 진행도 있을 수 없음은 충분히 명백한데, 내가 여기서 다루는 것은 예전에 나를 산출한 원인만이 아니라, 오히려 또한 무엇보다도 나를 현재 보존하는 원인이기에 특히 그렇다.[210]

또 어쩌면 나를 만들기 위해 여러 부분 원인들이 협력했을 것이고, 나는 그 하나의 원인으로부터 내가 신에 귀속시키는 완전성들 가운데 어느 하나의 관념을, 다른 원인으로부터는 다른 완전성의 관념을 받았을 것이며, 그래서 이 모든 완전성들은 우주 안 어딘가에서 발견되기는 하겠지만, 그렇다고 그 모든 것이 신이라는 어느 하나의 것 안에 함께 결합되어 발견되는 것은 아닐 것이라고 꾸며낼 수도 없다. 왜냐하면 반대로, 신 안에 있는 그 모든 완전성들의 단일성, 단순성, 즉 분리 불가능성은 내가 신 안에 있다고 이해하는 주요 완전성들 가운데 하나이기 때문이다.[211] 그리고 확실한 것은, 신의 모든 완전성들에 대한 이 단일성의 관념은 그 어떤 원인—— 이것으로부터 내가 또한 다른 완전성들의 관념을 받지 않은—— 에 의해서도 내 안에 놓일 수 없었다는 것이다.[212] 왜냐하면 그 원인은 내가 그 모든 완전성들이 어떤 것들인지를 동시에 알게 하지 않고서는, 또한 그 모든 완전성들이 서로 결합되고 분리 불가능한 것임을 이해하게 하지도 못했을 것이기 때문이다.[213]

마지막으로 부모에 관해 말하자면, 내가 일찍이 부모에 대해 생각한 모든 것이 참되다고 해도, 그러나 나를 보존하는 것도, 심지어, 내가 사유하는 것인 한, 어떤 식으로도 나를 만들어낸 것도 그들이 아님은 분명하다. 대신 그들은 단지 나, 다시 말해 내가 지금 유일하게 나로 받아들이는 정신이 내재한다고 판단한 그 질료 안에 어떤 기질들만을 놓아두었다.[214] 따라서 여기서는 부모에 관해 어떤 어려움도 있을 수 없다. 오히려 주저 없이[215] 결론지어야 하는 것은, 내가 현존한다는 것, 그리고 극히 완전한 존재자, 다시 말해 신에 대한 어떤 관념이 내 안에 있다는 이 사실만으로부터 신 또한 현존한다는 것이 극히 명증하게 증명된다는 것이다.

[51]

남아 있는 것은 내가 어떤 식으로 이 관념을 신으로부터 받아들였는지를 조사하는 것뿐이다. 실로, 나는 그것을 감각들에서 길어내지도 않았고, 그것은 결코, 감각적 사물들이 외적 감각기관과 마주치거나 혹은 마주치는 것으로 보일 때 그 사물들의 관념들이 그러곤 하듯이, 예기치 않게 나에게 불쑥 나타나는 것도 아니다. 그것은 또한 내가 지어낸 것도 아니다.[216] 왜냐하면 나는 도저히 그것에서 어떤 것을 뺄 수도, 그것들에 어떤 것을 더할 수도 없기 때문이다. 따라서 남아 있는 것은, 나 자신의 관념이 나에게 본유적이듯이, 그 관념도 나에게 본유적이라는 것이다.[217]

그리고 사실, 신이 나를 창조하면서, 장인이 자신의 작품에 찍은 표지처럼,[218] 그 관념을 내 안에 넣었다는 것은 놀라운 일이 아니다. 그리고 또한 이 표지가 작품 자체와 다른 어떤 것일 필요도 없다. 오히려 신이 나를 창조했다는 이 한 가지 사실로부터, 나는 어떤 의미에서 그의 형상과 모습에 따라 만들어졌다는 것, 그리고 나는 신의 관념이 포함되어 있는 이 모습을 내가 나 자신을 지각하는 것과 동일한 능력으로 지각한다는 것은 매우 믿을 만하다.[219] 다시 말해,

내가 정신의 눈을 나 자신에게 향하는 동안, 나는 내가 불완전한 것이고 다른 것에 의존하는 것이며, 또 더욱더 큰 것 혹은 더 좋은 것을 무한정하게 갈망하는 것임을 이해할 뿐만 아니라, 동시에[220] 나는 또한 내가 의존하는 그것은 이 더 큰 모든 것을 무한정하게 그리고 가능적으로만이 아니라 실제로 무한하게[221] 자기 안에 갖고 있음을, 그래서 그것이 신임을 이해한다. 그리고 논증 전체의 힘은, 실제로 신이 또한 현존하지 않고서는, 내가 지금과 같은 본성으로 현존하는 것, 다시 말해 내가 내 안에 신의 관념을 가지면서 현존하 [52] 는 것은 가능하지 않다는 것을 인지하는 것에 있다.[222] 내가 말하는 신은 내 안에 그 관념이 있는 바로 그 신, 다시 말해, 내가 파악하는 것이 아니라 어떤 식으로 사유로 닿을 수 있는[223] 모든 완전성을 가진 신, 그리고 어떠한 결함에도 전혀 노출되지 않는 바로 그 신이다. 이로부터 충분히 명증한 것은, 신은 기만자일 수 없다는 것이다. 왜냐하면 모든 사기와 기만은[224] 어떤 결함에 달려 있다는 것이 자연의 빛에 의해 명백하기 때문이다.

　그러나 이것을 보다 세심히 조사하기 전에, 그리고 동시에 이로부터 거둘 수 있는 다른 진리들을 탐구하기 전에, 나는 기꺼이 여기에 잠시 머물러 신 자체를 관조하고, 그의 속성들을 내 안에서 곰곰이 헤아리며, 내 정신의 눈이 멀 정도로 광대한 이 빛의 아름다움을 직관하고, 경탄하고, 경배할 것이다. 오직 이 신적 위엄을 관조하는 것에 내세의 최고 행복이 있다고 우리가 신앙으로 믿듯이, 우리는 지금 또한 이 동일한 관조에서, 훨씬 덜 완전할지라도, 현세에서 가능한 최대의 쾌락을 누릴 수 있음을 경험하기 때문이다.[225]

제4성찰　　참과 거짓에 관하여[*]

[53] 나는 이렇게 요 며칠 정신을 감각에서 떼어놓는 데 익숙해졌고, 또 물체적 사물들에 대해 참되게 지각되는 것이 아주 적다는 것을 그리고 인간 정신에 대해서는 훨씬 많은 것이, 신에 대해서는 훨씬 더 많은 것이 인식된다는 것을 매우 주의 깊게 관찰했다. 그래서 나는 이제 아무 어려움 없이 사유를 상상될 수 있는 것에서 순전히 이해될 수 있는 것으로, 모든 물질에서 분리된 것으로 돌릴 것이다.[226] 그리고 실제로 인간 정신에 대해, 그것이 길이, 폭 및 깊이로 연장된 것도, 물체적인 다른 어떤 것을 가지는 것도 아닌 사유하는 것인 한에서, 나는 어떠한 물체적 사물의 관념보다 훨씬 더 판명한 관념을 갖고 있다. 그리고 나는 의심한다는 사실, 즉 나는 불완전하고 의존적인 것이라는 사실에 주의할 때, 비의존적이고 완전한 존재자, 다시 말해 신에 대한 아주 명석하고 판명한 관념이 나에게 나타난다. 그리고 이러한 관념이 내 안에 있다는 사실, 즉 그 관념을 가지고 있는 내가 현존한다는 이 한 가지 사실로부터 신 또한 현존한

---

[*]　　원어는 "De vero & falso"이다.

다는 것, 그리고 내 현존 전체가 매 순간 신에 의존한다는 것을 아주 명백하게 결론짓는다.[227] 그래서 나는 이보다 더 명증하게 이보다 더 확실하게 인간 지력[228]에 의해 인식될 수 있는 것은 아무것도 없다는 믿음을 가질 것이다. 그리고 지금, 지식과 지혜의 모든 보물이 숨겨져 있는 참된 신에 대한 이 관조로부터 그 밖의 것들에 대한 인식에 이르는 어떤 길을 보고 있는 것 같다.[229]

우선, 실로 나는 신이 나를 언제고 속이는 일은 일어날 수 없다는 것을 인지한다. 모든 속임수[230]나 기만 안에는 어떤 불완전성이 발견되니 말이다. 그리고 속일 수 있다는 것이 예리함이나 능력의 어떤 방증으로 보인다고 해도, 속이기를 원한다는 것은 의심의 여지 없이 악의나 무능을 증시하는 것이고,[231] 따라서 그것은 신에게는 해당되지 않는다.

다음으로, 나는 내 안에 있는 나머지 모든 것과 마찬가지로 신에게서 받은 것이 확실한 어떤 판단능력[232]이 내 안에 있다는 것을 경험한다. 그리고 신은 나를 속이기를 원하지 않으므로, 그는 그 능력을, 내가 그것을 제대로 사용하는 동안, 언제고 오류를 범할 수 있는 그러한 것으로 주지 않았다는 것은 분명하다. [54]

이 점에 관해서는, 거기서부터 그러므로 나는 결코 오류를 범할 수 없다는 것이 따라 귀결되는 것으로 보이지만 않는다면, 어떠한 의심도 남지 않을 것이다.[233] 왜냐하면 내가 내 안에 있는 것은 무엇이든 신으로부터 얻는다면, 그리고 신이 나에게 오류를 범하는 어떠한 능력도 주지 않았다면, 내가 언제고 오류를 범할 수 있는 것으로 보이지 않기 때문이다. 그리고 과연, 내가 신에 대해서만 사유하고 신에 완전히 몰입해 있는 동안, 나는 오류나 거짓의 어떠한 원인도 간파하지 못한다. 그러나 잠시 후 나에게 돌아오면, 나는 내가 무수한 오류에 노출되어 있음을 경험한다. 내가 그 원인을 탐구하면서 깨닫는 것은, 신 즉 최고 완전한 존재자에 대한 실재적이고 적극적 관념뿐만 아니라, 또한 이렇게 말해도 된다면, 무 즉 모든 완전성에서 가장 멀리 떨어져 있는 것에 대한 일종의 소극적 관념도 나에게 나타난다는 것이다.[234] 또 나는 신과 무 사이의, 즉 최고 존재자와 비존재자 사이의 중간자 상태로 있으므로, 내가 최고 존재자에 의해 창조된 것인 한, 나를 속이거나 오류로 이끄는 것은 내 안에 아무것도 없기는 하지만, 그러나 또한 어떤 식으로 무 즉 비존재자에 참여하는 한, 다시 말해 나 자신이 최고 존재자가 아니고 거의 모든 것이 나에게 빠져 있는 한, 내가 속는다는 것은 그리 놀랄 일이 아니라는 것이다.[235] 그래서 나는 오류란, 그것이 오류인 한에서, 신에 의존하는 실재적인 어떤 것이 아니라 단지 결함[236]임을 확실히 이해한다. 그러므로 오류를 범하기 위해 이 목적으로 신에 의해 부여된 어떤 능력이 나에게 필요한 것이 아니라, 오히려 내가 신으로부터 얻는 참을 판단하는 능력이 내 안에서 무한하지 않다는 사실로부터 내가 오류를 범하는 일이 일어난다는 것이다.

그렇기는 하지만 이것도 아직 완전히 만족스럽지는 않은데, 왜

[55] 냐하면 오류는 순수한 부정이 아니라 결여, 즉 어떤 식으로 내 안에 있어야만 했을 어떤 인식의 부족이기 때문이다.[237] 그리고 만일 내가 신의 본성에 주목한다면, 신이 그 유에서 완전하지 않은 어떤 능력, 즉 그것에 있어야 할 어떤 완전성이 결여된 어떤 능력을 내 안에 놓아두었다는 것은 가능한 일로 보이지 않는다. 왜냐하면, 만일 장인이 능숙하면 할수록 그에게서 비롯되는 작품들이 그만큼 더 완전하다면, 이 만물의 최고 창설자가 모든 점에서 완성되지 않은 어떤 것을 만들 수 있다는 것인가?[238] 그리고 신은 내가 결코 속지

않게끔 나를 창조할 수 있었을 것임이 의심스럽지 않으며, 신은 언제나 가장 좋은 것을 원한다는 것 또한 의심스럽지 않다. 그러면 내가 속는 것이 속지 않는 것보다 더 낫다는 것인가?

내가 더욱 주의 깊게 이것들을 곰곰이 재어보는 동안, 가장 먼저 떠오르는 것은, 신이 내가 그 근거들을 이해하지 못하는 어떤 것들을 만들었다고 해도 놀라서는 안 된다는 것, 그리고 신이 왜, 또, 어떻게 만들었는지를 내가 파악하지 못하는 다른 어떤 것들이 있음을 경험한다고 해서, 신의 현존을 의심해서는 안 된다는 것이다. 왜냐하면 나는 이미 나의 본성은 매우 나약하고 제한되어 있는 반면, 신의 본성은 광대하고 파악 불가하고 무한하다는 것을 알고 있기 때문이고, 그러므로 신은 내가 그 원인을 모르는 무수한 것들을 할 수 있다는 것도 충분히 알기 때문이다. 그리고 이 근거 하나만으로, 흔히들 목적에서 끌어내는 모든 종류의 원인들은 자연학적 사물들에서 전혀 소용없다고 여기기에 충분하다.[239] 왜냐하면 내가 신의 목적을 탐구할 수 있다고 믿는 것은 무모하기 때문이다.

또한 떠오르는 것은, 우리가 신의 작품이 완전한지를 물을 때마다, 어떤 하나의 피조물을 따로 분리해서 고찰해서는 안 되고, 우주 만물 전체를 고찰해야 한다는 것이다. 왜냐하면 홀로 있다면 매우 불완전하게 보이는 것이 어쩌면 당연한 것도, 그것이 세계 안에서 [56] 부분의 지위를 가지는 한에서는 매우 완전하기 때문이다. 그리고 내가 모든 것에 대해 의심하려고 한 이래 지금까지 확실히 인식한 것은 나는 현존한다는 것과 신은 현존한다는 것 외에 아무것도 없다고 해도, 그렇지만 나는 신의 광대한 힘을 깨달은 이래 신이 다른 많은 것을 만들었거나 아니면 적어도 만들 수 있다는 것, 그래서 내가 우주 만물 안에서 부분의 지위를 점한다는 것을 부정할 수 없다.

다음으로, 나 자신에게 더 가까이 가면서, 그리고 나의 오류들(이 것들만이 내 안의 어떤 불완전성을 폭로하는)이 도대체 어떠한 것인지를 탐구하면서, 나는 그것들이 동시에 협력하는 두 원인에, 곧 내 안에 있는 인식능력과 선택능력 즉 의지의 자유에, 다시 말해 지성과 의지에 의존한다는 것을 깨닫는다.[240] 왜냐하면 나는 지성만으로는 단지 내 판단의 대상이 될 수 있는 관념들을 지각하고, 지성이 이렇게 정확히 고찰될 경우 본래 의미에서 어떠한 오류도 지성에서 발견되지 않기 때문이다. 실로, 아마도 내 안에 그 관념들이 없는 사물들이 무수히 현존하겠지만, 그렇다고 내가 본래 그 관념들을 결여하고 있다고 말해서는 안 되며, 부정적으로만 내가 그 관념들을 갖고 있지 않다고 말해야 한다.[241] 왜냐하면 사실 나는 신이 나에게 준 것보다 더 큰 인식능력을 주었어야 했다는 것을 입증해 줄 어떠한 근거도 제시할 수 없기 때문이고, 또 내가 장인이 능숙하다는 것을 이해한다고 해도[242], 그렇다고 해서 그가 자기 작품 몇몇에 넣어둘 수 있는 모든 완전성을 작품 각각에 넣어두었어야 했다고는 생각하지 않기 때문이다. 또한 나는 신이 나에게 충분히 넓고 완전한 의지, 즉 의지의 자유를 주지 않았다고 불평할 수도 없다. 왜냐하면 나는 실제로 의지가 어떠한 한계에도 갇혀 있지 않음을 경험하고 있기 때문이다.[243] 그리고 매우 주목할 만한 것으로 보이는 것은, 여전히 더 완전할 수 있다는 것, 즉 여전히 더 클 수 있다는 것을 내가 이해하지 못할 만큼 완전하거나 큰 것은 의지 외에 다른 아무것도 내 안에 없다는 것이다. 왜냐하면 만일 내가, 예를 들어, 이해능력[244]을 고찰한다면, 나는 즉시 그것이 내 안에서 아주 작고 매우 유한하다는 것을 인지하고, 동시에 그것보다 훨씬 더 큰, 아니 가장 크고 무한한 다른 어떤 이해능력의 관념을 형성하며, 또

[57]

내가 그것의 관념을 형성할 수 있다는 바로 이 사실로부터 나는 이 이해능력이 신의 본성에 속한다는 것을 지각하기 때문이다. 같은 방식으로, 만일 내가 기억능력이나 상상능력이나 임의의 다른 능력을 조사한다면, 나는 내 안에서는 빈약하고 국한되는 것으로, 신 안에서는 광대한 것으로 이해되지 않는 것을 전혀 발견하지 못한다. 내가 내 안에서 더 큰 어떤 것에 대한 관념을 포착하지 못할 만큼 큰 것으로 경험하는 것은 의지, 즉 의지의 자유뿐이다. 그래서 내가 신의 어떤 형상과 모습을 닮았다고 이해하는 근거도 주로 의지이다.[245] 왜냐하면, 물론 의지는 신 안에 있는 것이 내 안에 있는 것과 비교할 수 없을 정도로 큰데, 이는 한편으로 이 의지와 연결되고 이것을 더욱 확고하고 더욱 유효하게 만드는 인식과 힘의 관점에서 크고, 다른 한편으로 이 의지가 더욱 많은 것으로 확장되므로 그 대상의 관점에서도 크기는 하지만, 그럼에도 불구하고 그 자체로, 형상적으로 그리고 정확히[246] 고찰될 경우, 신 안에 있는 의지가 더 크게 보이지 않는다. 왜냐하면 의지는 오직 우리가 동일한 것을 행하거나 행하지 않을 (다시 말해, 긍정하거나 부정할, 추구하거나 기피할) 수 있다는 것에만, 더 정확히 말해 지성에 의해 우리에게 제시되는 것을 우리가 긍정하거나 부정할 때, 즉 추구하거나 기피할 때, 우리가 어떠한 외적 힘에 의해서도 그렇게 하도록 결정되지 않는다고 느끼면서 이끌린다는 것에만 존립하기 때문이다.[247] 실로, 내가 양쪽 모두로 이끌릴 수 있는 것이 내가 자유롭기 위해 필요한 것은 아니다.[248] 오히려 반대로, 어느 한쪽으로 기울어지면 질수록, 나는 그만큼 더 자유롭게 그쪽을 선택한다.[249] 내가 그쪽에서 참과 선의 근거를 명증하게 이해하기 때문이든, 혹은 신이 내 사유의 심부[250]를 그렇게 배치하기 때문이든 말이다. 그리고 분명, 신의 은총도 자연적 인식도 자유를 결코 감소시키지 않으며, 오히려 자유를 증대하고 강화한다. 반면 이쪽보다는 저쪽으로 나를 더 몰아가는 근거가 아무것도 없을 때 내가 경험하는 미결정성[251]은 자유의 가장 낮은 등급이고, 그것은 자유 안에 어떠한 완전성도 증시하지 않으며, 오히려 단지 인식 안에 결함, 즉 어떤 부정을 증시한다.[252] 왜냐하면 만일 내가 항상 무엇이 참이고 무엇이 선인지를 명석하게 본다면, 나는 판단해야 하는 것에 대해 그리고 선택해야 하는 것에 대해 결코 주저하지[253] 않을 것이고, 그래서 내가 전적으로 자유롭다고 해도, 나는 결코 미결정의 상태에 있을 수 없을 것이기 때문이다.

　이로부터 나는 내가 신으로부터 갖고 있는 의지의 힘은, 그 자체로 고찰될 경우, 내 오류의 원인이 아님을 깨닫는데, 이는 그것이 극히 넓고 그 유에서 완전하기 때문이다. 그리고 나는 이해의 힘 또한 그 원인이 아님을 깨닫는데, 이는 그 힘은 내가 이해하기 위해 신으로부터 갖고 있을 것이므로, 내가 이해하는 것이 무엇이든, 의심의 여지 없이 나는 그것을 제대로 이해하며, 내가 그것에서 속는 일은 가능하지 않기 때문이다. 그렇다면 내 오류들은 어디에서 생기는가? 그것은 다음과 같은 한 가지 사실에서, 즉 의지는 지성보다 훨씬 넓은 범위에 이르므로, 내가 의지를 지성과 같은 한계 내에 가두지 않고, 내가 이해하지 못하는 것에까지 이른다는 사실에서 생긴다. 이러한 것에 대해 의지는 미결정의 상태에 있으므로, 참과 선에서 쉽게 벗어나고, 그래서 나는 속고 과오를 범하는 것이다.

　예를 들어, 내가 요 며칠 어떤 것이 세계 안에 현존하는지를 조사하면서, 그리고 내가 이것을 조사한다는 바로 이 사실로부터 나는 현존한다는 것이 명증하게 따라 나온다는 것을 깨달으면서, 나는 분명 내가 그렇게 명석하게 이해한 것은 참이라고 판단하지 않을 수가 없었는데, 이는 내가 어떤 외적인 힘에 의해 그렇게 하도록 강 [59] 제되었다는 것이 아니라, 오히려 지성 안의 커다란 빛에 의해서 의지 안에 커다란 경향성이 생겼기 때문이다.[254] 그리고 이렇게, 내가 그것에 대해 미결정의 상태에 덜 있었을수록, 나는 그만큼 더 자발적으로 그리고 더 자유롭게 그것을 믿었던 것이다. 그러나 지금 나는, 내가 사유하는 어떤 것인 한, 현존한다는 것을 아는 것만 아니라, 그 외에도 또한 물체적 본성에 대한 어떤 관념이 나에게 나타나며, 내 안에 있는, 더 정확히 말해 나 자신인 사유하는 본성이 이 물체적 본성과 다른 것인지, 아니면 그 둘이 동일한 것인지를 의심하게 된다.[255] 그리고 나는 하나를 다른 하나보다 나에게 더 설득하는 어떠한 근거도 아직 내 지성에 떠오르지 않는다고 가정한다. 바로 이 사실로부터 확실히, 나는 둘 중 어느 하나를 긍정하거나 부정하는 것에 대해, 혹은 심지어 이 사안에 관해 아예 판단을 내리지 않는 것에 대해 미결정의 상태에 있다.[256]

게다가 이 미결정성은, 지성이 아무런 인식도 갖지 못하는 것만이 아니라, 일반적으로, 의지가 주저하는 그 시점에 지성이 충분히 명료하게 인식하지 못하는 모든 것에까지 확장된다. 왜냐하면 개연적 추측들이 아무리 나를 어느 한쪽으로 끌어당긴다고 해도, 그것은 그저 추측들일 뿐 확실하고 의심할 수 없는 근거들이 아니라고 아는 것만으로도 내 동의를 반대쪽으로 몰기에 충분하기 때문이다.[257] 이것은 내가 요 며칠 충분히 경험했던 것이다. 내가 예전에 극히 참되다고 믿었던 모든 것이, 어떤 식으로 의심될 수 있음을 포착했다는 이 한 가지 이유만으로, 전적으로 거짓이라고 가정했을 때 말이다.

[60] 그런데, 내가 무엇이 참인지를 충분히 명석판명하게 지각하지 않을 때, 내가 판단 내리기를 삼간다면, 올바로 행위하고 속지 않는다는 것은 분명하다. 그러나 내가 긍정하거나 부정한다면, 그때 나는 의지의 자유를 올바로 사용하지 않는 것이다. 그리고 만일 내가 거짓 쪽으로 향한다면, 나는 오로지 속을 것이다. 그러나 만일 내가 다른 쪽을 붙잡는다면, 나는 진리와 우연히 마주치기는 하겠지만, 그렇다고 해서 과오를 면하는 것은 아니다. 왜냐하면 지성의 지각은 언제나 의지의 결정보다 앞서야 한다는 것이 자연의 빛에 의해 명백하기 때문이다.[258] 그리고 의지의 자유[259]의 이 올바르지 않은 사용에 오류의 형상을 구성하는 결여가 내재한다. 말하건대, 그 결여는 작용 자체에, 이것이 나로부터 유래하는 한, 내재하고, 내가 신으로부터 받은 능력 안에도 신에 의존하는 한에서의 작용에도 내재하지 않는다.

그리고 사실 신이 나에게 준 것보다 더 큰 이해의 힘, 혹은 더 큰 자연의 빛[260]을 주지 않았다고 불평할 이유도 전혀 없다. 왜냐하면 많은 것을 이해하지 못하는 것은 유한한 지성의 본질에 속하고, 유한하다는 것은 창조된 지성의 본질에 속하기 때문이다. 그리고 나에게 그 무엇도 빚진 적이 없는 신이 베푼 것에 감사할 것이지, 그가 주지 않은 것들이 신에 의해 결여되어 있다고, 혹은 그가 그것들을 내게서 빼앗아갔다고 생각할 것은 아니다.

또한 신이 지성의 범위보다 범위가 더 넓은 의지를 주었다고 불평할 이유도 없다. 왜냐하면 의지는 단지 하나의 것, 이를테면 불가분의 것이므로, 그 본성은 자신에게서 어떤 것이 제거될 수 있음을 허용할 것 같지 않기 때문이고, 또 의지가 광대할수록 그 증여자에게 그만큼 더 크게 감사해야 한다는 것은 분명하기 때문이다.

마지막으로 내가 속임을 당하는 의지의 활동들, 다시 말해 판단들을 일으키는 일에 신이 나와 협력한다고 한탄해서도 안 된다. 왜냐하면 이 활동들은, 신에 의존하는 한, 전적으로 참되고 선하며, 내가 그것들을 일으킬 수 있는 것은 일으킬 수 없는 경우보다 어떤 의미에서는 내 안에서 더 큰 완전성이기 때문이다. 그러나 결여— [61] 오직 이것에만 거짓과 과오의 형상적 근거가 존립하는— 는 신의 협력을 전혀 필요로 하지 않는데, 이는 결여는 사물이 아니기 때문이고, 또 만일 신을 그 원인으로 관련짓는다면, 그것은 결여가 아니라 그저 부정으로 불러야 하기 때문이다.[261] 실로, 신이 나에게 내 지성 안에 명석판명한 지각을 놓아두지 않은 것에 동의하거나 동의하지 않는 자유[262]를 주었다는 것은 분명 신 안에서 불완전성이 전혀 아니며, 오히려 내가 이 자유를 제대로 사용하지 않는 것, 그리고 내가 제대로 이해하지 않은 것에 대해 판단을 내리는 것은 의심의 여지 없이 내 안에서 불완전성이니 말이다. 그렇지만 내가 자유롭고 유한한 인식에 머물러 있을지라도, 내가 결코 오류를 범하지 않도록 하는 일은 신에게는 쉬웠을 것으로 보인다. 즉, 만일 신이 내가 언젠가 숙고하게 될[263] 모든 것에 대한 명석판명한 지각을 내 지성 안에 놓아두었거나, 혹은 내가 명석판명하게 이해하지 않는 것은 아무것도 판단해서는 안 된다는 것을 결코 잊을 수 없을 만큼 기억에 확고히 각인해두기만 했어도 되었을 것이다. 그리고 만일 신이 나를 그러한 것으로 만들었다면, 내가 어떤 전체의 지위를 가지는 한, 나는 지금의 나보다 더 완전했을 것임을 쉽게 이해한다. 그러나 그렇다고 해도 나는, 우주의 어떤 부분들은 오류를 면하지 못하는 반면 다른 부분들은 면하는 경우가, 그 모든 부분이 전적으로 유사한 경우보다 어떤 의미에서는 우주 전체 안에서 더 큰 완전성임을 부정할 수 없다. 그리고 신은 내가 모든 것 가운데 가장 주요하고 가장 완전한 역할이 아닌 것을 세계에서 맡기를 원했다고 불평할 권리가 나에게는 전혀 없다.

그리고 그 외에도, 내가 비록 숙고해야 하는 모든 것에 대한 명증적 지각에 달려 있는 첫 번째 방식으로 오류를 피할 수 없다고 해도, 그렇지만 나는 두 번째 방식으로, 즉 사물의 진리가 투명치 않을 때마다[264] 판단 내리기를 삼가야 함을 기억한다는 것, 오직 이 사실에만 달려 있는 방식으로 오류를 피할 수 있다. 왜냐하면 내가 줄곧 하나의 동일한 인식에 박혀 붙어 있을 수 없는 나약함을 내 안에서 경험한다고 해도, 그렇지만 나는 아주 주의 깊고 거듭 반복되는 성찰을 통해 필요할 때마다 저 사실[265]을 상기하게끔 할 수 있고, 그리하여 오류를 범하지 않는 어떤 습관을 획득할 것이기 때문이다.[266]

[62]

바로 이것에 인간의 가장 크고 주요한 완전성이 있으므로, 나는 오늘의 성찰에, 내가 오류와 거짓의 원인을 찾아낸 만큼, 적지 않은 이득이 있다고 생각한다. 그리고 내가 설명한 것과 다른 원인이 있을 수 없음은 분명하다. 왜냐하면 내가 판단을 내리면서 의지를 지성이 명석판명하게 현시하는 것에만 이르도록 가둘 때마다 오류를 범하는 일은 절대로 있을 수 없는데, 이는 모든 명석판명한 지각은 의심의 여지 없이 어떤 것이고, 따라서 무로부터 나올 수 없기 때문이며, 오히려 반드시 신, 말하건대, 기만자와 상충되는 저 최고 완전한 신을 작자로 가지고, 따라서 그 지각은 의심의 여지 없이 참이기 때문이다.[267] 그리고 나는 오늘 내가 결코 속지 않기 위해 무엇을 경계해야 하는지를 배웠을 뿐 아니라, 동시에 또한 진리에 도달하기 위해 무엇을 해야 하는지도 배웠다. 왜냐하면 내가 완전하게

이해하는 모든 것에 충분한 주의를 기울이기만 한다면, 그리고 그
것을 혼동되고 모호하게 포착하는 나머지 것에서 분리하기만 한다
면, 나는 틀림없이 진리에 도달할 것이기 때문이다. 나는 이제부터
바로 이것에 세심한 주의를 기울일 것이다.

제5성찰 물질적 사물들의 본질에 관하여;
그리고 다시 신에 관하여, 그는 현존한다는 것*

[63] 신의 속성에 대해, 나 자신 즉 내 정신의 본성에 대해 탐구할 것이
많이 남아 있지만, 그것은 아마 다른 기회에 다시 다룰 것이다. 그
리고 지금, (진리에 도달하기 위해 무엇을 조심해야 하고 무엇을 해야
하는지를 깨달은 후) 내가 지난 요 며칠 빠져 있던 의심에서 빠져나
오려고 힘쓰는 것보다, 그리고 물질적 사물들에 대해 확실한 어떤
것을 얻을 수 있는지를 보는 것보다 더 시급한 것은 없어 보인다.

무엇보다도 이러한 사물들이 내 외부에 현존하는지를 조사하기
전에, 나는 그 관념들을, 이것들이 내 사유 안에 있는 한, 고찰해야
하고, 그 가운데 도대체 어떠한 것들이 판명하고, 어떠한 것들이 혼
동되는지를 보아야 한다.

철학자들이 흔히 연속이라고 부르는 양, 즉 이 양의, 더 정확히
말해 양적인 사물의 길이, 폭 및 깊이로 된 연장을 내가 판명하게
상상한다는 것은 사실이다. 나는 이것에서 다양한 여러 부분들의
수를 세고, 이 부분들에 임의의 크기, 형태, 위치 및 장소 운동을, 그

---

* 원어는 "De essentia rerum materialium; & iterum de Deo, quod existat"이다.

리고 이 운동들에 임의의 지속을 지정한다.[268]

그리고 그것들은, 이렇게 일반적으로 고찰될 경우, 나에게 전적으로 알려지고 명료하며, 내가 주의를 기울이면, 나는 그 외에도, 형태, 수, 운동 및 이와 유사한 것들과 관련해서 무수히 많은 특수한 것들도 지각한다. 이것들의 진리는 아주 명백하고 내 본성과 아주 일치해서, 내가 이것들을 처음 발견하는 동안, 새로운 어떤 것을 [64] 배운다기보다는 이미 이전에 알고 있던 것을 상기하는 것으로, 다시 말해 실은 벌써 내 안에 있었지만 전에는 정신의 시선을 돌리지 않고 있다가 처음으로 돌리는 것으로 보인다.[269]

그리고 내가 여기서 특히 주의해야 한다고 생각하는 것은, 어쩌면 내 외부 어디에도 현존하지 않는다고 해도, 그렇지만 무라고 말할 수 없는 어떤 것들에 대한 관념들을 내 안에서 무수히 발견한다는 것이다. 그리고 내가 어떤 식으로 자의적으로 사유한다고 해도, 그것들은 나에 의해 꾸며내지는 것이 아니라, 참되고 불변하는 그들의 본성들을 가진다는 것이다.[270] 그래서, 예를 들어, 내가 삼각형을 상상하는 경우, 어쩌면 이러한 도형이 내 사유 외부 어디에도 현존하지 않고 한 번도 현존한 적이 없다고 해도, 그렇지만 불변하고 영원한, 이 도형의 결정된 어떤 본성 혹은 본질 혹은 형상이 분명히 존재한다는 것, 그리고 이것은 내가 지어낸 것도 내 정신에 의존하는 것도 아니라는 것이다. 이것은 이 삼각형에 관해 다양한 여러 특성들, 즉 삼각형의 세 각의 합은 두 직각과 같다는 것, 가장 큰 각에는 가장 큰 변이 대응한다는 것, 그리고— 내가 전에 삼각형을 상상했을 때는 전혀 사유하지 않았더라도, 지금 내가 원하든 원하지 않든 명석하게 인지하는, 따라서 내가 지어낸 것도 아닌— 이와 유사한 것들이 증명될 수 있다는 사실로부터 분명하다.[271]

그리고 내가 삼각형의 형태를 가진 물체를 가끔 보았다는 이유로, 이 삼각형의 관념이 어쩌면 외부 사물로부터 감각기관을 통해 나에게 도래[272]했을지도 모른다고 말해도, 이는 대수롭지 않은 것이다. 왜냐하면 나는 언젠가 감각을 통해 나에게 흘러들어왔을[273]지도 모른다는 의혹이 조금도 있을 수 없는 다른 도형들을 무수히 [65] 생각해낼 수 있지만, 그럼에도 그 도형들에 관해, 삼각형에 관해서처럼, 다양한 여러 특성들을 증명할 수 있기 때문이다. 실제로 그것들은 모두 나에 의해 명석하게 인식되고, 따라서 어떤 것이고 순전한 무가 아니므로 참이다.[274] 왜냐하면 참인 것은 모두 어떤 것임이 분명하기 때문이고, 또 나는 이미 내가 명석하게 인식하는 것은 모두 참임을 상세히 증명했기 때문이다. 그리고 또, 설령 내가 이와 같은 것을 증명하지 않았다고 해도, 확실히[275] 내 정신의 본성은 내가 그 특성들을 명석하게 지각하는 동안만큼은 적어도 그것들에 동의하지 않을 수 없는 그러한 것이다. 그리고 나는 언제나, 내가 이전에 감각의 대상에 단단히 묶여 있을[276] 때조차 이런 유의 진리들, 즉 형태, 수에 대해 또는 산술이나 기하학 혹은 일반적으로 순수하고 추상적인 수학에 속하는 다른 것들에 대해 명증하게 인지했던 진리들을 가장 확실한 것으로 여겼음을 기억하고 있다.

그런데 지금, 만일 내가 내 사유로부터 어떤 사물의 관념을 끌어낼 수 있다는 사실만으로부터, 내가 이 사물에 속한다고 명석판명하게 지각하는 모든 것이 실제로 이 사물에 속한다는 것이 따라 나온다면,[277] 이로부터 나는 또한 신의 현존을 입증하는 논거를 가질 수 있지 않을까?[278] 확실한 것은, 나는 임의의 어떤 형태나 수의 관념 못지않게 신의 관념, 즉 최고 완전한 존재자의 관념을 내 안에서 발견한다는 것이다. 또한 나는 어떤 형태나 수에 관해 증명하는 것이 그 형태나 수의 본성에 속한다는 것을 명석판명하게 이해하는 것 못지않게, 항상 현존하는 것이 신의 본성에 속한다는 것을 명석판명하게 이해한다. 그러므로 설령 내가 지난 요 며칠 성찰한 것이 모두 참은 아니라고 해도, 신의 현존은 내 안에서 수학의 진리들이 [66] 지금까지 갖고 있던 것과 최소한 동급의 확실성에 이르러야 한다.

그럼에도 불구하고 이것은 사실 언뜻 보기에 전혀 명료하지 않고, 오히려 어떤 궤변의 외양을 띠고 있다.[279] 왜냐하면 나는 다른 모든 사물들에서 현존을 본질과 구별하는 것에 익숙해져 있으므로, 현존이 또한 신의 본질에서 분리될 수 있다고, 그래서 신은 현존하지 않는 것으로 사유될 수 있다고 나를 쉽게 설득시키기 때문이다. 그럼에도 불구하고 보다 세심히 주의해보면, 삼각형의 세 각의 크기는 두 직각과 같다는 것이 삼각형의 본질과 분리될[280] 수 없다는 것, 혹은 골짜기의 관념이 산의 관념과 분리될 수 없다는 것과 마찬가지로, 현존이 신의 본질과 분리될 수 없다는 것은 명백하다. 그래서 골짜기가 빠져 있는[281] 산을 사유한다는 것과 마찬가지로, 현존이 빠져 있는(다시 말해, 어떤 완전성이 빠져 있는) 신(다시 말해, 최고 완전한 존재자)을 사유한다는 것은 모순일 것이다.[282]

그렇기는 하지만, 내가 골짜기 없이 산을 사유할 수 없는 것과 마찬가지로, 신이 현존하지 않는다면 신을 사유할 수 없기는 하지만, 그러나 확실히, 내가 산을 골짜기와 함께 사유한다고 해서 어떤 산이 세계에 존재한다는 것이 따라 나오지 않는 것과 마찬가지로, 내가 신을 현존하는 것으로 사유한다고 해서 신이 현존한다는 것은 따라 나오지 않는 것으로 보인다.[283] 왜냐하면 내 사유는 사물에 어떠한 필연성도 부과하지 않기 때문이다.[284] 그리고 어떠한 말도 날개를 가지지 않지만 날개 달린 말을 상상하는 것이 허용되는 것과

스톡홀름. 1649년 2월, 스웨덴 여왕 크리스티나Christina는
데카르트가 자신의 교사가 되어주기를 바라면서 이곳으로 그를 초청했다.

마찬가지로, 어떠한 신도 현존하지 않지만 어쩌면 내가 신에게 현
존을 상상으로 덧붙이고[285] 있을지도 모른다.

천만에,[286] 여기에 궤변이 숨어 있다. 실로, 산이 골짜기와 함께가
아니라면 내가 산을 사유할 수 없다는 사실로부터, 산과 골짜기가
[67] 어딘가에 현존한다는 것이 따라 나오는 것이 아니라, 단지 산과 골
짜기가, 이것들이 현존하건 현존하지 않건, 서로 떨어질 수 없다는
것만이 따라 나온다. 반면, 신이 현존하지 않는다면 내가 신을 사유
할 수 없다는 사실로부터, 현존은 신과 분리 불가능하다는 것, 그러
므로 신은 실제로 현존한다는 것이 따라 나온다.[287] 그리고 내 사유

가 그것을 그렇게 만드는 것이 아니라, 다시 말해 내 사유가 사물에 어떤 필연성을 부과하는 것이 아니라, 오히려 반대로 사물 자체의 필연성, 즉 신의 현존의 필연성이 나를 그렇게 사유하도록 결정한다.[288] 왜냐하면 말을 날개와 함께, 아니면 날개 없이 상상하는 것은 내 자유이지만, 현존 없이 신을(다시 말해, 최고 완전성 없이 최고 완전한 존재자를) 사유하는 것은 내 자유가 아니기 때문이다.[289]

또한 여기서, 신은 모든 완전성들을 가진다고 조정한 다음, 현존은 완전성들 가운데 하나이므로, 내가 신을 현존하는 것으로 조정하는 것은 필연적이기는 하지만, 그러나 첫 번째 조정은 필연적이지 않았다고 말해서도 안 된다.[290] 이는 모든 사각형이 원에 내접한다고 여기는 것은 나에게 필연적이지 않지만, 그러나 일단 내가 그렇게 여긴다고 조정했다면, 모든 마름모는 원에 내접한다는 것을 인정하는 것은 필연적일 것인데, 이것은 명백히 거짓이라고 말해서도 안 되는 것과 마찬가지다.[291] 왜냐하면, 비록 내가 언젠가 신에 대해 어떤 사유를 하게 되는 것은 필연적이지는 않더라도, 기꺼이 최초 그리고 최고 존재자에 대해 사유할 때마다, 그리고 그의 관념을 말하자면 내 정신의 보고에서 끌어낼 때마다, 그에게 모든 완전성을— 비록 그때 내가 그 완전성의 수를 세지도, 그 완전성 각각에 주의를 기울이지도 않더라도[292] — 귀속시키는 것은 필연적이기 때문이고, 또 이 필연성은, 나중에 내가 현존이 완전성임을 깨달을 때, 최초 그리고 최고 존재자가 현존한다고 정당하게 결론짓게 하는 데 전적으로 충분하기 때문이다. 이는 내가 언젠가 어떤 삼각형을 상상하는 것은 필연적이지 않지만, 세 각만을 가진 직선 도형을 고찰하려고 할 때마다, 내가 그 세 각은 두 직각보다 크지 않다— 비록 그때 내가 바로 이것에 주의를 기울이지 않더라도—는 것을 정당하게 추론하게 해주는 것들을 그 도형에 귀속시키는 것은 필연적이라는 것과 마찬가지다. 그러나 어떠한 도형이 원에 내접하는지를 조사할 때, 내가 모든 사각형이 원에 내접한다고 여기는 것은 결코 필연적이지 않다. 아니 심지어, 내가 명석판명하게 이해하는 것 외에는 아무것도 받아들이려고 하지 않는 동안, 나는 그것을 꾸며낼 수조차 없다. 그리고 따라서 이런 유의 거짓된 조정들과 나에게 본유적인 참된 관념들 사이에는 커다란 차이가 있으며,[293] 이 관념들 가운데 첫째가는 것 그리고 주된 것이 신의 관념이다. 왜냐하면 나는 많은 방식으로 신의 관념이 내 사유에 의존하는 허구적인 어떤 것이 아니라 참되고 불변하는 본성의 상임을[294] 분명히 이해하기 때문이다. 예를 들어, 우선, 나는 오직 신 이외에는 그 본질에 현존이 속하는 다른 어떠한 것도 생각해낼 수 없기 때문이다. 다음으로, 둘 또는 그 이상의 많은 이런 유의 신들을 이해할 수 없기 때문이고, 또 일단 내가 하나의 신이 지금 현존한다고 조정한다면, 나는 그가 영원으로부터 현존했고 영원을 향하여 존속할 것임이 필연적임을 똑똑히 보기 때문이다. 그리고 마지막으로, 나는 신 안에 내가 뺄 수도 바꿀 수도 없는 다른 많은 것들이 있음을 지각하기 때문이다.

그러나 과연, 내가 입증하는 데 사용하는 근거가 결국 어떠한 것이든, 나는 항상 내가 명석판명하게 지각하는 것만이 나를 완전히 설득시킨다는 것으로 돌아온다. 그리고 분명, 내가 그렇게 지각하는 것들 가운데 몇몇은 누구에게나 명백하지만, 반면에 다른 것들은 더 가까이 들여다보고 세심히 탐구하는 이들에게만 드러난다. 그렇지만 드러난 다음에는, 이것들도 전자 못지않게 확실한 것으로 평가된다.[295] 예를 들어, 직각삼각형에서 빗변의 제곱은 다른 두 변의 제곱의 합과 같다는 것이 그 빗변이 가장 큰 각과 대응한다는 것만큼 쉽게 나타나지는 않더라도, 그것을 일단 통견한[296] 다음에 [69] 는 그것을 후자 못지않게 믿게 된다. 그런데 신에 관해서는, 만일 내가 선입견으로 덮여 있지[297] 않다면, 그리고 감각적 사물들의 상들이 내 사유를 온통 차지하고 있지 않다면, 확실히 내가 신보다 먼저 또는 신보다 더 쉽게 인식하는 것은 아무것도 없다. 왜냐하면, 최고 존재자가 존재한다는 것, 다시 말해 그 본질에만 현존이 속하는 신이 현존한다는 것보다 더 자명한[298] 것이 무엇이라는 말인가?

게다가[299] 바로 이것을[300] 지각하기 위해 주의 깊은 고찰이 필요했다고 해도, 지금 나는 극히 확실하게 보이는 다른 모든 것들과 동등하게 이것에 대해 확신하고 있을 뿐만 아니라, 이것 외에 또한 그 밖의 것들의 확실성은 바로 이것에 의존하고, 그래서 이것 없이는[301] 결코 아무것도 완전하게 알 수 없다는 것도 깨닫는다.

실로, 비록 내가 어떤 것을 매우 명석판명하게 지각하는 동안 그것이 참임을 믿지 않을 수는 없는 그러한 본성을 갖고 있다고 해도, 그렇지만 나는 또한 어떤 것을 명석하게 지각하기 위해 정신의 시선을 줄곧 그것에 고정시킬 수 없는 그러한 본성도 갖고 있고, 또 내가 어떤 것을 그렇다고 판단하게 해준 근거들에 더 이상 주의를 기울이지 않을 때는 이전에 내린 판단의 기억이 자주 되살아나는 그러한 본성도 갖고 있다. 이 때문에,[302] 만일 내가 신을 모른다면, 내 의견을 쉽게 버리게 할 다른 근거들이 제시될 수 있으며, 그래서 나는 결코 어떤 것에 대해서도 참되고 확실한 지식을 갖지 못하고, 그저 비항구적이고 가변적인 의견들만을 가질 것이다.[303] 이렇게, 예를 들어, 내가 삼각형의 본성을 고찰할 때, 기하학의 원리들에 젖어 있는[304] 나에게 그 세 각이 두 직각과 같다는 것은 극히 명증하게 나타나며, 또 내가 그 증명에 주의를 기울이는 동안 그것이 참임을 믿지 않을 수는 없다. 그러나 내가 그 증명에서 정신의 눈을 돌리는 즉시, 내가 아무리 그것을 극히 명석하게 통견했다는 것을 여전히 기억한다고 해도, 그럼에도 불구하고, 만일 정말 내가 신을 모른다면, 그 증명이 참인지 아닌지를 의심하는 일은 쉽게 일어날 수 있다. 왜냐하면 나는 내가 극히 명증하게 지각한다고 여기는 것들에서 가끔 속게끔 자연에 의해 만들어졌다고 나를 설득할 수 있기 때문이며,[305] 이는 내가 참되고 확실한 것으로 간주한 많은 것에 대해, 잠시 후 다른 근거들을 가져와 거짓이라고 판단했던 적이 자주 있었음을 상기하면 특히 그렇다.

그러나 나는 신이 존재한다는 것을 지각했고, 동시에 또한 그 밖

[70]

의 모든 것이 그것에 의존한다는 것, 그리고 신은 속이지 않는다는 것을 이해했으며, 나는 이로부터 내가 명석판명하게 지각하는 모든 것은 필연적으로 참이라고 결론지었다. 그러므로 내가 비록 그것이 참이라고 판단하게 해준 근거들에 더 이상 주의를 기울이지 않는다고 해도, 그것들을 명석판명하게 통견했다는 것을 기억하기만 한다면, 나를 의심으로 몰아가는 반대 근거는 아무것도 제시될 수 없으며, 오히려 나는 그런 것에 대해 참되고 확실한 지식을 가진다. 그리고 이뿐만이 아니라, 내가 언젠가 증명했다고 기억하는 나머지 모든 것들에 대해서도, 예컨대 기하학 및 이와 유사한 것들에 대해서도 참되고 확실한 지식을 가진다. 실로, 지금 나에게 무슨 반박이 제시되겠는가? 내가 자주 속게끔 만들어지지 않았느냐고? 그러나 나는 이미 내가 명료하게 이해하는 것들에서 속을 수 없다는 것을 알고 있다. 내가 참되고 확실한 것으로 간주한 다른 많은 것들이 나중에 거짓임을 포착하지 않았느냐고? 그렇지만 그 가운데 내가 명석판명하게 지각한 것은 아무것도 없었으며, 오히려 나는 이 진리의 규칙을 모르고 있었기에 다른 근거들로 인해 어쩌다 그것을 믿었고, 나중에 이 근거들이 그렇게 확고하지 않다는 것을 발견했다. 그렇다면 무슨 말을 할 것인가? (조금 전에 내가 나에게 반박했듯이) 혹시 내가 꿈꾸고 있을지도 모른다고, 다시 말해 내가 지금 사유하는 모든 것이 잠잘 때 나타나는 것보다 더 참된 것은 아니지 않느냐고? 아니, 그래도 달라지는 것은 아무것도 없다. 왜냐하면 확실히, 내가 꿈꾸고 있다고 해도, 어떤 것이 내 지성에 명증하다면, 그것은 전적으로 참이기 때문이다.[306]

[71]

이렇게 해서 나는 모든 지식의 확실성과 진리성은 오직 참된 신에 대한 인식에만 의존한다는 것을 똑똑히 본다. 그런 만큼 신을 인식하기 전에 나는 다른 어떤 것에 대해서도 완전히 알 수 없었다.[307] 그러나 이제 신 자신 그리고 다른 지적 사물들에 대해서만이 아니라, 순수수학의 대상인 그 모든 물체적 본성에 대해서도 무수한 것들이 나에게 완전히 알려질 수 있고 확실할 수 있다.[308]

제6성찰   물질적 사물의 현존, 그리고
정신과 신체의 실재적 구별에 관하여*

남은 것은 물질적 사물들이 현존하는지를 조사하는 일이다.[309] 그렇지만 나는 이미 적어도 그것들이, 순수수학의 대상인 한, 현존할 수 있다는 것을 알고 있는데, 내가 그것을 명석판명하게 지각하니 말이다. 왜냐하면 내가 이렇게 지각할 수 있는 모든 것을 신이 만들어낼 수 있다[310]는 것은 의심스럽지 않고, 또 내가 판명하게 지각하는 것이 모순인 경우가 아니라면, 신이 만들어낼 수 없는 것은 결코 아무것도 없다고 판단했기 때문이다.[311] 이뿐만 아니라, 내가 이 물질적 사물들에 몰두하는 동안 상상능력을 사용한다는 것을 경험하는데, 이 상상능력으로부터 그것들이 현존한다는 사실이 따라 나오는 것으로 보인다. 왜냐하면 상상작용이 도대체 무엇인지를 보다 주의 깊게 고찰하면, 그것은 인식능력에 긴밀히 현전하는 물체, [72] 그러므로 현존하는 물체에 대한 그 인식능력의 어떤 적용과 다름 없다는 것이 드러나기 때문이다.[312]

    이것을 분명히 밝히기 위해, 나는 먼저 상상작용과 순수지성작

---

*   원어는 "De rerum materialium existentia, & reali mentis a corpore distinctione"이다.

용[313] 간의 차이를 조사한다. 즉, 예를 들어, 내가 삼각형을 상상할 때, 나는 단지 그것이 세 개의 선으로 둘러싸인 도형임을 이해할 뿐만 아니라, 또한 동시에 정신의 눈으로 이 세 개의 선을 현전하는 것으로 직관하는데, 바로 이것이 내가 상상하다라고 부르는 것이다.[314] 그러나 내가 만일 천각형에 대해 사유하려고 한다면, 나는 삼각형이 세 개의 변으로 이루어진 도형임을 이해하는 것과 똑같이, 천각형이 천 개의 변으로 이루어진 도형임을 잘 이해하기는 하지만, 그러나 삼각형의 세 개의 변에서와 같은 방식으로 이 천 개의 변을 상상하지는 못한다. 다시 말해 나는 그것을 현전하는 것으로 직관하는지는 못한다. 그리고 내가 그때, 물체적 사물에 대해 사유할 때마다 항상 어떤 것을 상상하는 습관으로 인해, 혹시 어떤 도형을 나에게 혼동되게 재현한다고 해도, 그 도형이 천각형이 아니라는 것은 분명하다. 왜냐하면 그 도형은, 내가 만각형에 대해 혹은 더 많은 변을 가진 임의의 다른 도형에 대해 사유할 경우, 역시 내가 나에게 재현하는 것과 어떤 점에서도 다르지 않고, 또 그것은 천각형을 다른 다각형과 다르게 해주는 특성들을 인지하는[315] 데 아무 도움도 되지 않기 때문이다. 그러나 문제가 오각형인 경우, 나는 물론 이 도형을 천각의 도형과 마찬가지로 상상력의 도움 없이 이해할 수 있다. 그러나 나는 또한 그것을 상상할 수도 있다. 다시 말해, 정신의 눈을 그 다섯 개의 변으로, 그리고 동시에 그 변들로 둘러싸인 면적으로 향하게 할 수 있다. 그리고 내가 여기서 명백히 깨닫는 것은, 상상하기 위해서는 나에게 일종의 영혼의 특별한 긴장이 필요하지만, 이해하기 위해서는 이러한 긴장을 사용하지 않는다는 것이고, 이런 새로운 영혼의 긴장은 상상작용과 순수지성작용 간의 차이를 분명히 보여준다는 것이다.[316]

[73]

이뿐만 아니라, 나는 내 안에 있는 이 상상하는 힘은 이해하는 힘과 다른 만큼, 나 자신의 본질, 즉 내 정신의 본질에 요구되지 않는다는 것에 주목한다. 왜냐하면 내가 상상하는 힘을 가지지 않더라도, 그럼에도 불구하고 나는 지금 존재하는 나와 동일하게 있을 것임은 의심의 여지가 없기 때문이다. 이로부터 상상하는 힘은 나와 상이한 어떤 것에 의존한다는 것이 따라 나오는 것으로 보인다. 그리고 만일 어떤 물체가 현존하고, 정신이 이 물체를 말하자면 자의대로 들여다보기 위해 다가갈 정도로 이 물체와 결합되어 있다면,[317] 바로 이것으로 인해 내가 물체적 사물들을 상상하는 일이 가능하고, 그런 만큼 나는 이 사유 양태가 다음과 같은 점에서만 순수 지성작용과 다르다는 것을 쉽게 이해한다. 즉, 이해하는 동안 정신은 어떤 식으로 자기 자신을 향하고, 자신에 내재하는 관념들 가운데 어떤 것을 돌아보는 반면, 상상하는 동안 정신은 물체를 향하고, 이것 안에서 자기 자신에 의해 이해된 관념이나 감각을 통해 지각된 관념과 일치하는 어떤 것을 직관한다는 것이다.[318] 말하건대, 만일 정말 물체가 현존한다면, 나는 상상작용이 이렇게 이루어질 수 있다는 것을 쉽게 이해한다. 그리고 상상작용을 설명하는 데 이만큼 적합한 다른 어떤 방식도 떠오르지 않기 때문에, 나는 이로부터 개연적으로 물체가 현존한다고 추측한다. 그러나 이것은 개연적으로만이다.[319] 또 내가 아무리 세심히 모든 것을 탐구한다고 해도, 나는 여전히 내 상상작용 안에서 발견하는 이 물체적 본성에 대한 판명한 관념으로부터 어떤 물체가 현존한다는 것을 필연적으로 결론짓는 논거를 취할 수 있다고는 보지 않는다.

그런데 나는 순수수학의 대상인 이 물체적 본성 외에, 이만큼 판 [74] 명하게는 아니지만, 다른 많은 것들을, 이를테면 색, 소리, 맛, 고통 및 이와 유사한 것들을 상상하곤 한다. 그리고 이것들은 감각들을 통해 더욱 잘 지각되고, 감각들에서부터 기억을 매개로 상상력에 이르렀던 것으로 보이기 때문에, 이것들을 보다 적절히 다루기 위해서는 동시에 감각들도 다루어야 하고, 또 내가 감각이라고 부르는 사유 양태를 통해 지각되는 것으로부터 물체적 사물들의 현존을 위한 어떤 확실한 논거를 가질 수 있는지를 보아야 한다.

그리고 나는 여기서 우선, 내가 이전에 감각을 통해 지각한 것으로서 도대체 어떤 것들을 참이라고 여겼는지, 또 어떠한 근거들로 그렇다고 여겼는지 되돌아볼 것이다. 그다음에, 내가 나중에 그것들을 의심하게 된 근거들 또한 곰곰이 재어볼 것이다. 마지막으로, 지금 그것들에 대해 무엇을 믿어야 하는지를 고찰할 것이다.[320]

우선, 이렇게 해서, 나는 내가 나의 부분으로, 혹은 어쩌면 심지어 내 전체로 여겨온 이 신체를 구성하는 머리, 손, 발 그리고 그 밖의 기관들을 갖고 있음을 감각했다. 그리고 나는 이 신체가 다른 많은 물체들 사이에 놓여 있고, 이 물체들로부터 여러 가지로 유리하게 혹은 불리하게 영향을 받을 수 있음을 감각했고, 나는 그 유리함을 어떤 쾌락의 감각에 따라, 불리함을 고통의 감각에 따라 측정하고 있었다.[321] 고통과 쾌락 외에 허기, 갈증 및 이런 유의 다른 욕구들도 내 안에서 감각했다. 마찬가지로 쾌활[322]에 대한, 슬픔에 대한, 분노에 대한 그리고 이와 유사한 다른 정념들에 대한 특정한 신체
[75] 적 경향성들을 감각했다. 반면 외부에서는, 물체들의 연장들, 형태들, 운동들 외에도 단단함, 열 및 다른 촉각적 성질들을 물체들 안에서 감각했다. 이뿐만 아니라 빛과 색과 냄새와 맛과 소리를 감각했고, 이것들의 다양성[323]에 따라 하늘, 땅, 바다 그리고 나머지 물체들을 서로 구별하고 있었다. 그리고 이 모든 성질들에 대한 관념

스웨덴의 여왕 크리스티나의 초청을 받은 데카르트.

들이 내 사유에 나타났고, 나는 오직 이 관념들만을 본래 그리고 직접적으로 감각했기 때문에, 내가 내 사유와 전적으로 상이한 어떤 것, 즉 이 관념들이 유래하는 물체들을 감각한다고 여긴 것은 분명 근거 없는 것이 아니었다. 왜냐하면 나는 이 관념들이 전혀 내 동의 없이 나에게 불쑥 나타난다는 것을 경험했고,[324] 그런 만큼 내가 아무리 원해도 어떤 대상이 감각기관에 현전하지 않았으면 나는 그것을 감각할 수 없었을 것이고, 그것이 현전했을 때는 감각하지 않을 수 없었을 것이기 때문이다. 그리고 감각을 통해 지각된 관념들은, 성찰하면서 내가 뻔히 알면서[325] 지어낸 관념들 가운데 어떠한 것보다, 혹은 내가 내 기억에 각인된 것으로 관찰한 관념들 가운데 어떠한 것보다 훨씬 더 생생하고 명확하며,[326] 심지어 그 나름대로 더 판명했으므로, 그것들이 나 자신에서 유래하는 것은 가능하지 않은 것으로 보였다. 그러므로 그 관념들은 다른 특정한 사물들에서 도래했을 것이라는 점이 남아 있었다.[327] 그리고 나는 그 사물들에 대한 인식[328]을 바로 이 관념들로부터가 아닌 다른 어떤 데서도 가질 수 없었으므로, 그 사물들이 이 관념들과 유사하다는 것외에는 다른 어떤 것도 내 정신에 떠오를 수 없었다. 그리고 나는또한 내가 이전에 이성보다는 오히려 감각을 사용했음을 기억하고 있었기 때문에, 그리고 나 자신이 지어낸 관념들은 감각을 통해지각한 관념들만큼 명확하지 않다는 것을, 또 전자의 대부분은 후자의 부분들로 구성되어 있다는 것을 보고 있었기 때문에, 나는 내가 감각 안에 먼저 갖고 있지 않았던 것은 지성 안에 전혀 갖고 있지 않다고[329] 쉽게 확신하고 있었다. 또한 내가 어떤 특수한 권리로

[76] 내 것이라고 부른 이 신체가 다른 어떤 물체보다 더 나에게 속한다고 여긴 것도 근거 없는 것은 아니었다. 왜냐하면 나는 신체로부터, 다른 모든 물체들과는 달리, 결코 떨어질 수 없었고, 또 모든 욕구와 정념을 신체 안에서 그리고 신체를 위해 감각했으며, 마지막으로 고통 및 간지럼[330]을 신체 외부에 위치한 다른 물체에서가 아니라 신체의 부분들에서 감지했기 때문이었다. 그러나 내가 어떠한것인지 모르는 이 고통의 감각에서 왜 영혼의 어떤 슬픔이, 간지럼의 감각에서 왜 어떤 기쁨이 생기는지, 내가 허기라고 부르는, 내가어떠한 것인지 모르는 이 위의 쓰림은 나에게 먹을 것을, 그러나 목의 메마름은 마실 것을 취하라고 재촉하는지, 그리고 이와 같이 그밖의 것들에 대해서도, 자연이 나에게 그렇게 가르쳤기 때문이라는 것 외에 나는 사실 다른 근거를 갖고 있지 않았다.[331] 왜냐하면이 쓰림과 먹을 것을 취하려는 의지 사이에, 또는 고통을 가져오는것에 대한 감각과 이 감각에서 발생하는 슬픔의 사유 사이에 (적어도 내가 이해하는) 근친성[332]은 전혀 없었기 때문이었다. 그리고 내가 감각 대상들에 대해 판단해온 나머지 모든 것들도 자연으로부

터 배운 것으로 보였다.³³³ 왜냐하면 바로 이것을 입증해줄 근거들을 곰곰이 재어보기도 전에, 나는 그 모든 것을 자연으로부터 배운 것으로 확신하고 있었기 때문이었다.

그러나 그 후 많은 경험들은 내가 감각에 대해 갖고 있던 모든 신뢰를 조금씩 무너뜨렸다. 왜냐하면 가끔, 멀리서 원형으로 보인 탑이 가까이서는 사각형으로 드러났고, 또 이 탑 꼭대기에 세워진 아주 거대한 조각상들은 지면에서 바라보니 커 보이지 않았기 때문이었다. 나는 이런 유의 다른 무수한 것들에서 외적 감각의 판단이 속고 있음을 포착했다. 외적 감각의 판단만 아니라 내적 감각의 [77] 판단도 그랬다. 왜냐하면, 무엇이 고통보다 더 긴밀³³⁴할 수 있겠는가? 그렇지만 나는 언젠가 다리나 팔을 절단한 이들로부터 아직도 가끔 없어진 신체 부위에서 고통을 느끼는 것 같다는 말을 들었고, 이 때문에 또한 내 안에서도, 내가 신체의 어느 부위에서 고통을 느낀다고 해도, 그 부위가 나에게 고통을 준다는 것은 완전히 확실하지는 않은 것으로 보였다.³³⁵ 이것들에 나는 또한 최근에 극히 일반적인 의심의 근거 두 가지³³⁶를 추가했다. 첫 번째는, 내가 깨어 있는 동안 감각한다고 믿지 않았던 것은, 내가 또한 언젠가 자는 동안 감각한다고 여길 수도 없다는 것, 또 꿈속에서 감각한다고 나에게 보이는 것이 내 외부에 위치한 것에서 나에게 도래한다고는 믿지 않으면서, 내가 무엇 때문에 깨어 있을 때 감각한다고 나에게 보이는 것에 대해 오히려 그렇다고 믿어야 할지를 알아차리지 못했다는 것이었다.³³⁷ 두 번째는, 나는 아직 내 기원의 작자를 모르고 있었기 때문에, 혹은 적어도 모른다고 꾸며내고 있었기 때문에, 나는 나에게 극히 참된 것으로 나타난 것들에서조차 본성적으로 속게끔 되어 있지 못하게 하는 것을 아무것도 보지 못했다는 것이었다.³³⁸

그리고 이전에 감각적 사물들에 대한 진리를 나에게 확신시킨 근거들에 관해 말하자면, 이것에 답하는 것은 어렵지 않았다. 왜냐하면 자연은 이성이 제지한 많은 것들로 나를 몰아가는 것으로 보였으므로, 자연이 가르친 것들을 크게 신뢰해서는 안 된다고 여겼기 때문이었다.[339] 그리고 감각의 지각들이 내 의지에 달려 있는 것은 아니라고 해도, 그렇다고 해서 그것들이 나와 상이한 것에서 유래하는 것으로 결론지어야 한다고는 여기지 않았다. 왜냐하면, 나에게 아직 알려지지 않고 있더라도, 그 지각들의 산출자[340]인 어떤 능력이 어쩌면 나 자신 안에 있을 수도 있기 때문이었다.

그러나 나 자신과 내 기원의 작자를 더 잘 알기 시작하는 지금, 나는 물론 내가 감각으로부터 얻는 것으로 보이는 모든 것을 경솔하게 인정해서는 안 되지만, 그렇다고 그 모든 것을 의심해서도 안 [78] 된다고 생각한다.

그리고 먼저, 나는 신이 내가 명석판명하게 이해하는 모든 것을 내가 이해하는 그대로 만들어낼 수 있음을 알고 있으므로, 하나가 다른 하나와 상이하다는 것을 확신하기 위해서는, 내가 하나를 다른 하나와 별도로 명석판명하게 이해할 수 있는 것으로 충분하다. 왜냐하면 적어도 신은 그것을 별개로 놓을 수 있기 때문이다.[341] 그리고 그것들이 상이한 것으로 간주되는 데에는, 이런 일이 어떠한 힘을 통해 행해지는지는 문제가 되지 않는다. 따라서 나는 현존한다는 것을 내가 알고 있다는 바로 이 사실로부터, 그리고 그동안 나의 본성 즉 본질에 속하는 것은 나는 사유하는 것, 오직 이것뿐임을 내가 깨닫고 있다는 바로 이 사실로부터, 나의 본질이 나는 사유하는 것, 이 하나에 있음을 나는 정당하게 결론짓는다. 그리고 어쩌면 (아니 오히려, 바로 뒤에 말하겠지만, 확실히)[342] 내가 신체를 갖고

110

있고, 이것과 아주 밀접하게 결합되어 있다고 해도, 한편으로, 나는 연장된 것이 아니라 오직 사유하는 것인 한에서 나 자신에 대한 명석판명한 관념을 갖고 있고, 다른 한편으로 사유하는 것이 아니라 오직 연장된 것인 한에서 신체에 대한 판명한 관념을 갖고 있기 때문에, 나는 내 신체와 실제로 구별되고, 내 신체와 별도로 현존할 수 있다는 것은 확실하다.³⁴³

그다음에, 나는 내 안에서 어떤 특수한 방식으로 사유하는 능력, 즉 상상하는 능력과 감각하는 능력을 발견하는데, 나는 내 전체를 이것들 없이 명석판명하게 이해할 수 있지만, 역으로 나는 이것들을 나 없이, 즉 이것들이 내재하는 지성적 실체 없이 명석판명하게 이해할 수는 없다. 왜냐하면 이 능력들은 그 형상적 개념 안에³⁴⁴ 어떤 지성작용을 포함하며, 이로부터 나는 이 능력들이, 양태들이 사물과 구별되듯이, 나와 구별된다는 것을 지각하기 때문이다. 나는 또한 다른 어떤 능력들, 이를테면 장소를 바꾸는 능력, 다양한 여러 형태를 취하는 능력 및 이와 유사한 것들을 인지하는데, 이 능력들도 분명, 앞의 것과 마찬가지로, 이것들이 내재하는 어떤 실체와 별 [79] 도로 이해될 수 없으며, 따라서 또한 이 실체와 별도로 현존할 수도 없다. 그러나 만일 정말 이 능력들이 현존한다면, 그것들은 지성적 실체가 아니라 물체적 즉 연장된 실체에 내재해야만 한다는 것은 명백하다. 왜냐하면 사실 이 능력들에 대한 명석판명한 개념 안에는 어떤 연장이 포함되어 있지만, 지성작용은 전혀 포함되어 있지 않기 때문이다. 그러나 이제, 감각하는 어떤 수동적인 능력, 즉 감각적 사물들의 관념들을 받아들이고 인식하는 능력이 내 안에 있기는 하지만, 그러나 그 관념들을 산출하거나 야기하는 어떤 능동적인 능력이 내 안에 혹은 다른 것 안에 또한 현존하지 않는다면,

나는 이 수동적인 능력을 전혀 사용할 수 없을 것이다.[345] 그런데 이 능동적인 능력이 나 자신 안에 있을 수 없음은 분명하다. 왜냐하면 그것은 지성작용을 전혀 전제하지 않으며, 또 저 관념들은 내가 협력하지 않아도, 아니 심지어 자주 내 뜻에 반해서까지 산출되기 때문이다.[346] 그러므로 남는 것은, 이 능동적인 능력은 나와 상이한 어떤 실체 안에 있을 것이고, 이 실체 안에는 (이미 위에서 주의했듯이) 이 능력에 의해 산출된 관념들 안에 표상적으로 존재하는 모든 실재성이 형상적으로든 우월적으로든 내재해야 한다는 것이다.[347] 그래서 이 실체는 물체, 즉 그 관념들 안에 표상적으로 존재하는 모든 것을 형상적으로 포함하는 물체적 본성이거나, 아니면 적어도[348] 신이거나, 혹은 그 모든 것을 우월적으로 포함하는 물체보다 더 고귀한 어떤 피조물이다. 그런데, 신은 속이지 않으므로, 그가 그 관념들을 나에게 그 스스로 직접 들여보내는 것도, 그 관념들의 표상적 실재성을 형상적으로가 아니라 우월적으로만 포함하는 어떤 피조물을 매개로 들여보내는 것도 아님은 전적으로 명백하다. 왜냐하면 신은 나에게 이러한 것을 인지하게 하는 어떠한 능력도 주지 않았고, 오히려 반대로 나에게 그 관념들이 물체적 사물들에서 내보내진다[349]는 것을 나에게 믿게 하는 커다란 경향성을 주었으므로, 그것들이 만일 물체적 사물들이 아닌 다른 데서 내보내졌다면, 신은 속이지 않는다는 것이 어떤 근거로 이해될 수 있을지를 나는 알지 못하기 때문이다. 따라서 물체적 사물들은 현존한다.[350] 그렇지만 아마 그 모든 것이 내가 감각으로 파악하는 그대로 온전히 현존하는 것은 아닐 것이다. 이 감각의 파악은 많은 경우에 매우 모호하고 혼동되어 있기 때문이다. 그러나 내가 명석판명하게 이해하는 모든 것, 다시 말해, 일반적으로 볼 경우, 순수수학의 대상 안에 포

[80]

112

함되어 있는 모든 것은 적어도 물체적 사물들 안에 있다.

그러나 나머지 것들에 대해 말하자면, 그것들은 태양이 이러한 크기 또는 이러한 모양이라는 것 등과 같이 단지 특수한 것들이거나, 아니면 빛, 소리, 고통 및 이와 유사한 것들과 같이 덜 명석하게 이해되는 것들이다. 이런 것들이 매우 의심스럽고 불확실하다고 해도, 그럼에도 불구하고 신은 속이지 않는다는 사실, 그래서 신이 거짓을 교정하는 어떤 능력[351] 또한 나에게 부여하지 않고서는 내 의견들 안에 거짓이 발견되는 일은 있을 수 없다는 바로 이 사실로부터 나는 이런 것들에서도 진리에 이르는 확실한 희망을 갖게 된다. 그리고 자연이 가르치는 모든 것이 참된 어떤 것[352]을 지닌다는 것은 실로 의심스러운 일이 아니다. 왜냐하면 내가 지금 이해하는 자연은, 일반적으로 볼 경우, 신 자신이거나, 아니면 신이 설정한 피조물들의 질서체계와 다름없고, 또 특수하게 나의 자연은 신이 나에게 부여한 모든 것의 결합체와 다름없기 때문이다.[353]

그런데 이 자연이 나에게 내가 신체를 갖고 있다는 것, 즉 내가 고통을 느낄 때 상태가 나쁘고, 허기나 갈증을 겪을 때 먹을 것이나 마실 것을 필요로 하는 등의 신체를 갖고 있다는 것보다 더 명시적으로[354] 가르치는 것은 아무것도 없다. 따라서 나는 그것에 참된 어떤 것이 있다는 것을 의심해서는 안 된다.

또한 자연은 이러한 고통, 허기, 갈증 등의 감각을 통해, 내가 단지 선원이 배에 있는 것처럼 내 신체에 있는 것이 아니라, 내가 신체와 극히 밀접하게 결합되어 있고, 흡사 혼합되어 있다는 것, 그런 만큼 신체와 어떤 일체를 구성하고 있다는 것도 가르친다.[355] 실로, 그렇지 않으면, 신체가 상처를 입을 때, 사유하는 것과 다름없는 나는 그로 인해 고통을 느끼는 것이 아니라, 오히려 선원이 배 안에서 [81]

부서지는 것을 시각으로 지각하는 것처럼, 이 상처를 순수지성으로 지각할 것이다. 그리고 그 신체가 먹을 것이나 마실 것을 필요로 할 때, 나는 이것을 명확하게 이해할 것이고, 혼동된 허기와 갈증의 감각을 갖지는 않을 것이다. 왜냐하면 확실히, 갈증, 허기, 고통 등의 이 감각들은 신체와 정신의 합일 그리고 흡사 혼합에서 발생하는 어떤 혼동된 사유 양태들과 다름없기 때문이다.[356]

이뿐만 아니라 자연은 또한 내 신체 주변에 내가 어떤 것은 추구해야 하고 다른 것은 기피해야 하는 여러 다양한 물체들이 현존한다는 것도 가르친다. 그리고 확실히, 내가 매우 상이한 색들, 냄새들, 맛들, 소리들, 열들, 굳기들 및 이와 유사한 것들을 감각한다는 사실로부터, 나는 이 여러 다양한 감각의 지각들이 도래하는 물체들 안에는 어쩌면 이 지각들과 유사하지 않을지라도, 이것들에 상응하는 다양성들이 있다고 정당하게 결론짓는다. 그리고 또 이 지각들 가운데 어떤 것들은 나에게 유쾌하고 다른 것들은 불쾌하다는 사실로부터, 나는 내 신체가, 아니 보다 정확히 말해 내가 정신과 신체로 구성되어 있는 한에서 내 전체가 주변 물체들로부터 여러 가지로 유리하게 그리고 불리하게 영향을 받을 수 있다는 것이 전적으로 확실하다고 정당하게 결론짓는다.

[82] 그러나 자연이 가르친 것 같지만, 분별없이 판단하는 어떤 습관으로부터 받아들인 다른 많은 것들이 있는데,[357] 이 때문에 그것들은 쉽게 거짓일 수 있다. 이를테면, 내 감각을 자극하는 것이 전혀 눈에 띄지 않는 모든 공간은 진공이라는 것, 뜨거운 물체 안에는, 예를 들어, 내 안에 있는 열의 관념과 완전히 유사한 어떤 것이 있다는 것, 하얀 물체나 푸른 물체 안에는 내가 감각하는 것과 똑같은 하얀색이나 푸른색이 있다는 것, 쓴 물체나 단 물체 안에는 그와 같

은 맛이 있다는 것이고, 그리고 나머지 것들에 대해서도 그렇다. 또 별과 탑, 그 밖에 무엇이든 멀리 떨어진 물체들은 내 감각에 현시되는 것만큼의 크기와 형태를 가진다는 것이고, 다른 이런 유의 것들이다. 그러나 내가 이러한 것들에서 충분히 판명하게 지각하지 못하는 것이 없도록 하려면, 자연이 나에게 어떤 것을 가르친다고 말할 때, 내가 본래 이해하고 있는 바를 보다 정밀하게 정의해야 한다. 사실 나는 여기서 자연을 신이 나에게 부여한 모든 것의 결합체보다 더 좁게 취하고 있다. 실로, 결합체 안에는 정신에만 속하는 많은 것들, 예컨대, 행해진 것이 행해지지 않은 것일 수 없음을 내가 지각하는 것 및 자연의 빛에 의해 알려지는 나머지 것들이 포함되지만, 내가 여기서 말하는 것은 이런 것이 아니다. 또한 그 안에는 오직 물체와 관련된 많은 것들, 예컨대, 물체는 아래로 향한다는 것 및 이와 유사한 것들도 포함되지만, 내가 다루는 것은 이런 것도 아니며, 오직 신이 정신과 신체로 합성된 한에서 나에게 부여한 것들만이다.[358] 그래서 이 자연은 고통의 감각을 가져오는 것을 기피하고 쾌락의 감각을 가져오는 것을 추구하라는 것 및 이런 종류의 것들을 가르치기는 하지만, 그러나 이 자연이 우리에게 그 외에도, 우리가 우리 외부에 위치한 것에 대해 지성의 사전 검토 없이 이 감각의 지각들로부터 무엇이든 결론짓도록 가르치는 것 같지는 않다.[359] 왜냐하면 이것들에 대해 참을 아는 것은 정신에만 속하고, 합성된 것에 속하지 않는 것 같기 때문이다. 이렇게, 별이 비록 작은 횃불의 불꽃보다 더 내 눈을 자극하지 않는다고 해도, 그 별이 더 크지 않다고 믿게 하는 실재적 혹은 적극적 경향성도 그것 안에 없으며,[360] 나는 근거 없이 유년기부터 그렇게 판단했던 것이다. 그리고 내가 불에 가까이 가면 열을 감각하고, 아주 가까이 가면 고통

[83]

까지 감각한다고 해도, 분명 이 열과 유사한 어떤 것이 불 안에 있다고 설득하는 어떠한 근거도, 마찬가지로 이 고통과 유사한 어떤 것이 불 안에 있다고 설득하는 어떠한 근거도 없으며, 단지 우리 안에 이 열이나 고통의 감각들을 야기하는 어떤 것이, 이것이 결국 무엇이든 간에, 불 안에 있다고 설득하는 근거만이 있을 뿐이다. 그리고 또한 어떤 공간 안에 감각을 자극하는 것이 아무것도 없다고 해도, 그렇다고 해서 이 공간 안에 물체가 아무것도 없다는 것이 따라 나오는 것은 아니다. 나는 오히려 내가 이 경우 그리고 다른 많은 경우에서 자연의 질서를 왜곡시키는[361] 데 익숙해져 있음을 보고 있다. 왜냐하면 사실, 감각의 지각들은 본래 단지 정신이 그 한 부분인 합성된 것에게 무엇이 유리하고 무엇이 불리한지를 정신에게 알리기 위해서만 자연에 의해 주어진 것이고, 그런 한에서 충분히 명석하고 판명하지만, 나는 이것들을 우리 외부에 위치한 물체의 본질이 무엇인지를 직접 알아보기 위한 확실한 규칙들로 사용하고 있는데, 그러나 이것들은 물체의 본질에 대해서는 매우 모호하고 혼동되게만 알리기 때문이다.[362]

그런데 나는 이미 전에, 신의 선성[363]에도 불구하고 어떤 이유로 내 판단이 거짓인 일이 일어나는지를 충분히 통견했다. 그러나 여기서, 자연이 나에게 추구할 것으로 혹은 기피할 것으로 현시하는 것과 관련해서, 그리고 또한 내가 오류를 포착했던 것으로 보이는 내적 감각들과 관련해서도 새로운 어려움이 나타난다. 예를 들어, 어떤 이가 어떤 음식의 좋은 맛에 속아 그 안에 감춰진 독을 먹는 [84] 경우이다. 그러나 이 경우에 분명 자연은 좋은 맛이 들어 있는 음식을 욕구하도록 몰아가는 것이지, 자연이 전혀 모르는 독을 욕구하도록 몰아가는 것은 아니다. 그리고 여기서 결론지을 수 있는 모든 것은 이 자연이 전지하지 않다는 것이다.[364] 이는 놀랄 일이 아니다. 왜냐하면 인간은 제한된 것이므로, 제한한 완전성 이외의 다른 것은 그에게 어울리지 않기 때문이다.

그렇지만 자연이 우리를 몰아가는 것들에서조차 우리는 드물지 않게 오류를 범한다. 예를 들어, 병자들이 조금 뒤에 자신에게 해가 될 음료나 음식을 욕구하는 경우이다. 어쩌면 여기서, 그들의 자연이 부패했기 때문에 그런 오류를 범한다고 말할 수도 있겠지만, 이것으로 어려움이 제거되는 것은 아니다. 왜냐하면 병든 인간도 정말로 건강한 인간 못지않게 신의 피조물이고, 따라서 전자가 신으로부터 속이는 자연[365]을 얻는다는 것은 후자가 신으로부터 속이는 자연을 얻는 것 못지않게 모순되는 것으로 보이기 때문이다. 그리고 톱니바퀴와 추로 제작된 시계는 잘못 조립되어 시각을 제대로 가리키지 않을 때에도, 모든 부분에서 제작자의 소원을 충족시킬 때 못지않게 자연의 모든 법칙을 정확히 준수한다. 마찬가지로, 만일 내가 인간 신체를 뼈, 신경, 근육, 혈관, 피 및 피부를 갖추고 또 그것들로 정돈된 일종의 기계로, 그래서 비록 그 안에 어떤 정신도 현존하지 않지만, 지금 이 신체 안에 의지의 명령에 의해서도, 따라서 정신에 의해서도 일어나지 않는 모든 운동을 갖고 있는 일종의 기계로 고찰한다면,[366] 나는 다음과 같은 점을 쉽게 인지한다. 즉, 만일 이 신체가, 예를 들어, 수종병에 걸려 있다면, 정신에게 갈증의 감각을 가져오곤 하는 목구멍의 메마름을 겪는다는 것, 그리고 또한 이 메마름에 의해 그 신경들과 여타 신체 부분들이 배치되어 병을 악화시킬 음료를 취한다는 것, 이는 이 신체 안에 그러한 결함이 전혀 없을 때 이와 유사한 목구멍의 메마름에 의해 자신에게 이로운 음료를 섭취하도록 자극되는 것과 똑같이 자연스러운 것이   [85]

라는 점이다. 그리고 물론, 사전에 형성된[367] 시계의 용도와 관련해서, 나는 시계가 시각을 제대로 가리키지 않을 때 그 자연에서 빗겨나 있다고 말할 수 있다. 그리고 같은 식으로, 내가 인간 신체의 기계를 그 안에서 일어나곤 하는 운동을 위한 설비로 고찰할 경우, 음료가 신체 자체의 보존에 이롭지 않을 때 목구멍이 메말라 있다면, 나는 이것 또한 그 자연에서 벗어나 있다고[368] 여긴다. 그럼에도 불구하고 나는 자연에 대한 후자의 의미가 전자의 의미와 많이 다르다는 것을 충분히 깨닫는다. 왜냐하면 후자의 의미는 병든 인간과 잘못 조립된 시계를 건강한 인간의 관념과 제대로 만들어진 시계의 관념과 비교하는 내 사유에 의존하는 명칭과 다름없고, 말해지는 사물들에게는 외적 명칭과 다름없는 반면, 내가 이해하는 전자의 의미는 실제로 사물들 안에서 발견되는 어떤 것이며, 따라서 참된 어떤 것을 지니고 있기 때문이다.[369]

그러나 확실히, 수종병자의 신체와 관련해서, 마실 필요가 없는데도 메마른 목구멍을 가진다는 점에서 이 신체의 자연은 부패해 있다고 말하는 경우, 이것은 그저 외적 명칭에 불과하다고 해도, 그렇지만 합성된 것, 즉 이런 신체와 합일된 정신과 관련해서는, 음료가 자신에게 해를 끼치는 경우 갈증이 있다는 것은 순수한 명칭이 아니라 자연의 진정한 오류이다.[370] 이 때문에 여기서 남은 것은, 어떻게 해서 신의 선성은 이렇게 이해된 자연이 속이는 것을 막지 않는지를 탐구하는 일이다.

사실, 내가 여기서 무엇보다 주목하는 것은, 물체는 그 본성상 언제나 가분적이지만 정신은 전적으로 불가분적이라는 점에서 정신과 물체 사이에 커다란 차이가 있다는 것이다. 왜냐하면 분명, 내가 정신, 즉 오직 사유하는 것인 한에서 나 자신을 고찰할 때, 나는 내 안에서 어떠한 부분도 구별할 수 없고, 오히려 내가 전적으로 단일한 것이자 전체적인 것임을 이해하기[371] 때문이다. 그리고 신체 전체와 정신 전체가 합일된 것으로 보인다고 해도,[372] 그럼에도 불구하고 나는 다리, 팔 또는 임의의 다른 신체 부분들이 절단된다고 해서, 정신에서 감해지는 것은 아무것도 없음을 인식한다. 게다가 의지능력, 감각능력, 이해능력 등이 정신의 부분들이라고 말할 수도 없는데, 의지하는, 감각하는, 이해하는 것은 하나의 동일한 정신이기 때문이다. 그러나 반대로, 내가 사유를 통해 부분들로 쉽게 분할하지 못할, 그리고 바로 이 점 때문에 가분적임을 이해하지 못할 어떠한 물체적 즉 연장된 사물도 나에 의해 사유될 수 없다. 만일 내가 정신이 신체와 전적으로 상이하다는 것을 다른 데서[373] 충분히 알지 못했다면, 이것을 나에게 가르치는 데에는 이 한 가지만으로도 충분할 것이다.

다음으로 내가 주목하는 것은, 정신은 신체의 모든 부분으로부터 직접적으로 자극받는 것이 아니라, 단지 뇌로부터, 혹은 아마 심지어 뇌의 아주 작은 한 부분, 즉 이른바 공통감각이 내재하는 부분으로부터만 자극받는다는 것이다. 여기서 열거가 필요치 않은 무수한 실험들이 입증하듯이, 이 부분은, 이것이 동일한 방식으로 배치될 때마다, 비록 그동안에 신체의 여타 부분들이 상이한 방식으로 작동할 수 있더라도, 정신에 동일한 것을 현시한다는 것이다.

이것들 외에 내가 주목하는 것은, 물체의 본성이란 그 부분들 중 어떤 것도 약간 멀리 있는 다른 부분에 의해, 비록 더욱 멀리 떨어져 있는 부분이 전혀 작동하지 않더라도, 이 두 부분 사이에 있는 부분들 중 임의의 부분에 의해서도 같은 방식으로 움직일 수 있지 않고서는, 움직일 수 없다는 것이다. 그래서, 예를 들어, 밧줄 A, B, [87]

C, D에서 그 끝부분 D를 잡아당기는 경우, 첫 부분 A는, 끝부분 D는 가만히 둔 채 그 사이에 있는 B나 C 중 하나를 잡아당길 경우에도 움직일 수 있는 것과 다른 방식으로 움직이지 않는다는 것이다. 이와 유사한 방식으로, 내가 발의 고통을 감각할 때, 자연학이 나에게 가르친 것은, 이 고통의 감각은 발에 퍼져 있는 신경들의 도움으로 생기는바, 이 신경들은 밧줄처럼 발에서부터 뇌까지 뻗어 있어서, 발에서 당겨지면 그것들이 닿아 있는 뇌의 심부들까지도 당겨지고, 이 심부들 안에 특정한 운동을 일으키는데, 이 운동은 고통이 발에 현존하는 것처럼 정신을 고통의 감각으로 자극하기 위해 자연이 설정했다[374]는 것이다. 그러나 이 신경들이 발에서부터 뇌까지 도달하려면, 종아리, 허벅지, 허리, 등 그리고 목을 통과해야 하므로, 비록 이 신경들 가운데 발에 있는 부분이 아니라 단지 중간 어느 부분이 건드려진다고 해도, 발에 상처를 입었을 때 생기는 것과 완전히 동일한 운동이 뇌 안에 일어날 수 있고, 이로 인해 정신은 필연적으로 동일한 고통을 감각하게 될 것이다. 그리고 임의의 다른 감각에 대해서도 이와 같이 생각해야 한다.

　마지막으로 내가 주목하는 것은, 정신을 직접적으로 자극하는 뇌의 그 부분에서 생기는 운동들은 저마다 정신에 어떤 하나의 감각만을 가져오기 때문에, 이런 것에서 생각해낼 수 있는 가장 좋은 것은 그 운동이 가져올 수 있는 모든 감각들 가운데 건강한 인간 보존에 최대한 많이 그리고 최대한 자주 기여하는 것을 가져오는 것이다. 그런데 실험은 자연이 우리에게 부여한 모든 감각들이 그러한 것임을 증시하고 있으며, 따라서 이것들에서 신의 힘과 선성을 증시하지 않는 것은 전혀 발견되지 않는다.[375] 이렇게, 예를 들어, 발에 있는 신경들이 격렬하고 예사롭지 않게 움직일 경우, 척수를 거

생제르맹데프레 교회에 있는 데카르트의 묘비.
1650년 스톡홀름에서 생을 마친 데카르트는
외국인 및 국교를 신봉하지 않는 사람들이 묻히는
묘지에 묻혔다가 1667년, 프랑스로 운구되었다.

쳐 뇌의 심부에 도달하는 이 신경들의 운동은 여기서 정신에게 어떤 것을 감각하도록, 즉 발에 현존하는 것처럼 고통을 감각하도록 신호를 주고,[376] 이를 통해 정신은, 발에 해로운 것으로, 고통의 원인을 가능한 한 제거하도록 자극된다. 물론 신은 인간의 본성[377]을 뇌 안의 이 동일한 운동이 정신에게 임의의 다른 것을 현시하도록, 즉 이 운동 자체를, 이것이 뇌에 있는 한에서, 혹은 이것이 발에 있는 한에서, 혹은 이것이 그 중간 어느 곳에 있는 한에서 현시하도록, 혹은 마지막으로 임의의 다른 것을 현시하도록 조직할 수 있었을 것이다.[378] 그러나 다른 어떤 것도 그만큼[379] 신체의 보존에 기여하지는 않았을 것이다. 이와 마찬가지로, 우리가 마실 것을 필요로 할 때, 이로 인해 목구멍의 신경들이 움직이면서 그 안에 어떤 메마름이 생기고, 이 메마름은 이 신경들을 매개로 뇌의 내부를 움직인다. 그리고 이 운동은 정신을 갈증의 감각으로 자극하는데, 왜냐하면

이 문제 전체에서 건강의 보존을 위해 우리가 마실 것을 필요로 한다는 것을 아는 것보다 우리에게 더 유익한 것은 아무것도 없기 때문이다. 그 밖의 경우에도 마찬가지다.

이로부터 전적으로 명백한 것은, 신의 광대한 선성에도 불구하고, 정신과 신체로 합성된 것으로서 인간의 본성은 가끔 속이지 않을 수 없다는 것이다.[380] 왜냐하면, 만일 어떤 원인이 발에 상처를 입었을 때 흔히 일어나곤 하는 것과 완전히 동일한 운동을 발이 아니라 신경을 발에서 뇌까지 이어주는 부분들 중 다른 아무 데나 일으킨다면, 혹은 심지어 바로 뇌 안에 일으킨다면, 고통은 발에 있는 것처럼 감각될 것이고, 감각은 자연적으로 속게 될 것인데,[381] 이는 뇌 안의 이 동일한 운동은 정신에게 항상 동일한 감각만을 가져다줄 수 있고, 또 이 운동은 다른 곳에 현존하는 다른 원인에 의해서보다 발에 상처를 입히는 원인에 의해 훨씬 더 자주 생기곤 하므로,

[89] 이 운동이 정신에게 항상 다른 부분의 고통보다 발의 고통을 현시하는 것은 이성에 부합[382]하기 때문이다. 그리고 만일 언젠가 목구멍의 메마름이, 늘 그래왔듯이, 음료가 신체의 건강에 기여하기 때문이 아니라, 수종병자에게서 일어나듯이, 어떤 반대의 원인에 의해 생긴다면, 그 메마름이 후자의 경우에 속이는 것이, 반대로 신체가 좋은 상태에 있을 때 항상 속이는 경우보다 훨씬 더 좋은 것이다. 그리고 그 밖의 경우에도 마찬가지다.

그리고 이 고찰은 내가 나의 본성[383]이 노출되기 쉬운 모든 오류를 깨닫게 하는 것만이 아니라, 그 오류들을 쉽게 교정하거나 피할[384] 수 있게 하는 데에도 많은 도움을 준다. 실로 분명, 나는 모든 감각이 신체의 이익과 관련된 것에 대해 거짓보다는 참을 훨씬 더 자주 지시한다는 것을 알고 있으므로,[385] 그리고 나는 어떤 동일한

것을 조사하기 위해 거의 언제나 이 감각들 대부분을, 그래서 현재를 과거와 연결하는 기억을, 그리고 이제 오류의 모든 원인을 통견한 지성을 사용할 수 있으므로, 나는 더 이상 감각들이 날마다 나에게 현시하는 것이 거짓이 아닐까 두려워할 필요가 없고, 오히려 지난 며칠간의 과장된 의심들, 특히 내가 깨어 있음과 구별하지 않았던 꿈에 관한 극도의 의심을 우스운 것으로 내쫓아야 한다.[386] 왜냐하면 나는 지금, 기억은 결코 몽상들[387]을 삶의 여타 모든 활동들과 결부시키지 못하지만, 깨어 있을 때 나타나는 것에 대해서는 그렇게 한다는 점에서 깨어 있음과 꿈 사이에 큰 차이가 있음을 알아차리기 때문이다. 사실, 만일 어떤 이가 내가 깨어 있을 때, 꿈에서 그러듯이, 나에게 돌연히 나타났다가 곧바로 사라지고, 그래서 물론 이자가 어디서 왔는지 어디로 갔는지도 모른다면, 내가 이자를 진 [90] 정한 인간이라고 판단하기보다는 오히려 유령 혹은 내 뇌에서 만들어진 환영이라고 판단해도 부당하지 않으니 말이다.[388] 그러나 내가 그것이 어디로부터, 어디서, 그리고 언제 나에게 불쑥 나타나는지를 판명하게 알아차리고, 또 내가 그 지각을 어떤 단절도 없이 남은 삶 전체와 연결하는 것들이 나타난다면, 나는 그것들이 꿈에서가 아니라 깨어 있을 때 나타난다고 완전히 확신한다. 그리고 만일 그것들을 조사하기 위해 모든 감각, 기억 및 지성을 소환한 후, 그중 어떤 것을 통해서도 그 밖의 것들과 반대되는 것이 나에게 전혀 보고[389]되지 않는다면, 나는 그것들의 진리성에 대해 조금도 의심해서는 안 된다. 왜냐하면 신은 속이지 않는다는 사실로부터, 나는 그러한 것들에서 속지 않는다는 것이 일반적으로[390] 따라 나오기 때문이다. 그러나 행위의 긴박함은 아주 정확한 조사를 위한 지체를 늘 허락하는 것이 아니기 때문에, 인간의 삶은 특수한 것들에서

오류에 종종 노출될 수 있음을 시인해야 하고, 우리 본성의 나약함
을 인정해야 한다.

기하학적 배열에 따라 신의 현존 및
영혼과 육체의 구별을 입증하는 근거들.

• 원어는 "Rationes Dei existentiam & Animae a Corpore distinctionem probantes more geometrico dispositae"이다. 1641년에 출간된 라틴어 초판 《성찰》의 본문에 덧붙여진 〈성찰, 학자들의 반박과 데카르트의 답변Responsiones authoris ad objectiones doctorum aliquot virorum in praecedentes Meditationes〉 중 '제2반박과 답변' 끝에 부록 형식으로 달린 글이다. 제2반박자는 반박을 마친 후, 데카르트가 《성찰》의 제목에서 장담한 것, 즉 신은 현존한다는 것, 그리고 정신은 신체와 본성상 상이하고, 이 때문에 서로 실재적으로 구별된다는 것을 '기하학적 배열 혹은 순서에 따라' 입증해 줄 것을 데카르트에게 청했고, 데카르트가 이것을 받아들여 쓴 글이다.

정의들

I. **사유**라는 이름으로 나는 우리가 직접적으로 의식할 만큼 우리 [160] 안에 있는 모든 것을 포괄한다. 그래서 의지, 지성, 상상력 및 감각의 활동들 모두가 사유들이다.[1] 그런데 나는 사유들에서 생겨나는 것을 배제하기 위해 **직접적으로**라는 말을 덧붙였다. 이를테면, 자발적 운동은 사유를 기원으로 갖기는 하지만, 그 자체가 사유는 아니다.

II. **관념**이라는 이름으로 나는 임의의 사유의 형상 — 내가 이것에 대한 직접적 지각을 통해 내가 바로 그 사유를 의식하는 — 을 이해한다.[2] 그런 만큼, 바로 이 사실로부터 말들에 의해 지시되는 것의 관념이 내 안에 있다는 것이 확실하지 않고서는, 내가 말하는 바를 이해할 때 말로 표현할 수 있는 것은 아무것도 없다. 그래서 나는 상상 안에 그려진 상들만을 관념이라 부르지 않는다. 아니 나는 여기서, 이 상들이 물질적 상상 안에, 즉 뇌의 어떤 부분 안에 그려 있는 한, 이것들을 결코 관념이라 부르지 않는다. 오히려 정신이 뇌의 그 부분으로 향할 때, 정신 자체에 형상을 주는 한에서만, [161]

관념이라 부른다.[3]

III. 나는 **관념의 표상적 실재성**을 관념을 통해 재현된 사물의 존재성 — 이것이 관념 안에 존재하는 한에서 — 으로 이해한다.[4] 같은 식으로, 표상적 완전성이나 표상적 기술 등을 말할 수 있다. 왜냐하면 우리가 관념의 대상 안에 존재하는 것으로 지각하는 것은 무엇이든 그 관념 안에 표상적으로 존재하기 때문이다.

IV. 동일한 것이, 우리가 그것을 지각하는 그대로 대상 안에 존재할 때, 그것은 관념의 대상 안에 **형상적으로** 존재한다고 말하고, 우리가 지각하는 한 그대로 존재하지는 않지만, 대신 그 부족을 메울 수 있을 만큼 크게 대상 안에 존재할 때, **우월적으로** 존재한다고 말한다.[5]

V. 우리가 지각하는 어떤 것, 다시 말해 그 실재적 관념이 우리 안에 있는 어떤 고유성들 혹은 성질들 혹은 속성들이 — 주체 안에서처럼 — 직접적으로 내재하는 모든 것, 혹은 그것들을 현존하게 해주는 모든 것은 **실체**로 불린다.[6] 그리고 우리는 실로 엄밀한 의미에서의 실체에 대해, 우리가 지각하는 어떤 것, 혹은 우리의 관념들 가운데 어떤 관념 안에 표상적으로 존재하는 어떤 것이 형상적으로 혹은 우월적으로 그 안에 현존하는 것 외에 다른 어떤 관념도 갖지 않는데, 이는 무는 어떠한 실재적 속성도 가질 수 없다는 것이 자연의 빛에 의해 알려지기 때문이다.

VI. 사유가 직접적으로 내재하는 실체는 **정신**으로 불린다. 그런데 나는 여기서 영혼에 관해서보다 오히려 정신에 관해 이야기하고 있는데, 이는 영혼이라는 이름이 양의적이며, 또 가끔 물체적 사물에 사용되기 때문이다.[7]

VII. 장소적 연장, 그리고 형태, 위치, 장소적 운동 등과 같이 연

장을 전제로 하는 우연적 성질들의 직접적 주체인 실체는 **물체**로 [162]
불린다.[8] 그러나 정신 그리고 물체로 불리는 것이 하나의 동일한
실체인지, 두 개의 상이한 실체인지 여부는 나중에 탐구되어야 할
것이다.

VIII. 우리가 최고 완전하다고 이해하고, 그 안에서 어떤 결함 혹
은 완전성의 제한을 포함하는 것을 전혀 인식하지 못하는 실체는
신으로 불린다.[9]

IX. 우리가 어떤 것이 어떤 사물의 본성 혹은 개념 안에 포함되
어 있다고 말할 때, 그것이 이 사물에 대해 참이라고 말하는 경우,
혹은 이 사물에 대해 주장될 수 있다고 말하는 경우와 같다.[10]

X. 두 실체 가운데 어느 하나가 다른 하나와 별개로 현존할 수
있을 때, 두 실체는 실재적으로 구별된다고 말한다.[11]

요청들

첫째, 나는 독자가 자기의 감각들을 지금까지 믿게 한 근거들이 얼
마나 약한지, 또 그것들 위에 쌓아올린 모든 판단들이 얼마나 불확
실한지에 주의하기를 요청한다. 그리고 이것을 아주 오랫동안 그
리고 아주 자주 자신 안에서 반복해서, 마침내 더 이상 감각을 지나
치게 신뢰하지 않는 습관을 획득하기를 요청한다.[12] 왜냐하면 나는
이것이 형이상학적 사물들의 확실성을 지각하기 위해 필요하다고
판단하기 때문이다.

둘째, 나는 독자가 자신의 정신을, 그리고 그가 일찍이 그의 감
각들로부터 받아들인 모든 것이 거짓이라고 가정하더라도, 의심할

수 없음을 포착하게 될 정신의 속성들 전부를 함께 고찰하기를 요청한다. 나는 또한 독자가 정신을 명석하게 지각하는 습관을, 그리고 정신이 모든 물체적 사물들보다 더 쉽게 알려진다고 믿는 습관을 갖추기 전에는 정신에 대한 고찰을 멈추지 말기를 요청한다.[13]

[163]   셋째, 나는 독자가 자신 안에서 발견되는, 그 자체로 알려지는 명제들,[14] 즉 **동일한 것이 동시에 존재하고 존재하지 않는 것은 불가능하다, 무는 어떤 것의 작용원인일 수 없다**는 등, 이러한 명제들을 세심하게 곰곰이 재어보고,[15] 그래서 자연이 그에게 준— 그러나 감각 현상들이 극히 혼란되게 그리고 어둡게 만들곤 하는— 순수하고 감각에서 자유로운 명료한 지성을 실행하기를 요청한다.[16] 왜냐하면 이런 식으로 이어지는 공리들의 진리성이 독자에게 쉽게 알려질 것이기 때문이다.

  넷째, 나는 독자가 삼각형의 본성, 사각형 또는 다른 도형들의 본성 등과 같은 많은 속성들의 결합을 동시에 포함하는 본성들의 관념들을 조사하기를 요청한다. 마찬가지로 정신의 본성, 물체의 본성 그리고 무엇보다도 신, 즉 최고 완전한 존재자의 본성을 조사하기를 요청한다. 그리고 독자는 우리가 그것들 안에 포함되어 있는 것으로 지각하는 모든 것이 그것들에 대해 참되게 주장될 수 있음에 주의하기를 요청한다. 예를 들어, 삼각형의 본성에 그 세 각의 합은 두 직각의 합과 같다는 것, 그리고 물체 즉 연장된 것의 본성에 가분성(우리는 적어도 사유에 의해서 분할할 수 없을 만큼 작은 연장된 것을 아무것도 생각하지 못하기 때문이다)이 포함되어 있으므로, 모든 삼각형의 세 각의 합은 두 직각의 합과 같다고, 모든 물체는 가분적이라고 말하는 것은 참이다.

  다섯째, 나는 독자가 최고 완전한 존재자의 본성을 관조하는 것에 오래 그리고 자주 머물기를 요청한다. 그리고 무엇보다도 다른 모든 본성들에 대한 관념들 안에는 가능적 현존이 포함되어 있는 반면, 신의 관념 안에는 가능적 현존이 아니라 전적으로 필연적 현존이 포함되어 있다는 것을 고찰하기를 요청한다. 왜냐하면 독자는 이 사실만으로 그리고 아무런 논의 없이 신이 현존한다는 것을 인식할 것이기 때문이다. 그리고 이것은 독자에게 2라는 수는 짝수라는 것, 3이라는 수는 홀수라는 것 그리고 이와 유사한 것들 못지 [164] 않게 그 자체로 알려질 것이다. 왜냐하면 어떤 몇몇 이들에게는 그 자체로 알려지지만, 다른 이들에게는 추론 과정을 통해서만 이해되는 것들이 있기 때문이다.[17]

여섯째, 나는 독자에게 내가 내 《성찰》에서 점검한 명석판명한 지각들의 예들, 그리고 마찬가지로 모호하고 혼동된 지각들의 예들을 모두 곰곰이 재어보면서, 명석하게 인식되는 것들을 모호한 것들로부터 구별하는 데 익숙해지기를 요청한다. 왜냐하면 이것은 규칙보다는 예를 통해 더 쉽게 습득되기 때문이고, 또 나는《성찰》에서 이에 대한 예들을 모두 설명했다고, 아니면 적어도 어떠하든 간에 언급했다고 생각하기 때문이다.

일곱째 마지막으로, 나는 독자가 명석하게 지각한 것들에서는 결코 아무런 거짓도 포착하지 못한 반면, 모호하게 파악한 것들에서는 우연하게가 아니라면 아무런 진리도 발견하지 못했다는 것에 주의하면서, 오직 감각의 선입견들로 인해, 혹은 모르는 어떤 것이 포함되어 있는 가설들로 인해 순수지성이 명석판명하게 지각하는 것들을 의심하는 것은 전혀 합리적이지 않음을 고려하기를 요청한다. 왜냐하면 이로써 독자는 이어지는 공리들을 참되고 의심할 수 없는 것으로 쉽게 인정할 것이기 때문이다. 그렇다고 해도 사실, 내가 그 가운데 많은 것들을 더욱 잘 설명할 수 있었을 것이고, 또 내가 더욱 정확히 하려 했다면, 공리라기보다는 오히려 정리처럼 내놓았어야 했을 것이지만 말이다.

공리들 혹은 공통개념들

I. 그 현존의 원인이 도대체 무엇인지를 물을 수 없는 것은 아무것도 현존하지 않는다.[18] 실로, 이것은 신 자체에 대해 물을 수 있는 바, 신이 현존하기 위해 어떤 원인이 필요하다는 것이 아니라, 신의 본성의 광대함 자체가 신이 현존하기 위해 아무런 원인도 필요하지 않은 원인 혹은 근거이기 때문이다.

II. 현재의 시간은 가장 가까운 선행 시간에 의존하지 않으며, 그래서 사물을 보존하는 데는 그것을 처음 산출하는 데 요구되는 것보다 더 작은 원인이 요구되는 것이 아니다.

III. 어떠한 사물도, 현실적으로 현존하는 사물의 어떠한 완전성도 **무** 혹은 현존하지 않는 것을 그 현존의 원인으로 가질 수 없다.[19]

IV. 어떤 사물 안에 있는 실재성 혹은 완전성은 그것이 무엇이든 그 제일의 그리고 적합한 원인 안에 형상적으로 또는 우월적으로 존재한다.[20]

V. 이로부터 또한 따라 나오는 것은, 우리의 관념들의 표상적 실재성은 이와 동일한 실재성을 단지 표상적으로가 아니라 형상적으로 또는 우월적으로 포함하는 원인을 요구한다는 것이다. 그리고 유의해야 하는 것은, 이 공리는, 감각적 사물이든 비감각적 사물이든, 모든 사물의 인식은 이 공리 하나에 의존하는 만큼, 반드시 인

정되어야 한다는 것이다. 실로, 우리는, 예컨대, 하늘이 현존한다는 것을 어디로부터 아는가? 우리가 그것을 보기 때문인가? 그러나 이 시각은, 이것이 관념인 한에서, 말하건대, 상상 안에 그려진 상이 아니라 정신 자체에 내재하는 관념인 한에서가 아니라면, 정신에 이르지 않는다. 또한 모든 관념은 실재적으로 현존하는 것을 그 표상적 실재성의 원인으로 가져야 한다는 이유 때문이 아니라면, 우리는 그 관념을 근거로 하늘이 현존한다고 판단할 수도 없다. 그리고 우리는 그 원인을 하늘 자체라고 판단하고, 그 밖의 것들에 대해서도 마찬가지다.

VI. 실재성 혹은 존재성에는 상이한 등급이 있다. 왜냐하면 실체는 우연적 성질이나 양태보다 더 많은 실재성을 지니기 때문이고, 무한 실체는 유한 실체보다 더 많은 실재성을 지니기 때문이다. 이 때문에 또한 실체의 관념 안에는 우연적 성질의 관념 안에 존재하는 것보다 더 많은 표상적 실재성이 존재한다. 그리고 무한 실체의 [166] 관념 안에는 유한 실체의 관념 안에 있는 것보다 더 많은 표상적 실재성이 존재한다.

VII. 사유하는 것의 의지는 자발적으로 그리고 자유롭게(이것이 의지의 본질이기 때문이다) 이끌리기는 하지만, 그럼에도 불구하고 틀림없이, 자신에게 명석하게 인식된 선한 것으로 이끌린다.[21] 이 때문에, 만일 의지가 자신에게 결여된 어떤 완전성들을 알게 되면, 의지는 그것들을, 그것이 자신의 힘 안에 있다면, 즉시 자신에게 줄 것이다.

VIII. 더 큰 혹은 더 어려운 일을 할 수 있는 것은 더 작은 일 또한 할 수 있다.

IX. 실체를 창조하거나 보존하는 것은 실체의 속성들이나 고유성들을 창조하거나 보존하는 것보다 더 큰 일이다. 그러나 이미 말했듯이, 동일한 것을 창조하는 것이 그것을 보존하는 것보다 더 큰 일은 아니다.

X. 모든 사물의 관념 혹은 개념 안에는 현존이 포함되어 있다. 이는 현존의 상 아래에서가 아니라면, 우리는 아무것도 생각할 수 없기 때문이다.[22] 물론, 제한된 사물의 개념 안에는 가능적 혹은 우연적 현존이 포함되어 있지만, 최고 완전한 존재자의 개념 안에는 필연적 그리고 완전한 현존이 포함되어 있다.

명제 I

신의 현존은 그 본성의 고찰만으로부터 인식된다.[23]

증명

어떤 것이 어떤 사물의 본성 혹은 개념 안에 포함되어 있다고 말하는 것은, 그것이 이 사물에 대해 참이라고 말하는 것과 동일하다 (정의 IX에 의해). 그런데 신의 개념 안에는 필연적 현존이 포함되어 있다(공리 X에 의해). 그러므로 신에 대해, 신 안에 필연적 현존이 있다고, 혹은 신은 현존한다고 말하는 것은 참이다.

그리고 이것은 삼단논법인데, 나는 이것을 이미 위에서 여섯 번째 반박을 위해 제시했다. 그 결론은, 다섯 번째 요청에서 말했듯이, 선입견에서 자유로운 이들에게는 그 자체로 알려질 수 있는 것

[167]

이다. 그러나 그 정도의 명료함에 도달하는 것은 쉽지 않기 때문에, 우리는 그것을 다른 식으로 모색할 것이다.

명제 II

신의 현존은 그의 관념이 우리 안에 있다는 것만으로부터 후험적으로 증명된다.[24]

증명

우리의 관념들 가운데 임의의 관념의 표상적 실재성은 이것과 동일한 실재성을 단지 표상적으로가 아니라 형상적으로 또는 우월적으로 포함하는 원인을 요구한다(공리 V에 의해). 그런데 우리는 신의 관념을 갖고 있고(정의 II에 의해), 이 관념의 표상적 실재성은 형상적으로 또는 우월적으로 우리 안에 포함되어 있지 않으며(공리 VI에 의해), 또 그것은 신 자체 이외의 다른 어떤 것 안에도 포함될 수 없다(정의 VIII에 의해). 그러므로 우리 안에 있는 이 신의 관념은 신을 원인으로 요구하며, 따라서 신은 현존한다(공리 III에 의해).

명제 III

[168]

신의 현존은 또한 그의 관념을 갖고 있는 우리 자신이 현존한다는

사실로부터도 증명된다.[25]

증명

만일 내가 나 자신을 보존할 힘을 갖고 있다면, 나는 나에게 빠져 있는 완전성들을 나에게 주는 힘 또한 그만큼 더 갖고 있을 것이다(공리 VIII과 IX에 의해). 왜냐하면 그 완전성들은 실체의 속성들에 불과한 반면, 나는 실체이기 때문이다. 그러나 나는 그 완전성들을 나에게 주는 힘을 갖지 않는다. 그렇지 않다면, 나는 이미 그 완전성들을 갖고 있을 것이기 때문이다(공리 VII에 의해). 그러므로 나는 나 자신을 보존할 힘을 갖지 않는다.

다음으로, 나는 내가 현존하는 동안 보존되지 않고서는 현존할 수 없다. 만일 정말 내가 그 힘을 갖고 있다면, 나 자신에 의해서든, 그 힘을 갖고 있는 다른 것에 의해서든 보존된다(공리 I과 II에 의해). 그런데 나는 현존하고, 그럼에도 나는, 바로 지금 입증되었듯이, 나 자신을 보존하는 힘을 갖지 않는다. 그러므로 나는 다른 것에 의해 보존된다.

나아가, 나를 보존하는 것은 내 안에 존재하는 모든 것을 형상적으로 또는 우월적으로 자기 안에 갖고 있다(공리 IV에 의해). 그런데 내 안에는 나에게 빠져 있는[26] 많은 완전성들에 대한 지각과 함께 신의 관념에 대한 지각이 있다(정의 II와 VIII에 의해). 그러므로 또한 나를 보존하는 것 안에도 그와 동일한 완전성의 지각이 있다.

마지막으로, 바로 그것은, 자기에게 빠져 있는, 즉 형상적으로 또는 우월적으로 자기 안에 갖지 않은 그 어떤 완전성들에 대한 지각을 가질 수 없다(공리 VII에 의해). 왜냐하면 이미 말했듯이, 그것은 나를 보존할 힘을 갖고 있으므로, 그 완전성들을, 만일 이것들이 빠져 있다면, 자기 자신에게 주는 힘을 그만큼 더 갖고 있을 것이기 때문이다(공리 VIII과 IX에 의해). 그런데 그것은, 방금 증명되었듯이, 나에게 빠져 있다고, 그리고 신에게만 있을 수 있다고 내가 생각하는 모든 완전성들에 대한 지각을 갖고 있다. 그러므로 그것은 [169] 그 완전성들을 형상적으로 또는 우월적으로 자기 안에 갖고 있고, 그래서 그것은 신이다.

보충

신은 하늘과 땅 그리고 그 안에 있는 모든 것을 창조했다. 그뿐만 아니라 그는 우리가 명석하게 지각하는 모든 것을 우리가 지각하는 그대로 만들 수 있다.

증명

이 모든 것은 앞의 명제로부터 분명히 따라 나온다. 왜냐하면 앞의 명제에서, 모든 완전성들 — 이것들에 대한 어떤 관념이 내 안에 있는 — 을 형상적으로 또는 우월적으로 자기 안에 갖고 있는 어떤 자가 현존해야 한다는 사실로부터 신이 현존한다는 것이 입증되었기 때문이다. 그런데 어떤 아주 큰 능력에 대한 관념이 우리 안에 있으므로, 이 능력을 갖고 있는 자에 의해서만 하늘과 땅 등이 창조되었고, 또 내가 가능한 것들로 이해하는 다른 모든 것들 역시 그자에 의해 만들어질 수 있다. 그러므로 신의 현존과 함께 신에 관한 이 모든 것이 또한 동시에 입증되었다.

명제 Ⅳ

정신과 신체는 실재적으로 구별된다.[27]

증명

[170] 우리가 명석하게 지각하는 것은 무엇이든, 우리가 그것을 지각하는 그대로 신에 의해 만들어질 수 있다(앞의 보충에 의해). 그러나 우리는 정신을, 다시 말해 사유하는 실체를 신체와 별개로, 다시 말해 어떤 연장된 실체와 별개로 명석하게 지각한다(요청 Ⅱ에 의해). 그리고 역으로, 신체를 정신과 별개로 명석하게 지각한다(모든 이가 쉽게 인정하듯이). 그러므로 적어도 신적 능력을 통해 정신은 신체 없이, 그리고 신체는 정신 없이 존재할 수 있다.[28]

그러나 지금, 하나가 다른 하나와 별개로 존재할 수 있는 실체들은 실재적으로 구별된다(정의 Ⅹ에 따라). 그런데 정신과 신체는, 하나가 다른 하나와 별개로 존재할 수 있는 (바로 앞에서 입증되었듯이) 실체들이다(정의 Ⅴ, Ⅵ 및 Ⅶ에 의해). 그러므로 정신과 물체는 실재적으로 구별된다.

그리고 유의해야 하는 것은, 내가 여기서 신적 능력을 매개로 사용한 것은, 정신을 신체로부터 분리시키는 데에 어떤 특별한 힘이 필요해서가 아니라, 내가 앞에서 신에 대해서만 다루었으므로, 달리 사용할 수 있는 것을 갖지 않았기 때문이다. 또 우리가 두 사물이 실재적으로 구별된다고 인식하는 것은 어떤 능력에 의해 두 사물이 분리되는지와 관계가 없다.

• 원제목은《자연의 빛에 의한 진리 탐구. 자연의 빛은 단독으로, 그리고 철학이나 종교의
도움을 빌리지 않고, 건전한 인간이 그의 생각을 접할 수 있는 모든 것에 대해 가져야 하는
의견들을 결정짓고 가장 정교한 학문들의 비밀들에까지 관통한다La Recherche de la
Vérité par la lumière naturelle. Qui toute pure, et sans emprunter le secours de
la religion ni de la philosophie, determine les opinions que doit avoir un honnète
homme, touchant toutes les choses qui peuvent occuper sa pensée, et penetre
jusque dans les secrets des plus curieuses sciences》이다.
라틴어 번역판 제목의 원어는 "Inquisitio veritatis per lumen naturale. Quod
plane purum, et nullo implorato Religionis vel Philosophiae auxilio, opiniones
determinat, quas probum virum de omnibus rebus, quae ejus cogitationibus
obversari possunt, habere oportet, quodque in secreta curiosissimarum
scientiarum penetrat"이다.

건전한 인간[1]은 모든 책을 봤어야 하는 것도, 학교에서 가르치는 [495]
모든 것을 세심히 배웠어야 하는 것도 아니다.[2] 아니, 오히려 만일
그가 글공부[3]에 지나치게 많은 시간을 들였다면, 이는 그의 교육에
서 일종의 결점일 것이다. 그에게는 살아가면서 해야 할 다른 많은
것들이 있고, 삶의 과정을 아주 잘 헤아려서, 만일 그가 자기 고유
의 이성으로부터만 배웠다면, 그는 그 이성이 그에게 틀림없이 가
르쳐주었을 선행들을 실천하기 위해 삶의 보다 좋은 부분을 남겨
두어야 한다.[4] 그러나 그는 무지한 채로 세상에 들어왔고, 또 그의 [496]
유년기 인식은 감각의 허약함과 선생들의 권위[5]에만 의거해 있었
으므로, 그 이성이 삶의 지도를 떠맡을 수 있기 전까지는 그의 상
상력이 무수한 거짓 사유들[6]로 가득 차 있지 않기란 거의 불가능한
일이다. 그래서 그를 사로잡는 그릇된 교설들을 내쫓기 위해서도,
견고한 학문의 제일 토대들을 세우고 도달 가능한 최고 단계에까
지 자신의 인식을 끌어올려줄 수 있는 모든 길을 발견하기 위해서
도, 그는 나중에 아주 대단한 소질이나, 아니면 어떤 현자의 지도가
필요하다.[7]

나는 바로 이런 것을 이 작업에서 알려주고자 했다.[8] 또 자기 삶

을 지도하는 데 필요한 모든 지식을 다른 이로부터 아무것도 빌려옴이 없이 자기 자신 안에서 찾도록 해주고, 나중에 자기 공부로 인간 이성이 소유할 수 있는 가장 정교한[9] 모든 인식을 획득하게 해주는 수단들을 각자에게 보여주면서 우리 영혼의 진정한 풍요로움[10]을 명증하게 제시하고자 했다.

그러나, 내 거창한 기획이 처음부터 여러분의 정신을 크나큰 놀라움으로 가득 채워버린 나머지, 그 기획에 대한 믿음이 여러분의 정신에서 자리를 찾지 못할 수도 있다는 우려에서, 나는 여러분에게 내가 시도하는 것이 사람들이 상상할 수 있을 정도로 그렇게 어렵지 않은 것임을 일러주려고[11] 한다. 왜냐하면 인간 정신의 범위를 넘어서지 않는 인식들은 모두 너무나 경이로운 끈으로 연결되어 있고, 너무나 필연적인 귀결들을 통해 서로서로 끌어내질 수 있으며, 그래서 가장 단순한 것에서 시작한 다음 단계적으로 가장 고상한 것에까지 나아가는 방법을 알기만 한다면, 그 인식들을 찾아내는 데 대단한 재간[12]이나 능력을 가져야 하는 것은 전혀 아니기 때문이다.[13] 나는 여기서 이런 사실을 여러분에게 일련의 근거들을 통해 보여주려고 힘쓸 것이다. 그런데 이 근거들은 너무나 명료하고 너무나 평범한 것들이라서, 만일 각자가 내가 깨달은 것과 동일한 것들을 깨닫지 못했다면, 이는 그가 단지 눈을 좋은 쪽으로 더 일찍 돌리지 않았기 때문이라고, 그의 사유를 내가 행한 고찰들과 동일한 것들에 고정시키지 않았기 때문이라고 판단할 것이다.[14] 또 그는 내가 그 인식들을 발견한 것에 대해, 많은 이들이 이전에 오랫동안 부지런히 찾으려고 애썼지만 헛수고였던 어떤 값비싼 보물을 행인이 요행히 자기 발 앞에서 우연히 발견한 것만큼의 영광만을 누릴 자격이 있다고 판단할 것이다.[15]

[497]

144

1644년에 네덜란드 수학자
프란스 반 스호턴F. V. Schooten이 그린
데카르트의 초상화.

그리고 확실히 내가 놀라는 것은, 이 일을 나보다 훨씬 더 잘 수행할 수 있을 많은 비범한 정신들 가운데 인내심을 갖고 그[16] 인식들을 밝히려는 자가 아무도 없다는 것, 그리고 그들 거의 모두가 길을 가로지르기 위해 큰길을 젖혀두고 가시들과 절벽들 사이를 헤매는 여행자들을 흉내 냈다는 것이다.[17]

그러나 나는 다른 이들이 알았던 것 혹은 몰랐던 것을 조사하지는 않을 것이다. 나로서는 다음과 같은 사실을 주목하는 것으로 충분하다. 즉, 설령 원할 수 있는 모든 지식이 책들 안에 포함되어 있다고 해도, 책에 있는 좋은 것은 그만큼 무익한 것들 안에 섞여 있고, 또 아주 두꺼운 책들 더미에 혼잡스럽게 흩어져 있어서, 이 책들을 읽는 데에는 우리가 이 삶에서 가진 것보다 더 많은 시간이 필요하고, 유익한 것들을 골라내는 데에는 자기 스스로 그것들을 발견하는 것보다 더 큰 지력[18]이 필요하다는 것이다.[19] [498]

이로써 내가 희망하는 것은, 여러분은 여기서 보다 쉬운 길을 발견해서 기쁠 것이라는 점, 또 내가 말할 진리들은, 비록 이것들을 아리스토텔레스에서도 플라톤에서도 빌려오지 않을지라도, 흔쾌히 받아들여지지 않을 수 없을 것이라는 점, 오히려 이 진리들은 돈처럼, 즉 돈이 농부의 지갑에서 나온다고 해도 은행에서 나오는 돈보다 가치가 적은 것은 아니듯이, 세상에서 통용될 것이라는 점이다. 그래서 나는 이 진리들을 모든 사람에게 똑같이 유익하게 만들려고 애썼다. 그리고 나는 이런 목적에 각자가 자신의 생각에서 보다 좋은 것을 자기 친구들에게 스스럼없이 드러내는 진솔한[20] 담화체보다 더 적합한 것을 찾아내지 못했다. 나는 에우독소스, 폴리안데르 그리고 에피스테몬이라는 이름 아래 다음을 상정했다. 즉, 평범한 정신을 지녔지만 그의 판단은 거짓된 믿음으로 훼손되지 않고, 그 본성의 순수성만큼 이성을 온전히 소유하는 한 사람이, 자신이 거주하는 시골 어떤 집에 이 시대의 가장 드물고 가장 호기심

많은 정신의 소유자들[21] 중 두 명을 초대한다. 한 사람은 공부라고는 해본 적이 없는 반면, 다른 사람은 학교에서 배울 수 있는 모든 것을 정확히 알고 있다.[22] 그리고 그 공간의 정황 및 거기서 발견되는 모든 특수한 것들— 내가 가끔 그들의 생각을 더 쉽게 만들기 위해 이것들로부터 예들을 취하게끔 하는— 과 마찬가지로 그들의 다른 대화들은 여러분의 상상에 맡긴다. 그들은 나중에 이 두 권의 책이 끝날 때까지 말하게 될 것에 대한 논점을 다음과 같이 제안한다.

폴리안데르, 에피스테몬, 에우독소스

폴리안데르 당신은 희랍 서적과 라틴 서적에서 이 멋진 모든 것을 보고 있으니 참으로 행복할 것으로 생각됩니다. 그래서 만일 내가 당신만큼 공부했다면, 천사가 지금의 당신과 다르듯이 나 또한 지금의 나와 달랐을 것 같습니다. 글공부가 용기를 보다 약화시킨다고 확신해 그렇게 어린 나이에 나를 뜰과 군대[23]로 내보낸 부모님의 과실을 용서할 수 없습니다. 그래서 내가 당신과의 담화에서 무언가를 배우지 못한다면, 나는 평생 무지에 대한 아쉬움을 느끼며 지낼 것입니다.

에피스테몬 사람들이 이 논제에 대해 당신에게 가장 잘 알려줄 수 있는 것은 바로 모든 인간에게 공통된 앎에 대한 욕망은 치유될 수 없는 하나의 질병이라는 것입니다.[24] 왜냐하면 호기심[25]은 교설과 더불어 증가하기 때문입니다. 그리고 영혼에 있는 결점들은 우리가 가진 교설에 대한 인식을 가지는 것만큼만 우리를 괴롭힙니다. 그래서 당신은 우리와 달리 당신에게 많은 것이 부족하다는 것을 보지 못한다는 점에서 우리보다 나은 어떤 장점을 가지고 있습니다. [500]

에우독소스 에피스테몬, 당신처럼 박식한[26] 사람이 어떤 치유책도 없을 만큼 보편적인 질병[27]이 자연 안에 있다고 확신할 수 있다는 것이

가능합니까? 내가 보기에는, 모든 이들의 허기와 갈증을 해소하기에 충분한 과일들과 개울들이 각 지역에 있듯이, 지도된 영혼의 호기심을 완전히 충족시키기에 충분한 진리들이 각 분야에서 인식될 수 있습니다. 또 수종병자의 신체는 만족할 줄 모르는 호기심으로 끊임없이 시달리는 자들의 정신보다 그 정상 체질에서 더 멀리 떨어져 있지 않습니다.[28]

에피스테몬 나는 예전에 분명 우리 욕망은 본성적으로[29] 우리에게 불가능한 것으로 나타나는 것들에까지 미칠 수 없다고, 또 나쁘거나 무익한 것들에까지 미쳐서는 안 된다고 배웠습니다. 그러나 우리에게 가능해 보이는 아주 많은 것들, 그리고 건전하고[30] 유쾌한 것들뿐만 아니라 또한 우리 행위를 지도하는 데 매우 필요한 아주 많은 것들도 알려질 수 있습니다. 그래서 내가 믿을 수 없는 것은, 일찍이 누군가가 이런 것에 대해 더 많이 알기를 욕망하게 하는 아주 정당한 이유들을 언제나 갖지 않을 만큼 많이 알고 있는 자가 있다는 것입니다.

[501] **에우독소스** 그러면 만일 내가 당신에게, 나는 어떤 것을 배우려는 열정을 더 이상 갖지 않고, 또 일찍이 디오게네스가 자신의 작은 통에 만족했듯이, 나 또한 그의 철학 없이 내가 가진 약간의 인식에 만족한다고 장담한다면, 당신은 나에 대해 무슨 말을 할는지요. 실로 나는 이웃의 영토가 내가 가진 작은 땅덩어리를 둘러싸듯이 그들의 지식이 내 지식을 제한하지 않고, 내 정신은 나타나는 모든 진리를 제 뜻대로 처리하면서 발견할 다른 진리가 있다고 꿈도 꾸지 않으며, 오히려 다른 모든 나라와 따로 떨어져서 자기 영토 너머에는 불모의 사막과 거주할 수 없는 산 이외에는 아무것도 없다고 상상한 어떤 나라의 왕이 누리는 것과 같은 평안을 즐기고 있으니 말입니다.

에피스테몬 당신이 아닌 다른 누군가가 나에게 그 정도로 말했다면, 나는 그를 아주 거만하거나, 아니면 호기심이 극히 적은 자로 여겼을 것입니다. 그러나 이토록 고독한 곳에서 선택한 당신의 은둔이, 그리고 세상에 알려지는 것에 대한 당신의 작은 관심이 당신의 거만을 가려줍니다. 또 당신이 예전에 여행하는 데, 학자들과 사귀는 데, 각 학문에서 가장 어려운 모든 발명들을 조사하는 데 바쳤던 시간은 당신의 호기심이 부족하지 않음을 우리에게 보증합니다.[31] 그래서 내가 할 수 있는 말은, 내가 당신을 아주 만족해하는 사람으로 간주한다는 것, 그러므로 당신은 틀림없이 다른 이들보다 훨씬 더 완전한 학문을 갖고 있을 것으로 확신한다는 것뿐입니다.

에우독소스 나를 좋게 봐주니 고맙습니다. 그러나 당신 예의를 핑계로, 내가 말한 것을 간단한 말로 믿게 하지는 않을 것입니다. 어떤 결 [502] 과들을 동시에 보여줄 수 없다면, 통상적인 믿음에서 너무 동떨어진 주장들[32]을 내놓아서는 결코 안 됩니다. 이 때문에 나는 내가 아는 것의 일부를 여유 있게 터놓고 표명하기 위해 두 분 모두 이 아름다운 계절 동안 여기에 머물 것을 권하는 것입니다. 왜냐하면 당신들은 내가 아무 이유 없이 만족하는 게 아님을 인정할 뿐만 아니라, 나는 또한 당신들이 습득한[33] 것에 대해 당신들 스스로가 전적으로 만족하리라는 것도 감히 기대하기 때문입니다.

에피스테몬 그것은 이미 내가 당신에게 청하고 싶었던 것이니, 나는 호의를 마다하지 않을 것입니다.

폴리안데르 이 대담에 참석하게 되어 기쁘기 짝이 없습니다. 여기서 어떤 이득을 끌어낼 수 있을지 모르지만 말입니다.

에우독소스 아니, 폴리안데르, 여기서 유리한 것은 바로 당신이라고 생각하십시오. 당신은 선입견이 없고, 또 자주 반대편에서 참여하게 될 에피스테몬보다는 중립적인 인물을 내 편으로 만드는 것이 나에겐 훨씬 더 쉬울 테니 말입니다. 그러나 당신이 내가 당신에게 약속하는 교설이 어떠한 성질의 것인지를 더욱 판명하게 파악하려면, 언어, 역사, 지리 및 일반적으로 경험에만 의존하는 모든 것처럼 그 어떤 이성적 추리 없이 획득되는 소박한 인식들과 지식들 간의 차이를 주목하길 바랍니다.[34] 실로, 나는 물론 세계의 모든 것에 대한 경험을 획득하기에는 인간의 삶이 충분치 않다는 것에 동의하지만, 나는 또한 다음과 같은 것도 확신합니다. 즉, 그런 것을 [503] 욕망하는 것은 미친 짓이고, 건전한 인간[35]이 반드시 스위스 말이나 남 브르타뉴 말보다 라틴어나 희랍어를 더 알아야 하는 것도 아니고, 유럽 작은 나라의 역사보다 로마제국의 역사를 더 알아야 하는 것도 아니며,[36] 오직 건전하고 유익한 것으로[37] 자신의 여가를 보내고 가장 필요한 것들만으로 자신의 기억을 가득 채우는 일에 주의를 기울여야 한다는 것입니다. 우리가 선행하는 어떤 인식에 의거한 확실한 판단들과 다름없는 지식들에 대해 말하자면,[38] 어떤 것은 모든 이들이 들어본 통상적인 것들에서, 다른 것은 드물고 공들인 관찰들에서 얻어집니다.[39] 그리고 나는 또한 이 후자의 모든 것을 일일이 이야기하는 것은 불가능하다는 것을 인정합니다. 왜냐하면 먼저 인도에서 오는 모든 풀과 돌을 조사했어야 할 것이고, 또 불사조를 보았어야 할 것이며, 요컨대 자연에서 극히 기이한 모든 것에 대해 모르는 것이 없어야 할 것이기 때문입니다. 그러나 만일 내가 당신에게 일상적인 것들에서 도출될 수 있고 각자에게 알려진 진리들[40]을 설명함으로써—당신이 기꺼이 그것들을 탐구하고자 애쓸 경우—당신 스스로 다른 모든 것을 찾아낼 수 있게 한다면, 나는 내 약속을 충분히 이행한 것으로 믿을 것입니다.

폴리안데르 이것 또한 바랄 수 있는 모든 것이라고 믿습니다. 그리고 만일 당신들이 신성, 이성적 영혼, 덕, 덕의 보상 등과 같이 누구도 모르지 않을 만큼 유명한 몇몇 명제들을 나에게 제대로 입증만 해준 [504] 다면, 나는 만족할 것입니다. 나는 이 명제들을 누구나 매우 유명하다고 인정하는 고대 가문들과 비교합니다. 비록 그들의 고귀한 직함이 고대의 폐허에 묻혀 있더라도 말입니다, 왜냐하면 나는 인류에게 이 모든 것을 믿게 한 최초의 사람들[41]이 이 명제들을 입증해주는 매우 강력한 근거들을 갖고 있었음을 전혀 의심하지 않기 때문입니다. 그러나 그 근거들은 그 이래로 아주 드물게 전해져서, 그것을 아는 이가 더 이상 없습니다.[42] 그럼에도 불구하고 이 진리들은 너무나 중요합니다. 그래서 지혜[43]는 우리가 다른 세상에 있을 때 이것들을 밝히도록 기다리기보다는, 오히려 속임을 당할 위험을 무릅쓰고 맹목적으로 이것들을 믿으라고 강요합니다.

에피스테몬 나로 말하자면, 호기심이 조금 더 있습니다. 나는 당신이 그 외에도 내가 각 학문에서 갖고 있는 몇몇 특수한 어려움들, 특히 인간의 기교들, 유령들, 환영들, 요컨대 마술에 속하는 모든 놀라운 효과들에 대해 설명해주길 바랍니다. 이것들을 이용하기 위해서가 아니라, 미지의 어떠한 것에 대한 경탄이 우리 판단을 사로잡을 수 없게 하려면, 이것들을 아는 것이 유익하다고 믿기 때문입니다.[44]

에우독소스 나는 당신 둘 모두를 충족시키려고 애쓸 것입니다. 그리고 우리가 끝까지 지킬 수 있는 순서를 세우기 위해, 나는 우선 폴리안데르, 당신과 나, 우리가 세계에 있는 모든 것들에 대해, 그것들을 그것들 자체로 고찰하면서 이야기를 나누었으면 합니다. 그리고 이때 에피스테몬은 가능한 한 우리를 방해하지 않았으면 합니다. 그의 반박은 종종 우리를 우리 주제에서 벗어나게 할 것이기 [505]

때문입니다. 그런 후 우리 셋이 그 모든 것을 다시 한번 고찰할 것입니다. 그렇지만 다른 관점에서, 즉 우리와 관련되는 한에서, 그리고 참이나 거짓, 선이나 악으로 명명될 수 있는 한에서 고찰할 것입니다. 이때 에피스테몬은 앞의 대화에 남아 있는 모든 어려움들을 제시할 기회를 가질 것입니다.

폴리안데르 그러면 당신이 설명할 각 주제의 순서도 말해주십시오.

에우독소스 이성적 영혼에서 시작해야 합니다. 우리의 모든 지식이 바로 이것 안에 있기 때문입니다. 그리고 그 본성과 그 효과들에 대해 고찰하고 나서, 우리는 그 작자에게로 갈 것입니다. 그가 어떠한 자이고, 또 어떻게 세상에 있는 모든 것을 창조했는지를 인식한 후, 우리는 다른 피조물들과 관련해서 가장 확실한 것을 살펴볼 것이고, 또 우리 감각들이 대상을 어떠한 식으로 받아들이고 우리 사유들이 어떻게 참이나 거짓이 되는지를 조사할 것입니다. 그런 다음 나는 여기서 물체적인 것들과 관련된 인간의 작품들을 진열할 것입니다. 그리고 기술이 발명해낼 수 있는 가장 강력한 기계들, 가장 희귀한 자동기계들, 가장 허울뿐인 환영들, 그리고 기술이 발명해낼 수 있는 가장 교묘한 위장들[45]로 당신들을 경탄하게 만들고, 이어서 그 비밀들을 폭로할 것입니다. 이 비밀들은 너무나 단순하고 너무나 무해해서, 당신들은 우리 손이 만들어낸 모든 작품들에 대해서도 더 이상 경탄하지 않게 될 것입니다. 그다음에[46] 나는 자연의 작품들로 나아갈 것입니다. 그 모든 변화의 원인, 그 성질들 간의 상이성, 그리고 식물의 영혼과 동물의 영혼이 우리의 것과 어떻게 다른지를 보여주고 나서, 당신들에게 감각적인 것들의 건축물 전체[47]를 고찰하게 할 것입니다. 또 나는 천체 안에서 관찰되는 것 그리고 이것에서 확실히 판단할 수 있는 것을 이야기한 후, 인간에

[506]

의해 결정될 수 없는 것에 대한 가장 건전한 추측[48]들을 전할 것입니다. 이로써 감각적 사물들과 지성적 사물들 간의 관계, 이 둘 모두와 창조자 간의 관계, 피조물의 불멸성, 그리고 시간의 종말 이후 피조물의 존재 상태가 어떠한지를 설명할 것입니다. 그런 다음 우리는 이 담화의 두 번째 부분으로 나아갈 것입니다. 여기서 모든 특수 학문들을 다룰 것이고, 각각의 학문들에서 가장 견고한 것을 선택할 것이며, 이 학문들을 지금까지 있었던 것보다 훨씬 더 앞으로 밀고 나가는 방법을, 그리고 가장 예리한 정신들이 고안해낼 수 있는 모든 것을 평범한 정신을 갖고도 그 스스로 찾아내는 방법을 제안할 것입니다. 이렇게 진리에 대해 완전하게 판단하도록 우리 지성을 준비시킨 후, 우리는 선한 것을 악한 것과 구별하고 덕과 악덕 간의 진정한 차이를 관찰하면서 우리 의지를 지도하는 것도 습득해야 합니다. 이런 것이 이루어졌다면, 희망컨대, 당신들이 가진 앎의 열정은 더 이상 그렇게 강렬하지 않을 것이고, 내가 말한 모든 것이 당신들에게 아주 잘 입증된 것으로 보일 것이며, 그래서 당신들은 다음과 같이 판단할 것입니다. 즉, 좋은 정신을 가진 자는, 비록 그가 사막에서 성장했고 자연의 빛 외에 다른 빛을 가진 적이 없다고 해도, 만일 그 모든 동일한 근거들을 잘 재어보았다면 우리와 다른 견해를 가질 수 없다고 말입니다.[49] 이 이야기로 들어가려면, 인간 최초의 인식이 어떠한 것인지, 그 인식이 영혼의 어떠한 부분에 놓여 있는지, 그리고 어떻게 해서 그 인식이 처음에 그토록 불완전한지를 조사해야 합니다.[50] [507]

에피스테몬 이 모든 것은, 어린아이의 상상을 빈 서판에 비교한다면, 매우 명료하게 설명될 것 같습니다. 이 빈 서판에는 본래 모습에 따라 각 사물들로부터 취해진 초상들과 같은 우리 관념들이 그려져 있을 것입니다.[51] 감각들, 성향, 선생들 그리고 지성은 이 작업을 할 수 있는 다른 화가들이며, 이 가운데 능력이 떨어지는 화가들이 처음에 참여합니다. 바로, 불완전한 감각, 맹목적 본능, 엉뚱한 유모입니다. 가장 훌륭한 것은 마지막에 오는 지성입니다. 그렇지만 지성이 그 오류들 가운데 어떤 것을 교정하려고 시도하기 전에, 지성은 여러 해 수련을 해야 하고, 오랫동안 그 스승들의 선례를 따라야 합니다.[52] 내 생각에는 바로 이것이, 왜 우리가 인식하는 데 많은 어려움을 가지는지에 대한 주된 이유들 가운데 하나입니다. 왜냐하면 우리 감각들은 보다 비속하고 통상적인 것들 너머로는 아무것도 보지 못하고, 우리의 자연적 성향은 완전히 부패해 있기 때문입니다.[53] 그리고 선생들에 대해서는, 의심의 여지 없이 매우 완벽한 선생들이 있을 수 있겠지만, 이 작품을 완성하는 것은 오직 지성의 일이기에, 우리 지성이 그들의 근거들을 조사할 때까지, 그들은 우리 믿음이 그 근거들을 받아들이도록 강요할 수 없기 때문입니다. 그러나 우리 지성은 젊은 견습생이 스케치한 형편없는 그림에 마지막 색을 입히기 위해 고용된 훌륭한 화가와 다름없습니다. 그는 그의 모든 예술 기법으로 이런저런 선들을 조금씩 수정하고 부족한 것을 모두 자기 나름대로 덧붙일 수는 있겠지만, 커다란 결함들이 남지 않을 정도로 잘해낼 수는 없을 것입니다. 왜냐하면 처음부터 소묘가 잘못 구상되었고, 인물들은 형편없이 배치되었으며, 비율은 지켜지지 않았기 때문입니다.

[508]

에우독소스 당신의 비유는 우리가 직면할 첫 번째 장애물을 아주 잘 드러내고 있습니다. 그러나 그것을 경계하기 위해 사용해야 하는 수단은 덧붙이지 않고 있습니다. 그것은 내가 보기에 이렇습니다. 당신의 화가는 그림에서 발견되는 모든 선들을 바로잡는 데 시간을 허비하는 것보다는 그것들을 먼저 지우개로 닦아낸 다음 그 그림을 완전히 새로 시작하는 편이 훨씬 더 좋다는 것입니다. 마찬가지로 인간 각자는 인식의 연령이라고 불리는 특정 시기에 도달하자마자, 그때까지 그의 상상 안에 그려진 불완전한 관념 전체를 지워버리자는 결단을 한 번은 해야 하고, 그의 지성의 모든 재간을 제대로 사용하면서 진지하게 새로운 관념을 형성하기 시작해야 합니다.[54] 그래서, 만일 그가 그 관념들을 완전성으로 이르게 하지 못한다면, 그는 적어도 그 잘못을 감각의 약함에게도 자연의 불규칙성에게도 전가할 수 없을 것입니다.[55]

에피스테몬 이 치유책은 탁월할 것입니다. 그것이 쉽게 실행될 수 있다 [509]
면 말입니다. 그러나 당신도 알다시피, 우리 상상 안에 받아들여진 최초의 믿음들은, 만일 우리 의지가 어떤 강력한 근거들의 도움을 빌리지 않는다면, 이 의지만으로 그 믿음들을 충분히 지울 수 없을 정도로 각인되어 있습니다.

에우독소스 그래서 나는 당신에게 그 몇몇 근거를 알려주려고 애쓸 것입니다. 그리고 당신이 이 대담에서 이득을 취하기를 원한다면, 여기서 당신은 나에게 주의를 집중해야 하고, 또 지금까지 획득된 인식 전체를 내가 먼저 전복할 수 있도록[56] 폴리안데르와 이야기를 나눌 시간을 잠깐 주어야 합니다. 왜냐하면 이 인식은 그를 충분히 만족시키지 못하므로 그저 형편없을 것이고, 또 나는 그것을 기초가 탄탄치 않은 어떤 잘못 지어진 집으로 간주하기 때문입니다. 이 집을 완전히 허물고 새로운 집을 짓는 것보다 이 집을 고치는[57] 더 좋은 방식을 나는 전혀 알지 못합니다. 새로운 것들을 시도할 능력이 없다고 느끼면서 그저 오래된 작품을 수리하는 일에 종사하는 하찮은 장인이 되는 것을 나는 원치 않기 때문입니다. 그러나 폴리안데르, 철거 작업을 하는 동안, 우리는 동시에 우리 계획에 쓰일 것임에 틀림없는 기초를 닦을 수 있고, 그것을 다지는 데 필요한 가장 우수하고 가장 견고한 재료를 준비할 수 있습니다.[58] 당신이 기꺼이 나와 함께 인간이 알 수 있는 모든 진리들 가운데 어떠한 것이 가장 확실하고 가장 쉽게 인식되는지를 고찰한다면 말입니다.[59]

폴리안데르 나는 감각적 사물들을 보이는 것들, 만져지는 것으로 이해하는데, 이것들이 다른 모든 것보다 훨씬 더 확실하다는 것을 의심할 수 있는[60] 자가 있다는 것입니까? 나로 말하면, 만일 당신이 나에게 신에 관해 혹은 우리 영혼에 관해 말해지는 것에 대해 어떤 것을 그와 같이 명료하게 보여준다면 나는 매우 놀랄 것입니다.

에우독소스 그렇지만 바로 이것이 내가 희망하는 것입니다. 그리고 내가 보기에 이상한 것은, 인간들이 그들의 지식을 감각의 확실성에 의거할 만큼 경신[61]한다는 것입니다. 왜냐하면 감각들은 가끔 속이고, 우리는 한 번이라도 속인 것에 대해서는 항상 불신할 정당한 근거를 갖고 있음을 누구도 모르지 않기 때문입니다.[62]

폴리안데르 나는 감각들이 나쁜 상태에 있을 경우 가끔 속인다는 것을 잘 알고 있습니다. 이를테면, 모든 음식이 아픈 이에게 쓴맛으로 여겨지는 경우, 혹은 아주 멀리 있어서 우리에게 실제 크기만큼 보이지 않는 별을 우리가 바라보는 경우, 혹은 일반적으로, 감각들이 그 본성의 구조대로 자유롭게 작동하지 않는 경우입니다. 그러나 그것들의 모든 결함들은 매우 쉽게 인식됩니다. 그리고 그 결함들이 내가 당신을 보고 있다는 것, 우리가 이 정원 여기저기를 산보하고 있다는 것, 태양이 우리를 비추고 있다는 것, 요컨대 내 감각에 보통 나타나는 모든 것이 참된 것임을 내가 지금 확신하지 못하게 막지는 못합니다.

에우독소스 당신이 알고 있는 특정한 경우들에서 감각들이 우리를 속 [511]
인다고 말하는 것만으로는, 당신이 인지할 수 없는 다른 경우에도
우리를 속일 수 있다는 두려움을 당신에게 주기에 충분치 않으므
로,[63] 나는 더 나아가 다음에 대해 알고자 합니다. 즉, 당신은 자신
이 항아리라고, 또는 엄청나게 큰 신체 한 부분을 가지고 있다고
생각하는 우울증환자들을 본 적이 없는지 말입니다. 그들은 자신
들이 상상하는 대로 그것을 보고 있다고, 그것을 만지고 있다고 맹
세할 것입니다. 건전한 인간[64]에 대해 다음과 같이 말하는 것은, 사
실 그를 불쾌하게 할 것입니다. 즉 건전한 인간은, 우울증환자들처
럼, 감각들과 그의 상상력이 그에게 재현하는 것에 의지하므로, 그
의 믿음을 보증하기 위한 근거를 우울증환자들이 가지는 것보다
더 가질 수 없다고 말입니다.[65] 그러나 당신은 내가 당신에게 다음
과 같이 묻는 것을 나쁘게 여기지 않을 것입니다. 즉, 당신은 모든
인간들과 마찬가지로 꿈에 종속되지 않는지, 그리고 당신이 나를
보고 있다는 것, 이 정원에서 산보하고 있다는 것, 태양이 당신을
비추고 있다는 것, 요컨대 당신이 지금 전적으로 확실하다고 믿는
모든 것을 자면서 생각할 수 없는지[66] 말입니다. 당신은 희극에서
나는 깨어 있는가, 아니면 자고 있는가[67]라는 놀라운 외침을 들어
본 적이 없습니까? 어떻게 당신은 당신의 삶이 계속되는 꿈이 아
님을, 또 당신이 당신의 감각들을 통해 안다고 생각하는 모든 것이
자고 있을 때와 마찬가지로 지금 거짓이 아님을 확신할 수 있습니
까?[68] 내가 말하는 그대로 우리를 창조하는 것이, 당신이 당신이라 [512]
고 생각하는 그대로 창조하는 것보다 더 어렵지 않았을, 전능한 어
떤 우월한 존재자가 당신을 창조했다는 것을 당신이 알게 되었다
는 사실을 고려하면 특히 그렇습니다.[69]

렘브란트Rembrandt van Rijn의 '철학자 상'. 한 늙은 철학자가 어두침침한 방구석에서 커다란 창으로 비쳐 들어오는 빛을 받으며 내면세계에 침잠하고 있다.

폴리안데르 확실히 여기에, 에피스테몬이 자신의 사유를 이 근거들에 집중시킬 만큼 충분히 관조적이라면, 그의 교설 전체를 전복시키기에 충분할 근거들이 있습니다. 그러나 나로 말하면, 공부는 전혀 해보지 않은 한 인간으로서, 또 그렇게 정신을 감각적 사물들에서 멀어지게 하는 데 익숙하지 않은 한 인간으로서, 나에게는 너무 좀[70] 고상한 고찰들로 들어가려 한다면, 나를 너무 좀 몽상적으로 만드는 것은[71] 아닌지 두렵습니다.

에피스테몬 나 또한 그것에 너무 깊이 들어가는 것은 매우 위험하다고 판단합니다. 그토록 일반적인 이 의심들은 우리를 곧바로 소크라테스의 무지나 피론주의자들의 불확실성으로 데려갈 것입니다.[72] 그리고 내가 보기에 그것은 발판을 찾을 수 없는 깊은 물입니다.[73]

에우독소스 여울을 인식하지 못하는 이들에게는 안내 없이 여울에[74] 몸을 내맡기는 것은 위험하다는 것, 그리고 많은 이들이 거기서 길을 잃었다는 것을 나는 인정합니다. 그러나 당신은 나를 따라 여울을 건너는 것을 두려워해서는 안 됩니다. 왜냐하면 대다수의 학자들⁷⁵은 그와 같은 소심함으로 인해 지식이라는 이름에 어울리는 [513] 충분히 견고하고 확실한 교설을 획득하지 못했는데, 그때 그들은 감각적인 것들 너머에는 그들의 믿음이 의거할 보다 확고한 것은 아무것도 없다고 상상하고는, 반석이나 찰흙을 찾기 위해 더 깊이 파고들어 가는 대신 모래 위에 집을 세웠기 때문입니다.⁷⁶ 그러므로 머물러야 할 곳은 여기가 아닙니다. 또한, 당신이 내가 말한 근거들⁷⁷을 더 이상 고려하고 싶지 않더라도, 그것들은 이미, 그 주된 효과로서, 내가 원했던 것을 행했습니다. 당신이 그 근거들을 두려워할 만큼 당신의 상상력을 충분히 건드렸다면 말입니다. 왜냐하면 이것은 하나의 표시,⁷⁸ 즉 그 근거들은 당신이 모든 것에 대해 의심하게 함으로써 당신 지식의 토대들이 무너질 수도 있다는 두려움을 당신이 갖지 않을 만큼 당신 지식이 오류 불가능한 것은 전혀 아니라는 표시이기 때문입니다. 따라서 당신이 이미 그것에 대해 의심한다는 표시, 그리고 당신의 교설 전체가 당신에게 잘못 확신되었음을 보여줌으로써 이것을 전복하려 했던 내 목표가 달성되었다는 표시이기 때문입니다. 그러나 당신이 더욱 용기를 내서 보다 멀리 나아가는 것을 거부하지 않도록, 내가 당신에게 일러둘 것은, 처음에 당신에게 두려움을 갖게 한 이 의심들은 희미하고 어렴풋한 빛을 틈타 밤에 나타나는 유령이나 허상과 같다는 것입니다.⁷⁹ 만일 당신이 이것들에서 도망친다면, 당신의 두려움은 당신을 따라올 것입니다. 그러나 당신이 이것들을 만져볼 것처럼 다가간다면, 이것들은 그저 바람과 그림자일 뿐임을 발견할 것이고, 당신은 앞으로 이와 같은 마주침에서 더욱 자신이 있을 것입니다.

폴리안데르 그렇다면 나는 기꺼이 당신의 설득에 따라 이 어려움들을 [514] 가능한 한 가장 강하게 떠올릴 것입니다. 그리고 내가 평생 꿈을 꾼 것은 아닌지 의심하는 것에, 그리고 내가 감각의 문을 통해서 만 내 정신에 들어올 수 있다고 생각한 모든 관념들이—내가 잘 때 마다, 그리고 내가 내 눈은 감겨 있고 내 귀는 막혀 있다는 것을 잘 알고 있을 때, 요컨대, 내 감각들 어느 것도 그것에 기여하지 않음 을 잘 알고 있을 때, 그와 같은 관념들이 내 정신에 형성되는 것처 럼—그것들 자체에 의해서 내 정신에 형성된 것은 아닌지 의심하 는 것에 내 주의를 기울일 것입니다. 그리고 따라서, 당신이 세계에 있는지, 지구가 있는지, 태양이 있는지, 이것만이 아니라 또한 내가 눈을 가졌는지, 내가 귀를 가졌는지, 내가 신체를 가졌는지, 그리고 심지어 내가 당신에게 말하고 있는지, 당신이 나에게 말하고 있는 지, 요컨대, 모든 것이 나에게 불확실할 것입니다⋯⋯[80]

에우독소스 자, 당신은 아주 잘 준비되어 있고, 내가 당신을 데려가려고 마음먹었던 곳이 바로 여기입니다. 그러나 내가 이것들로부터 끌 어내려는 귀결들에 당신이 주의해야 할 때가 바로 지금입니다. 당 신은 당신이 감각의 도움에 의해서만 인식하게 되는 모든 것을 정 당하게 의심할 수 있다는 것을 분명히 알고 있습니다.[81] 그러나 당 신은 당신의 의심에 대해 의심할 수 있고, 당신이 의심하는지, 그렇 지 않은지가 여전히 당신에게 의심스러울 수 있다는 것입니까?

폴리안데르 이런 것이 나를 놀라움으로 후려치고[82] 있음을 분명히 시인 합니다. 그리고 아주 작은 양식이 나에게 제공하는 약간의 명민함 으로 인해[83] 나는 내가 확실하게 아는 것은 아무것도 없다는 것, 오 히려 나는 모든 것에 대해 의심하고 어떤 것에서도 확신하지 못한 다는 것을 고백하지 않을 수 없으며, 이런 나를 경악하지 않고는 볼 수 없습니다. 그런데 당신은 이로부터 무엇을 추론[84]하길 원합니 까? 이토록 일반적인 이 놀라움[85]이 무엇에 쓰일 수 있는지, 심지어

[515]

160

그러한 의심이 어떻게 우리를 아주 멀리 인도할 수 있는 원리[86]일 수 있는지 나는 알지 못합니다. 반대로, 당신이 이 대담에 설정한 목표는 우리를 우리 의심에서 자유롭게 하는 것, 그리고 에피스테 몬이 아무리 박학하다고 해도 어쩌면 모를 수도 있는 진리들을 인식하도록 그것들을 우리에게 현시하는 것[87]입니다.

에우독소스 당신이 나에게 주의를 기울이기만 한다면, 나는 당신이 생각한 것보다 당신을 더 멀리 데려갈 것입니다. 왜냐하면 나는 고정되고 부동한 일점과 같은 이 보편적 의심에서 신의 인식, 당신 자신의 인식 그리고 세계에 있는 모든 것의 인식을 끌어내려고 결심했기 때문입니다.[88]

폴리안데르 이것은 분명 대단한 약속이며, 그렇게만 된다면, 당신의 요청은 들어줄 만한 가치가 있다는 것은 확실합니다. 그러므로 당신은 당신의 약속을 잘 지키고, 우리는 우리의 약속을 완수할 것입니다.

에우독소스 그러므로 당신은 당신이 의심한다는 것을 부정할 수 없고, 반대로 당신이 의심한다는 것은 확실하며, 심지어 이것은 너무나 확실해서, 당신은 이것에 대해 의심할 수 없습니다. 그렇기 때문에 의심하는 당신이 존재한다는 것 또한 참이고, 이것 또한 너무나 참이라서, 당신은 이것에 대해 더 이상 의심할 수 없습니다.[89]

폴리안데르 이 점에 대해 나는 물론 당신에게 동의합니다. 내가 존재하지 않는다면, 나는 의심할 수 없기 때문입니다.[90]

에우독소스 그러므로 당신은 존재하고, 당신은 당신이 존재한다는 것을 알며, 당신은 당신이 의심하기 때문에 그것을 압니다.[91]

폴리안데르 분명 이 모든 것은 참입니다.

에우독소스 그러나 당신이 논제에서 벗어나지 않도록 조금씩 나아갑시다. 그리고 내가 말했듯이, 당신은 당신이 생각하는 것보다 더 멀리 나아가는 것을 알게 될 것입니다. 논증된 것[92]을 반복해봅시다. 당신은 존재하고, 당신은 당신이 존재한다는 것을 알며. 그래서 당신은 당신이 의심한다는 것을 알기 때문에 당신이 존재한다는 것을 압니다. 그러나 모든 것에 대해 의심하는 당신, 자신에 대해서는 의심할 수 없는 당신, 당신은 무엇입니까?[93]

폴리안데르 대답은 어렵지 않습니다. 그리고 나는 당신이 당신의 질문에 부응하도록 에피스테몬 대신 나를 선택했다는 것을 충분히 감지하고 있습니다. 대답하는 것이 매우 쉽지 않은 질문은 아예 내놓지 않기로 작정했다는 것입니다. 그래서 나는 **인간**이라고 말할 것입니다.

에우독소스 당신은 내가 묻는 것에 주의를 기울이지 않고 있습니다. 당신이 나에게 내놓는 대답은 당신에게는 아무리 단순하게 보여도, 당신을 아주 어렵고 복잡한 질문들로 밀어 넣을 것입니다. 내가 당신[94]을 조금이라도 몰아붙이려고만 한다면 말입니다. 실로, 만일 내가 다시, 예컨대, 에피스테몬에게 인간은 무엇인가라고 묻는다면, 그리고 그가, 학교에서 흔히 그러듯이, 인간은 **이성적 동물**이라고 답한다면, 게다가 처음 것만큼이나 모호한 나중 두 용어를 설명하기 위해 형이상학적이라고 불리는 모든 단계들을 통해[95] 우리를 인도한다면, 우리는 분명 결코 빠져나올 수 없는 미로 속으로 끌려갈 것입니다. 왜냐하면 이 질문에서 두 가지 다른 질문이 생기기 때문입니다. 첫 번째는 **동물**이란 무엇인가, 두 번째는 **이성적**이란 무엇인가입니다. 나아가 동물이 무엇인지를 설명하기 위해, 동물은 **감각적 생물**이고, **생물은 혼이 있는 물체**이며,[96] **물체는 물체적 실체**라고 답한다면, 당신은 즉석에서 질문들이, 마치 가족나무의 가지처럼,[97] 증가되고 증식되는 것을 볼 것입니다. 그리고 이 멋

[516]

162

라틴어로 쓴 《철학의 원리principia philosophia》의 한 부분. 이 책의 불어판 서문에서 데카르트는 "지금까지 철학이라고 일컬어온 모든 것에 대하여 가장 적게 배운 사람들이 참된 철학을 배울 능력을 가장 많이 가지고 있다"라고 말했다.

진[98] 모든 질문들은 결국 순전한 중언부언[99]에 그칠 것임이 충분히 명백하며, 이것은 아무것도 해명하지 않은 채 우리를 우리의 최초 무지 속에 남겨놓을 것입니다.[100]

에피스테몬 모든 식자들이 늘 경탄해 마지않는 포르피리우스 나무[101]를 당신이 이처럼 경멸하는 것을 보니 매우 유감입니다. 게다가 당신이 모든 학교에서 아주 오랫동안 공인되어온 것과는 다른 길로 폴리안데르에게 그가 무엇인지를 가르치려 한다니 나로서는 불쾌한 일입니다. 실로, 우리가 무엇인지를 우리에게 가르치기 위해 우리 전체를 구성하는 모든 단계를 연속적으로 우리 눈앞에 내놓는 것보다 더 좋고 더 적절한 길은 지금까지 발견될 수 없었습니다. 즉, 우리가 이런 방식으로 그 모든 단계를 통해 오르내리면, 우리는 우리가 자연 안에 있는 다른 모든 것들과 공통적으로 갖는 것이 무엇이고, 그것들과 어떤 점에서 다른지를 배울 수 있습니다. 그리고 그것이 우리 인식이 도달할 수 있는 최고의 정점입니다.

에우독소스 나는 학교에서 고수하는 통상적인 교수법을 비난하려는 마음은 없었고, 결코 그러지도 않을 것입니다. 왜냐하면 내가 알고 있는 이 약간의 것도 그 방법 덕분이고, 또 그 도움으로 학교에서 배운 모든 것의 불확실성을 깨달았기 때문입니다. 그러므로 내 선생들이 나에게 확실한 것을 아무것도 가르쳐주지 않았지만, 그럼에도 내가 이것을 깨달은 것은 그들의 가르침에 기인하므로 나는 그들에게 감사해야 합니다. 그리고 분명 지금, 그들이 가르친 모든 것이 매우 의심스럽다는 점에서, 그것이 이성에 더욱 부합했을 경우보다 더 크게 감사해야 합니다. 왜냐하면 이 경우에 어쩌면 나는 그것 안에서 발견했을 약간의 근거에 만족했을지도 모르고, 이것이 내가 진리를 더욱 세심하게 탐구하는 일에 덜 열중하게 만들었을지도 모르기 때문입니다. 그래서 내가 폴리안데르에게 한 충고

[517] 는 그에게 모호성과 불확실성 ― 그의 대답이 당신을 이런 상태에 빠뜨리는 ― 을 지적하기보다는, 오히려 그가 앞으로 내 질문에 더욱 주의를 기울이게 하는 데 더 쓸모가 있습니다. 그래서 나는 내 질문으로 다시 돌아가고, 우리가 우리 길에서 더 이상 벗어나지 않도록 나는 그에게 한 번 더, 모든 것에 대해 의심할 수 있고, 자신에 대해서는 의심할 수 없는 그는 무엇인지를 묻습니다.

폴리안데르 내가 나는 인간이라고 말했을 때, 나는 이미 당신을 충족시켰다고 믿었습니다. 그러나 내가 그때 제대로 헤아리지 않았다는 것을 알게 됩니다. 왜냐하면 나는 그 대답이 당신을 만족시키지 못했음을 보고 있고, 솔직히 시인하면 지금은 나 자신에게도 충분치 않은 것으로 보이기 때문입니다. 이는 우리가 그 대답을 명료히 하고 파악하고자 하는 경우 모호성과 불확실성 ― 그 대답이 우리를 이런 상태에 빠뜨릴 수 있는 ― 을 당신이 나에게 보여주었다는 점을 고려할 때 특히 그렇습니다. 실제로 나는 분명, 에피스테몬이

무엇을 말하든, 이 형이상학적 단계들에서 많은 모호성을 발견합니다. 만일 어떤 이가, 예를 들어, **물체는 물체적 실체이다**라고 말한다면, 그럼에도 **물체적 실체**가 무엇인지를 말해주지 않는다면, **물체적 실체**라는 이 두 단어는 결코 **물체**라는 단어 이상으로 우리를 지혜롭게 만들지 않습니다. 마찬가지로, 만일 어떤 이가 **생물**은 **영혼이 있는 물체**라고 주장한다면, **물체**가 무엇이고, **영혼이 있는** 이 무엇인지를 앞서 설명하지 않았다면, 그리고 또 만일 그가 다른 모든 형이상학적 단계들에 대해서도 다르게 처리하지 않았다면, 그는 분명 말들을 내뱉고는 있지만, 심지어 마치 어떤 순서를 따르는 것처럼 내뱉고는 있지만, 그가 말하는 것은 아무것도 없습니다. 왜냐하면 이런 것은 생각할 수 있는 것, 그리고 우리 정신 안에서 명석판명한 관념을 형성할 수 있는 것을 전혀 지시하지 않기 때문입니다.[102] 더구나, 당신 질문에 대답하기 위해 내가 나는 **인간**이라고 말했을 때, 나는 내가 알지 못했고 결코 어떤 것도 들어보지 못했던, 그리고 내가 생각하듯이, 그저 그것을 고안해낸 이들의 상상 안에만 있는 모든 스콜라적 존재자들[103]에 주의를 기울인 것이 아닙니다. 나는 오히려 우리가 보고, 우리가 만지고, 우리가 느끼는 것, 그리고 우리가 우리 자신 안에서 경험하는 것들에 대해,[104] 한 마디로, 인간 중에서 가장 소박한 인간이 둥근 지구 전체에서 가장 위대한 철학자들과 똑같이 알고 있는 것들에 대해 말하고 있었습니다. 즉, 나는 두 팔, 두 다리, 하나의 머리 및 인간 신체라고 불리는 것을 구성하는 다른 모든 부분들로, 그리고 이것들 외에 영양을 섭취하고, 걷고, 감각하고, 사유하는 것으로 합성된 어떤 전체라는 것입니다.[105]

에우독소스 나는 이미 당신의 대답으로부터 당신이 내 질문을 올바로 파악하지 못했다고, 또 당신은 내가 요구한 것보다 더 많은 것에 대해 대답했다고 결론지었습니다. 그러나, 당신은 이미 당신이 의심했던 것들의 목록에 이것들, 즉 팔, 다리, 머리 및 인간 신체의 기계를 구성하는 나머지 모든 부분들을 올렸기 때문에, 나는 당신이 그 현존을 확신하지 않는 모든 것들에 대해 일절 묻지 않으려고 했습니다. 그러므로 당신은 당신이 의심하는 한에서 본래 무엇인지 나에게 말해보십시오. 실로 이것만이 내가 묻고자 한 것입니다. 왜냐하면 이것 외에 당신이 확실하게 인식할 수 있는 것은 아무것도 없기 때문입니다.

[518]

폴리안데르 지금 확실히, 나는 내 대답에서 오류를 범했다는 것, 그리고 내가 마땅히 해야 했던 것보다 더 멀리 나아갔다는 것을 알게 되는데, 이는 물론 당신의 생각을 충분히 파악하지 못했기 때문입니다. 그래서 이것은 앞으로 나를 더 조심하게 할 것이고, 또 이와 동시에 단순하고 쉬운 길을 통해 당신이 우리에게 일러주려는 것들의 인식으로 우리를 조금씩 인도해주는 당신의 방법의 신중함에 경탄하게 합니다. 그렇지만 내가 범한 오류를 행복한 것이라고 부를 만한 이유가 있는데, 그 오류 덕분에, 의심하는 한에서 존재하는 나는 내가 내 신체라고 부르는 것이 전적으로 아님을 아주 올바로 인식하니 말입니다.[106] 게다가 나는 내가 어떤 신체를 가졌는지 여부조차 알지 못합니다. 당신은 내가 그것에 대해 의심할 수 있다는 것을 보여주었기 때문입니다. 이것에 나는 내가 신체를 갖고 있다는 것을 절대적으로 부정할 수 없다는 사실도 덧붙입니다. 그렇지만, 우리가 이 모든 가정들을 온전히 그대로 놔둔다고 해도, 이것이 내가 나는 현존한다는 것을 확신하는 것에 장애가 되지는 않을 것입니다. 오히려 반대로 그 가정들은, 내가 나는 현존한다는 것 그리고 나는 신체가 아니라는 것을 확신하는 만큼, 이것을 더욱 더 확실성으로 확고히 해줍니다.[107] 그러지 않으면, 내가 신체에 대해 의심할 경우, 나는 또한 나 자신에 대해서도 의심할 것인데, 그러나 이것은 나에게 불가능한 일입니다. 왜냐하면 나는 내가 현존한다는 것을 전적으로 확신하고, 또 이것에 대해 추호도 의심할 수 없을 만큼 확신하기 때문입니다.

에우독소스 당신은 참으로 경탄스럽게 말하고 있고, 내가 뭐라고 말할 수 없을 만큼 이것을 아주 훌륭하게 해내고 있습니다. 나는 당신을 당신 자의에 전적으로 맡기고, 당신을 길로 인도하는 것에 신경쓰는 것 이외에 다른 것은 필요치 않다는 것을 분명히 봅니다. 그리고 우리가 올바로 인도되기만 한다면, 흔히 상식[108]으로 불리는 것만으로도 가장 어려운 진리들을 찾아내는 데 충분하다고 생각합니다. 그리고 나는 내가 원했던 것만큼 제대로 갖춰진 양식을 당신 안에서 발견하므로, 앞으로 당신이 따라가야 할 길만을 보여줄 것입니다. 그러므로 이 제일원리로부터 따라 나오는 귀결들을 당신 자신의 힘으로 계속 끌어내십시오.[109]

폴리안데르 이 원리는 매우 생산적인 것으로 보이고, 또 아주 많은 것들이 동시에 나에게 주어지므로, 이것들을 배열하기 위해서는 힘이 아주 많이 들 것으로 여겨집니다. 당신이 나에게 방금 준 유일한 충고, 즉 의심하는 나는 무엇인지를 곰곰이 재어보라는 것,[110] 그리고 그것을 예전에 나라고 믿었던 것과 혼동하지 말라는 것은 내 정신에 커다란 빛을 던져주었고, 많은 어둠을 즉석에서 사라지게 했습니다. 그래서 나는 이 횃불의 빛을 따라 내 안에서 보이지 않는 것을 내 안에서 더 제대로 볼 것이고, 또 일찍이 내가 신체를 가졌다고 확신한 것보다 만져지지 않는 것을 가졌다고 나는 더욱 확신할 것입니다.

에우독소스 이 영혼의 격정[111]은 정말로 내 마음에 들지만, 어쩌면 에피스테몬의 기분을 상하게 했을지도 모릅니다. 에피스테몬은 당신이 그를 오류에서 구해내지 않는 한, 그리고 당신이 저 원리 안에 포함되어 있다고 말하는 것의 일부를 눈앞에 내놓지 않는 한, 그는 다음과 같이 믿거나, 아니면 적어도 걱정할 이유를 항상 가질 테니 말입니다. 즉, 당신에게 나타나는 그 모든 빛은 가까이 가면 바로 꺼지고 사라지는 도깨비 불빛[112]과 유사하다고, 심지어 당신은 머지않아 이전의 어둠 속으로, 즉 예전의 무지 속으로 되돌아간다고 말입니다. 그리고 공부에 힘쓴 적도 없고 철학자들의 책을 펴본 적도 없는 당신이 이처럼 빨리 이처럼 힘들이지 않고 박식해진다면, 이는 분명 경이로운 일입니다. 바로 이 때문에 에피스테몬이 그런 견해를 갖고 있다고 해서 놀랄 필요는 없습니다.

에피스테몬 내가 그것을 영혼의 어떤 격앙으로 간주했다는 것을 시인합니다. 그리고 철학이 가르치는 그 위대한 진리들 안에서 자신의 사유를 연마해본 적이 없는 폴리안데르가 그 진리들 가운데 극히 적은 것을 곰곰이 재어보고는 커다란 환희에 도취된 나머지, 흥분해서 그 기쁨을 당신에게 증언하지 않을 수 없었다고 여겼습니다. 그러나 당신처럼[113] 오랫동안 이 길을 걸어오고, 고전을 읽고 또 읽는 데, 또 철학자들에게서 극히 까다로운 것들을 풀어내고 설명하는 데 많은 비용과 수고를 들인 자들은 이 영혼의 격앙에 더 이상 놀라지도 않으며, 또 수학의 문턱을 갓 넘어선[114] 몇몇 이들이 품는 헛된 희망보다 더 많은 것을 희망하지도 않습니다. 왜냐하면 선과 원이 주어지고, 직선과 곡선이 무엇인지를 일러주자마자, 그들은 즉시 어떻게 원을 정방형으로 만드는지, 정육면체를 두 배로 만드는지를 발견할 것이라고 확신하기 때문입니다. 그러나 우리는 피 론주의자들의 견해를 여러 번 반박했습니다. 그들 자신은 그들의 [520] 철학하는 방법으로 아주 적은 결실을 거두었기에 평생을 방황했 고, 그들이 철학에 도입한 그 의심에서 자유로울 수 없었으며, 그 래서 그들은 의심하는 것을 배우는 데에만 힘을 쏟았던 것으로 보입니다.[115] 그래서 폴리안데르에게 실례가 되겠지만, 그 자신이 이 로부터 더 좋은 어떤 것을 끌어낼 수 있을지 의심스럽습니다.

에우독소스 나는 당신이 나를 너그럽게 봐주려고 폴리안데르에게 말을 돌리고 있다는 것을 아주 분명히 보고 있습니다. 그럼에도 불구하 고, 당신의 비아냥[116]이 나를 향하고 있다는 것은 명백합니다. 그동 안은 폴리안데르만 말하고, 그런 다음 우리 가운데 누가 마지막에 웃을지 봅시다.

폴리안데르 나는 물론 기꺼이 그렇게 할 것입니다. 그렇지만, 이 논쟁이 당신들 사이에서 뜨거워지지나 않을까, 그리고 당신들이 너무 높은 것을[117] 다시 계속하는 동안 내가 이해하는 것이 아무것도 없지나 않을까 염려됩니다. 두려워할 이유가 있습니다. 왜냐하면 이런 것 은, 내가 내 첫 발자국들을 계속 밟는 동안[118] 내가 거두리라고 기대 하는 모든 결실들을 나에게서 사라지게 할 테니 말입니다. 그래서 나는 에우독소스 자신이 나를 세웠던 그 길에서 기꺼이 손수 나를 인도하는 한, 이 희망을 키울 수 있게 해주기를 에피스테몬에게 청 합니다.

에우독소스 당신은 이제 제대로 깨달았습니다. 당신이 의심하는 한에 서 당신을 단순하게 고찰할 때, 당신은 신체가 아니라는 것, 그리 고 그러한 것으로서 당신은 인간 신체의 기계를 구성하는 부분들 가운데 어떠한 것도 당신 안에서 발견하지 못한다는 것, 다시 말해, 팔도 정강이도 머리도, 그래서 심지어 눈도 귀도, 어떤 감각에 쓰일 수 있는 어떠한 기관도 갖지 않다는 것을 말입니다. 그럼 이 제, 같은 방식으로— 당신이 예전에 인간에 대해 가졌던 개념에 관해 — 당신이 앞서 제시한 기술 안에 포함시킨 다른 것을 모두 거부할 수 있는지를 보십시오. 왜냐하면 당신이 정당하게 관찰했 듯이, 내 질문의 범위를 넘어 당신이 대답했을 때 저지른 것은 행 복한 오류[119]였기 때문입니다. 실로, 당신은 그 도움으로 쉽게 당신 이 무엇인지에 대한 인식에 이를 수 있습니다. 즉, 당신이 당신에 게 속하지 않는다고 명석하게 지각하는 것을 모두 당신으로부터 떼어놓고 거부하면서, 또 당신이 존재한다는 것 그리고 당신이 의 심한다는 것과 동등하게 당신에게 확실하고 당신이 확신할 만큼 필연적으로 당신에게 속하는 것 외에는 아무것도 인정하지 않으 면서 말입니다.

폴리안데르 당신이 이렇게 나를 길 안으로 다시 데려와주어 고맙습니 다. 나는 내가 어디에 있었는지 더 이상 알지 못했기 때문입니다. 조금 전에 나는 내가 팔, 다리, 머리 및 인간 신체라고 불리는 것을 형성하는 나머지 모든 부분들로 주조된 전체라고 말했고, 게다가 나는 걷고, 나는 영양을 섭취하고, 나는 감각하고, 나는 사유한다 고 말했습니다. 조금 전에 또한, 내가 나를 나라고 알고 있는 그대 로 단순하게 고찰하는 동안, 인간 신체의 기계를 구성하는 모든 부 분들 혹은 모든 지체들을 거부해야만 했고, 다시 말해, 팔 없이, 다 리 없이, 머리 없이, 한마디로 신체 없이 나를 고찰해야만 했습니 다. 그런데, 내 안에서 의심하는 것은 우리가 우리 신체라고 부르 는 것이 아니라는 것은 사실입니다. 그래서 의심하는 한에서 나는 영양을 섭취하는 것도 걷는 것도 아니라는 것 역시 사실입니다. 이

둘 어떤 것도 신체 없이는 실행될 수 없기 때문입니다. 게다가 나 [521]
는 의심하는 한에서 내가 감각할 수 있다고 단언조차 할 수 없습
니다. 걷는 데는 발이 필요하듯이, 보는 데는 눈이, 듣는 데는 귀가
필요하기 때문입니다. 그러나 나는 신체를 갖고 있지 않기 때문에,
그 가운데 어떠한 것도 갖지 않으므로, 분명 나는 내가 감각한다고
말할 수 없습니다. 이것 외에, 내가 예전에 꿈에서 많은 것들을 감
각했다고 여겼지만, 그것들은 내가 실제로 감각한 것이 아니었습
니다. 그리고 나는 여기서 내가 의심할 수 없을 만큼 참이 아닌 것
은 아무것도 받아들이지 말자고 결심했으므로, 나는 감각하는 것,
다시 말해 눈으로 보고, 귀로 듣는 것이라고 말할 수 없습니다. 왜
냐하면 이 가운데 어떤 것도 없다고 해도, 내가 이런 식으로 감각
한다고 믿는 것은 가능하기 때문입니다.[120]

에우독소스 나는 여기서 당신을 멈추게 하지 않을 수 없습니다. 이는 당
신을 길에서 이탈시키기 위해서가 아니라, 당신에게 용기를 북돋
아주기 위해서, 그리고 양식[121]이 제대로 지도되기만 하면, 양식이
해낼 수 있는 것을 곰곰이 재어보아야 한다는 것을 당신에게 보여
주기 위해서입니다. 실로, 이 모든 것에서 정확하지 않은 것, 적법
하게 결론짓지 않은 것, 선행한 것에서 올바로 연역되지 않은 것이
있다는 것입니까? 그럼에도 불구하고 여기서 그 전체는 논리학 없
이, 규칙 없이, 논증 형식 없이 오직 이성의 빛과 양식에 의해서만
말해지고 완수되는데, 양식은 홀로 그 자체로 행할 때가 — 인간의
기교와 나태가 양식을 보다 완전하게 만들기는커녕 오히려 부패
시키기 위해 발명한 — 천 개의 다양한 규칙들을 노심초사하면서
지키려고 애쓸 때보다 오류에 덜 노출됩니다.[122] 게다가 여기서 에
피스테몬 자신도 우리와 함께하는 것으로 보입니다. 그가 아무 말

도 하지 않을 때는 당신이 말한 것을 전적으로 승인한다는 것을 의미하기 때문입니다. 그러면 폴리안데르, 계속 가십시오. 그리고 양식이 어디까지 나아갈 수 있는지 그리고 동시에 우리 원리로부터 어떤 귀결들이 연역될 수 있는지도 보여주십시오.

폴리안데르 내가 예전에 나에게 귀속시켰던 모든 속성들 가운데 고찰할 것이 오직 한 가지 남아 있습니다. 바로 사유입니다. 그리고 나는 이것만이 내가 나로부터 떼어놓을 수 없는 그런 것임을 발견합니다.[123] 만일 내가 의심한다는 것이 참이라면 — 이것에 대해 내가 의심할 수 없으므로 — , 내가 사유한다는 것 또한 동등하게 참이기 때문입니다. 실로, 의심한다는 것이 어떤 특정한 방식으로 사유한다는 것과 다른 어떤 것입니까?[124] 그리고 분명, 만일 내가 전혀 사유하지 않는다면, 나는 내가 의심하는지도, 내가 현존하는지도 알 수 없을 것입니다. 그렇지만 나는 존재하고, 나는 내가 존재한다는 것을 알고, 또 내가 의심하기 때문에, 다시 말해, 따라서 내가 사유하기 때문에, 나는 그것을 압니다.[125] 그리고 심지어 어쩌면, 만일 내가 사유하기를 잠시라도 멈춘다면, 나는 또한 전적으로 존재하기를 멈추는 일이 일어날지도 모릅니다.[126] 그래서 내가 나로부터 떼어놓을 수 없는 유일한 것, 그리고 내가 나라고 확실히 아는 유일한 것, 그리고 내가 지금 확실히, 속고 있다는 두려움이 전혀 없이 단언할 수 있는 유일한 것은, 말하건대, 바로 나는 사유하는 것이라는 사실입니다.[127]

[522] **에우독소스** 에피스테몬, 폴리안데르가 방금 말한 것과 관련해서 당신에게 무엇이 보입니까? 그의 추리 전체에서 잘못된, 일관적이지 않은 어떤 것을 발견했습니까? 배우지 못하고 공부에 애쓴 적이 없는 한 인간이 그렇게 정확하게 추리하고 모든 점에서 자신과 일

관적인 것이 당신은 가능하다고 믿었습니까? 그래서 여기서부터, 만일 내가 제대로 판단한다면, 당신은, 어떤 이가 자신의 의심을 올바른 방식으로 사용하는 법을 알게 될 경우 그는 이로부터 극히 확실한 인식들을 연역할 수 있다는 사실, 게다가 심지어 그 인식들은 우리가 보통 ── 모든 인식의 토대이고, 모든 것이 이것으로 돌아오고 모든 것이 이것에서 종결되는 중심인, 이를테면 **하나의 동일한 것이 동시에 존재하면서 존재하지 않는 것은 불가능하다**는 ── 대원리 위에 세우는 것들보다 더 확실하고 더 유익하다는 사실을 아는 것에서 시작해야 합니다. 아마 내가 당신에게 그것의 유익함[128]을 증명할 때가 있을 것입니다. 그러나 폴리안데르 이야기의 실을 끊지 않도록 우리 논제에서 벗어나지 맙시다. 그리고 말할 것이나 반박할 것이 있는지 두루 살펴보십시오.

에피스테몬 당신은 나를 공격하고 심지어 나를 격분시키기 때문에, 나는 당신에게 성난 논리학[129]이 무엇을 할 수 있는지를 보여줄 것이고, 동시에 폴리안데르만이 아니라 당신 자신도 극히 어렵게 헤어날 수 있는 그러한 곤경들과 장애들을 만들어낼 것입니다. 그러니 우리는 더 나아갈 것이 아니라 여기서 멈추고, 수고로이 당신의 토대들, 원리들 및 귀결들[130]을 엄격하게 조사해봅시다. 왜냐하면 참된 논리학의 도움으로, 당신의 원리들 그 자체로부터, 나는 폴리안데르가 말한 모든 것이 적법한 토대에 의거하지 않는다는 사실을, 그리고 그것이 아무것도 결론짓지 못한다는 사실을 증명할 것이기 때문입니다. 당신은 존재한다, 당신은 당신이 존재하는 것을 안다, 그리고 당신이 이것을 아는 것은, 바로 당신이 의심하기 때문이고, 당신이 사유하기 때문이라고 말합니다.[131] 그러나 당신은 의심한다는 것이 무엇이고, 사유한다는 것이 무엇인지를 알았습니까? 그리고 당신은 당신이 확신하지 않는 것, 완전하게 인식하지 않는 것은 아무것도 인정하지 않으려고 하므로, 어떻게 당신은 이렇게 모호한, 따라서 이렇게 거의 확실치 않은 토대로부터 당신이 존재한다는 것을 확신할 수 있습니까?[132] 당신은 폴리안데르에게 먼저 의심이 무엇인지, 사유가 무엇인지, 현존이 무엇인지를 일러 주었어야만 했습니다. 그래야 당연히 그의 추론이 증명력을 가질 수 있었을 것이고, 또 그는 다른 이들에게 자신을 이해시키려고 다가가기 전에 자기 자신을 이해할 수 있었을 것입니다.

폴리안데르 그것은 분명 내 능력을 넘어섭니다. 그래서 나는 패배를 인정하고, 당신이 에피스테몬과 함께 이 매듭을 풀도록 당신에게 맡깁니다.

에우독소스 이번에는 기꺼이 그것을 받아들이겠지만 조건이 있습니다. 당신이 우리 논쟁의 심판관이 되는 것입니다. 나는 에피스테몬이 내 근거들을 따를 것이라고[133] 감히 기대하지 않기 때문입니다. 사실, 에피스테몬과 같이 의견들로 가득 차고 수많은 편견들을 가진 이는 자연의 빛에만 자신을 맡기는 것이 매우 어렵습니다.[134] 왜냐하면 그는 벌써 오래전부터 자기 이성의 소리에 귀를 기울이기보다는 권위에 자신을 내어주는 것에 익숙해져 있기 때문입니다.[135] 어떤 판단을 내려야 하는지에 대해 스스로 궁리하기보다는 다른 이들에게 물어보고, 고대인들이 써놓은 것들을 세심하게 곰곰이 검토합니다. 게다가 그가 유아기부터 선생들의 권위에만 의거하는 것을 이성으로 간주한 것처럼, 지금은 자신의 권위를 이성으로 내세우고, 자신이 예전에 지불한 것과 같은 공물을 다른 이들로부터 받는 일에 신경을 곤두세웁니다. 그러나 그렇기는 해도, 만일 당신이 내가 말하게 될 것들에 동의하기만 한다면, 그리고 당신의 이성

[523]

174

이 그것들에 대해 당신을 납득시키기만 한다면, 나는 앞으로 만족할 것이고, 에피스테몬이 당신에게 내놓은 반박들을 충분히 충족시켰다고 믿을 것입니다.

에피스테몬 나는 당신이 생각하는 것만큼 고집스럽지도 설득이 어렵지도 않고, 마지못해 만족하는 사람도 아닙니다. 오히려 반대로, 폴리안데르를 신뢰하지 못할 이유들이 나에게 있기는 하지만, 나는 흔쾌히 우리 논쟁을 그가 중재하도록 맡길 것입니다. 심지어 그가 당신에게 항복하자마자 내 패배를 고백할 것을 약속합니다. 그러나 그가 자신을 속이지 않도록, 또 그가[136] 다른 이들을 비난하는 오류에 빠지지 않도록, 다시 말해, 그가 당신에 대해 품고 있는 존경이 스스로를 설득하는 근거로 삼지 않도록 그를 돌봐야 합니다.

에우독소스 만일 그가 그렇게 약한 토대에 의거한다면, 확실히 그는 자신을 잘못 보살피는 것입니다.[137] 나는 그가 이 경우에 자신을 돌볼 것임을 보증합니다. 자 이제, 옆길에서 우리 길로 돌아갑시다. **나는 의심한다, 그러므로 나는 존재한다**, 또는 이것과 같은 것인 **나는 사유한다, 그러므로 나는 존재한다**는 추리의 진리성을 전적으로 확신하기 전에,[138] 우리는 의심이 무엇인지, 사유가 무엇인지, 현존이 무엇인지를 알아야 한다는 점에서, 에피스테몬, 나는 당신과 같은 생각입니다. 그러나 이런 것을 알기 위해, 참된 정의를 구성하는 최근류와 종차를 찾아내도록 우리가 우리 지력에 힘을 가하고, 그것을 십자가에 매달아야 한다고 상상하지 마십시오.[139] 확실히 이것은 교수가 되고 싶은 자 혹은 학교에서 논쟁하고 싶은 자의 일입니다. 그러나 사물들을 그 자체로 조사하기를 원하고, 그것들을 생각하는 대로 판단하는 자[140]는 누구나 의심이 무엇이고, 사유가 무엇이고, 현존이 무엇인지를 — 이것들에 주의를 기울일 때마다 —

충분히 인식하기에 넉넉한 빛이 그에게 있지 않을 만큼 하찮은 지력을 가질 수는 없으며, 또 그가 그 구별들[141]을 배워야 하는 것도 아닙니다. 이것들 외에, 우리가 정의하려 하면 더 모호해지는 몇몇

[524]

이 있습니다. 이것들은 극히 단순하고 극히 명료해서, 우리가 이것들을 그 자체로 보다 더 잘 알고 더 잘 지각할 수 있는 능력이 우리에게 없기 때문이라고 나는 감히 말합니다.[142] 더 나아가 아마도, 학문들에서 저질러질 수 있는 주요 오류들로 꼽혀야 할 것이 있습니다. 그것은 단지 생각되어야만 하는 것을 정의하려는 자들의 오류,[143] 그리고 명석한 것을 모호한 것에서 구별해낼 수 없는 자들과, 인식되기 위해서는 정의되는 것을 요구하고 또 정의되어야 마땅한 것을 그 자체로 가장 잘 인식될 수 있는 것에서 식별해낼 수 없는 자들의 오류입니다.[144] 이제, 그렇게 명석하고 그 자체로 인식되는 것들에 의심, 사유 그리고 현존이 꼽힐 수 있습니다.[145]

실로, 자신이 현존한다고 결론 내릴 수 있고 또 단언할 수 있기 전에, 먼저 현존이 무엇인지를 배워야 했을 만큼 그렇게 어리석은 자가 일찍이 현존했다는 것을 나는 믿지 못합니다. 의심과 사유에 대해서도 마찬가지입니다. 자, 이제 내가 이것에 덧붙이는 것은, 그 자체로가 아닌 다른 어떤 방식으로 그것을 안다는 것은 불가능하고, 자기 고유의 경험 및 각자가 어떤 것을 곰곰이 재어볼 때 자기 안에서 경험하는 의식이나 내적 증언을 통해서가 아닌 다른 식으로 그것에 대해 확신하는 것은 불가능하다는 것입니다.[146] 그래서 아무것도 보지 못하는 자가 흰색이 무엇인지를 이해하도록 우리가 흰색이 무엇인지를 정의하는 일은 헛된 일입니다. 우리가 그것을 알기 위해서는 눈을 뜨고 흰색을 보아야 하는 것처럼, 의심이 무엇인지 사유가 무엇인지를 인식하기 위해서는 그저 의심해

교사와 학생. 1680년의 동판화.

야 하고 사유해야 합니다. 이것은 우리에게 그것에 대해 알 수 있는 모든 것을 알려줍니다. 게다가 이것은 극히 정확한 정의들보다 더 많은 것을 설명해줍니다. 그래서 폴리안데르는 그가 형성한 결론들을 그것들로부터 연역할 수 있기 전에 그것들을 인식해야 했다는 것은 사실입니다. 그러면, 우리가 폴리안데르를 심판자로 택했으므로, 그 자신이 일찍이 이것들이 무엇인지를 몰랐는지 물어봅시다.

폴리안데르 솔직히 시인하자면, 나는 내가 아니면 발견할 수 없었을 그런 유의 것들에 대해 당신들이 논쟁하는 것을 들으니 더할 나위 없이 기뻤고, 또 적어도 이 경우에 당신들은 나를 당신들의 선생으로, 당신들을 나의 학생으로 인정해야 하는 것을 보니 즐겁기 짝이 없었습니다. 그래서 나는 당신 두 분을 당신들의 곤경에서 구출해낼 것이고, 눈 깜짝할 사이에[147](사람들은 희망도 기대도 하지 않은 일이 갑자기 생기는 것을 눈 깜짝할 사이에 일어난다고 말하기 때문입니다)

당신들의 어려움들을 풀어줄 것입니다. 내가 확실하게 단언할 수 있는 것은, 비록 에피스테몬이 그것을 의심하고자 했을 때 비로소 나는 그것을 인식하기, 아니 오히려 그것에 주의를 기울이기 시작했지만, 나는 결코 의심이 무엇인지에 대해 의심하지 않았다는 것입니다. 감각의 도움이 아니면 그 인식이 우리에게 이르지 않는 것들의 현존에 대해 우리가 가진 빈약한 확실성을 당신이 내 앞에 내놓자마자, 나는 바로 그것들에 대해 의심하기 시작했고, 동시에 그것은 내 의심 그리고 이 의심의 확실성을 나에게 보여주기에 충분했습니다. 그래서 내가 의심하기 시작하자마자, 나는 또한 확실하게 나를 인식하기 시작했다고 단언할 수 있습니다. 그러나 나의 의심과 나의 확실성이 동일한 대상과 관련된 것은 아니었습니다. 왜냐하면 나의 의심은 오직 내 외부에 현존하고 있던 것들에만 집중하고 있었지만, 나의 확실성은 나의 의심 그리고 나 자신을 향해 있었기 때문입니다. 그러므로 우리가 보지 않으면 알 수 없는 어떤 것들이 있다는 에우독소스의 말이 맞습니다. 그래서 의심이 무엇이고 사유가 무엇인지를 알기 위해서는, 우리 자신이 의심해야만 하고 사유해야만 합니다. 현존에 대해서도 마찬가지입니다. 이 용어로 이해되는 것이 무엇인지를 알아야만 합니다. 왜냐하면 우리는, 즉시 우리가 사물을 알 수 있는 데까지, 그것이 무엇인지를 알기 때문이고, 이를 위해, 사물을 명료히 하기보다는 오히려 모호하게 하는 정의가 필히 요구되는 것은 전혀 아니기 때문입니다.

에피스테몬 폴리안데르가 만족해하니, 나 또한 여기서 멈추고, 더 이상 논쟁을 밀고 나가지 않을 것입니다. 그럼에도 불구하고 나는 우리가 여기서 곰곰이 따지면서 보낸 두 시간 동안 많은 진전이 있었다고는 보지 않습니다. 당신이 그토록 찬양한 그 빼어난 방법 덕분에

[525]

폴리안데르가 배운 것이라고는, 그는 의심한다는 것, 그는 사유한다는 것, 그는 사유하는 것이라는 것이 전부입니다. 이 얼마나 놀라운 일입니까! 이렇게 적은 것 때문에 많은 단어들이 있다니 말입니다. 이것은 네 단어로 끝낼 수 있었고, 우리 모두가 동의했을 것입니다. 이렇게 하찮은 것을 배우기 위해 그토록 많은 말과 시간을 허비해야 한다면, 나로서는 견디기 어려울 것입니다. 우리 스승들은 우리에게 더 많은 것을 말하고, 훨씬 더 과감합니다. 그들을 멈추게 하는 것은 아무것도 없고, 그들은 모든 것을 책임지며, 모든 것을 결정합니다. 그들의 의도를 제지하는 것은 아무것도 없고, 그들을 놀라움에 빠뜨리는 것도 아무것도 없습니다. 그것이 결국 무엇이든, 그들은 자신이 심하게 궁지에 몰리는 것으로 보이면, 어떤 애매함 또는 **구별하기**가 그들을 모든 곤경에서 벗어나게 합니다.[148] 게다가 모든 것에 대해 의심하고, 넘어지는 것이 두려워 끊임없이 주저하며 조금도 나아가지 못하는 당신들의 방법보다 그들의 방법이 항상 선호될 것임을 당신은[149] 확신하십시오.

에우독소스 나는 한 번도 그 누구에게 진리 탐구에서 따라야 하는 방법을 지시하려고 하지 않았습니다. 나는 오직 내가 사용하는 방법을 내놓으려고만 했습니다. 이는, 이 방법을 사용하고 거부하고는 온전히 각자의 판단에 자유롭게 맡기면서, 그것이 나쁘다고 여겨지면 거부하고, 반면 그것이 좋고 유익하다고 여겨지면 다른 이들이 사용하게 하기 위함이었습니다.[150] 만일 지금 어떤 이가 내가 이 방법의 도움으로 거의 앞으로 나아가지 못했다고 말한다면, 이것은 경험이 결정할 문제입니다. 그리고 당신이 나에게 계속 주의를 기울이기만 한다면, 당신이 나에게 고백하리라고 확신합니다. 즉, 우리가 원리들을 확립할 때 아무리 조심해도 부족하다는 것, 그리고

[526]

원리들이 일단 확립되면, 우리는 귀결들을 더 멀리 이끌 수 있고, 또 우리가 감히 기대했던 것보다 더 쉽게 원리들로부터 연역될 수 있다고 말입니다.[151] 그래서 학문들에서 일어나는 모든 오류는 분명히 모호한 것들 그리고 우리가 명석판명한 개념을 전혀 갖지 않는 것들을 원리들로 인정하면서, 우리가 처음에 성급하게 판단한 것에서만 생긴다고 생각합니다. 그리고 이것이 사실임은 그 원리들이 확실하고 모든 이에게 알려진 학문들에서 우리가 이룩한 작은 진보가 보여줍니다. 반면 그 원리들이 모호하고 불확실한 다른 학문들의 경우에는, 자기 마음을 솔직히 드러내려고 한 이들이 고백해야 했던 것은, 많은 시간을 들이고 꽤 방대한 여러 책을 통독한 후에 발견한 것이 아는 것이 아무것도 없다는 것, 배운 것이 아무것도 없다는 것이었습니다. 그러므로 나의 에피스테몬, 내가 배웠던 길보다 더 확실한 길로 폴리안데르를 인도하려는 동안, 나는 존재한다는 것, 나는 사유한다는 것 그리고 나는 사유하는 것이라는 것만큼 내가 확신하지 않는 것은 아무것도 참으로 간주하지 않을 정도로 내가 세심하고 정확하다는 것에 놀라지 마십시오.

에피스테몬 당신은 항상 자기가 발을 뗀 곳으로 떨어지는 곡예사들처럼 보입니다. 그렇게 당신은 항상 당신의 원리로 돌아옵니다. 만일 정말로 당신이 이런 식으로 계속한다면, 당신은 멀리도 빨리도 나아가지 못할 것입니다. 실로, 어떻게 우리가 항상 우리 현존에 대해서만큼 확신할 수 있는 그러한 진리들을 발견한다는 것입니까?

에우독소스 이것은 당신이 생각하는 것만큼 어렵지 않습니다. 모든 진리는 서로 뒤따르고, 상호 끈으로 이어져 있으며, 우리가 최초의 그리고 가장 단순한 것에서 시작하고, 그런 다음 조금씩 그리고 계단처럼 가장 멀리 떨어진 것 그리고 가장 복합적인 것으로 나아가는 것에만 모든 비밀이 있으니 말입니다.[152] 지금 과연 누가, 내가 제일원리로 확립한 것이 우리가 어떤 방법으로 인식할 수 있는 모든 것 가운데 최초의 것임을 의심하겠습니까?[153] 실로, 우리가 세계 안에 현존하는 모든 것의 진리에 대해 의심한다고 해도, 제일원리에 대해 의심할 수 없다는 것은 명백합니다. 그래서 우리는 우리가 올바르게 시작했다는 것을 확신하므로, 계속해서 길을 잃지 않도록 힘써야 하는데, 이는 곧 조금이라도 의심에 노출된 것은 결코 참된 것으로 인정하지 않는 것입니다. 이런 목적을 위해, 나는 우리가 오직 폴리안데르만이 말하게 해야 한다고 생각합니다. 그는 상식 외에 다른 어떤 스승도 따르지 않으므로, 그리고 그의 이성은 어떤 거짓 선입견에 의해서도 부패되어 있지 않으므로, 그가 속는 일은 거의 있을 수 없거나, 아니면 적어도 그는 이것을 쉽게 깨달을 것이고 어렵지 않게 길로 돌아올 것이기 때문입니다.[154] 그러므로 그가 말하는 것을 들어보고, 그 자신이 당신의[155] 원리 안에 포함된 것으로 지각했다고 말한 것을 개진하게 합시다.

폴리안데르 사유하는 것[156]의 관념 안에 포함되어 있는 것들이 아주 많아서, 그것들을 설명하려면 하루 전체가 필요할 것입니다. 지금 우리는 주요한 것들에 대해서만, 그리고 사유하는 것의 개념을 보다 더 판명하게 하는 데 소용되는 것들, 그리고 그것과 관련이 없는 개념들과 덜 혼동되게 하는 것들에 대해 다룰 것입니다. 내가 이해하는, 사유하는 것이란……

나머지는 빠져 있다.

• 원제목은 《1647년 말에 네덜란드에서 출판된, "인간 정신 혹은 이성적 영혼에 대한 설명, 여기서 그것이 무엇이고, 무엇일 수 있는지가 설명됨"이라는 제목이 달린 어떤 프로그램에 대한 주석Notæ in Programma quoddam, sub finem Anni 1647 in Belgio editum, cum hoc Titulo: Explicatio Mentis humanae, sive Animae rationalis, ubi explicatur quid sit, & quid esse possit》이다. 《프로그램에 대한 주석》은 데카르트의 철학을 공박한 레기우스의 글에 대해, 데카르트가 그 문구 하나하나를 주석하면서 다시 비판한 것이다.

나는 며칠 전에 작은 책자 두 권을 받았다. 그 하나[1]는 나를 공공연 [341]
히 그리고 직접적으로, 다른 하나[2]는 그저 넌지시 그리고 간접적으
로 공격한다. 첫 번째 책자는 나를 심란하게 하지 않으며, 오히려
나는 그 저자에게 고마워하고 있다. 왜냐하면 그는 쓸데없는 조롱
들과 누구도 믿지 않을 무고들만 힘들게 긁어모았으므로, 이는 그
가 내 글에서 비난받아 마땅한 것을 전혀 발견할 수 없었다는 것을
보여주고, 그래서 그가 내 글을 칭찬했을 경우보다 더 내 글의 진
리성을 확고히 해주기 때문이다. 그것도 자신의 명성을 희생시켜
가면서 말이다. 그러나 다른 책자는 나를 아주 심란하게 만든다. 이
책자는 안에 나를 드러내놓고 겨냥하는 것이 전혀 없고, 익명으로 [342]
그리고 인쇄인의 이름 없이 발행되었다. 그럼에도 이 책자는 내가
해롭고 거짓이라고 판단하는 의견들을 담고 있으며, 또 프로그램
형식으로 출판되어 교회 문에 아주 쉽게 붙일 수 있고, 그래서 누구
나 읽을 수 있기 때문이다. 그리고 그것은 이미 이전에, 많은 이들
이 내 의견과 다르지 않은 것들을 피력한다고 여기는, 마치 저자처
럼, 어떤 이의 이름이 저자로 들어간 다른 형식으로 인쇄된 적이 있
다고 말해지기 때문이다. 그래서 내 글을 읽어보지 않은 채 저 서적

레기우스의 초상화. 위트레흐트 대학의
의학 교수인 레기우스는 데카르트와 아주
긴밀한 관계를 유지했던 데카르트 철학의
추종자였지만, 나중에 견해 차이로
그와 결별했다.

에 우연히 눈길을 던진 이들이 그 안에 있는 오류를 내 탓으로 돌
릴 수도 있을 것이므로, 나는 그것을 폭로하지 않을 수 없다.[3]

지난번에 출간된 어떤 프로그램은 다음과 같다:
인간 정신 혹은 이성적 영혼에 대한 설명, 여기서
그것이 무엇이고, 무엇일 수 있는지가 설명됨

1

인간 정신은 이것, 즉 이것에 의해 인간이 사유 활동들을 처음 실행하는 것이다. 그리고 그것은 사유능력에만 그리고 내적 원리에만 존립한다.[4]

2

사물의 본성에 관해 말하자면, 사물의 본성은 정신이 실체일 수 있다는 것, 또는 물체적 실체의 어떤 양태일 수 있다는 것을 허락하는 것 같다. 또는, 만일 우리가 연장과 사유는 주체로서 특정 실체에 내재하는 속성들이라고 결론짓는 다른 몇몇 철학자들을 따른다면, 이 속성들은 대립된 것이 아니라 상이한 것이므로, 정신이 연장을 [343] 가진 그 주체에 어울리는 어떤 속성일 수 없게 가로막는 것은 아무것도 없다. 비록 하나의 개념이 다른 하나의 개념에 포함되어 있지 않더라도 말이다.[5] 왜냐하면 우리가 인식할 수 있는 것은 무엇이든 존재할 수 있기 때문이다. 그런데 정신은 이것들 가운데 어떤 것이라고 인식될 수 있다. 왜냐하면 이것들 가운데 어떠한 것도 모순을 함축하지 않기 때문이다. 그러므로 정신은 이것들 가운데 어떤 것일 수 있다.

3

그래서 우리가 인간 정신을, 필연적으로 물체와 실재적으로 구별된 것으로 명석판명하게 인식한다고[6] 주장하는 이들은 오류를 범하고 있다.

4

그러나 정신이 실체, 즉 실재적으로 물체와 구별된, 그리고 현실적으로 물체와 분리 가능한 존재자와 사실 다름없다는 것, 그리고 물체와 따로 그 자체로 존립할 수 있다는 것, 이것은 성서 여러 곳에서 우리에게 계시된 것이다. 그리고 어떤 이들에게 본래 의심스러울 수 있는 것은 성서에서 신적 계시에 의해 이제 우리에게 의심의 여지가 없다.[7]

5

우리가 물체에 대해 의심할 수 있는 반면, 정신에 대해서는 결코 의심할 수 없다는 사실이 그것을[8] 가로막는 것도 아니다. 왜냐하면 이것은 우리가 물체에 대해 의심하는 동안, 정신이 물체의 양태라고 말할 수 없다는 사실만을 입증하기 때문이다.

6

비록 인간 정신이 물체와 실재적으로 구별된 실체라고 해도, 그것은, 신체 안에 있는 동안, 그 모든 활동에서 유기적이다. 그 때문에, [344] 신체의 다양한 기질에 따라 정신의 사유들도 다양하다.[9]

7

정신이 신체 및 신체적 기질과 상이한 본성을 가지므로, 이로부터 정신은 부패되지 않는다는 사실이 나올 수 없다.

8

그리고 정신은 어떠한 부분도 어떠한 연장도 자기 개념 안에 갖지 않으므로, 그것이 전체 안에서 전체인지, 개개의 부분들 안에서 전체[10]인지를 묻는 것은 쓸데없는 짓이다.

9

정신은 참된 것들에 의해서 만큼이나 허구적인 것들에 의해 자극 받으므로, 우리가 어떤 물체를 실제로 지각하는지는 본래 의심스럽다. 그러나 이 의심 또한 성서에서 신적 계시에 의해 제거되고, 이로 인해 신이 하늘과 땅 그리고 이 안에 포함된 모든 것을 창조했다는 것, 그리고 지금 또한 보존한다는 것은 의심의 여지가 없다.

10

영혼과 신체의 결합을 계속 유지시키는 끈은, 각 사물이 다른 것에 의해 몰아내지기 전까지 지금의 그 상태를 계속 유지시키는 자연의 불변 법칙이다.[11]

11

영혼은 실체이기 때문에, 그리고 생성될 때 새롭게 산출되기 때문에 이성적 영혼이, 생성될 때, 신의 직접적 창조를 통해 산출된다고

[345]

주장하는 이들은 아주 올바로 감지하는 것으로 보인다.[12]

190

12

정신은 본유적인 관념들 혹은 개념들 혹은 공리들이 필요하지 않다. 그 활동들을 실행하기 위해서는 사유능력 그 자체만으로 충분하다.[13]

13

그리고 이 때문에 정신에 새겨진 모든 공통개념들은 사물에 대한 관찰이나 전통에 기원을 두고 있다.

14

게다가 정신이 타고난[14] 신의 관념조차도 신적 계시 혹은 전통 혹은 사물에 대한 관찰에서 나온다.

15

신에 대한 우리의 개념, 즉 우리 정신 안에 현존하는 신의 관념은 신의 현존을 입증하기에 충분히 타당한 논거가 아니다. 모든 것들 — 이것들에 대한 개념들이 우리 안에서 관찰되는 — 이 현존하는 것은 아니기 때문이고, 또 우리가 파악한, 그것도 불완전하게 파악한 것으로서의 그 관념은 임의의 다른 사물에 대한 개념보다 더 우리 고유의 사유하는 힘들을 능가하는 것이 아니기 때문이다.

16

정신의 사유는 두 종류다: 지성 그리고 의지.[15]

17

지성은 지각과 판단이다.[16]

18

[346]   지각은 감각, 기억, 상상력이다.[17]

19

모든 감각은, 의도적 형상들[18]을 전혀 요구하지 않는 임의의 어떤 물체적 운동에 대한 지각이고, 그것은 외적 감각에서가 아니라 뇌에서만 생긴다.

20

의지는 자유롭고, 자연적인 것들에 있어, 대립된 것들에 대해서는 미결정의 상태에 있다.[19] 이것은 의식을 통해 우리에게 증시된다.

21

의지는 스스로 결정한다. 눈이 귀먹었다고 말해서는 안 되듯이, 의지가 눈멀었다고 말해서도 안 된다.[20]

미신가와 위선자보다 더 쉽게 경건함의 큰 명성을 얻는 자는 아무도 없다.

프로그램에 대한 검토

제목에 대한 주석

나는 **제목에서** 이성적 영혼에 대한 단순한 주장이 아니라 그것에 대한 **"설명"**이 약속되고 있음을 주목한다. 그런 만큼 우리는 저자 [347] 가 이성적 영혼을 입증하기 위해서만이 아니라 설명하기 위해서도 제시한 모든 근거들이, 아니면 적어도 그가 가졌던 주요 근거들이 이 프로그램 안에 들어 있다고 믿어야 한다. 그리고 그로부터 다른 아무것도 예상할 수 없다. 나는 그가 **"이성적 영혼"**을 **"인간 정신"**이라는 이름으로 부르고 있다는 것에 대해 찬사를 보낸다. 왜냐하면 그는 이런 식으로 **영혼**이라는 단어에 있는 애매성을 모면하기 때문이다. 그리고 그는 이 점에서 나를 모방하고 있다.

각 항에 대한 주석

1항에서, 이성적 영혼을 **정의**하려고 하는 것 같지만, 불완전하게 정의한다. 그는 이것의 유개념, 즉 이성적 영혼은 실체이거나, 양태

194

이거나, 다른 어떤 것이라는 사실을 간과하고, 나로부터 빌려온 차이[21]만을 보여주기 때문이다. 사실, 내가 아는 한, 나 이전에 이성적 영혼이 **오직** 사유에만, 즉 "**사유능력에만**", 혹은(이 말을 보충해야 한다, 사유하기 위한) "**내적 원리에만** 존립한다"고 주장한 자는 아무도 없었다.

2항에서, 이성적 영혼의 유개념을 찾기 시작한다. 그는 "**사물의 본성은 정신이 실체일 수 있다는 것, 또는 물체적 실체의 어떤 양태일 수 있다는 것을 허락하는 것 같다**"고 말한다.

이 주장은 그가 사물의 본성은 산이 계곡 없이, 아니면 계곡과 함께 존재할 수 있다는 것을 허락한다고 말했을 경우 못지않게 모순을 함축한다. 왜냐하면 나는 지금 글을 쓰고 있거나 쓰고 있지 않는다는 것, 어떤 이는 신중하고 다른 이는 신중하지 않다는 것처럼 그 본성상 변할 수 있는 것들과, 철학자들이 인정하듯이, 절대 변하지 않는 것들,[22] 즉 어떤 사물의 본질에 속하는 그러한 모든 것은 구별되어야 하기 때문이다. 그리고 우연적인 것들에 대해, 그것이 이런 식으로 있거나 다른 식으로 있다는 것을 — 예를 들어, 내가 지금 글을 쓰고 있거나 쓰고 있지 않다는 것 — 사물의 본성이 허락한다 [348] 고 말할 수 있다는 것은 의심의 여지가 없다. 그러나 어떤 사물의 본질이 문제가 될 때, 그것이 실제로 있는 것과 다른 어떤 방식으로 있다는 것을 사물의 본성이 허락한다고 말하는 것은 전적으로 어리석고 모순되는 것이다. 그리고 계곡 없이 존재하지 않는 것이 산의 본성에 속하는 것처럼, 인간 정신도 그 무엇인 것, 즉 만일 정신이 실체라면 실체라는 것이, 아니면 적어도, 만일 정말 그것이 물체적 사물의 양태라면 그 양태라는 것이 인간 정신의 본성에 속한다. 여기서 **우리 저자**는 두 번째 경우를 설득하려고 애쓴다. 그리고 이것을 입증하기 위해 다음 말을 첨언한다. **"또는 우리가 다른 몇몇 철학자들을 따른다면……"** 여기서 말하는 **다른 철학자들**이란 나를 지칭하고 있음이 분명하다. 왜냐하면 가장 먼저, 사유를 비물체적 실체의 주된 속성으로, 또 연장을 물체적 실체의 주된 속성으로 간주한 사람이 바로 나이기 때문이다.[23] 그러나 나는 이 속성들이 자신과 상이한 주체와 같은 것에 내재한다고 말하지 않았다. 그리고 조심해야 하는 것은, 우리가 여기서 이해하는 **속성**은 양태와 다른 것이라는 점이다. 왜냐하면 우리가 자연이 어떤 사물에 부여했다고 이해하는 모든 것은 변할 수 있는 양태이거나, 아니면 전적으로 불변하는 그 사물의 본질인데, 우리는 후자를 그 사물의 **속성**이라고 부르기 때문이다. 이렇듯 신 안에는 많은 속성들이 있지만 양태는 없다.[24] 이렇듯이 임의의 실체의 속성들 가운데 하나는 그 자체로 존립하는 것[25]이다. 이렇듯이 임의의 물체의 연장은 분명 자기 안에 다양한 양태들을 받아들일 수 있다. 왜냐하면 이 물체가 구형인 경우는, 그것이 사각형인 경우와는 다른 양태로 있기 때문이다. 그러나 이 양태들의 주체인 그 연장 자체를 고려한다면, 그것은 [349] 물체적 실체의 양태가 아니라, 그 본질과 본성을 구성하는 속성이다. 이렇듯이 결국, 사유의 다양한 양태들이 있다. 왜냐하면 긍정하는 것은 부정하는 것과 다른 사유의 양태이기 때문이고, 그 밖의 것에 대해서도 마찬가지이기 때문이다. 그러나 내적 원리—— 이것으로부터 이 양태들이 솟아나고, 이것에 내재하는—— 로서의 사유 자체는 양태가 아니라, 임의의 실체의 본성을 구성하는 속성으로 이해되어야 한다.[26] 이제, 이것이 물체적인 것인지, 아니면 비물체적인 것인지에 대한 물음이 제기된다.

저자는 **"이 속성들은 대립된 것이 아니라 상이한 것"**이라고 덧

196

붙인다. 이 말들 안에 다시 모순이 있다. 왜냐하면 어떤 실체의 본성을 구성하는 속성들이 문제가 되는 경우, 이들 사이에 상이한 것보다 더 큰 대립은 있을 수 없기 때문이다. 그리고 하나가 다른 하나와 상이하다는 것을 인정하는 경우, 이는 하나는 다른 하나가 아니라고 말하는 경우와 동일한 것이다. 그런데 존재는 비존재와 반대이다.[27] 저자는 말한다. **"이 속성들은 대립된 것이 아니라 상이한 것이므로, 정신이 연장을 가진 그 주체에 어울리는 어떤 속성일 수 없게 가로막는 것은 아무것도 없다. 비록 하나의 개념이 다른 하나의 개념에 포함되어 있지 않더라도 말이다."** 이 말들 안에 오류추리가 있음은 명백하다. 왜냐하면 그는 임의의 어떤 속성들로부터 엄밀한 의미에서의 양태에 대해서만 참일 수 있는 것을 결론짓기 때문이다. 그럼에도 불구하고 그는 정신 혹은 사유의 내적 원리가 이러한 양태임을 어디에서도 입증하지 않는다. 오히려 반대로 나는 곧, **5항**에 있는 그 자신의 말들로부터 그것이 양태가 아님을 보여줄 것이다. 그런데 사물의 본성을 구성하는 다른 속성들이 문제가 되는 경우, 상이한 것들, 그리고 양자 중 하나가 다른 하나의 개념에 포함되지 않는 것들이 하나의 동일한 주체에 어울린 [350] 다고 말할 수는 없다. 왜냐하면 이는 하나의 동일한 주체가 두 가지 상이한 본성을 가진다고 말하는 경우와 같기 때문이다. 이것은 모순을 함축하며, 적어도 이것에서처럼 단순한 그리고 비합성적 주체[28]가 문제되는 경우에는 그렇다.

그러나 여기서 **세 가지**를 주목해야 한다. 만일 이 저자가 이것을 제대로 이해했더라면, 그는 결코 그렇게 명백한 오류에 빠지지 않았을 것이다.

첫째, 우리는 양태 없이 실체를 쉽게 이해할 수 있지만, 역으로 그 양태의 실체를 동시에 생각하지 않고는 양태를 명석하게 이해할 수 없다는 것이 양태의 본성에 속한다는 점이다. 나는 이 점을 《철학의 원리》제1부 61항에서 설명했으며, 이 점에 대해서는 모든 철학자가 동의하는 바이다. 그러나 **5항**에서 명백하듯이, **우리 저자**는 이 규칙에 주의를 기울이지 않았다. 왜냐하면 거기서 그는, **우리는 물체의 현존에 대해서는 의심할 수 있는 반면, 그동안에 정신의 현존에 대해 의심하지 않는다**는 것을 시인하기 때문이고, 이로부터 우리는 정신을 물체 없이 이해할 수 있고, 따라서 정신이 그 양태가 아니라는 사실이 따라 나오기 때문이다.

둘째, 여기서 유의해주길 바라는 것은, 단순 존재자와 합성 존재자[29] 간의 차이점이다. 합성 존재자는 둘 혹은 그 이상의 속성들——그 각자가 다른 것 없이 판명하게 이해될 수 있는——안에서 발견되는 것이니 말이다. 왜냐하면 하나가 다른 것 없이 그렇게 이해된다는 사실로부터, 하나가 다른 것의 양태가 아니라, 이것과 별개로 존립할 수 있는 사물이거나 사물의 속성이라는 것이 인식되기 때문이다.[30] 반면, 단순 존재자는 그 안에 이러한 속성들이 발견되지 않는 것이다. 이로부터 분명한 것은, 우리가 그 안에서 다양한 연장 양태들을 지닌 연장만을 이해하는 주체는 단순 존재자라는 것이고, 마찬가지로, 우리가 그 안에서 다양한 사유 양태들을 지닌 사유만을 인지하는 주체도 단순 존재자라는 것이다. 반면 우리가 그 안에서 연장과 사유를 동시에 고찰하는 것은 합성된 것이다. 즉, 인간은 영혼과 신체로 합성된 것인데, **우리 저자**는 여기서 인간을 정신이 그 양태인 신체만으로 간주한 것으로 보인다.

마지막으로 여기서 유의해야 하는 것은, 여러 실체들로 합성된 주체 안에는 가끔 하나의 주요 실체가 있는데, 우리가 나머지 것들

[351]

로부터 이것에 추가하는 것은 양태와 다름없는 것으로 우리에 의해 고찰된다는 점이다. 그래서, 옷을 입고 있는 사람은 사람과 옷들로 합성된 것으로 고찰될 수 있지만, 비록 옷들이 실체들이라고 해도, 옷을 입고 있음은 사람의 관점에서 단지 양태이다. 이와 마찬가지로, **우리 저자**는 영혼과 신체로 합성된 인간 안에서 신체만을 주요한 것으로, 이것과의 관계에서 영혼이 있음 혹은 사유를 가지고 있음을 양태와 다름없는 것으로 고찰했을 수 있다.[31] 그러나 이로부터, 영혼 자체, 또는 신체로 하여금 사유하게 하는 것이 신체와 상이한 실체가 아님을 추론한다는 것은 터무니없는 것이다.[32]

그런데 자신이 말한 것을 다음의 삼단논법으로 확증하려고 시도한다. **"우리가 인식할 수 있는 것은 무엇이든 존재할 수 있다. 그런데 정신은 이것들**(즉, 실체, 아니면 물체적 실체의 양태) **가운데 어떤 것이라고 인식될 수 있다. 왜냐하면 이것들 가운데 어떠한 것도 모순을 함축하지 않기 때문이다. 그러므로……"** 여기서 유의해야 할 것은, **우리가 인식할 수 있는 것은 무엇이든 존재할 수 있다** — 이 규칙이 내 것이기는 하지만 — 는 이 규칙은 사물의 가능성을 내포하는 명석판명한 개념이 문제가 될 때마다 참이라는 점이다. 왜냐하면 신은 우리가 가능한 것임을 명석하게 지각하는 모든 것을 만들어낼 수 있기 때문이다.[33] 그렇지만 이 규칙을 무턱대고 사용해서는 안 된다. 왜냐하면 어떤 이가 어떤 선입견으로 눈이 멀어 어떤 사물을 이해하지 못하면서도, 그것을 제대로 이해한다고 여기는 일이 쉽게 일어나기 때문이다. 그리고 이것은 **이 저자에게**, 그가 하나의 동일한 사물이 본성적으로 완전히 상이한 둘, 즉 실체와 양태 중에 아무것이나 가질 수 있다는 것이 모순을 함축한다는 것을 부정했을 때 일어난다. 만일 그가 단지, 인간 정신이 물

[352]

체적 실체의 양태라기보다는 오히려 물체적 실체라고 믿어야 할 근거를 아무것도 알지 못한다고 말했다면, 그의 무지를 탓할 수 있을 것이다. 그러나 만일 그가 인간 정신은 다른 것이 아니라 오히려 이것임을 입증하는 어떠한 근거도 인간 지력에 의해 발견될 수 없다고 말했다면, 오만함이 비난받아야 한다. 그러나 이것도 그의 말들 안에 모순이 드러나지 않을 경우만이다. 그런데 그는 **사물의 본성은 동일한 것이 실체이거나 양태인 것을 허락한다**고 말하기 때문에, 이것은 전적으로 모순을 드러내고, 그의 지력의 불합리성을 보여준다.

3항에서, 그는 **나를** 심판하려는 본색을 드러낸다. 왜냐하면 **내가** "인간 정신은 명석하게" 그리고 판명하게 "물체적 실체와는 상이한" 실체로 지각될 수 있다고 썼기 때문이다. 그러나 **우리 저자**는 선행 항에서 표명한 모순을 포함하는 근거들에만 의거하고 있음에도, 내가 **오류를 범하고 있다**고 선고한다. 그러나 나는 여기서 지체하지 않겠다. 또 얼마간의 애매함을 포함하는 **필연적으로 혹은 현실적으로**라는 말도 조사하지 않겠다. 이것들은 크게 중요한 것이 아니기 때문이다.

[353]   또한 나는 **4항**에서 성서와 관련된 것에 대해서도 조사하지 않을 것이다. 타인의 종교에 대해 심문할 권리를 요구하는 것으로 보이지 않기 위해서다. 내가 다만 말해둘 것은, 여기서 세 가지 종류의 물음들이 구별되어야 한다는 점이다. 실로, 육화의 신비, 삼위일체 및 이와 유사한 종류의 어떤 것들은 신앙을 통해서만 믿어진다. 다른 것들은, 비록 그것이 신앙에 속한다고 해도, 자연적 이성을 통해서도 물어질 수 있다. 정통 신학자들은 흔히 신의 현존이나 인간 영혼과 신체의 구별을 이것들 안에 포함시킨다. 끝으로 신앙에는 전

17세기의 연금술사. 연금술사는 광물의 생명과 우주나 영혼 사이에 모종의 관계가 있다고 주장한다. 데카르트는 자연학과 형이상학을 혼동하는 연금술을 거부한다.

혀 속하지 않고, 인간의 추리에만 속하는 것이 있다. 이를테면, 원의 구적법, 화금석[34] 및 이와 유사한 것들이다. 그리고 성서의 말씀에 대한 그릇된 설명으로부터 이 마지막 물음들을 끌어낼 수 있다고 여기는 자들은 성서의 말씀을 악용하는 것이며, 마찬가지로 첫 번째 물음을 철학으로부터만 끌어낸 논거들로 증명하려는 자들은 성서의 권위를 모욕하는 것이다. 그럼에도 불구하고 모든 신학자들은 첫 번째 물음이 자연의 빛과 상충하지 않는다는 것을 보여주어야 한다고 주장하고, 그것을 중점적으로 연구한다. 그러나 그들은 중간 물음들이 자연의 빛과 상충하지 않는다고 여길 뿐만 아니라, 또한 그것들을 인간적 근거들로 전력을 다해 증명해줄 것을 철학자에게 권하고 있다.[35] 그러나 성서에 대한 믿음이 없다는 것을 간접적으로 보여주려고 하지 않는 이상, 어떤 사물이 성서가 가르치는 것과 다르게 있는 것을 사물의 본성이 허락한다고 단언하는 자를 나는 본 적이 없다. 실로, 우리는 기독교인이기 이전에 인간으로 태어났으므로, 어떤 이가 기독교인이게끔 해주는 신앙을 고수하기 위해, 인간이게끔 해주는 올바른 이성에 상충한다고 여기는 견해들을 진지하게 신봉한다는 것은 믿을 만한 것이 아니다. 그러나 어쩌면 **우리 저자도** 그것을 말하지 않을지도 모른다. 왜냐하면 **"어떤 이들에게 본래 의심스러울 수 있는 것은 성서에서 신적 계시에 의해 이제 우리에게 의심의 여지가 없다"**는 것이 그의 말이기 때문이다. 이 말에서 나는 두 가지 모순을 발견한다. 첫 번째 모순은 하나의 동일한 사물의 본질이 본래 의심스럽고, 따라서 그것이 가변적이라는 그의 가정에 있다. 어떤 사물의 본성이 항상 동일하게 존속하지 않는다는 것은 모순이다(왜냐하면, 그것이 다른 것으로 된다는 것이 가정될 경우, 바로 이 때문에 그것은 다른 것일 것이고, 다른 이름으로 불려야 할 것이기 때문이다).[36] 두 번째 모순은 **"어떤 이들에게"**라는 단어에 있다. 왜냐하면, 모든 이의 본성은 동일하므로, 어떤 이들에게만 의심스러울 수 있는 것은 본래 의심스러운 것이 아니기 때문이다.

5항은 4항보다는 오히려 **2항과** 연관시켜야 한다. 왜냐하면 **저자**는 여기서 신적 계시가 아니라 정신의 본성에 대해, 그것이 실체인지, 아니면 양태인지를 다루고 있기 때문이다. 그리고 그는 정신이 양태와 다름없다는 주장이 방어될 수 있다는 것을 입증하기 위해, 내 글에서 끌어낸 반박을 해결하려고 시도한다. 내가 다음과 같이 썼던 것은 사실이다. 즉, 우리는 우리 정신이 현존한다는 것을 의심할 수 없는데, 이는 우리가 의심한다는 바로 이 사실로부터 정신이 현존한다는 것이 따라 나오기 때문이고, 그러나 그동안 우리는 어떤 물체가 현존하는지를 의심할 수 있기 때문이며, 이로부터 나는, 비록 우리가 어떠한 물체도 인식하지 못한다고 해도, 그리고 심지어 어떤 물체가 존재한다는 것을 부정한다고 해도, 따라서 정신의 개념은 물체의 개념을 내포하지 않는다고 해도, 우리는 정신을 현존하는 것으로 혹은 실체로 명석하게 지각한다고 결론지었고 또 증명했다고 말이다.[37] 저자는 다음과 같이 말하면서 이 논증이 연기 속으로 사라진다고 여긴다. 즉, **"이것은 우리가 물체에 대해 의심하는 동안, 정신이 물체의 양태라고 말할 수 없다는 사실만을 입증"**한다. 여기서 그는 철학자들이 **양태**로 부른 것에 대해 자신이 전적으로 무지함을 드러낸다. 왜냐하면 이미 위에서 설명했듯이, 양태의 본성이란 사물— 그것이 양태로 있는— 의 개념을 자기 개념 안에 포함하지 않고서는 어떤 식으로도 이해될 수 없다는 것에 있기 때문이다. 그러나 **우리 저자**는 정신은 가끔 물체 없이, 즉 물체가 의심되고 있을 때, 인식될 수 있음을 인정한다. 이로부터, 적어도 그때 정신은 물체의 양태라고 말할 수 없다는 것이 따라나온다. 그리고 어떤 사물의 본성 혹은 본질에 대해 가끔 참인 것은 항상 참이다. 그럼에도 불구하고 그는 **사물의 본성은 정신이 단지 물체의 양태임을 허락한다**고 단언한다. 그러나 이 둘은 명백히 모순이다. [355]

6항에서, 나는 그가 원하는 것이 무엇인지 파악하지 못하겠다. **영혼은 유기적 신체의 활동이다**라는 말을 학교에서 들었던 것을 기억하긴 하지만, 그러나 영혼 자체가 **유기적**이란 말은 지금까지 들어본 적이 없다. 이 때문에 나는 **우리 저자**에게, 내가 여기서 쓰는 것은 확실한 것이 아무것도 없기 때문에, 내 추측들을 참된 것이 아니라 그저 추측들로 내놓는 것에 대해 양해를 구한다. 서로 모순되는 두 가지가 눈에 띄는 것 같다. 그 하나는, 인간 정신이 물체와 실재적으로 구별되는 실체라는 것이다. 그리고 **저자**는 이것을 드러내놓고 말하기는 하지만, 그러나 그는, 자신이 할 수 있는 만큼, 근거들을 통한 입증을 포기하도록 종용하고, 성서의 권위에 의해서만 입증될 수 있다고 주장한다. 다른 하나는, 이 동일한 인간 정신이 그 모든 활동에서 **유기적 혹은 도구적**[38]이라는 것이다. 즉, 그것은 스스로는 아무것도 행하지 못하고, 신체가 그 지체들과 다른 물체적 양태들의 구조[39]를 사용하듯이, 신체가 사용하는 것이라는

[356] 점이다. 그리고 명시적으로 말하지는 않지만, 그는 사실 **정신은 물체의 양태와 다름없다**고 단언하며, 그래서 이것 하나를 입증하는 데 그의 모든 근거의 전열을 정비했다. 이 둘은 아주 명백하게 모순된다. 그래서 나는 **저자**가 독자에게 이 둘을 동시에 믿게 하려는 것이 아니라, 오히려 보다 단순한 자들을 그리고 성서의 권위에 대해 신학자들을 어떤 식으로든 충족시키기 위해 계획적으로 이 둘을 뒤섞어놓았다고 생각한다. 그러나 보다 눈치 빠른 이들은, 그가 **정신은 물체와 구별된다**고 말할 때 반어법[40]을 사용하고 있음을, 그리고 그가 일반적으로 정신은 양태 이외에 아무것도 아니라는 의견을 갖고 있음을 알아차릴 것이다.

7항과 8항에서도, 그는 반어법만을 사용하는 것으로 보인다. 그리고 **9항 후반부**에서 동일한 소크라테스적 화법[41]을 고수한다. 그렇지만 **그 초반부에서** 그의 주장에 근거를 덧붙인다. 그래서 그가 여기서 진지하게 다루고 있다는 것을 믿어야 할 것으로 보인다. 즉, 그는, "**우리가 어떤 물체를 실제로 지각하는지는 본래 의심스럽다**"고 일러주고, "**정신은 참된 것들에 의해서 만큼이나 허구적인 것들에 의해 자극받기 때문**"이라는 근거를 제시한다. 그런데 이 근거는, 우리가 엄밀한 의미에서 지성을 전혀 사용할 수 없고, **공통감각**[42]으로 불리곤 하는 능력만을 즉 정신을 자극하기 위해 사물의

참된 상들만큼이나 허구적인 상들도 받아들이고,[43] 철학자들이 통상적으로 짐승들에게 인정하는 능력만을 사용할 수 있다고 가정하는 경우에만 유효하다. 그러나 분명 지성을 지니고, 말과 노새와 닮지 않은 자들은, 비록 그들이 사물의 참된 상들뿐만이 아니라, 꿈속 [357] 에서 일어나듯이, 다른 원인들로 인해 뇌 안에 나타나는 상들로부터 자극받는다고 해도, 이성의 빛으로 하나를 다른 하나와 극히 명료하게 식별한다. 그리고 이것이 어떤 방식으로 생기는지는 내 글들 안에 아주 자세히 설명되어있으므로, 그것을 통독하고 이해할 수 있는 자는 누구도 회의적일 수 없다고 나는 확신한다.

10항과 11항에서, 여전히 반어법의 의혹을 품지 않을 수 없다. 그리고 영혼이 실체임을 믿는 경우, **"영혼과 신체의 결합을 계속 유지시키는 끈은, 각 사물이 (…) 지금의 그 상태를 유지시키는 자연의 불변 법칙이다"**라고 말하는 것은 우스꽝스럽고 적절치 않다. 왜냐하면, 그 상태를 변화시키는 것이 아무것도 없는 동안, 결합되어 있는 것과 마찬가지로 분리되어 있는 것 또한 동일한 상태를 유지하기 때문이다.[44] 그러나 여기서 문제가 되는 것은 이것이 아니라, 오히려 정신이 신체와 결합되어 있고, 분리되지 않는 일이 어떻게 가능한가 하는 점이다. 그런데 영혼이 신체의 양태라고 가정될 경우, 그것이 지금 그 상태를 유지하는 것 외에 신체와 결합시키는 다른 끈을 찾을 필요가 없다고 말해도 무방하다. 왜냐하면 양태의 지위는 사물──그것이 이것의 양태인──에 내재하는 것과 다름없기 때문이다.

12항에서, 말만 나와 다른 것으로 보인다. 왜냐하면 **"정신은 본유적인 관념들 혹은 개념들 혹은 공리들이 필요하지 않다"**고 말하지만, **사유능력**(다시 말해, 자연적인 혹은 본유적인[45])을 정신에 부여하므로, 그는 내가 말한 것과 완전히 똑같은 것을 긍정하고, 말로만 부정하기 때문이다. 사실, 나는 정신이 그 사유능력과 상이한 어떤 것으로서의 본유관념을 필요로 한다고 쓰거나 판단한 적이 한번도 없었다.[46] 오히려 외부 대상으로부터도 내 의지의 결정으로부터도 유래하지 않고, 내 안에 있는 사유능력만으로부터 유래하는 어떤 사유들이 내 안에 있다는 것을 주목했다. 그리고 이 사유들의 형상들인 관념들 혹은 개념들을 다른 **외래적인 것들**이나 **만들어진 것들**과 구별하기 위해, 그것들을 **본유적인 것**으로 불렀다.[47] 이는 우리가 어떤 가족들에게 관대함이 본유적인 반면, 다른 가족들에게 통풍이나 담석과 같은 어떤 질병이 본유적이라고 말하는 것과 같은 의미이다. 그래서 이것은 이 가족의 아이들이 엄마 자궁에서 이 질병을 앓고 있다는 것이 아니라, 이 병에 걸릴 만한 어떤 기질 혹은 가능성을 가지고 태어난다는 것이다.[48]

그러나 **13항에서** 그는 앞선 것에서 멋진 귀결을 끌어낸다. "**이 때문에**"(즉, 정신은 본유관념들이 필요하지 않고, 오히려 정신에는 사유능력만으로 충분하다), 그는 "**정신에 새겨진 모든 공통개념들은 사물에 대한 관찰이나 전통에 기원을 두고 있다**"고 말한다. 마치 사유능력이 스스로 아무것도 행할 수 없는 것처럼, 그리고 사물에 대한 관찰이나 전통으로부터, 다시 말해 감각으로부터 받아들이는 것만을 지각하거나 사유하는 것처럼 말이다. 이것은 거짓이다. 반대로, 우리 감각이 어디까지 미치고, 또 감각으로부터 우리 사유능력에 이를 수 있는 것이 도대체 어떤 것인지를 제대로 주목하는 자는 누구나 다음을 시인해야 할 것이다. 즉, 그 어떤 사물의 관념들도, 우리가 사유를 통해 그것들을 형성하는 그대로 감각으로부터 우리에게 현시되지 않는다는 것을, 그래서 정신 혹은 사유능력에 본유적이지 않은 것은 우리 관념들 안에 아무것도 없다는 것을 말이다. 이때 경험에 속하는 관념들의 경우만은 예외이다. 이를테면, 우리가 우리 사유에 현전하는 것으로 갖고 있는 이런저런 관념들이 우리 외부에 위치한 어떤 사물들과 관련되어 있다고 판단하는 경우이다. 이는 이 사물들이 감각기관을 통해 그 관념들 자체를 정신에 들여보냈기 때문이 아니라, 정신의 본유능력을 통해 다른 때가 아닌 바로 그때 그 관념들을 형성하도록 정신에게 기회를 준 어떤 것을 정신에 들여보냈기 때문이다.[49] **우리 저자 자신**이 내 원리들에 따라 **19항에서** 단언하듯이, 어떤 물체적 운동들 외에는 감각기관을 통해 외부 대상에서 우리 정신에 도달하는 것은 아무것도 없으니 말이다. 오히려 이 운동들 자체조차도, 이것들로부터 생기는 형태들조차도, 내가《굴절광학*Dioptrique*》에서 자세히 설명한 것처럼, 감각기관 안에서 일어나는 그대로 우리에게 인식되지 않는다. 이로부터, 운동과 형태의 관념들 자체도 우리에게 본유적이라는 사실이 따라 나온다. 그리고 고통, 색, 소리 및 이와 유사한 것들의 관념들은 그만큼 더, 우리 정신이 특정한 물체적 운동을 기회로 그 관념들을 자신에게 현시할 수 있으려면, 우리에게 본유적이어야 한다. 왜냐하면 그 관념들은 물체적 운동들과 아무런 유사성도 갖지 않기 때문이다.[50]

[359]

그래서 우리 정신에 내재하는 모든 공통개념들이 이 운동들로부터 생겨난다는 것, 그리고 그것들 없이 존재할 수 없다는 것보다 더 불합리한 것을 꾸며낼 수 있겠는가? 그리고 **우리 저자**는 나에게, 예를 들어, **제삼자와 동등한 두 가지는 서로 같다**, 혹은 다른 어떤 것이든 간에, 어떤 공통개념을 우리 정신 안에 형성할 수 있는 물체적 운동이 도대체 어떤 것인지를 가르쳐주길 바란다. 왜냐하면 이 모

든 운동들은 특수한 것들인
반면, 이 개념들은 보편적인
것들이고, 또 운동과 아무런
근친성[51]도, 아무런 관련성
도 갖지 않는 것들이기 때문
이다.

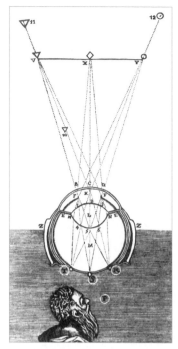

《굴절광학》 속에 있는 시각구성도.

[360]   그럼에도 불구하고 저자는
14항에서 계속, 우리 안에 있
는 "신의 관념조차도", 이것
을 본유적으로 갖고 있는 사
유능력에서가 아니라, "**신적
계시 혹은 전통 혹은 사물에
대한 관찰에서 나온다**"고 단
언한다. 우리가 다음의 경우
를 고려한다면, 이 단언의 오
류를 보다 쉽게 인지할 것이다. 즉, 어떤 것이 다른 것에서 나온다
고 말할 수 있는 이유는, 다른 것이 어떤 것의 근접원인이자 제일원
인—이것 없이 어떤 것이 존재할 수 없는—이기 때문이거나, 아
니면 다른 것이 그저 먼 원인이자 우연적 원인, 다시 말해 다른 때
가 아닌 바로 그때 그 결과를 산출하는 주된 기회를 주기 때문이
다.[52] 그래서 모든 장인들은 자기 작품의 제일원인이자 근접원인이
고, 반면에 장인들에게 그런 작업을 명령한 자들 혹은 임금을 약속
한 자들은 우연적 원인이자 먼 원인이다. 왜냐하면 이들이 명령하
지 않았다면, 장인들은 어쩌면 그 작업을 하지 않을 수도 있기 때문
이다. 그런데 전통이나 사물에 대한 관찰은 가끔 우리가 신에 대해

208

가질 수 있는 관념을 주목하도록, 그리고 우리가 우리 사유에 현전하는 그 관념을 현시하도록 유인하는 먼 원인임에 틀림없다. 그러나 신 관념의 근접 원인이 그 산출자라는 것은, **신**이라는 어떠한 이름 외에는, 혹은 화가가 신을 표현하기 위해 우리에게 현시하는 어떠한 물체적 형태 외에는 신에 대해 이해하는 것은 아무것도 없다고 여기는 자가 아니라면 누구도 말할 수 없는 것이다. 왜냐하면 관찰이 시각을 통해 행해진다면, 시각이 그 고유의 힘으로 정신에 현시하는 것은 그림들,[53] 그것도, **우리 저자** 자신이 일러주듯이, 어떤 다양한 물체적 운동들로 이루어진 그림들 외에 아무것도 없기 때문이다. 만일 관찰이 청각을 통해 행해진다면, 말들과 소리들 외에 아무것도 없기 때문이다. 그러나 만일 관찰이 다른 감각들을 통해 행해진다면, 신과 관련될 수 있는 것은 그 안에 아무것도 없기 때문이다. 그리고 사실, 시각이 그림들 외에, 또 청각이 말들과 소리들 외에 본래 그리고 그 자체로 현시하는 것은 아무것도 없음은 누구에게나 명백하다. 그런 만큼, 우리가, 이 말들이나 그림들 외에, 이것들의 지시체로 사유하는 모든 것은 우리 사유능력에서만 도래하는 관념들, 따라서 이 능력과 함께 본유적으로 있는, 다시 말해 우리에게 항상 가능적으로 내재하는 관념들을 통해 우리에게 재현된다.[54] 왜냐하면 어떤 능력 안에 있다는 것은 현실적으로가 아니라 가능적으로만 있다는 것인데, 이는 능력이라는 이름 자체가 가능성 이외에 다른 것을 지시하지 않기 때문이다.[55] 정말로, 우리가 신에 대해 이름이나 물체적 영상 외에는[56] 아무것도 인식할 수 없다는 것은 자신을 노골적으로 무신론자로, 그리고 심지어 지성을 완전히 상실한 자로 드러내지 않고서는 누구도 단언할 수 없는 것이다. [361]

신에 대한 이런 자신의 의견을 개진한 다음, **우리 저자**는 15항에서, 내가 신의 현존을 증명하는 데 사용한 모든 논거를 논박한다. 나는 여기서 내가 오랫동안 주의 깊은 성찰로 모아놓았고, 또 책 한 권으로 설명한 모든 것을 그렇게 쉽게 그렇게 몇 마디 말로 전복시킬 수 있다고 믿는 이 사람의 자신만만함에 놀라움을 금할 수 없다. 그러나 사실 내가 신의 현존을 증명하기 위해 제시한 모든 근거는 **두 가지**에 귀착된다. **첫째는**, 내가 우리는 신에 대한 개념[57] 혹은 관념을 가지고 있고, 그 관념은 다음과 같은 그러한 것임을 보여주었다는 것이다. 즉, 우리가 그 개념에 충분히 주의를 기울이고, 또 내가 설명한 방식으로 사물[58]을 곰곰이 재어볼 경우, 우리는 그 개념에 대한 고찰만으로부터 신이 현존하지 않다는 것은 불가능하다는 것을 인식한다는 것이다. 왜냐하면 신의 개념 안에는, 다른 모든 사물의 관념들 안에서처럼 그저 가능적이거나 우연적 현존이 아니라, 전적으로 필연적이고 현실적 현존이 포함되어 있기 때문이다. 그런데 이 근거는 나 혼자만이 아니라, 또한 그것을 신중하게 조사한, 학식과 지력에서 다른 이들 이상으로 뛰어난 많은 이들도 확실하고 명증적인 증명으로 간주하는 것이다. 이런 것을, 말하건대, 프로그램의 저자는 이렇게 논박한다. **"신에 대한 우리의 개념, 즉 우리 정신 안에 현존하는 신의 관념은 신의 현존을 입증하기에 충분히 타당한 논거가 아니다. 모든 것들—이것들에 대한 개념들이 우리 안에서 관찰되는—이 현존하는 것은 아니기 때문이고……"** 이 말들이 보여주는 바는, 그가 내 글을 읽었다고 해도 전혀 이해할 수 없었거나, 아니면 이해하려고 하지 않았다는 것이다. 왜냐하면 내 논증의 힘은 일반적으로 취해진[59] 관념으로부터가 아니라, 우리가 신에 대해 갖고 있는 관념에서 극히 명증하고, 또 다른 어떤 관념에서도 발견될 수 없는 신의 관념의 특수한 특성으로부터, 즉 완전성들의 절정 — 이것 없이는 우리가 신을 이해할 수 없는 — 을 위해[60] 요구되는 현존의 필연성으로부터 취해지기 때문이다.[61] 나는 신이 존재한다는 것을 증명하기 위해 사용한 **다른** 논거를 다음과 같은 사실로부터 취했다. 즉, 신이 현존한다는 것, 그리고 우리가 신에 의해 창조되었다는 것이 참이 아니라면, 우리는 우리가 신 안에서 인식하는 모든 완전성을 이해하기 위한 능력을 갖지 못했을 것임을 내가 명증하게 입증했다는 것이다.[62] 그러나 **우리 저자**는 이것 [362] 을, **우리가 신에 대해 갖고 있는 관념은 임의의 다른 사물에 대한 개념보다 더 우리 고유의 사유하는 힘들을 능가하지 않는다**고 말하면서, 아주 충분히 해소하는 것으로 여긴다. 만일 그가 이런 말들로 단지, 우리가 초자연적인 은총의 도움 없이 신에 대해 갖고 있는 개념이 다른 사물들에 대해 갖고 있는 나머지 모든 개념들과 마찬가지로 자연적[63]이라는 것만을 이해한다면, 그의 견해는 나와 같으며, 이로부터 나와 반대되는 것을 전혀 끌어낼 수 없다. 그러나 만일 그가 동시에 취해진 다른 모든 관념들 안에 있는 것보다 더 많은 표상적 완전성[64]이 신의 개념 안에 포함되지 않는다고 여긴다면, 그는 분명히 오류를 범하고 있다. 그러나 나는 신에 대한 우리의 개념이 [363] 다른 개념들을 능가하게끔 하는 이 완전성들의 초과만으로부터[65] 내 논거를 취했다.

나머지 6개 항에서, 그가 영혼의 특성들을 구별할 때 아주 혼동되고 부적절하게 말한다는 것 외에 특기할 만한 것은 아무것도 없다. 사실 나는 영혼의 모든 특성이 두 가지 주된 것들과 연관된다고 말했다. 그 하나는 지성의 지각이고, 다른 하나는 의지의 결정인데, 이것들을 **우리 저자**는 지성과 의지라고 부른다.[66] 그런 다음 그는 지성이라고 부른 것을 지각과 판단으로 나누는데, 이 점에서 그는 나와 다르다. 왜냐하면 우리가 판단하기 위해서는 우선 지각이 요구되지만, 판단의 형식이 성립되기 위해서는 긍정이나 부정도 필요하다는 것, 그리고 비록 우리가 어떤 것을 지각한다고 해도, 동의를 삼가는 것이 우리에게 가끔 자유롭다는 것을 보았으므로, 나는 동의에만, 다시 말해 긍정이나 부정에만 성립하는 이 판단 활동을 지성의 지각이 아니라 의지의 결정과 연관시켰기 때문이다.[67] 그 후, 저자는 지각의 종류로 감각, 기억 그리고 상상력만을 열거한다. 이로부터 결론지을 수 있는 것은, 저자는 순수지성, 다시 말해 물체적 상들에 전혀 연루되지 않는 지성을 인정하지 않는다는 것이고, 따라서 그 자신은 신에 대해서도, 인간 정신에 대해서도 혹은 다른 비물체적 것들에 대해서도 아무런 인식도 갖지 못한다고 생각한다 [364] 는 것이다. 이에 대해 나는 다음의 이유만을 추측할 수 있다. 즉, 그가 이것들에 대해 갖고 있는 사유들이 아주 혼동되어서, 그는 결코 자신 안에서 순수한 그리고 모든 물체적 상들과 상이한 것은 어떤 것도 깨닫지 못한다는 것이다.

끝에서, 저자는 내 어떤 글에서 끌어낸 말을 첨언한다. "**미신가와 위선자보다 더 쉽게 경건함의 큰 명성을 얻는 자는 아무도 없다.**"[68] 나는 그가 이 말로 무엇을 의미하려고 하는지를 알지 못한다. 혹시라도 그가 여러 대목에서 반어법을 사용한 것을 위선자와 연관시키지 않는다면 말이다. 그러나 그가 이런 길로 대단히 경건하다는 명성에 이를 수 있다고 생각하지 않는다.

그 밖에 여기서 시인하지 않으면 안 되는 것은, 내가 이전에 이 **저자**를 극히 명민한 지력의 소유자인 것처럼 칭찬한 것, 그리고 어떤 곳에서 "내가 내 것으로 인정하려 하지 않는 의견을 그가 피력한다고는 생각하지 않는다"고 쓴 것에 대해 부끄러움을 금할 수 없다는 것이다. 그러나 사실, 이것을 썼을 당시 내가 본 그의 글에서 그는 충실한 모방자였을 뿐이다. 그렇지 않은 단 한마디가 있었지만, 그것은 그가 더 이상 그런 것을 시도하지 않을 것이라고 내가 희망할 만큼 그에게 나쁜 결과로 끝나고 말았다. 그러나 나머지 다른 것들에서는, 내가 극히 참되다고 여긴 의견들을 대단히 열정적으로 받아들이는 것 같았기 때문에, 나는 이것을 그의 지력과 명민함의 덕으로 돌리고 있었다.[69] 그러나 나는 지금 일련의 경험을 통해 그가 진리에 대한 사랑보다는 새로움에 대한 사랑[70]에 사로잡혀 있다고 믿지 않을 수 없다. 그리고 그는 다른 이들로부터 배운 모든 것을 오래되고 낡아빠진 것으로 취급하고, 또 자기 뇌에서 짜낸 게 아니면 그 어떤 것도 충분히 새로운 것으로 보지 않는다. 게다가 내 [365] 가 그의 글 안에서 어떤 오류도 들어 있지 않다고 판단하는 것(다른 것들에서 베끼지 않았던 것)은 한마디도 알아차리지 못했을 만큼, 그는 그의 발견들에서 불행하다. 그러므로 그가 내 견해를 변호한다고 확신하는 모든 이에게 일러두어야 한다. 명백하게 나와 대립되는 **형이상학**에서만이 아니라, 그가 잘못 제시하지 않고 그 의미를 훼손시키지 않는 그의 글 어딘가에서 다루는 **자연학**에서도 내 견해는 아무것도 없다는 것이다.[71] 그래서 나는 그런 학자가 내 글을 검토하고, 주제넘게 해석하고 주해하겠다고 나서는 것이 다른 어떤 이들이 극히 신랄하게 내 글을 공격하는 것보다 더 화가 치미는 것이다.

왜냐하면 나는 내 것과 전적으로 상이한 의견을, 게다가 너무나 불합리하고 부적절해서, 영리한 자들에게 그것이 내 것임을 설득할 수나 있을지 걱정할 필요가 없는 의견을 나에게 돌리는 자를 지

보에티우스G. Voetius의 초상화. 위트레흐트 대학의 학장이었던 보에티우스는 이미 낡아버린 아리스토텔레스와 스콜라 철학의 사상을 두둔하는 데 열중하여 데카르트를 열렬히 비난하였다.

금까지 한 번도 본 적이 없기 때문이다. 이렇게, 내가 이 글을 쓰고 있는 바로 지금, 저자와 같은 부류의 반대자[72]가 새롭게 작성한 두 권의 소책자가 나에게 전달되었다. 그 첫 번째 책자에 다음의 것이 들어 있다. 즉, **몇몇 근대인들이 있는데, 그들은 감각들에서 모든 확실한 신뢰를 박탈하고, 철학자들은 신을 부정할 수 있고, 그 현존에 대해 의심할 수 있다고 주장한다. 그러면서 인간 정신에 자연적으로 각인된 신에 대한 현실적 개념들, 형상들 및 관념들을 인정한다.**[73] 그런데 다른 책자에서는, **이 근대인들이 감히 외치기를, 신은 부정적으로만 아니라, 적극적으로 자신의 작용원인으로 불려야 한다**[74]고 말한다. 이 두 글 모두 다음 세 가지를 입증하는 다수의 근거들만을 긁어모은다. 첫 번째, 우리는 엄마 자궁에서 신에 대한 어떤 **현실적** 인식도 갖지 않았고, 따라서 **우리 정신에 각인된 신에 대한 어떤 현실적 형상 및 관념도** 갖지 않았다는 것이다.[75] 두 번째, **신을 부정해서는 안 되고, 부정하는 자들은 무신**

[366]

론자이며, 법으로 처벌되어야 한다는 것이다. 끝으로 세 번째, 신은 자기 자신의 **작용**원인이 아니라는 것이다.

물론 이 모든 것이 나를 반대하기 위해 써진 것은 아니라고 추정할 수 있다. 왜냐하면 이 책자들 안에 내 이름이 들어 있지 않고, 또 공격되는 의견들은 내가 전적으로 불합리하고 거짓된 것으로 여기는 것이기 때문이다. 그럼에도 불구하고, 그 의견들은 이미 자주 그와 같은 계보의 사람들로부터 무고로 내 탓으로 돌려진 적이 있는 것들과 다르지 않고, 또 나는 이 의견들을 돌릴 수 있는 다른 누구도 알지 못하며, 마지막으로 많은 이들이 이 책자들이 겨냥한 것이 바로 나임을 의심하지 않으므로, 나는 이 기회에 그 저자에게 일러둘 것이다.

첫 번째, 내가 이해한 본유관념은, 저자 자신이 두 번째 책자 6쪽에서 분명하게 명시적인 말로 참이라고 단언하는 것, 즉 **우리가 신을 인식할 수 있는 능력이 우리에게 자연적으로 내재되어 있다**[76]는 것과 다름없다. 그러나 나는 이 관념들이 **현실적**이라고, 혹은 사유능력과 상이한, 나는 알지 못하는 형상[77]이라고 쓴 적도 없고 생각한 적도 없다. 그리고 심지어 나보다 더 이 쓸데없는 스콜라적 존재자들[78]과 거리를 두는 자도 없다. 그래서 아마도 악의가 조금도 없을 이 저자가 **엄마 자궁에 있는 동안 아이는 신에 대한 현실적 인식을 갖지 않는다**는 것을 입증하기 위해 열심히 긁어모은 그 커다란 근거 무리[79]를 보았을 때 나는 실소를 금할 수 없었다. 마치 이런 식으로 나를 멋지게 공격할 것처럼 말이다.

두 번째, 나는 결코 **신이 존재한다는 것을 부정해야 한다, 혹은 신은 우리를 속일 수 있다, 혹은 모든 것에 대해 의심해야 한다, 혹은 감각들에서 모든 신뢰를 박탈해야 한다, 혹은 꿈은 깨어 있** [367]

음과 구별될 수 없다, 혹은 미숙한 중상모략가로부터 가끔 나에게 반박이 제기된 이와 유사한 것을 가르친 적이 없다. 오히려 나는 이 모든 것을 극히 명시적인 말들과 극히 강력한 논거들로 거부했다. 심지어, 감히 덧붙이자면, 나 이전의 그 누구보다도 더 강력하게 논박했다. 그리고 이것을 보다 용이하고 효과적으로 행하기 위해, 나는 《성찰》 초반에서 이 모든 것을 의심스러운 것으로 제시했다. 이것은 나에 의해 처음 발견된 것이 아니라, 오래전부터 회의론자들에 의해 신물나도록 반복된 것이다. 그런데 어떤 글쓴이가 단지 논박할 목적으로만 가져오는 의견들을 그에게 돌리는 것보다 더 불공정한 것이 있겠는가? 적어도 이 거짓된 의견이 제시되고 아직 논박되지 않은 바로 그때, 이 의견을 가르치고 있다고, 또 이 때문에 무신론자의 논거를 가져오는 그는 **그때 무신론자라고** 꾸며내는 것보다 더 부적절한 것이 있겠는가? 어떤 이가 자신이 희망했던 증명을 쓰거나 발견하지 못한 채 죽는 경우, 그는 무신론자로 죽는다고 말하는 것보다, 그리고 **선을 거두기 위해 악의 씨를 뿌려서는 안 된다** 등등, 그가 일찍이 해로운 교설을 가르쳤다고 말하는 것보다 더 유치한 것이 있겠는가? 어쩌면 어떤 이는 내가 이 거짓된 의견들을 다른 이들의 의견이 아니라 내 의견으로 제시했다고 말할지도 모른다. 그러나 이것이 무슨 문제가 되겠는가? 내가 이 의견들을 제시한 바로 그 책에서 이것들을 논박했으니 말이다. 더욱이 내가 이것들에 대한 믿음과 전적으로 무관하다는 것은, 이것들에서 **신의 현존에 관한 증명들이 약속된다**는 그 책 제목에서도 이해될 수 있다.[80] 이런 종류의 책을 지은 어떤 이가 그 첫 페이지를 쓰는 동안, 이어서 무엇을 증명해야 할지 모를 만큼 어리석을 수 있다는 것인가? 그런데 나는 반박들을 내 것들로 제시했는데, 이는 내

[368]

216

가 근거들을 설명하는 데 가장 적합하다고 판단했던 성찰의 글쓰기 방식[81]이 그것을 요구하고 있었기 때문이다. 만일 우리 검열관들이 이런 이유들로 내 책에 만족하지 않는다면, 나는 그들이 인간의 글과 비교될 수 없는 성서에 대해서는 과연 무슨 말을 할 것인지 알고 싶다. 그들이 성서에서 어떤 것들을 볼 때, 그것은 불경한 자에 의해서, 아니면 적어도 성령이나 예언자와 다른 것에 의해서 말해진 것이라고 가정하지 않고서는 제대로 이해될 수 없는 것이다. 〈전도서〉 2장의 이 말들이 그러한 것이다. **사람이 먹고 마시며 자신의 노동의 결실을 영혼에게 누리게 하는 것보다 더 좋은 것이 있겠는가. 이는 신의 손에 속하는 것이다. 누가 나만큼 먹고 즐거워할 수 있을 것인가?** 다음 장에서 이어진다. **내가 내 가슴 안에서 인간의 자식들에 대해 말하기를, 신은 그들을 시험하고, 짐승과 유사하다는 것을 드러낸다. 그래서 인간과 가축의 소멸은 하나이고, 이 둘의 조건은 동등하다. 인간이 죽듯이 가축도 죽는다. 모든 것은 유사하게 숨을 쉰다. 인간이 가축보다 더 가진 것은 아무것도 없다.** 그들은 여기서 성령이 우리에게, 맛 좋은 음식을 먹으며 호강하고, 우리 영혼이 가축의 영혼보다 더 불멸적인 것은 아님을 가르친다고 믿는가? 나는 그들이 그렇게까지 광적이라고 생각하지 않는다. 그러나 또한 그들이, 내가 글을 쓸 때, 다른 어떤 글쓴이들도 심지어 성령조차도 한 번도 지키지 않은 조심[82]을 내가 하지 않는다고 해서 무고해야 하는 것도 아니다.

마지막 **세 번째**, 이 책의 저자가 두 번째 책 8쪽에서 매우 경솔하게 단언하듯이, 나는 결코 **신은 부정적으로만이 아니라, 적극적으로 자신의 작용원인으로 불려야 한다**고 쓰지 않았음을 일러둔다. 내 글을 찾아보고, 읽어보고, 통람해도, 그는 결코 이와 유사한

[369] 것을 발견하지 못할 것이고, 오히려 전적으로 그 반대임을 발견할 것이다. 그러나 내 글을 읽었거나, 혹은 나에 대해 다른 인식을 갖고 있거나, 혹은 적어도 나를 바보로 여기지 않는 이들은 모두 내가 그런 괴이한 의견으로부터 극히 동떨어져 있다는 것을 잘 알고 있다. 내가 이 중상모략가들의 목표가 과연 어떤 것인지에 대해 기이하게 여기는 것도 그 때문이다. 만일 그들이 내 글 안에서 발견되는 것과 완전히 반대되는 것을 내가 썼다고 사람들을 설득하려고 한다면, 그들은 먼저, 내가 출판한 모든 것을 감추고, 심지어 내 글을 이미 읽은 이들의 기억에서 그 내용을 지워버려야 할 것이다. 이것들을 하지 않는 한, 이것들은 나보다 그들 자신에게 더 큰 해를 끼치기 때문이다. 내가 또한 기이하게 여기는 것은, 그들을 결코 자극하지도 아무런 해도 끼치지 않았지만, 만일 그들이 나를 화나게 한다면 해를 끼칠 수도 있는 나를 상대로 그렇게 신랄하고 그렇게 열성적으로 대드는 반면, 책자 전체에 걸쳐 그들의 교설을 논박한 많은 이들, 그리고 그들을 어리석은 자로 또 기이한 자로 비웃는 많은 이들을 상대로는 아무것도 하지 않는다는 점이다. 그렇지만 나는 여기서, 이런 책자로 나를 공격하려는 그들의 의도를 돌려놓기 위해서 아무것도 덧붙이지 않을 것이다. 나는 그들이 나를 이런 식으로 공격할 만큼 나를 높게 평가하고 있다는 것을 기쁘게 볼 것이다. 그러면서 나는 그들의 치유를 기원하는 바이다.

이것은 1647년 12월 말경에, 네덜란드 에그몬트에서 쓰였다. 끝.

제일철학에 관한 성찰

신성한 파리 신학 대학의 가장 지혜롭고 저명하신 학장님 및 박사님들에게

1 원어는 "ratione naturali"이다. "자연적 이성ratio naturalis"은《방법서설》의 첫 문장에서, "세상에서 가장 잘 분배되어 있는 것", "잘 판단하는 그리고 참된 것을 거짓된 것에서 구별하는 힘"으로 정의된 "양식bon sens 혹은 이성reason"과 다름없을 것이다. 여기서 데카르트가 이성에 '자연적'이라는 수식어를 붙인 것은 신앙의 '초자연성'과 대비하기 위함임에 틀림없다. 그래서 이때 데카르트의 말이 의미하는 것은, 신과 영혼의 문제는 종교, 은총의 빛lumen gratiae, 초자연적 빛lumen supernaturalis에 의해서뿐만 아니라, 철학, 자연적 이성, 자연적 빛lumen naturalis에 의해서도 탐구될 수 있다는 것이다. 그의 이런 입장은《정신지도규칙》에서부터《철학의 원리》까지 일관되지만, 지금 이〈헌사〉에서의 의미를 가장 명시적으로 보여주는 대목이 바로 '기존 철학이나 종교의 도움 없이 자연의 빛에 의해 진리를 탐구하겠다'는 의미의 제목을 가진《자연의 빛에 의한 진리 탐구》일 것

이다.

2 원어는 "rationes humanas"이며, 앞에서 말한 "오직 우리 자신의 정신에서만 취한petitis 근거들"을 가리킨다.

3 "그렇지만 (…) 믿고 있습니다"의 원어는 "nihil tamen utilius in Philosophia praestare posse existimo, quam si semel omnium optimae studiose quaerantur, tamque accurate et perspicue exponantur, ut apud omnes constet in posterum eas esse demonstrationes"이다. 아당과 타네리는 "praestare(행하다)"가 초판에는 "praestari(행해지다)"로 되어 있다고 표시한다. 맥락상 수동형인 후자로 옮겼다. "demonstatio/demonstrare"를 "증명/증명하다"로, "probare"를 "입증하다"로 옮겼다.

4 "그리고 마지막으로, (…) 생각했습니다"는 원문은 한 문장인데 끊어서 읽었다. 데카르트는 "어떤 방법quandam Methodum/queadam Methodus"에서 "방법"을 대문자로 쓴다.《방법서설》에서 네 가지로 압축된 이른바 "명증성의 규칙", "분해의 규칙", "합성의 규칙", "열거의 규칙"을 가리킬 것이다. "다른 경우에 적용해서 성과를 거두는"의 원어는 "in aliis non infoeliciter uti"이다. 직역하면, "다른 경우에서 불행하지 않게 사용하지 않는"일 텐데 의역했다.

5 원어는 "sed primas tantum et praecipuas ita prosecutus sum, ut jam pro certissimis et evidentissimis demonstrationbus illas ausim proponere"이다. "certissimus", "evidentissimus"를 "극히 확실한", "극히 명증적인"으로 옮겼지만, 이런 형식의 최상급을 맥락에 따라 "가장"이 아니라 "극히"로 옮기기도 했다.

6 원어는 "Addamque etiam tales esse, ut non putem ullam viam humano ingenio patere, per quam meliores inveniri unquam

possint"이다. "meliores"가 앞의 "근거들"과 "증명들" 중 전자를 지시한다고 읽었고, "via"를 "방법"이 아니라 "길"로 옮겼다. 그리고 "ingenium"을 "지력"으로 옮겨, "meus(정신)", "intellectus(지성)"과 구별했다.

7   원어는 "tum praecipue quia requirunt mentem a praejudiciis plane liberam, et quae se ipsam a sensuum consortio facile subducat"이다. "libera"를 "자유로운", "consortio"를 "관여", "subducere"를 "벗어나다"로 옮겼다.

8   원어는 "famam ingenii"이다. 이런 의미의 "ingenium"을 "재능 있는 자"로 옮겼다.

9   원어는 "etiam in humana Philosophia"이고, 이것의 상대어는 "신앙에 관한 것에서in reus fidei"이다. 소르본 신학부의 "명성"과 "권위"가 두 가지 측면, 즉 신적 신앙에 속하는 것과 인간적 철학에 속하는 것에 지대한 영향을 미친다는 뜻이다. "인간적 철학"은 앞의 "인간적 근거"와 마찬가지로 신앙과 관계한다.

10   내용적으로 크게 문제될 것이 없는 문장이라 끊어서 번역할 수도 있겠지만, 부득이 줄표를 사용했다.

11   원어는 "Veritas enim ipsa facile efficiet ut reliqui ingeniosi et docti vestro judicio subscribant; et authoritas, ut Athei, qui scioli magis quam ingeniosi aut docti esse soient, contradicendi animum deponant"이다. 앞에서 소르본의 명성과 권위를 언급했다면, 지금은 권리와 더불어 진리veritas 자체의 힘을 강조한다. 진리의 힘은 여타 재능 있는 자들 및 학자들docti과, 반면 권위는 무신론자들Athei과 연관시키고, 후자를 사이비 학자들 혹은 학자연하는 자들scioli로, 모순적 영혼anima contradicendi을 가진

자들로 취급한다.

독자를 위한 서언

12 데카르트는 "형이상학의 토대들"을 다루는 《방법서설》 제4부
에서 다음과 같은 말로 시작한다. "내가 거기서 한 처음 성찰들
을 여러분에게 이야기해야 할지 나로서는 알 수가 없다. 왜냐
하면 그것들은 아주 형이상학적이고 아주 조금 평범해서, 어쩌
면 모든 사람의 취향이 아닐 수도 있기 때문이다."(르네 데카르
트 저, 이현복 역, 《방법서설·정신지도규칙》, 문예출판사, 2022(이하
'이현복'), 54쪽)

13 데카르트는 《방법서설》 제6부에서 다음과 같이 말한다. "나는
오히려 사람들이 내 글들을 살펴준다면 기쁠 것이다. 그리고
사람들이 그런 기회를 더욱 많이 갖도록, 반박할 것이 있는 모
든 이들은, 수고스럽더라도, 그것들을 내 출판업자에게 보내
주길 간청하는 바이며, 출판업자가 그 반박들을 알려주면, 나
는 동시에 내 답변을 거기에 첨부하려고 애쓸 것이다. (…) 실
로, 약속하건대, 나는 거기서 긴 답변을 결코 하지 않을 것이
고, 대신 오직 내 잘못을 알게 되면, 아주 솔직히 인정할 것이
며, 내 잘못을 인지할 수 없다면, (…) 내가 쓴 것을 방어하기 위
해 필요하다고 믿고 있던 것을 간단히 말할 것이다."(이현복,
103~104쪽)

14 원어는 "Primum est, ex eo quod mens humana in se conversa
non percipiat aliud se esse quam rem cogitantem, non sequi ejus

naturam sive essentiam in eo tantum consistere, quod sit res cogitans, ita ut vox tantum caetera omnia excludat quae forte etiam dici possent ad animae naturam pertinere"이다. "conversa/convertere"를 "회귀하다"로 옮겼다.

15 이 반박은 〈제2성찰〉에서 보다 자세히 논의된다. 이 반론의 요지를 간단히 말하면, 정신의 본질이 오직 사유임을 지각한다는 것에서 "실제로" 정신의 본질이 사유만이라고는 말할 수 없다는 것이다. 다시 말해 그렇게 지각한다고 해서 실제로 그렇다고는 말할 수 없다는 것이다. 이에 대해 데카르트는 "사물의 진리 자체의 순서에 따라in ordine ad ipsam rei veritatem"와 "나의 지각의 순서에 따라in ordine ad meam perceptionem"라는 용어를 사용한다. 이것들은 "사물의 순서ordo rei"와 "지각의 순서ordo percipiendi" 혹은 "인식의 순서ordo cognoscendi"라는 표현과 각각 상응한다. 데카르트는 이 두 가지 순서를 구별하면서, 이때 자신이 염두에 둔 것은 사물의 순서가 아니라 단지 지각의 순서였음을 밝히고, 정신의 본질이 오직 사유임을 지각하는 것에서 실제로 정신의 본성이 오직 사유라는 사실에 어떻게 귀결되는지를 〈제2성찰〉에서, 아니 신의 존재가 증명된 다음에 보여주겠다는 것이다. 그밖에 주목할 것은, 데카르트가 "사유하는 것res cogitans", "사유하는 능력을 갖고 있는 것res habens in se facultatem cogitandi"을 "사유cogitatio"와 동의어로 사용한다는 점이다. 그러나 사실 적어도 존재론적 신분의 차원에서 "사유하는 것"은 "정신mens"으로서 "실체substantia"인 반면, 사유는 이 실체에 내재하고, 그래서 이 실체에 의해서만 존재할 수 있는 "속성attributum"으로 간주해야 한다. 물론 인식론적 신분의 차원에

서는, 사유가 정신의 본질을 구성하는 한 정신과 "개념적으로 구별distinctio rationis"된다고 해도 말이다.《철학의 원리》제1부 53~54항 및 62~63항에서 데카르트 자신이 설명하는 것도 바로 이것이다. 그럼에도 불구하고 그는 드물기는 하지만 사유를 사유하는 것과 동등한 존재론적 자격을 가진 것으로 사용한다.

16 원어는 "Sed respondeo hic subesse aequivocationem in voce ideae; sumi enim potest vel materialiter pro operatione intellectus, quo sensu me perfectior dici nequit, vel objective pro re per istam operationem repraesentata, quae res, etsi non supponatur extra intellectum existere, potest tamen me esse perfectior ratione suae essentiae"이다. "aequivocation"을 "동음이의"로, "materialiter"를 "질료적으로"로, "repraesentare"를 "재현再現하다"로 옮겼다. "repraesentere/repraesentatio"를 "표상하다/표상"으로 옮길 수도 있겠지만, "objective"를 본래 의미에 적합하게 "대상적으로"가 아니라, 사용 의미에 어울리게 "표상적으로"로 번역했으므로 혼란을 피하고자 했다. 또 '표현하다/표현'으로 옮기려고도 했지만, 데카르트가 "praesentere/praesentatio' 또한 사용하고 있고, 나아가 그에게서 '관념'은 본성상 이미 정신 안에 '표현/표상된 것'이고, 지금 여기서처럼 "re-praesentare/re-praesentatio"가 사용될 때 문제가 되는 것은, 정신 안에 표현된/표상된 관념을 지성 작용에 의해 '다시 표현되는/표상되는 것', 즉 '재-현된 것re-praesentata'이기 때문이다. 물론 '나타내다/나타냄'이라는 우리 고유의 말도 있지만, "exhibere", "ostendere", "offerere", "exprimere", "occurere", "obversari" 등등의 동사들이 거의 무차별적으로 사용되는 마

당에, 그것으로 그 의미를 적실히 드러내기에는 한계가 있으리라 생각했다.

17 이 반박은 〈제3성찰〉에서 시도되는 이른바 '인과론적 신 증명', 즉 정신 안에 있는 신의 관념으로부터 신의 현존을 증명하는 부분에 해당한다. 여기서 데카르트는 관념의 양의적인 의미에 주목한다. 한편으로 관념은 지성의 작용이고, 다른 한편 그것은 이 작용에 의해 재현된 것이라는 점이다. 전자에게 "질료적으로", 후자에게 "표상적으로"라는 의미를 부여한다. 또한 그의 텍스트에서 좀처럼 나타나지 않는 "질료적으로"라는 용어를 사용한다. 물론 "표상적으로"라는 용어는 〈제3성찰〉에서 자주 등장하지만 말이다. 나아가 "재현하다repraesentata"라는 용어도 〈제3성찰〉뿐만 아니라 다른 곳에서도 "현시하다exhibere" 등의 용어와 더불어 종종 사용된다. 이 반박에 대한 답변에서 데카르트는, "사유하다cogitare"에 "사유작용cogitatio"과 "사유된 것cogitatum"이, 혹은 "재현하다"에 "재현작용repraesentatio"과 "재현된 것repraesentatum"이 동시에 포함되듯이, "관념idea"은 "관념작용ideatio/idea ideae"과 "관념된 것ideatum"을 동시에 갖는 것이라고 말하고, 이것으로 답변을 대신한다.

18 아마도《성찰》에서 두 번 사용되는 "affingere"를 "덮어씌우다"로 옮겼다.

19 원어는 "nisi tantum iis qui serio mecum meditari, mentemque a sensibus, simulque ab omnibus praejudiciis, abducere poterunt ac volent"이다. 데카르트가《성찰》뿐만 아니라 그의 모든 형이상학 저서에서 가장 강조한 말 가운데 하나다. 앞에서 "subducere"를 "벗어나다"로, 여기서 "abducere"는 "떼어놓다"

로 옮겼다.

20 자신과 더불어 진지하게 성찰하고, 감각과 선입견에서 정신을 떼어놓을 수 있는 독자를 위해 이 글을 쓰고 있다는 데카르트의 말은 〈헌사〉에서 한 말, 즉 기하학적 연구에 적합한 이들보다 형이상학적 탐구에 적합한 이들이 그리 많지 않다는 것, 여기서 말하는 이런 독자의 수가 적다는 것과 같은 맥락일 것이다.

21 《성찰》탈고 후 데카르트는 원고를 당대 일곱 그룹의 철학자들에게 보냈고, 이들로부터 받은 반박에 다시 상당한 양의 답변을 보낸다. 이 반박과 답변에서 데카르트는《성찰》에서 미진했던 부분을 보완하고 보다 심층적으로 자신의 입장을 피력한 것으로 여긴다.

다음 여섯 성찰의 요약

22 의심할 수 있는 것을 모두 의심한다는 의미에서 의심의 대상은 "폭넓은tantae" 것이고, 이 광대한 의심은 선입견과 감각에서 정신을 떼어놓는 것에 그 첫 번째 "유용성utilitas"이 있으며, 나아가 더 이상 의심할 수 없는 것은 동시에 참임을 확증해주는 것에 그 두 번째 유용성이 있다는 것이다. 첫 번째 유용성에 따라 의심은 우리를 형이상학적 탐구에 적합하게 만들 것이고, 두 번째 유용성에 따라 의심스러운 것을 괄호 밖으로 내모는 동시에 의심할 수 없는 것을 괄호 안에 집어넣을 것이다. 따라서 형이상학적 진리 탐구, 나아가 모든 사물에 대한 진리 탐구에서

의심의 중요성은 데카르트에 있어 아무리 강조해도 지나치지 않을 것이다.

23 원어는 "In secunda, mens quae propria libertate utens supponit ea omnia non existere de quorum existentia vel minimum potest dubitare, animadvertit fieri non posse quin ipsa interim existat"이다. 폭넓은 의심의 와중에도 의심하는 자가 현존하지 않는 것은 불가능하다는 것을 밝히는 대목이다. 자기 고유의 자유를 사용하면서 모든 것의 현존을 의심하는 주체는 다름 아닌 정신의 자유의지이므로, 의지의 자유와 그 힘의 진면목이 드러난다. 그래서 데카르트는《철학의 원리》에서 의심의 출발점을 의지에서 찾았을 것이다.

24 정신에 속하는 것은 "지성적 본성natura intellectualis", 혹은 "사유하는 본성natura cogitans"이고, 물체에게 속하는 것은 "물체적 본성natura corporea"이다. 이 두 용어는《정신지도규칙》에서 매우 중요한 지위를 갖는 반면,《성찰》에서는 아주 드물게 나타난다. 앞 책에서는 지성적 본성과 물질적 본성은 모두 "단순 본성들naturas simplices"로 규정되며, 이때 그 핵심은 사유와 연장이다. 그리고 "지성적 본성의 개념 혹은 관념은, 만일 그것이 한계가 없이 고찰된다면 신을 재현하는 관념이고, 제한되어 있다면 천사나 인간 정신의 관념"('1637년에 쓴 한 편지'에서)이기 때문에, 정신뿐만 아니라 신도 지성적 본성으로 이루어졌다고 할 것이다.

25 원어는 "Primum autem et praecipuum quod praerequiritur ad cognoscendam animae immortalitatem esse"이다. "제일의 그리고 주요한 것"의 원어는 "primum et praecipuum"이다. 이것을

베이사드는 "la premiere et principale condition(제일의 그리고 주요한 조건)"으로 옮긴다.

26 원어는 "atque ex his debere concludi ea omnia quae clare et distincte concipiuntur ut substantiae diversae, sicuti concipiunter mens et corpus, esse revera substantias realiter a se mutuo distinctas"이다. 데카르트는《철학의 원리》제1부 60항에서 사물들 간의 세 가지 구별 방식, 즉 "실재적, 양태적, 개념적 구별distinctio realis, modalis & rationis"을 제시한 다음, 실재적 구별에 대해 설명한다. "원래 실재적 구별은 단지 둘 혹은 그 이상의 실체들 간의inter duas vel plures substantias 구별이다. 우리는 실체들을, 하나를 다른 하나 없이 명석판명하게 이해할 수 있다는 사실만으로부터, 서로 실재적으로realiter 구별된다는 것을 지각한다."(이하《철학의 원리》가 인용된 부분은 옮긴이가 직접 번역한 것이다.) 그래서 '이해하다intelligere'의 의미로 사용되는 "concipere"를 여기서는 "인식하다"로 옮겼지만, 다른 곳에서는 "생각하다", "정신에 떠올리다" 등으로 옮겼다. 그리고 구별의 한 방식을 가리키는 "realiter"는 "실재적으로"로 옮겼다. 또 머릿속이 아니라 현실에서 행해지는 것이라는 의미로 사용되는 "revera"는 다른 곳에서는 "실제로"로 옮겼지만, 여기서는 "실재적으로"와의 혼동 때문에 "사실상"으로 옮겼다.

27 "그리고 이 점은 (…) 인지된다"에서 "분할 가능한", "분할 불가능한"의 원어는 "divisible", "indivisible"이다. 그리고 "concipere"를 '정신 안에 떠올리다'라는 뜻의 "생각하다"로 옮겼다. "상이", "상반"의 원어는 "diversus", "contrarius"이다.

28 "mortalis"를 "필사必死의 인간"으로 옮겼다. 그래서 이것의 반

대어인 "immortalis/immortalitas"의 경우, "불사不死의 (인간)/
불사(성)"으로 번역해야 했지만, 관행에 따라 "불멸不滅(성)"로
옮겼다.

29 "먼저, (⋯) 파멸하지 않지만"의 원어는 "primo ut sciatur
omnes omnino substantias, sive res quae a Deo creari debent ut
existant, ex natura sua esse incorruptibiles, nec posse unquam
desinere esse, nisi ab eodem Deo concursum suum iis denegante
ad nihilum reducantur; ac deinde ut advertatur corpus quidem
in genere sumptum esse substantiam, ideoque numquam etam
perire"이다. "omnes omnino substantias"를, 베이사드와 마찬
가지로, "절대적으로 모든 실체들absolument toutes les substances"
로, "corpus in genere sumptum"을 "일반적으로 취해진 물체le
corps pris en general"로 직역했다. 이것들은 아마 '절대적인 의미에
서 모든 실체들', '일반적인 의미에서 물체'를 의미할 것이다.
"부패될 수 없는 것들", "파멸하다"의 원어는 "incorruptibiles",
"perire"이다. 데카르트에서 실체는 다른 것의 도움 없이 자기
스스로 현존하는 것이다. 이런 의미에서 실체는 오직 신뿐이
다. 그러나 신의 협력concursus Dei 혹은 신의 창조에 의해서만 존
재할 수 있는 정신과 물체가 실체로 불릴 수 있는 까닭은, 정신
은 물체의 도움 없이, 물체는 정신의 도움 없이 존재할 수 있기
때문이다. 이런 이유에서 정신과 물체는 유한 실체로 간주된
다. 데카르트는 '1641년에 쓴 한 편지'에서 다음과 같이 말한다.
"어떤 것도 신의 협력 없이는 현존할 수 없음은 태양이 없이 햇
빛이 있을 수 없는 것보다 더 분명한 것이다. 신이 협력을 거부
한다면, 그가 창조한 것은 모두 무로 돌아갈 것이다. 왜냐하면

모든 사물은 신이 창조하고 협력하기 전까지는 무였기 때문이다. 그렇다고 해서 그것들이 실체로 불릴 수 없다는 것은 아니다. 왜냐하면 우리가 창조된 실체를 자존自存하는 것으로 불렀을 때 존재하기 위해 필요한 신의 협력을 배제한 것은 아니기 때문이다. 이때 우리가 염두에 두었던 것은, 한 사물이 다른 사물 없이도 존재할 수 있다는 것뿐이었다."

30 "인간 신체는 (…) 따라 나온다"에서 "configuratio", "conflatus", "constare", "interire", "immortalis"를 "조형", "주조된", "구성하다", "사멸하다", "불멸의"로 옮겼다.

31 "최고 완전한 존재자"의 원어는 "ens summe perfecta"이다. "ens"를 "존재자"로 읽었다. 이 단락 처음의 "신의 현존을 증명하기 위한"에서 "existentia/existere"를 "현존/현존하다"로 옮겼다.

32 아당과 타네리에 따르면, 괄호는 앙투안 아르노의 요구에 따라 《성찰》 재판에 추가된 것이다. 데카르트는 메르센 신부에게 이 말들을 괄호 안에 넣어달라고 요청했다.

33 원어는 "In sexta denique, intellectio ab imaginatione secernitur; distinctionum signa describuntur; mentem realiter a corpore distingui probatur; eandem nihilominus tan arcte illi esse conjunctam, ut unum quid cum ipsa componat, ostenditur"이다. "intellectio"를 "지성작용"으로, "imaginatio"는 작용의 측면이 강조될 경우에는 "상상력"이 아니라 "상상작용"으로 읽었다. "distinctio"를 "차이"로, "signum"을 '어떤 것을 다른 것과 구별하게 함'이라는 사전적 의미를 가진 "표지"로 옮겼다. "unum quid"를 단일한 것이기는 하지만 그 정체가 아직 밝혀지지 않

았다는 의미로 "하나의 어떤 것"으로 읽었다.

제1성찰

34 원어는 "Animadverti jam ante aliquot annos quam multa ineunte aetate falsa pro veris admiserim, et quam dubia sint quaecunque istis postea superextruxi, ac proinde funditus omnia semel in vita esse evertenda, atque a primis fundamentis denuo inchoandum, si quid aliquando firmum et mansurum cupiam in scientiis stabilire"이다.《성찰》본문의 첫 단어이자 매우 빈번히 사용되는 "animadverti"는 "깨닫다", "알아차리다", "주의하다", "주목하다", "감지하다" 등으로 옮겼다. 그리고 "admittere"는 "인정하다"로, "accipere"는 "받아들이다"로 옮겼다. 불변하는 확고한 진리를 발견하고자 하는 자는 일생에 한 번은 기존의 모든 지식을 철저하게 전복시켜 처음부터 완전히 새롭게 시작해야 한다는 데카르트의 이 말은 그의 전 저작에서 피력된다.

35 "이 공부에 임하는 데"의 원어는 "capescendis disciplinis"이다. 이것을 베이사드는 "à la conquete du savoir"로, 부케나우는 "zur Erwerbung der Wissenschaften"로 옮긴다. 나는 이때 "disciplina"의 여러 의미 가운데 '지식'이나 '학문'보다는 '공부'를 선택했다.

36 "마침내 진지하고 (…) 종사할 것이다"의 원어는 "serio tandem et libere generali huic mearum opinionum eversioni vacabo"이다. "vacare"를 "종사하다"로 옮겼다.

37 "이성은 설득한다"의 원어는 "ratio persuadet"이다. 데카르트는 종종 이런 고전적 표현을 사용한다. 아마도 특히 스토아철학의 영향일 것이다.

38 사실, 명백히 거짓인 의견에 대해서는 의심할 필요가 없을 것이다. 의심의 대상은 어디까지나 그 진리성이 의심스러운 것이다. 그래서 의심스러운 것을 명백히 거짓된 것으로 간주하겠다는 것, 이것이 데카르트적 의심의 핵심전략일 것이다.

39 "percurrere"를 '처음부터 끝까지 모두 훑어보다'의 의미로 "통람通覽하다"로 옮겼다.

40 원어는 "sed quia, suffossis fundamentis, quidquid iis superaedificatum est sponte collabitur, aggrediar statim ipsa principia quibus illud omne quod olim credidi nitebatur"이다. 모든 의견이 의거하는 원리, 다시 말해 모든 의견의 출처는 크게 감각이나 지성으로 나뉠 것이고, 따라서 이후 감각과 지성의 기만 가능성이 타진될 것이다.

41 감각의 기만성이 타진되기 시작하는 이 문단의 원어는 "Nempe quidquid hactenus ut maxime verum admisi, vel a sensibus, vel per sensus accepi; hos autem interdum fallere deprehendi, ac prudentiae est nunquam illis plane considere qui nos vel semel deceperunt"이다. 데카르트는 "fallere"와 "decipere"를 혼용한다. 전자는 "속이다", 후자는 "기만하다"로 옮겼다. "deprehendere" 는 "포착하다", "간파하다", "알아채다" 등으로 옮겼다. 여기서 "현명한"으로 옮긴 "prudentia"에 "사려 깊은", "신중한" 등도 번역어로 적합할 것이다. 데카르트 철학의 청년 추종자인 버만이 데카르트와의 대화에서 "감각으로부터a sensibus", "감각을 통해"

혹은 "감각을 매개로per sensus"의 의미에 대해 묻자, 그는 다음과 같이 답한다. "나는 감각으로부터a sensibus, 즉 시각으로부터visu 색, 형태 및 이와 유사한 것들을 지각했다. 그러나 그것 외에 나는 나머지 것들을 감각을 통해per sensus, 즉scilicet 청각을 통해per auditum 받아들였다. 왜냐하면 나는 그렇게 내가 아는 것을 부모로부터, 선생들로부터 그리고 다른 사람들로부터 받아들였고 끌어냈기 때문이다."(AT: V, 146쪽) 여기서 방점은 '우리는 감각들이 가끔 우리를 속인다는 것을 포착했다'는 사실에 찍힐 것이다.

42 원어는 "hauriantur"이다. 데카르트가 드물게 사용하는 "haurire"의 뜻은 '긷다', '푸다', '취하다' 등인데, 여기서는 "길어내다"로 옮겼다.

43 이어지는 의심은 이렇게 긍정과 부정의 과정을 거친다. 감각의 경우, 감각이 아주 작고 아주 멀리 떨어진 대상들에 대해서는 우리를 속일 수 있다는 것을 긍정한 다음, 그러나 그렇지 않은 대상들에 대해서는 그것을 부정한다. 그런 다음 다시 다른 의심의 근거를 가져와 부정된 것을 다시 긍정한다.

44 정신이상자 혹은 광인의 가설이 도입되는 대목이다. 데카르트는 여기서 광인을 지칭하는 세 단어, 즉 "insanis", "amentes", "demens"를 사용한다. 베이사드는 이것들을 각각 "fous", "insensés", "privé de sens"로, 부케나우는 "Wahnsinnige", "von Sinnen sein"으로 옮긴다. 나는 "광인", "제정신이 아닌", "정신이 나간"으로 옮겼다. 데카르트는 광인의 예를 통해 "감각들이 가끔 속인다"는 사실을 근거로 의심되기 어려운 감각적 대상들, 예컨대, "지금 내가 여기 있다는 사실", "이 신체 전체가 내 것이라는" 사실을 의심하려는 듯이 보인다. 그러나 그는 이

근거를 적극적으로 밀고 나가지는 않는다. 다시 말해, 그러한 광인이 있다는 사실만을 말할 뿐, 우리도 그러한 자일 수 있다는, 그래서 "지금 내가 여기 있다는 사실"이 사실이 아닐 수도 있다는 가능성을 명시적으로 제시하지 않는다. 그리고 다음과 같이 말하면서 서둘러 광인의 이야기에서 빠져나간다. "그러나 저들은 제정신이 아니고amentes, 만일 내가 그들의 어떤 예를 따라 한다면, 나 자신도 그들 못지않게 정신나간 것demens으로 보일 것이다." 이때 "만일 내가 그들의 어떤 예를 따라 한다면"의 원어는 "Si quod ab iis exemplum ad me transferrem"이다. 직역하면 "만일 그들로부터 어떤 예를 나에게 옮긴다면"일 것이다. 베이사드는 "si je retenais d'eux quelque exemple pour me l'appliquer"로, 부케나우는 "wenn ich das, was von ihnen gilt, auf mich libertragen wollte"로 옮긴다. 이런 태도는 광인이 아니라 우울증환자가 등장하는《자연의 빛에 의한 진리 탐구》에서도 유사하다. "당신은 자신이 항아리라고, 또는 엄청나게 큰 신체 한 부분을 가지고 있다고 생각하는 우울증환자들을 본적이 없는지 말입니다. (…) 건전한 인간에 대해 다음과 같이 말하는 것은, 사실 그를 불쾌하게 할 것입니다. 즉 건전한 인간은, 우울증환자들처럼, 감각들과 그의 상상력이 그에게 재현하는 것에 의지하므로, 그의 믿음을 보증하기 위한 근거를 우울증환자들이 가지는 것보다 더 가질 수 없다고 말입니다."(이 책, 157쪽)

45 '꿈의 가설'이 도입되는 대목이다. 원어는 "Praeclare sane, tanquam non sim homo qui soleam noctu dormire, et eadem omnia in somnis pati, vel etiam interdum minus verisimilia,

quam quae isti vigilantes."이다. 베이사드는 이 문장을 다음과 같이 옮긴다. "A la bonne heure! Comme si je n'étatis pas un homme qui a coutume de dormir la nuit et d'éprouver dans le sommeil toutes ces mêmes choses, ou même quelquefois de moins vraisemblables, que ces insensés quand ils sont éveillés!" 아당 타네리 판에서 한 문장인 것과 달리 베이사드는 두 문장으로 만들고, 또 각 문장을 느낌표로 끝낸다. 이것은 부케나우도 마찬가지다. 나는 이 문장의 첫 문구인 "Praeclare sane,"를 "정말 훌륭하게도,"로 옮겼다. 베이사드는 "A la bonne heure!"로, 부케나우는 "Vortrefflich!"로 옮긴다.

46 원어는 "vero"이다. 나는 "정말로"로 읽었다. 부케나우는 "doch"로 옮겼고, 베이사드는 번역하지 않는다.

47 원어는 "prudens et sciens"이다. 이 표현은 《성찰》에서 몇 번 등장한다. "고의로", "의도적으로" 등으로 읽을 수 있다.

48 원어는 "Quasi scilicet non recorder a similibus etiam cogitationibus me alias in somnis fuisse delusum." 데카르트는 앞에서 "tanquam", 여기서는 "quasi"를 사용하면서 일종의 반어법을 사용한다. 이 문장을 베이사드는 "Vraiment? Comme si je ne me souvenais pas avoir eté leurré d'autres fois, das le sommeil, par ce genre de pensées aussi!"로, 부케나우는 "── Als wenn ich mich nicht entsänne, daß ich auch sonst durch ähnlich Gedankengänge im Traume irregeführt worden bin!" 으로 옮긴다. 내가 "과연,"으로 읽은 "scilicet"을 베이사드는 "Vraiment?(정말로?)"로 읽고, 부케나우는 줄표로 처리한다. 또 이 두 사람 모두 이 문장을 느낌표로 끝낸다.

49   깨어 있음을 꿈과 구별시켜줄 수 있는 확실한 지표가 없다는
     것이 데카르트가 내놓은 '꿈의 가설'의 핵심이다. 그 지표는 감
     각적 대상의 진리성이 회복되는 〈제6성찰〉에서 제시된다.

50   원어는 "Age ergo somniemus"이다. 베이사드는 "Eh bien donc,
     admettons que nous rêvons"으로, 부케나우는 "Sei es denn: wir
     träumen!"으로 옮긴다.

51   원어는 "tamen profecto fatendum est visa per quietem esse veluti
     quasdam pictas imagines, quae non nisi ad similitudinem rerum
     verarum fingi potuerunt; ideoque saltem generalia haec, oculos,
     caput, manus, totumque corpus, res quasdam non imaginarias,
     sed veras existere"이다. "quidem", "certe", "nempe" 등과 더불어
     문두에 매우 빈번히 등장하는 "profecto"는 주로 "분명(히)"로
     옮겼다. "admitere"는 "인정하다"로, "fateri"는 "시인하다"로 옮
     겼다. "pictas imagines"는 "그려진 상", 즉 "화상畫像"으로 옮겼
     다. '빚다', '가장하다', '날조하다', '상상하다', '그리다' 등의 의
     미를 지닌 "fingere"는 주로 "꾸며내다"로, 이와 유사한 의미를
     지닌 "effingere"는 '가공架空하다'라는 뜻의 "지어내다"로 옮겼
     다. 베이사드는 "fingere"를 "inventer"로, 부케나우는 "abmalen"
     으로 옮긴다. "totum corpus"는 부케나우와 마찬가지로 "신체
     전체"로 옮긴 반면, 베이사드는 "신체의 나머지 모든 것tout le
     reste du corps"으로 옮긴다. 그리고 문장 구조상 문제가 있는 "res
     veras existere"는 베이사드와 마찬가지로 의역했다. 부케나우는
     "참된 것들로 현존한다"고 달리 의역한다.
     이 문단에서 데카르트는 '꿈의 가설'의 적용 범위를 일단 한정
     한다. 눈뜨고 있다는 것, 머리를 움직인다는 것과 같이 "특수한

것들particularia"은 꿈에서도 보인다는 점에서 그 실재성과 진리
성이 의심될 수 있다. 그러나 그것들은 꿈에서 하나의 이미지
들로 나타날 것인데, 이 이미지들은 이것들을 구성하는 것, 즉
눈, 머리와 같이 "일반적인 것들generalia"을 본떠야만 꿈에 나타
날 수 있으므로, 이 일반적인 것들은 공상적인 것이 아니라 실
재하는 것이고 참된 것이라는 주장이다. 데카르트는 이런 사정
을 화가에 비유한다. 화가가, 예컨대 인어공주를 화폭에 그렸
을 때, 그림 속의 인어공주는 하나의 상일 뿐이고, 화가가 인간
의 머리와 물고기의 몸통을 합성해서 꾸며낸 것이지만, 그 상
을 구성하는 인간의 머리와 물고기의 몸통은 상상으로 꾸며낸
것이 아니라 실재하는 사람의 머리와 물고기를 본뜬 것이고,
그러므로 인간의 머리와 물고기의 몸통은 실재하고, 참된 것이
라는 주장이다.

52 "왜냐하면 사실 (…) 시인해야 한다"에서 유사한 의미를 가진
동사들인 "finger", "excogitare", "effinger"가 동시에 사용된다.
"excogitare"는 "생각해내다"로 옮겼다. "effinger"는 맥락상 "만
들다"로 옮겼다. 베이사드는 "former"로 옮긴다.
여기서 다시 데카르트는 "일반적인 것들"의 실재성을 의심할
가능성을 모색한다. 앞서 들었던 예를 따른다면 화가가 인간
의 머리와 물고기의 몸통을 본 적이 없었음에도 인어공주를 상
상해서 그렸을 경우, 인간의 머리와 물고기의 몸통의 실재성을
주장할 수 없다는 것이다. 이때 데카르트는 머리와 몸통, 즉 인
어공주를 구성하는 것들을 나타내는 "색들"만큼은 실재해야
한다고 주장한다. 이 색들을 데카르트는 앞의 "특수한 것들" 및
"일반적인 것들"과 구별해서 "더더욱 단순하고 보편적인 다른

어떤 것들adhuc magis simplicia et universalia"로 명명한다. 따라서 "일반적인 것들"을 포함해서 모든 물질적인 것들에 대한 상들이 공상적인 것들이라고 해도, 그것들을 구성하는 "더더욱 단순하고 보편적인 다른 어떤 것들"은 공상적인 것이 아니라 현존하는 것, 참된 것이라는 주장이다.

53 물체를 구성하는 가장 단순하고 보편적인 것들로 연장extensio, 형태, 운동, 공간, 시간 등이 제시된다. 이것은《정신지도규칙》에서 "물질적 단순 본성들naturas simplices materiales", "공통 본성들naturas communes"로 지칭된 것이다.

54 원어는 "Quapropter ex his forsan non male concludemus Physicam, Astronomiam, Medicinam, disciplinasque alias omnes, quae a rerum compositarum consideratione dependent, dubias quidem esse; atqui Arithmeticam, Geometriam, aliasque ejusmodi, quae nonnisi de simplicissimis et maxime generalibus rebus tractant"이다. 데카르트는 '복합 사물'을 탐구하는 학문과 '단순 사물'을 탐구하는 학문을 구분한다. 전자는 자연학, 천문학과 같이 사물의 현존을 전제로 그 현상을 탐구하는 학문인 반면, 후자는 대수나 기하학처럼 사물의 현존을 문제시하지 않고, 단지 그 관계만을 탐구하는 학문이다. 그래서 흄D. Hume의 말을 빌린다면, 전자는 "실재적 현존과 사태real existence and matter of fact", 후자는 "관념들 간의 사실관계real relations of ideas"를 탐구하는 학문인 셈이다.

55 앞의 논의를 통해 종국적으로 의심할 수 없는 것이 단순 본성들 자체의 실재성이었던 반면, 지금은 단순 본성들 간의 관계가 문제되고 있다.

56 원어는 "Verumtamen infixa quaedam est meae menti vetus opinio, Deum esse que potest omnia, et a quo talis, qualis existo, sum creatus"이다. 데카르트의 극단적 회의주의라고 일컬어지는 '악신의 가설'이 등장하는 대목으로,《철학의 원리》에서도 등장한다. 그러나《방법서설》에서는 보이지 않는다.

57 원어는 "unde"이다. "어떻게" 혹은 "어떻게 해서"라고도 읽을 수 있겠지만, "quo pacto", "quo modo" 등의 용어가 또한 사용된다는 점에서 원의미에 충실하게 "어디로부터"로 읽었다.

58 특히 〈제3성찰〉에서 집중적으로 언급되는데, 원어는 "Imo etiam, quemadmodum judico interdum alios errare ea quae se perfectissime scire arbitramtur, ita ego ut fallar quoties duo et tria simul addo, vel numero quadrati latera, vel si quid aliud facilius fingi potest?"이다.

59 원어는 "quod ultimum tamen non potest dici"이다. "마지막 것"이 의미하는 바는 '신은 내가 가끔 속는 것을 허용한다'는 것이다. 앞문장에서 "permittere"를 "허용하다"로 옮겼다.

60 차례대로 스토아학파, 에피쿠로스학파, 고대 아리스토텔레스학파를 가리킬 것이다.

61 원어는 "quo miam falli et errare imperfectio quaedam esse videtur, quo monus potentem originis meae authorem assignabunt, eo probabilius erit me tam imperfectum esse ut semper fallar"이다.《철학의 원리》제1부 5항에서는 다음과 같이 말한다. "그리고 우리가 전능한 신에서가 아니라, 우리 자신에서, 혹은 다른 어떤 것에서 나온다고 꾸며낸다면, 다시 말해 우리 기원의 작자에게 더 적은 능력을 부여할수록, 우리가 항

상 오류를 범할 만큼 불완전하다는 것은 그만큼 더 믿을 만한 것이다."

62 "licere"를 "허락하다"로 옮겼다.

63 원어는 "assidue enim recurrunt consuetae opiniones, occupantque credulitatem meam tanquam longo usu et familiaritatis jure sibi devinctam, fere etiam me invito"이다. "credulitas"를 "쉽게 믿는 마음", "경신(성)"으로 옮겼다. 이는 뒤의 "불신" 혹은 "의구심diffidenti"과 짝을 이룰 것이다.

64 "익숙한 의견", "동의하고 신뢰를 보내는 습관", "못된 습관" 등에서처럼 부정적인 의미의 "익숙" 혹은 "습관"은 데카르트가 진리 탐구에서 가장 경계했던 것이고, 그래서 이런 나쁜 습관에서 벗어남과 동시에 좋은 습관, 즉 사물을 명석판명하게 인식하고, 그렇지 않은 것에는 동의를 유보하는 습관을 획득하는 것이야말로 진리에 이르는 첩경이라고 주장한다. 그가 방법 및 그 훈련의 중요성을 그토록 강조했던 것도, 또 《정신지도규칙》을 집필한 것도 바로 이런 동기에서 비롯되었을 것이다.

65 원어는 "Supponam igitur non optimum Deum, fontem veritatis, sed genium aliquem malignum, eundemque summe potentem et callidum, omnem suam industriam in eo posuisse, ut me falleret"이다. "최고로 유능하고 교활한 어떤 악령genium aliquem malignum summe potentem et callidum", 이른바 '악령 혹은 악신의 가설'이 등장하는 대목이다.

66 "꿈들의 속임수들"의 원어는 "ludificationes somniorum"이다.

67 원어는 "Manebo obstinate in hac meditaione defixus, atque ita, siquidem non in potestate mea sit aliquid veri cognoscere, at

certe hoc quod in me est, me falsis assentiar, nec mihi quidquam iste deceptor, quantumvis potens, quantumvis callidus, possit imponere, obfirmata mente cavebo"이다. 앞문장에서 "manere defixus"를 "잠겨 있다"로 옮겼다. "기만자deceptor"라는 노골적인 표현이 처음 등장한다. 굳건한 의지로 기만자의 온갖 술수에 맞서겠다는 것, 이는 〈제1성찰〉의 마무리 말로 족할 것이다.

68 플라톤의 '동굴의 비유'를 연상케 하는 이 문단은 의심 과정이 얼마나 큰 고행인지를 보여준다. 플라톤이 동굴에 갇힌 죄수가 암흑세계인 현상의 세계에서 광명세계인 이데아의 세계로 탈출하는 고행의 여정을 그린다면, 데카르트는 모든 것이 의심되는 어둠에서 진리의 빛으로 나아가는 과정이 얼마나 지난한지를 묘사한다.

제2성찰

69 "admittere"를 "용납하다"로 옮겼다.

70 아르키메데스적 일점이 등장하는 이 문장의 원어는 "Nihil nisi punctum petebat Archimedes, quod esset firmun & immobile, ut integram terram loco dimoveret; magna quoque speranda sunt, si vel minimum quid invenero quod certum sit & inconcussum"이다. 《성찰》 초판 및 재판은 줄을 바꾸는 방식으로 문단을 나누지 않기 때문에, 이 문장이 별도의 새로운 문단인지 여부에 대해 논란이 있다. 아당 타네리 판과 달리, 1647년 뤼인느 공작의 불역판은 새로운 문단으로 간주하고, 베이사드의 불역판 역

시 동일하다. 나는 아당 타네리 판에 따라 앞문장에 이었고, 부케나우의 독역판도 마찬가지다.

71 원어는 '거짓말하는', '거짓말쟁이의', '속이는'의 의미를 가진 "mendax"이다.

72 원어는 "chimerae"이다.

73 원어는 "Quid igitur erit verum? Fortassis hoc unum, nihil esse certi"이다. 추측 문장이라 이렇게 옮겼다.

74 원어는 "cogitationes"이다. 정신 안에서 일어나는 모든 것을 지칭하며, 따라서 넓은 의미에서 관념이나 상일 것이다.

75 원어는 "Nunquid est aliquis Deus, vel quocunque nomine illum vocem, qui mihi has ipsas cogitationes immittit?"이다. "cogitationes"를 "사유들"로 직역했지만, 정신 안에 나타나는 모든 것을 지칭한다. 〈제3성찰〉에서는 이런 의미로 "perceptiones(지각들)"이라는 개념을 사용한다. "immittere"를 '들여보내다' 대신 "집어넣다"로 옮겼다.

76 원어는 동사가 생략된 문장으로 "nam quid inde?"이다. 베이사드는 "car que s'ensuit-il?"로, 부케나우는 "was soll daraus folgen?"으로 옮기면서, "따라 나오다"를 추가한다. 나는 데카르트가 이 추리 과정의 주체로 줄곧 일인칭 "나"를 쓰고 있다는 사실, 또 그 결론인 "나는 존재한다, 나는 현존한다"를 도출할 때 "statuere"를 쓰고 있다는 사실에 의거해 '나는 이로부터 무엇을 결론지을 것인가?'라는 의미로 읽었다.

77 원어는 "Imo certe ego eram, si quid mihi persuasi"이다. 베이사드는 "Mais non! J'éstais, moi, en tout cas, si je me suis persuadé"로, 부케나우는 "Keineswegs; ich war sicherlich, wenn ich mich

dazu überredet habe"로 옮긴다. 이 둘 다 "Imo"를 별개의 것으로 다룬다. 그리고 나는 "certe"를 부케나우와 마찬가지로 "확실히sicherlich"로 읽었다. 베이사드는 "어쨌든en tous cas"으로 읽는다.

78 원어는 "de industria"이다. 나는 "계획적으로"로, 부케나우는 "geflissentlich(의도적으로)"로 옮긴 반면, 베이사드는 "de toute son adresse(그의 온갖 재간으로)"로 옮긴다.

79 계속된 의문 문장의 답이자 결론이 되는 문장으로, 원어는 "Adeo ut, omnibus satis superque pensitatis, deique statuendum sit hoc pronuntiatum, Ego sum, ego existo, quoties a me profertur, vel mente concipitur, necessario esse verum"이다. 이것을 베이사드는 "de sorte que, tout bien pesé et soupesé, il faut finalement poser que cet énoncé, je suis j'existe, moi, toutes les fois que je le prononce ou que je le conçois mentalement, est nécessairement vrai"로, 부케나우는 "Und so komme ich, nachdem ich derart alles mehr als zur Genüge hin und her erwogen habe, schließlich zu dem Beschluß, dass dieser Satz: 'Ich bin, ich existiere', so oft ich ihn ausspreche oder in Gedanken fasse, notwendig wahr ist"로 옮긴다. 나는 "satis superque"와 "penser"를 원의미에 충실하게 "충분하고도 남을 만큼"과 "재어보다"로 옮겼다. 내가 "명제", "발화하다"로 옮긴 "pronuntiatum", "proferre"를, 베이사드는 "énoncé", "prononcer"로, 부케나우는 "Satz", "aussprechen"으로 옮긴다. 그리고 내가 "결론짓다(결말짓다)"로 옮긴 "statuere"를, 베이사드는 "poser"로, 부케나우는 "zu dem Beschluß kommen"으로 읽

는다. 나는 이것을, 아마 부케나우도 그러했을 텐데, 앞의 "quid inde?"와 연관지었고, 그 물음에 대한 답으로 읽었다.

데카르트는 여기서, 아니 《성찰》 어디에서도 "cogito, ergo sum"을 말하지 않는다. 그는 또한 철학의 "제일원리"라는 표현이나, 심지어 "원리"라는 표현조차 쓰지 않는다. 그저 "'나는 존재한다, 나는 현존한다'는 것은 필연적으로 참이다"라는 말만 한다. 주지하듯이, 코기토 명제를 온전히 제시함과 동시에 그것을 제일원리로 규정한 것은 《성찰》보다 4년 일찍 출간된 《방법서설》에서다. "나는 사유한다, 그러므로 나는 존재한다je pense, done je suis는 이 진리는 너무나 확고하고 너무나 확실해서, 회의주의자들의 가장 과도한 모든 억측들도 흔들 수 없다는 것을 알아차리면서, 나는 그것을 주저 없이 내가 찾고 있던 철학의 제일원리le premier principe de la philosophie로 받아들일 수 있다고 판단했다."(이현복, 179쪽). 그리고 다시 《성찰》 출판 3년 후 세상에 선보인 《철학의 원리》 제1부 7항에서, "나는 사유한다, 그러므로 나는 존재한다ego cogito, ergo sum는 명제는 순서에 따라 철학함에서 나타나는 모든 인식 가운데 최초의 그리고 가장 확실한 인식prima & certissima cognitio이다"라고 말한다.

80 '필연적으로 현존하는 나는 누구(무엇)인지'를 찾아가는 시작 문장이다. 원어는 "Nondum vero satis intelligo, quisnam sim ego ille, qui jam necessario sum"이다. 데카르트는 이런 경우 "quis sim ego"와 "quidnam sim ego"를 혼용한다. 전자는 "나는 누구인지", 후자는 "나는 무엇인지"로 옮겼다.

81 "그런 다음, (…) 남을 것이다"에서 원어는 "ex quo deinde subducam quidquid allatis rationis vel minimum potuit

infirmari, ut ita trandem praecise remaneat illud tantum quod certum est & inconcussum"이다. "subducere"를 "빼다"로, "infirmari"를 "약화되다"로 옮겼다.

의심할 수 있는 것을 모두 의심하는 주체는 분명 "어떤 것 aliquid"이고 "무無, nihil"가 아니기 때문에, 의심 주체는 현존한다는 것을 필연적 진리로 확보한 다음, 데카르트는 지금부터 현존하는 주체의 본성을 고찰한다. 이때 그는 의심 주체의 확보 과정과 마찬가지로, 열거 및 분해 혹은 제거subducere의 방식을 사용한다. 즉, 가능한 자료를 충분히 열거한 다음, 의심 주체에 필연적으로 속해 있다고 명증하게 인식되지 않는 것은 모두 그 주체에서 빼내고, 결국 "확실하고 흔들리지 않는 것quod certum sit & inconcussum"만을 남겨놓겠다는 것이다.

82 원어는 "Quidnam igitur antehac me esse putavi?"이다. 앞에서 '나는 도대체 누구인가'라고 물었다면, 지금은 '나는 도대체 무엇인가'라고 묻는다.

83 원어는 동사가 빠진 "Hominem scilicet."이다. 베이사드는 "Un homme, sans doute.(의심의 여지 없이, 인간.)"으로, 부케나우는 "Doch wohl ein Mensch!(물론 인간!)"로 옮긴다.

84 원어는 "subtilitates"이다. 데카르트는 이것들을《자연의 빛에 의한 진리 탐구》에서 "포르피리우스 나무Arbor Porphyrius"에 들어 있는 "스콜라적 존재자들entia Scholastica"이라고 부르고《성찰》에서보다 더 밀고 나간다. 에우독소스가 "그러나 모든 것에 대해 의심하는 당신, 자신에 대해서는 의심할 수 없는 당신, 당신은 무엇입니까?"라고 묻고, 폴리안데르가 "나는 인간"이라고 답하자, 에우독소스는 다음과 같이 말한다. "당신은 내가

묻는 것에 주의를 기울이지 않고 있습니다. 당신이 나에게 내놓는 대답은 당신에게는 아무리 단순하게 보여도, 당신을 아주 어렵고 복잡한 질문들로 밀어 넣을 것입니다. 내가 이 질문들을 조금이라도 몰아붙이려고만 한다면 말입니다. 실로, 만일 내가 다시, 예컨대, 에피스테몬에게 인간은 무엇인가라고 묻는다면, 그리고 그가, 학교에서 흔히 그러듯이, 인간은 **이성적 동물**이라고 답한다면, 게다가 처음 것만큼이나 모호한 나중 두 용어를 설명하기 위해 형이상학적Metaphysicos이라고 불리는 모든 단계를 통해 우리를 인도한다면, 우리는 분명 결코 빠져나올 수 없는 미로 속으로 끌려갈 것입니다. 왜냐하면 이 질문에서 두 가지 다른 질문이 생기기 때문입니다. 첫 번째는 **동물**이란 무엇인가, 두 번째는 **이성적**이란 무엇인가입니다. 나아가 동물이 무엇인지를 설명하기 위해, 동물은 **감각적 생물**vivens sensitivum이고, **생물**vivens은 **혼이 있는 물체**corpus animatum이며, **물체**는 **물체적 실체**라고 답한다면, 당신은 즉석에서 질문들이, 마치 가족나무arboris Genealogicae의 가지처럼, 증가되고 증식되는 것을 볼 것입니다. 그리고 이 멋진egregias 모든 질문들은 결국 순전한 중언부언Battologiam에 그칠 것임이 충분히 명백하며, 이것은 아무것도 해명하지 않은 채 우리를 우리의 최초 무지 속에 남겨놓을 것입니다."(이 책, 162~163쪽)

85   원어는 "Sed hic potius attendam, quid sponte & natura duce cogitationi meae antehac occurrebat, quoties quid essem considerabam"이다. "sponte & natura duce"를 베이사드는 "spontanément et tout naturellement"으로, 부케나우는 "ganz von selbst und naturgemäß"로 옮긴다.

86　원어는 "Occurrebat praeterea me nutriri, incedere, sentire, & cogitare: quas quidem actiones ad animam referebam"이다.《자연의 빛에 의한 진리 탐구》에서 폴리안데르는 다음과 같이 말한다. "내가 나는 인간이라고 말했을 때, 나는 이미 당신을 충족시켰다고 믿었습니다. 그러나 내가 그때 제대로 헤아리지 않았다는 것을 알게 됩니다. 왜냐하면 나는 그 대답이 당신을 만족시키지 못했음을 보고 있고, 솔직히 시인하면 지금은 나 자신에게도 충분치 않은 것으로 보이기 때문입니다. 이는 우리가 그 대답을 명료히 하고 파악하고자 하는 경우 모호성과 불확실성 — 그 대답이 우리를 이런 상태에 빠트릴 수 있는 — 을 당신이 나에게 보여주었다는 점을 고려할 때 특히 그렇습니다. 실제로 나는 분명, 에피스테몬이 무엇을 말하든, 이 형이상학적 단계들에서 많은 모호성을 발견합니다. 만일 어떤 이가, 예를 들어, **물체는 물체적 실체이다**라고 말한다면, 그럼에도 **물체적 실체**가 무엇인지를 말해주지 않는다면, **물체적 실체**라는 이 두 단어는 결코 **물체**라는 단어 이상으로 우리를 지혜롭게 만들지 않습니다. 마찬가지로, 만일 어떤 이가 **생물**은 영혼이 있는 **물체**라고 주장한다면, 물체가 무엇이고, **영혼이 있는**이 무엇인지를 앞서 설명하지 않았다면, 그리고 또 만일 그가 다른 모든 형이상학적 단계에 대해서도 다르게 처리하지 않았다면, 그는 분명 말들을 내뱉고는 있지만, 심지어 마치 어떤 순서를 따르는 것처럼 내뱉고는 있지만, 그가 말하는 것은 아무것도 없습니다."(이 책, 164~165쪽)

87　원어는 '거친', '두꺼운', '굵은'을 뜻하는 "crassioribus"이고, 근육을 가리킬 것이다. 부케나우는 비교급 "grober"로 옮기는 반

면, 베이사드는 최상급 "les plus grossieres"로 옮긴다.

88   원어는 "exiguum"이고, 동물 정기spiritus animalis를 가리킬 것
     이다. 이것을 베이사드는 "un minuscule"로, 부케나우는 "ein
     feines Etwas"로 옮긴다.

89   원어는 "Quid autem nunc, ubi suppono deceptorem aliquem
     potentissimum, &, si fas est dicere, malignum, data opera in
     omnibus, quantum potuit, me delusisse?"이다. "deludere"를
     "농락하다"로 옮겼다. "data opera, quantum potuit"를 "온 힘
     을 다해"로 의역했다. 부케나우 역시 "data opera"를 그런 의
     미에서 "Mühe gegeben hat"으로 옮기는 반면, 베이사드는
     "delibérément(고의로/일부러)"로 옮긴다.

90   원어는 "figmenta"이다.

91   "사유한다? (…) 사유하는 동안"의 원어는 "Cogitare? Hic
     invenio: cogitatio est; haec sola a me divelli nequit. Ego sum, ego
     existo; certum est. Quandiu autem? Nempe quandiu cogito"이
     다. "divellere"를 "떼어내다"로 옮겼다. 《자연의 빛에 의한 진
     리 탐구》에서는 "sejungere(떼어놓다)"를 사용하면서 다음과 같
     이 말한다. "내가 예전에 나에게 귀속시켰던 모든 속성들 가운
     데 고찰할 것이 오직 한 가지 남아 있습니다. 바로 사유입니다.
     그리고 나는 이것만이 나로부터 떼어놓을 수 없는a me sejungere
     nequeam 그런 것임을 발견합니다. 만일 내가 의심한다는 것이
     참이라면 ── 이것에 대해 내가 의심할 수 없으므로 ──, 내가
     사유한다는 것 또한 동등하게 참이기 때문입니다. 실로, 의심
     한다는 것이 어떤 특정한 방식으로 사유한다는 것과 다른 어떤
     것입니까? 그리고 분명, 만일 내가 전혀 사유하지 않는다면, 나

는 내가 의심하는지도, 내가 현존하는지도 알 수 없을 것입니다. 그렇지만 나는 존재하고, 나는 내가 존재한다는 것을 알고, 또 내가 의심하기 때문에, 다시 말해, 따라서 내가 사유하기 때문에, 나는 그것을 압니다. 그리고 심지어 어쩌면, 만일 내가 사유하기를 잠시라도 멈춘다desinerem면, 나는 또한 전적으로 존재하기를 멈추는 일이 일어날지도 모릅니다."(이 책, 172쪽)

92 원어는 "nam forte etiam fieri posset, si cessarem ab omni cogitatione, ut illico totus esse desinerem"이다. "cessare"를 "그치다", "desinere"를 "멈추다"로 옮겼다. "si cessarem ab omni cogitatione"를 베이사드는 "si je n'avais plus aucune pensée(만일 내가 더 이상 어떠한 사유도 가지지 않는다면)"으로, 부케나우는 "wenn ich gänzlich aufhörte zu denken(만일 내가 전적으로 사유하기를 그친다면)"으로 옮긴다.

데카르트는 필연적으로 현존하는 나의 본성에 속할 수 있다고 여겨지는 모든 것을 열거한다. 나를 인간으로, 인간을 이성적 동물 등으로 정의하려 한다면 무한 소급의 오류에 빠진다는 점, 그래서 이런 방식은 문제해결에 전혀 도움이 되지 않는다는 점을 부각한다. 그래서 나의 본성에 속할 수 있다고 생각되는 자료들을 제시하고 문제시한다. 열거될 자료를 크게 물질적인 것과 영혼적인 것으로 나눈다. 앞서 제시된 의심의 근거들에 의해, 순전히 물질적인 것은 그 현존이 확실치 않다는 이유로 우선 제거된다. 그리고 영혼적인 것은 다시 영양을 섭취하는 것nutriri, 걷는다는 것incedere, 즉 움직인다는 것, 감각한다는 것sentire 및 사유하는 것cogitare으로 세분된다. 이때 데카르트가 염두에 두는 것은 분명 아리스토텔레스적 영혼의 종류, 즉 식물적 영혼anima vegetabilis, 감각적 영혼anima animalis 및 이성적 영혼 anima rationis일 것이다. 식물적 영혼에 해당하는 영양섭취, 그리고 감각적 영혼에 해당하는 동작과 감각은 모두 물체 혹은 신체를 전제로 한다는 이유로 물체와 마찬가지로 제거된다. 따라서 남는 것은 이성적 영혼에 해당하는 사유뿐이다. 그리고 사유만을 필연적으로 현존하는 나와 떼어낼divellere 수 없다고 말한다. 사유하는 동안만 나의 현존은 보존될 수 있다는 것, 다시 말해 내가 사유하기를 그치면, 이와 동시에 현존하는 것 또한 중단된다는 것을 그 근거로 제시한다.

데카르트가 이때 "떼어낼 수 없음" 혹은 "떼어놓을 수 없음"이라는 단어를 사용한다는 점에서, 나와 사유와의 관계를 "필연적 결합conjunctio necessaria"으로 간주하고 있음이 분명하다. 《정신지도규칙》의 제12규칙에서 설명되는 이 결합방식은 "우연적 결합conjunctio contingens"과 대비된다. 다른 모든 성질들은 나와 단지 우연적으로 결합되어 있는 반면, 사유는 필연적으로 결합되어 있다는 것이다. 그래서 필연적 결합방식의 특성상, 사유와 나는 밀접하게 결합되어 있어서 사유 없이 나를, 또 나 없이 사유를 판명하게 인식할 수 없는 것이다. 《정신지도규칙》에서 필연적 결합방식이 언급되고 있다면, 《철학의 원리》에서는 실체와 그 본질적 속성 간의 구별을 "개념적 혹은 이성적 구별distinctio rationis"로 설명한다. 그 구별은 "실재적 구별distinctio realis" 및 "양태적 구별distinctio modalis"과 대비된다. 그 구별의 특징은 실체는 그 본질적 속성 없이, 또 그 본질적 속성은 실체 없이 판명하게 인식될 수 없을 만큼 밀접하게 결합되어 있다는 것, 그래서 그것은 이성적 혹은 개념적으로만 구별된다는 것이다.

93 여기서 데카르트는 사유하는 것을 정신mens, 영혼anima, 지성 intellectus, 이성ratio이라고 말한다. 사유하는 것res cogitans은 사유하는 실체이고, 또 이것은 정신으로 명명된다는 것이 그의 지론이지만, 정신을 영혼과 동의어로 사용하는 것은 그 스스로 꺼리는 부분이다. 왜냐하면 영혼은 통상 식물적 영혼 및 감각적 영혼에도 적용되는 반면, 데카르트는 이성적 영혼 이외에 어떤 영혼도 인정하지 않기 때문이다. 나아가 지성이나 이성을 사유하는 것 혹은 정신과 전적으로 동일한 것으로 간주하는 것도 문제가 있다. 왜냐하면 데카르트에게 그것들은 정신에 내재하는 능력에 불과하기 때문이다. 따라서 정신은 실체인 반면, 지성이나 이성은 그것의 속성이므로, 이 양자는 서로 다른 존재론적인 지위를 가진다. 비록 데카르트가 이어서 "이것들은 그 의미가 이전에 나에게 알려지지 않았던 말들이다"라고 하지만, 그것들을 모두 동일한 것으로 간주할 수는 없는 일이다.

94 원어는 "Sum autem res vera, & vere existens"이다. 형용사 "vera(참된)", 부사 "vere(참으로/실제로)"를 사용한다.

95 원어는 "sed qualis res? Dixi, cogitans"이다.

96 원어는 "Imaginabor.(상상할 것이다.)"이다. 이 단 한 단어를 베이사드와 부케나우 모두 힘주어 길게 옮긴다. 전자는 "Je vais faire appel à l'imagination.(나는 상상력에 호소할 것이다.)"로, 후자는 "Nun, —— ich will einmal meine Einbildungskraft anstrengen!(이제, 나는 한번 내 상상력을 발휘할 것이다!)"로 옮긴다. 그것의 맥락적 중요성 때문일 것이다.

97 원어는 "Manet positio, nihilominus tamen ego aliquid sum"이

다. "positio"를 '참이나 거짓의 값이 확정될 수 있는 논제'라는 사전적 의미의 "입언立言"으로 번역했다. 베이사드는 "supposition(가정)"으로, 부케나우는 "Voraussetzung(전제)"으로 옮긴다. 그러나 여기서는 "sup - position", "Voraus - setzung"이 아니라 "position", "setzung"이다. 물질적인 것을 모두 "공상적인 것", 다시 말해 "무"로 간주하겠다는 입언이 여전히 작동되는 상황에서도, 나는 "무"가 아니라 "어떤 것"임은 참이라는 것이다.

98 데카르트는 사유하는 것에 속할 수 있는 성질을 찾기 위해 '상상의 나래'를 편다. 물론 이것은 오래지 않아 적절치 않은 것이라고 말한다. 그는 우선 사유하는 것은 이미 의심된 신체일 수 없고, 또 바람, 불, 공기와 같은 것일 수 없음을 보여준다. 그러나 내가 아직 알지 못하고 있는 어떤 것이 사유하는 것에 속할 수 있지 않을까라는 질문을 던진다. 즉, 인식의 순서상 내가 아직 알지 못하고 있지만, 그것이 사물의 관점에서는 나에게 속해 있을 수 있고, 나아가 나 자신일 수도 있지 않을까 라는 자문이다. 데카르트가 지금 이런 것을 논하지 않겠다는 것은, 그가 여기서 인식의 순서를 따르기 때문이라고 말한다.

99 원어는 "Certissimum est hujus sic praecise sumpti notitiam non pendere ab iis quae existere nondum novi; non igitur ab iis ullis, quae imaginatione effingo"이다. "sic praecise sumpti"를 베이사드는 "considéré dans ces limites précises(이 정확한 한도 내에서 고찰된)"으로, 부케나우는 "genau nur so verstandenen(단지 정확히 그렇게 이해된)"으로 옮긴다. "notitia"를 베이사드는 "connaissance"으로, 부케나우는 "Kenntnis"로 옮긴다. 부케나우와 내가 "내가 상상력으로 지어내는imaginatione effingo 것들"로

옮긴 것을 베이사드는 "des inventions de l'imagination(상상력의 고안물들)"으로 옮긴다.

100 원어는 "nam fingerem revera, si quid me esse imaginarer, quia nihil aliud est imaginari quam rei corporeae figuram, seu imaginem, contemplari"이다. 나는 "si quid me esse imaginarer"를 "내가 무엇인지를 상상하는 경우"로 옮겼다. 그런데 베이사드와 부케나우 모두 (그리고 뤼인느의 1647년 불역, 코팅엄의 영역 또한) "내가 어떤 것이라고 상상한다면"으로 읽는다. 베이사드는 "si j'imaginais etre quelque chose"로, 부케나우는 "wenn ich mir einbildete, etwas zu sein"으로 옮긴다. 이들 모두 "quid"를 "aliquid"의 생략형으로 보았을 것이다. 그런데 "quid me esse"를 "내가 어떤 것"이 아니라 "내가 무엇"으로 읽어야 하는 이유는 다음과 같다. 그것을 이 문장에서 "내가 어떤 것"이라고 읽을 아무런 근거도 없고, 또 그것이 여기서 의미하는 바도 모호하기 짝이 없기 때문이다. 무엇보다도 데카르트가 지금의 논의를 개진하는 이유가 "내가 사유하는 것 이외에 또 무엇인지"를 알고자 하는 데 있었기 때문이다. 그래서 이를 위해 "상상해보자"고 했는데, "내가 무엇인지를 더욱 잘 알기 위해 상상하자"는 것이 오류임을 밝히는 대목이 바로 여기이기 때문이다. 나아가 이것은 다음에 나오는 문장에서도 여실히 드러난다. "내가 도대체 누구인지를quisnam sim 더욱 판명하게 알아보기 위해 상상해보자imaginabor라고 말하는 것은 어리석어 보인다." 데카르트가 앞에서 "내가 도대체 무엇인지quidnam me esse"와 "내가 도대체 누구인지"를 혼용하고 있다는 점을 고려한다면 더욱 그렇다. 그래서 데카르트는 이 논의를 마친 후, 다시 "그러면 나

는 무엇인가? 사유하는 것. 이것은 무엇인가?quid igitur sum? Res cogitans. Quid est hoc?"를 묻고, 이것에 다시 답하면서 다음 논의로 넘어간다.

101 원어는 "insomnia"이다.

102 "또한 그것들을 (…) 감지하는"의 원어는 "multa etiam, tanquam a sensibus venientia animadverto"이다. "tanquam"을 "로서"(불어의 "comme", 독어의 "als")로, "venientia"를 "온 것"으로 옮겼다 "animadvertere"를 '알아차리다/깨닫다/주의하다/관찰하다'보다는, 〈제6성찰〉에서 이런 경우 "sentire"가 사용되므로, "감지하다"로 옮겼다.

103 원어는 "Quid est horum, quamvis semper dormiam, quamvis etiam is qui me creavit, quantum in se est, me deludat, quod non aeque verum sit ac me esse?"이다. "quantum in se est(자신 안에 있는 것만큼)"을 "온 힘을 다해"로, "aeque ac"를 "~와 동등하게"로 옮겼다.

104 "distinguere"을 "구별하다"로, "separare"를 "분리하다"로 옮겼다.

105 두 문장의 원어는 "videlicet jam lucem video, strepitum audio, calorem sentio. Falsa haec sunt, dormio enim"이다. "videlicet"를 "분명히"로 옮겼다. 이것을 베이사드는 "par exemple"로, 부케나우는 "offenbar"로 옮긴다. 두 번째 문장을 베이사드는 느낌표로, 즉 "puisque je dors!"로 끝낸다.

106 한 문장으로 옮겼지만 원문은 두 문장으로 "At certe videre videor, audire, calescere. Hoc falsum esse non potest"이다. 베이사드는 "Malgré tout, il me semble voir, il semble entendre, il me

semble avoir chaud, cela ne peut pas être faux"로, 부케나우도 "Aber es scheint mir doch, als ob ich sähe, hörte, Wärme fühlte, das kann nicht falsch sein"으로 모두 한 문장으로 옮긴다. 베이사드는 "certe"를 "malgré tout"로, "videor"를 "il me semble"로 옮긴다. 부케나우도 전자를 "es scheint mir"로, 후자를 "als ob"으로 옮긴다.

107 이 두 문장의 원어는 "hoc est proprie quod in me sentire appellatur; atque hoc praecise sic sumptum nihil aliud est quam cogitare"이다. "in me"를 베이사드와 부케나우는 각각 "en moi"와 "an mir"로, 그리고 "praecise sic sumptum"을 "considéré dans ces limites précises"와 "genau so verstanden"으로 옮긴다.

데카르트는 여기서 사유 양태들을 열거한 다음, 이 가운데 상상작용과 감각작용에 초점을 맞춘다. 이것들이 신체를 전제한다는 이유로 의심의 대상이 되었기 때문이다. 이제 상상된 것과 감각된 것이 아니라, 사유작용으로서의 상상과 감각을 문제 삼는다. 즉 상상하는 힘과 감각하는 힘은 실제로 현존하고, 또 그것은 물질적인 것이 아니라 정신적인 것이며, 그래서 사유의 양태라는 것이다. 예컨대, 내가 인어공주를 상상할 때 상상된 인어공주는 참된 것이 아니지만, 이것을 상상하는 작용은 내 정신 안에 실재하는 것이며, 또 열을 느끼고 있을 때, 그 열은 참된 것이 아닐 수 있지만, 그것을 감각하는 작용은 사유의 한 양태라는 것이다. 데카르트는 '1641년에 쓴 한 편지'에서 다음과 같이 적는다. "내가 사유cogitatio ou pensée의 정의 안에 상상력을 포함하는 그 의미는 내가 그것을 배제했을 때의 의미와는 다르다. 우리로 하여금 어떤 것을 상상하게끔 하는 것, 즉 뇌 안에 있는 물질적 형상들formae 혹은 인상들species은 사유가 아니다. 그러나 정신이 상상하거나 혹은 이런 인상들로 향할 때, 그 작용은 사유인 것이다."

108 "탐색하다"의 원어는 "explorare"이다. "sub imaginationem venire"는 "상상력에 의해 포착하다"로 옮겼다.

109 원어는 "attingere"이다.

110 밀랍의 예를 통해 데카르트가 일차적으로 보여주려는 것은, 밀랍 혹은 물체의 본성은 감각이나 상상력이 아니라 오로지 정신 작용인 순수지성에 의해 인식된다는 것이고, 이로써 정신은 물체보다 더 먼저, 더 쉽게 인식된다는 것이다. 이와 더불어 물체의 본성이 감각적 성질에 있는 것이 아니라 연장에 있음을 보여준다. 이때 열거와 제거의 방식이 사용되고 있음은 물론이다. 먼저 감각적 성질이 밀랍과 필연적으로 결합되어 있지 않음을 보이면서 그것을 제거하고, 이제 연장성, 유연성, 가변성이라는 성질을 조사한다.

111 원어는 "nempe nihil aliud quam extensum quid, flexibile, mutabile. Quid vero est hoc flexibile, mutabile?"이다.

112 "percurrere"를 "통람하다", "perficere"를 "완수하다"로 옮겼다.

113 "오히려 (…) 판명할 수도 있다는 것이다"의 원어는 "sed solius mentis inspectio, quae vel imperfecta esse potest & confusa, ut prius erat, vel clara & distincta, ut nunc est, prout minus vel magis ad illa ex quibus constat attendo"이다.

114 "그러나 나는 (…) 거의 속아 넘어가기 때문이다"의 원어는 "haereo tamen in verbis ipsis, et fere decipior ab ipso usu loquendi"이다.

115 원어는 "Unde concluderem statim, ceram ergo visione oculi, non solius mentis inspectione, cognosci"이다. 눈의 봄visio과 정신의 통찰inspectio을 대비했을 것이다.

116 아당 타네리 판에는 "의심dubitatio"이라고만 나와 있다. 뤼인느를 비롯해서, 베이사드와 부케나우 모두 "의심할 기회occasio de douter"로 옮긴다.

117 "이른바 공통감각, 다시 말해 상상적인 힘으로"의 원어는 "sensu communi, ut vocant, id est potentia imaginatrice"이다.

118 원어는 "certe"이다. 뤼인느는 "certes", 베이사드는 "en tout cas"으로 옮기고, 부케나우는 옮기지 않는다.

119 원어는 "Si ex eo quod imaginer, vel quavis alia ex causa, idem plane"이다. 이 문장은 앞문장과 동일한 내용의 반복을 피하고자 여러 문구를 생략하고 있는데, 그것을 집어넣어 옮겼다.

120 원어는 "quandoquidem nullae rationes vel ad cerae, vel ad cujuspiam alterius corporis perceptionem possint juvare, quin eaedem omnes mentis meae naturam melius probent!"이다. 아당 타네리 판은 느낌표 강조로 끝나지만, 다른 역서들은 마침표로 끝난다.

121 원어는 "emanare"이다.

122 원어는 "Atque ecce tandem sponte sum reversus eo quo volebam"이다. "sponte"를 "자연적으로"로 옮겼다.

123 〈제2성찰〉의 제목이 함축된 이 문장의 원어는 "nam cum mihi nunc notum sit ipsamet corpora, non proprie a sensibus, vel ab imaginandi facultate, sed a solo intellectu percipi, nec ex eo percipi quod tangantur aut videantur, sed tantum ex eo quod

intelligantur aperte cognosco nihil facilius aut evidentius mea mente posse a me percipi"이다.

제3성찰

124 원어는 "ut enim ante animadverti, quamvis illa quae sentio vel imaginor extra fortasse nihil sint, illos tamen cogitandi modos, quos sensus & imaginationes appello, quantenus cogitandi quidam modi tantum sunt, in me esse sum certus"이다. "sum certus"를 주로 "나는 확신한다"로, 때로는 "나에게 확실하다"로 옮겼다.

125 "respicere", "circumspicere"를 "돌아보다", "둘러보다"로, 그리고 앞문단의 "inspicere"를 "들여다보다"로 옮겼다.

126 원어는 "Sum certus me esse rem cogitantem. Nunquid ergo etiam scio quid requiratur ut de aliqua re sim certus?"이다. "나는 내가 사유하는 것임을 확신"(혹은, 내가 사유하는 것임은 나에게 확실) 하기 때문에, "나는 또한 내가 어떤 것을 확신하는 데 요구되는 것도 알고(혹은, 나는 또한 어떤 것이 나에게 확실하기 위해 요구되는 것을 알고)" 있는 것은 아닌지를 묻는다. 이는 곧 이어지는 문장에서 제시되는, "내가 매우 명석판명하게 지각하는 모든 것은 참"이라는 이른바 '진리의 규칙'을 설정하기 위함일 것이다.

127 "실로, (…) 보인다"의 원어는 "Nempe in hac prima cognitione nihil aliud est, quam clara quaedam & distincta perception

ejus quod affirmo; quae sane non sufficeret ad me certum de rei veritate reddendum, si posset unquam contingere, ut aliquid, quod ita clare & distincte perciperem, falsum esset; ac proinde jam videor pro regula generali posse statuere, illud omne esse verum, quod valde clare & distincte percipio"이다. 사실상 한 문장으로 되어 있는 것을 끊어서 옮겼다. "nempe"를 "실로"로, "sane"를 "물론"으로, "clara quaedam & distincta perception"에서 "quaedam"을 불어와 독어의 부정관사 "une", "ein"으로 옮겼다.

이것은 '진리의 규칙'을 정립함과 동시에 선신의 존재를 증명해야 하는 당위성을 피력하는 문장이다. 아마도 다음을 의미할 것이다. '내가 사유하는 것임은 나에게 확실하다'는 이 "최초의 인식" 혹은 지식을 들여다보니, 그것 안에는 긍정되는 사물에 대한 "명석판명한 지각"만이 확인된다. 그렇다면 앞으로 "명석판명하게 지각되는 것들"을 "최초의 인식"과 마찬가지로 "확실한 것" 혹은 "참된 것"으로 간주할 수 있지 않을까. 그렇지만, 특히 '악신의 가설'을 통해 이전에 극히 명석판명하게 지각한다고 여기는 것들이 의심될 수 있었고, 이 때문에 그것들을 거짓으로 간주하지 않았던가. 그래서 "이러한 지각이, 만일 내가 그렇게 명석판명하게 지각하는 어떤 것이 거짓인 일이 '언제고 unquam' 일어날 수 있다면, 나에게 사물의 진리를 확신시키기에 '충분치' 않을 것이다." 따라서 이제, 매우 명석판명하게 지각하는 모든 것은 참임을 "일반적인generalis" 규칙으로 정립할 수 있는 것으로 "보인다videor".

그래서 명석판명하게 지각되는 것은 거짓인 일이 결코numquam

일어날 수 없다는 것, 데카르트는 이 사실을 보여주기 위해 선신의 존재를 증명하지 않을 수 없었을 것이다. 악신의 입언 positio이 잔존하는 한, 사물에 대한 명석판명한 지각은 내가 사물의 진리를 확신하기 위한 필요조건일 뿐 충분조건은 아니며, 그 충분조건은 '선신의 보증'일 것이다.

그런데 데카르트는 《성찰》이 아니라 《철학의 원리》 제1부 45항에서야 비로소 "명석한 지각이 무엇이고, 판명한 지각이 무엇인지"를 제시한다. "물론 대다수의 사람들이 확실한 판단을 하는 데 충분할 만큼 어떤 것을 제대로 지각하면서 살지 않는다. 왜냐하면 확실하고 의심스럽지 않은 판단을 뒷받침해 주는 지각은 명석함뿐만 아니라 판명함도 요구하기 때문이다. 바라보는 눈에 현전하여 눈을 충분히 강하고 분명하게 자극하는 것들을 우리가 명석하게 본다고 말하듯이, 나는 집중하고 있는 정신에 현전하는 그리고 드러나는 지각을 명석한 지각으로 부른다. 그리고 나는 명석하기 때문에 다른 모든 것과 분리되고 명확해서 단지 명석한 것만을 자기 안에 포함하는 지각을 판명한 지각으로 부른다."

128 원어는 "Nempe ipsas talium rerum ideas, sive cogitationes, menti meae obversari"이다. 데카르트는 여기서, 〈제2성찰〉에서처럼, 관념과 사유를 동의어로 사용한다. "obversari"는 '앞에 나타나다/앞에 어른거리다'의 뜻으로 능동현재형이다. 베이사드와 부케나우는 각각 반과거형 "s'offraient", 과거형 "darboten"으로 옮긴다.

129 원어는 "Atque hoc erat, in quo vel fallebar, vel certe, si verum jedicabam, id non ex vi meae perceptionis contingebat"이다.

130 원어는 "Quid vero?"이다. 베이사드는 "Mais quoi!", 부케나우는 "Wie aber,"로 옮기면서 "vero"를 "그러나"의 의미로 읽는다.

131 원어는 "Cum circa res Arithmeticas vel Geometricas aliquid valde simplex & facile considerabam, ut quod duo & tria simul juncta sint quinque, vel similia, nunquid saltem illa satis perspicue intuebar, ut vera esse affirmarem?"이다. 《정신지도규칙》 이후 데카르트 텍스트에서 거의 사라진 용어인 "intuebar/intueor(직관하다)"가 등장한다. 베이사드는 이 동사를 명사형으로, "avais une intuition"로 옮긴다. 〈제1성찰〉에서 광인 및 꿈이 도입될 때처럼 반어법이 사용된다.

132 원어는 "quia veniebat in mentem forte aliquem Deum talem mihi naturam indere potuisse, ut etiam circa ilia deciperer, quae manifestissima viderentur"이다. 악신의 가설이 겨냥하는 목표이자 데카르트의 극단적 의심을 엿볼 수 있는 대목일 것이다. 악신에 의해 정신의 본성 자체가 명증하게 보이는 것들에서조차 속도록, 그래서 오류를 범하도록 설정되어 있기 때문에, 정신은 실수로 '가끔'이 아니라, 원칙적으로 '항상' 속을 수밖에, 그래서 오류를 범할 수밖에 없다는 것이다.

133 원어는 "Sed quoties haec praeconcepta de summa Dei potentia opinio mihi occurrit, non possum non fateri, siquidem velit, facile illi esse efficere ut errem, etiam in iis quae me puto mentis oculis quam evidentissime intueri"이다. "praeconcepta"를 베이사드는 "prealablement conçue"로, 부케나우는 "vorgefaßt"로 옮긴다. "정신의 눈으로 극히 명증하게 직관한다"는 표현이 재차 등장한다. 《정신지도규칙》에서 "직관"은 다음과 같이 정의된

다. "내가 이해하는 **직관**이란 변동하는 감각의 믿음이나 그릇되게 엮어내는 상상력의 기만적 판단이 아니라 순수하고 주의 깊은 정신의 쉽고 판명한 파악이고, 그래서 우리가 이해하는 것에 대해 앞으로 어떤 의심도 남지 않는 것이다. 혹은, 직관은 오직 이성의 빛에서만 생기는 순수하고 주의 깊은 정신의 의심할 여지 없는 파악과 같은 것이고, (…) 그래서 각자는 영혼에 의해, 자기가 현존한다는 것, 자기가 사유한다는 것, 삼각형은 세 변으로만 한정된다는 것, 원은 단일한 면으로 한정된다는 것 및 이와 유사한 것들을 직관할 수 있고,"(이현복, 123쪽)

134 원어는 "arbitari"이다.

135 원어는 "vel similia, in quibus scilicet repugnatiam agnosco manifestam"이며, "하지는 못할 것이다"를 추가했다.

136 원어는 "existimandi"이다. 여기서 "existimare"를 "여기다"로 옮겼다.

137 "매우 빈약하고, 말하자면 형이상학적"의 원어는 "valde tenuis &, ut ita loquar, Metaphysica"이다.

138 원어는 "hac enim re ignorata, non videor de ulla alia plane certus esse unquam posse"이다.

139 "내 모든 사유들"의 원어는 "omnes meas cogitationes"이다. 앞에서와 마찬가지로, 넓은 의미의 "관념들"과 동의어일 것이다.

140 원어는 "Quaedam ex his tanquam rerum imagines sunt, quibus solis proprie convenit ideae nomen"이다.

141 "다른 어떤 형상들"의 원어는 "alia quasdam formas"이다.

142 원어는 "semper quidem aliquam rem ut subjectum meae cogitationis apprehendo, sed aliquid etiam amplius quam istius

rei similitudinem cogitatione complector"이다. "subjectum"를 "주제"로, "complector"를 "포괄하다"로 옮겼다.

143 여기서 데카르트는 "내 모든 사유들omnes meas cogitationes"을 한편으로 "사물의 상tanquam rerum imagines"으로서의 "관념ideas"으로, 다른 한편으로 "정념affectus"이나 "의지voluntates" 그리고 "판단judicia"으로 나누어 고찰한다. 물론 오류가 어디에 있는지를 알기 위함이고, 성찰의 순서가 이렇게 나눌 것을 요구한다는 것이다. 첫 번째 종류는 사물의 상이고, 이것만이 "본래proprie" 관념이라는 이름에 어울린다고 말한다. 이것이 두 번째 종류의 사유들인 정념이나 의지 그리고 판단과 구별되는 근거는, 후자가 사물의 상 이외에 또 다른 어떤 것을 갖고 있다는 것이고, 그것을 "형상"으로 칭한다. 예컨대, 내가 사자에 대한 상을 갖고 있다면, 나는 그저 사자의 상인 본래 의미의 관념만을 갖고 있을 것인데, 그러나 만일 사자가 나에게 달려온다면, 나는 사자에 대한 "상"뿐만 아니라, 다시 말해 사자의 "유사함" 이상의 무서움이라는 정념도 가질 것이다. 또 판단은 사물에 대한 상에 대해 긍정 혹은 부정을 하는 것이므로, 판단에는 사물의 상 이외에 긍정 및 부정 작용이 추가된다. 그런데 주목할 것은, 데카르트가 여기서 판단과 의지를 구별하고 있다는 점이다. 나중에 그는 판단을 의지의 작용으로 간주한다.

144 원어는 "Ex his autem ideia aliae innatae, aliae adventitiae, aliae a me ipso factae mihi videntur"이다.

145 원어는 "nam quod intelligam quid sit res, quid sit veritas, quid sit cogitatio, haec non aliunde habere videor quam ab ipsamet mea matura"이다. 이것을 베이사드는 "En effet, que j'aie

l'intellection de ce qu'est une chose, de ce qu'est la verite, de ce qu'est la pensee, cela, il me me semble pas le tenir d'ailleurs que de ma propre nature elle - meme(실로, 내가 사물이 무엇인지에 대한 이해를 갖고 있다는 것은 나 자신의 본성 자체 외에 다른 데서 얻는다고는 보이지 않는다)"로 옮긴다. 관념은 그 기원에 따라 본유, 외래, 조작관념으로 세분된다. 여기서는 일단 외부 사물에서 유래한 관념은 외래관념으로, 상상력이 조작해낸 관념은 조작관념으로 간주한다. 그러나 본유관념을 설명하는 자리에서 데카르트는 다소 애매하게 표현한다. 즉, 사물이 무엇이고, 사유가 무엇이고, 진리가 무엇인지에 대한 이해는 나 자신의 본성에서ab ipsamet mea natura 유래한다는 것이다. 다시 말해, 나는 내 본성의 힘으로 사유, 진리, 사물이 무엇인지를 이해할 수 있다는 것이다. 그렇다면 사유, 진리, 사물 등과 같은 것의 상이 본유관념이 아니라, 그것을 이해하는 힘이 본유적이라고 말하는 것으로 보인다. 데카르트에게 사유능력이 본유적이라는 것은 분명하다. 그러나 그는 또한 종종 진리, 사물, 정신, 신의 관념을 본유관념으로 간주하는 것도 사실이다.

146 원어는 "a me ipso finguntur"이다. 앞에서는 "a me ipso factae"로 썼으니, "fingere(꾸며내다)"와 "facere(만들다)"를 동의어로 쓰고 있다.

147 "왜냐하면 (…) 때문이다"의 원어는 "nondum enim veram illarum originem clare perspexi"이다. "perspecere"를 '모든 것을 꿰뚫어 보다'라는 사전적 의미를 가진 "통견通見하다"로 번역했다.

148 여기서는 "existimare"를 "credere"와 마찬가지로 "믿다"로 읽

었다.

149 원어는 "Nempe ita videor doctus a natura. Et praeterea experior illas non a mea voluntate nec proinde a me ipso pendere"이다. 외래관념이 외부 사물로부터 유래하고, 또 그것이 그 사물과 유사하다고 믿게끔 하는 두 근거가 일단 제시된다. 하나는 자연이 그렇게 가르쳤다는 것이고, 다른 하나는 외래관념은 의지에도, 나 자신에도 의존하지 않는다는 것을 내가 경험한다는 것이다. 이 근거들은 나중에 〈제6성찰〉에서 재검된다.

150 원어는 "saepe enim vel invito obversantur: ut jam, sive velim, sive nolim, sentio calorem, & ideo puto sensum illum, sive ideam caloris, a mihi advenire"이다. "ut jam"을 부케나우가 그랬듯이 "예컨대"로 옮겼다. 반면 뤼인느와 베이사드는 "comme maintenant(지금처럼)"으로 옮긴다.

151 원어는 '쉽게 접할 수 있는/손쉬운' 등의 의미를 가지는 "obvius"이다. 이것을 뤼인느는 "raisonnable", 베이사드는 "naturel", 부케나우는 "näher"로 옮긴다.

152 "ferri/ferre"를 "이끌리다/이끌다"로 옮겼다.

153 원어는 "Cum hic dico me ita doctum esse a natura, intelligo tantum spontaneo quodam impetu, me ferri ad hoc credendum non lumine aliquo naturali mihi ostendi esse verum"이다. 데카르트는 여기서 '자연의 가르침'을 "자발적 충동"에 의한 믿음으로 일단 간주하고, 이것을 '자연의 빛에 의해 드러나는 것'과 구분한다. 그러나 〈제6성찰〉에서 '자연의 가르침'은 "자발적 충동"에 의한 믿음과 구분되고, 그것에 긍정적인 인식론적 지위를 부여한다. 이러한 '자연의 가르침'과 '자연의 빛에 의해 드러

나는 것'은 〈제6성찰〉에서 자세히 논의된다.

154 "자연의 빛에 의해 나에게 드러나는 모든 것"을 가리킨다.

155 "impellere"를 "몰아가다"로 옮겼다.

156 원어는 "effectrix"이다.

157 "나에게 본유적인 어떤 개념들에서"의 원어는 "ex notionibus quibusdam mihi innatis"이다. 데카르트는 본유관념의 경우에 "관념" 대신 "개념"이라는 용어를 종종 사용한다.

158 "끌어내진 관념이거나 (…) 설득한다"에서 "haurire"를 "길 어올리다", "apparere"를 "나타내다", "elicere"를 "끌어내다", "exhibere"를 "현시하다"로, "emanare"를 "유출되다"로 옮겼다.

159 원어는 "ex caeco impulsu"이다.

160 원어는 "inaequalitatem"이다.

161 이것은 〈서언〉에서 제시된 《방법서설》에 대한 두 번째 반박에 대한 데카르트의 답변과 연관된 문장이다. 데카르트는 거기서 관념 개념의 두 가지 사용 방식, 즉 "질료적으로" 혹은 "지성의 작용으로"라는 의미로 사용되는 관념과 "표상적으로" 혹은 지성의 작용에 의해 "재현된 것으로"라는 의미로 사용되는 관념을 설명한다. 그리고 전자의 의미에서 관념들은 완전성의 차원에서 서로 차이가 없으나, 후자의 의미에서 그것들은 그 차이가 있다고 말한다. 이제 여기서 앞의 논의를 보다 자세히 설명한다. 즉, 질료적 혹은 지성의 작용으로서의 관념은 여기서 사유 양태로 간주하고, 또 사유 양태로서의 관념들은 모두 그 기원 혹은 출처가 사유이기 때문에, 모두 동등한 반면, 이 사유 양태에 의해 재현된 것, 혹은 관념에 의해 재현된 것, 혹은 표상적으로 존재하는 것으로서의 관념들은 서로 다른 완전성 혹은 실

재성의 등급을 가진다는 것이다.

162 데카르트는 〈성찰, 학자들의 반박과 데카르트의 답변〉 중 두 번째 반박에 대한 답변인 〈기하학적 배열에 따라 신의 현존 및 영혼과 육체의 구별을 입증하는 근거들〉(이하 '제2반박과 답변')에서 "표상적 실재성"을 다음과 같이 정의한다. "나는 **관념의 표상적 실재성**을 관념을 통해 재현된 사물의 존재성,── 이 것이 관념 안에 존재하는 한에서── 으로 이해한다. 같은 식으로, 표상적 완전성이나 표상적 기술 등을 말할 수 있다. 왜냐하면 우리가 관념의 대상 안에 존재하는 것으로 지각하는 것은 무엇이든 그 관념 안에 표상적으로 존재하기 때문이다."(이 책, 128쪽)

163 원어는 "Jam vero lumine naturali manifestum est tantumdem ad minimum esse debere in causa efficiente & totali, quantum in ejusdem causae effectu"이다. 원인은 결과가 갖고 있는 것보다 적어도 동등한 실재성 혹은 완전성을 가져야 한다는 이른바 '인과원리'이다. 데카르트는 이 인과원리와 같은 공통개념들의 진리성은 "자연의 빛에 의해 명백"하다고 말한다. 그리고 '1646년에 쓴 한 편지'에서 원리principe/principia를 두 가지 종류로 나눈다. 하나는 인과원리와 같은 공통 개념이고, 다른 하나는 정신의 현존이나 신의 현존과 같은 원리이다. 전자는 이미 알려진 진리를 증명하는 것인 반면, 후자는 다른 것의 현존을 새롭게 알려주는 것이다.

164 표상적 실재성이 관념이 갖고 있는, 즉 관념 안에 존재하는 실재성이라면, "현실적 혹은 형상적 실재성realitas actualis sive formalis"은 그 관념의 사물이 갖고 있는, 즉 사물 안에 존재하는 실재성

이다.

165 데카르트는 '제2반박과 답변'에서 다음과 같이 정의한다. "동일한 것이, 우리가 그것을 지각하는 그대로 대상 안에 존재할 때, 그것은 관념의 대상 안에 **형상적으로**formaliter 존재한다고 말하고, 우리가 지각하는 그대로 존재하지는 않지만, 대신 그 부족을 메울 수 있을 만큼 크게 대상 안에 존재할 때, **우월적으로**eminenter 존재한다고 말한다."(이 책, 128쪽)

166 "관념이 내 사유의 (…) 그 본성이라고"의 원어는 "talem esse naturam ipsius ideae, ut nullam aliam ex se realitatem formalem exigat, praeter illam quam mutuatur a cogitatione mea, cujus est modus"이다. 이때 설명되는 관념은 사유 양태로서의 관념이다. 이런 관념은 사유에서 끌어낸 것이다. 그런데 여기서 데카르트는 이런 관념이 갖고 있는 실재성을 표상적 실재성이 아니라 형상적 실재성이라고 말한다. 알키에는 이런 사실에 주목하면서, 사유 양태로서의 관념은 하나의 사물이므로 형상적 실재성을 갖고 있으며, 이 실재성은 질료적 혹은 심리적psychologique 실재성으로 환원된다고 생각한다.(F. Alquié, Descartes: Œuvres philosophiques, II, Paris 1967(이하 '알키에'), 439쪽, 주 3 참조)

167 원어는 "Si enim ponamus aliquid in idea reperiri, quod non fuerit in ejus causa, hoc igitur habet a nihilo; atqui quantumvis imperfectus sit iste essendi modus, quo res est objective in intellectu per ideam, non tamen profecto plane nihil est, nec proinde a nihilo esse potest"이다. "ponere"를 "정립定立하다"가 아니라, 명제를 임의의 가정으로 긍정하여 주장한다는 의미의 "조정措定하다"로 옮겼다. 이 단어는 특히 〈제5성찰〉에서 자주

등장한다. 여기서 말하는 존재방식은 "관념의 표상적 실재성", 관념 안에 존재하는 실재성, 사물이 관념을 통해 지성 안에 표상적으로 존재하는 실재성이 존재하는 방식이다. 그리고 이 표상적 실재성이 아무리 불완전하고 아무리 적다고 해도 결코 무는 아니기 때문에, 무로부터 나올 수 없고, 따라서 그것의 원인은 결국 그것과 동등한 형상적 실재성을 가진 사물이라는 것이다.

168 원어는 "Nam quemadmodum iste modus essendi objectivus competit ideis ex ipsarum natura, ita modus essendi formalis competit idearum causis, saltem primis & praecipuis, ex earum natura"이다. 표상적 존재방식은 관념의 본성에, 형상적 존재방식은 관념의 원인, 즉 사물의 본성에 어울린다는 단언이다.

169 원어는 "Et quamvis forte una idea ex alia nasci possit, non tamen hic datur progressus in infinitum, sed tandem ad aliquam primam debet deveniri, cujus causa sit instar archetypi, in quo monis realitas formaliter contineatur, quae est in idea tantum objective"이다. 어떤 관념의 표상적 실재성이 사물 자체의 형상적 실재성에서 직접 기인하는 것이 아니라 다른 관념의 표상적 실재성에서 유래할 수 있지만, 이 관념의 실재성은 또 다른 관념의 실재성을 통해서 야기되고, 이렇게 무한히 나아가면, 결국 사물 자체의 형상적 실재성으로 귀착될 것이라는 말이다. 이 사물 자체를 데카르트는 원형archetipi과 같은 것이라고 말하고, 이 원형 속에 관념의 표상적 실재성과 적어도 동등한 형상적 실재성이 내포되어 있다는 것이다.

170 원어는 "Adeo ut lumine naturali mihi sit perspicuum ideas in

me esse veluti quasdam imagines, quae possunt quidem facile deficere a perfectione rerum a quibus sunt desumptae, non autem quicquam majus aut perfectius continere"이다. "veluti quasdem imagines"를 "일종의 상들처럼", "dificere"를 "미치지 못하다", "desumptae"를 "추출된"으로 옮겼다.

171 원어는 "Sed quid tandem ex his concludam?"이다. 이 물음에 대한 답은 다음과 같이 제시된다. "이로부터 세계 안에 나 홀로 존재하는 것이 아니라 그 관념의 원인인 다른 어떤 것 또한 현존한다는 것이 필연적으로 따라 나온다는 것이다." 나는 데카르트의 이런 어법이 〈제2성찰〉에서, "그렇지만 나는 주춤한다, 왜냐하면 이로부터 무엇을?"이라는 물음에 "나는 존재한다, 나는 현존한다는 이 명제는 (…) 필연적으로 참이라고 결론지어야 한다"고 답한 어법과 동일한 것으로 읽었다.

172 "나는 나와 (…) 논거를"의 원어는 "argumentum quod me de alicujus rei a me diversae existentia certum reddat"이다. 이것은 〈제3성찰〉 초반에 등장하는 "이러한 지각이, (…) 나에게 사물의 진리를 확신시키기에 충분치 않을 것이다quae sane non sufficeret ad me certum de rei veritate reddendum"와 동일한 어법이다.

173 정신 외에 다른 사물들이 현존하는지를 조사하기 위해 정신 안에 있는 관념들을 고찰한다. 정신이 그 관념의 표상적 실재성의 원인일 수 없다면, 그 원인은 정신이 아니라 다른 사물이어야 할 것이다. 그래서 이제 그 모든 관념들을 열거하고, 제거의 방식으로 그 관념을 찾아 나선다. "내 안에 있는 이 관념들 가운데"의 원어는 "ex his meis ideis"이고, 직역하면 '이 내 관념들 가운데'이다.

174 데카르트는 정신 자체의 관념을 제외한 나머지 관념을 세 가지 부류로 나눈다. 첫째는 인간, 천사 및 짐승을 현시하는 관념, 둘째는 물질적 사물을 현시하는 관념, 셋째는 신을 현시하는 관념이다. 첫째 부류에 속하는 관념이 합성 사물의 관념으로, 그래서 데카르트는 이 관념이 정신, 물체 및 신의 관념으로 합성될 수 있다고 생각한다.

175 물체적 사물의 관념은 다시 세 가지 부류로 세분된다. 첫째는 물체의 제1성질에 해당하는 연장, 형태, 운동 등과 같은 것에 대한 관념이고, 둘째는 실체, 지속, 수 등과 같은 정신과 물체에 공통되는 것에 대한 관념이며, 셋째는 물체의 제2성질에 해당하는 색깔, 소리, 맛, 냄새, 차가움 등과 같은 것에 대한 관념이다.

176 "procedere"를 "유래하다"로, "proficisci"를 "비롯되다"로 옮겼다.

177 "confuse"를 "혼동되게", "obscure"를 "모호하게"로 옮겼다.

178 "res"를 "사물"로, "non res"를 비사물, 즉 "사물이 아닌 것"으로 옮겼다.

179 "관념이 (⋯) 분명하기"의 원어는 "est tamen profecto quaedam alia falsitas materialis in ideis, cum non rem tanquam rem repraesentant"이다.

180 "privatio"를 "결여"로, "realis qualitas"를 "실재적 성질"로 옮겼다.

181 "deesse"를 어의에 충실하게 "빠져 있다"로 옮겼다.

182 원어는 "si autem sint verae, quia tamen tam parum realitatis mihi exhibent, ut ne quidem illud a non re possim distinguere,

non video cur a me ipso esse non possint"이다.

183 "mutuari"를 "빌리다"로 옮겼다.

184 "transferre"를 "옮기다"로 옮겼다. 부케나우는 "übertragen"으로 옮긴다.

185 원어는 "Caetera autem omnia ex quibus rerum corporearum ideae conflantur, nempe extensio, figura, situs, & motus, in me quidem, cum hihil aliud sim quam res cogitans, formaliter non continentur; sed quia sunt tantum modi quidam substantiae, ego autem substantia, videntur in me contineri posse eminenter"이다. 이제 연장, 형태, 운동 등과 같은 것들은 실체의 특정 양태들에 불과한 반면 정신은 실체이기 때문에, 다시 말해 존재론적 등급에서 차이가 나기 때문에, 그것들의 관념들이 지니는 실재성은 형상적으로는 아니지만 우월적으로 정신에서 끌어낼 수 있다는 것이다. 알키에는 이것을 다음과 같이 설명한다. "데카르트는 신이 공간적이고 물질적인 존재가 아니면서도 물질적 공간을 창조했음을 고찰하면서, 사유 실체 안에는 연장 실체 안에 있는 것보다 더 많은 실재성이 있다고 생각한다. 그러므로 내 정신이 공간의 관념에 대한 우월적 원인이 될 수 있다."(알키에, 445쪽, 주 1). 그런데 주목할 것은, 데카르트가 여기서는 그렇게 말하지만, 〈제6성찰〉에서 물체의 현존을 증명할 때는 이와 다른 입장을 취한다는 것이다. 즉, 사유하는 내가 아니라 물체가 그 원인임을 보여주면서 물체가 현존한다고 주장한다. 아마 이런 의미에서 "내 안에 우월적으로 포함될 수 있을 것으로 보인다posse videntur"고 말했을 것이다.

186 원어는 "Quae sane omnia talia sunt ut, quo diligentius attendo,

tanto minus a me solo profecta esse posse videantur"이다. 베이사드는 "omnia(모든 것들)"를 "toutes perfections(모든 완전성들)"으로 읽고, "diligentius"를 비교급으로 옮기지 않는다.

187 정신이 실체이기 때문에 실체의 관념이 정신 안에 존재한다고 해도, 그러나 그 관념은 무한 실체의 관념일 수 없다. 그 이유는 신은 무한 실체이고 그 관념은 무한성을 현시하므로, 유한 실체인 정신이 무한 실체의 관념의 원인이 된다는 것은 불가능하기 때문이다. 그러므로 그 관념은 실제로revera 무한한 실체에서 유래해야 하고, 무한 실체인 신은 현존한다는 것이다. 〈제3성찰〉에서의 첫 번째 신 증명은 사실상 여기서 끝난다. 이어지는 것들은 예상되는 반론을 스스로 제기하고 방어하면서 자신의 논증을 더욱 확고히 하려는 논변들이다.

188 데카르트는 '1649년에 쓴 한 편지'에서 다음과 같이 말한다. "나는 무한infinita이라는 단어를 한계의 단순한 결핍을 의미하는 것으로 사용하지 않았다. 한계의 결핍과 같이 부정적인 것에 대해서는 무제한indefinita이라는 용어를 사용했다. 그래서 무한이란 어떤 식으로 제한되어 있는 것과는 비교가 안 될 정도로 큰 실재하는 것을 의미한다."

189 신에 대한 인식은 나 자신(정신)에 대한 인식보다 "어떤 의미에서quodammodo" 앞선다는 데카르트의 주장은 데카르트의 신 증명에서 상당한 중요성을 지닌다. 지금 전개되는 신 증명, 즉 신의 관념에서 신의 현존을 증명하는 과정에서도 거론되지만, 두 번째 인과론적 신 증명, 즉 신의 관념을 갖고 있는 정신의 현존에서 신의 현존을 증명하는 곳에서도 다시 주장된다. 신에 대한 인식이 정신에 대한 인식보다 앞선다는 것은, 신의 인식이

인식의 순서상 첫 번째라는 것은 아니다. 첫 번째는 정신의 자기 인식이다. 그럼에도 신의 인식이 정신의 인식보다 앞선다는 것은, 신의 인식이 정신의 인식의 조건이라는 것이다. 데카르트는 버만과의 대화에서 다음과 같이 말한다. "우리는 명시적으로explicite 신의 완전성보다 우리의 불완전성을 먼저 인식한다. 우리는 신보다 먼저 우리 자신을 주목할 수 있고, 신의 무한성보다 우리의 유한성을 먼저 확인할 수 있기 때문이다. 그러나 함축적으로implicite 신의 완전성에 대한 인식이 우리의 불완전성에 대한 인식보다 항상 앞선다. 왜냐하면 사태 자체로는a reipsa 신의 무한한 완전성은 우리의 불완전성보다 앞서기 때문이다."

190 "질료적으로 거짓materialiter falsus"인 관념은 아무것도 재현하지 않는 관념이다. 반면 신의 관념은 모든 실재성을 재현하기 때문이다.

191 원어는 "importare"이다.

192 모든 적극적인 실재, 성질, 존재는 신의 관념 속에 포함되어 있다. 데카르트는 '1649년 4월 23일 클레르슬리에에게 보낸 편지'에서 다음과 같이 말한다. "무한자의 관념은 모든 존재tout l'être를 포함하고, 사물들 안에 있는 모든 참된 것을 포함한다."

193 원어는 "Sed forte majus aliquid sum quam ipse intelligam, omnesque illae perfectiones quas Deo tribuo, potentia quadammodo in me sunt, etiamsi nondum sese exerant, neque ad actum reducantur"이다. "exerere"를 "발현하다"로, "potentia"를 "가능적으로"로, "ad actu"를 "현실화"로 옮겼다.

194 원어는 "imo/immo"이다. 베이사드는 "Mais non!"으로 옮긴다.

195 원어는 "Nam primo, ut verum sit cognitionem meam gradatim augeri, & multa in me esse potentia quae actu nondum sunt, nihil tamen horum ad ideam Dei pertinet, in qua nempe nihil omnino est potentiale"이다.

196 "argumentum"을 "방증傍證"으로 옮겼다.

197 원어는 "actu"이다.

198 원어는 "Ac denique percipio esse objectivum ideae non a solo esse potentiali, quod proprie loquendo nihil est, sed tantummodo ab actuali sive formali posse produci"이다.

199 이 문단에서 〈제3성찰〉에서 제시된 두 가지 인과론적 신 증명이 구분된다. 여기서 첫 번째 증명이 끝남과 동시에 두 번째 증명이 시작된다. 데카르트는 주의를 집중하지 않고, 감각적 사물의 상으로 정신의 눈이 흐려져 있는 이들을 위해서 두 번째 증명을 제시할 것이라고 말한다. 이 증명의 핵심은 '신의 관념을 갖고 있는 정신이 현존한다'는 것이다. '1641년에 메르센에게 보낸 편지'에서 데카르트는 두 증명방식에 대해 간단히 말한다. "나는 우리가 신에 대해 갖고 있는 관념에서 신의 현존을 증명했다. 그리고 우리가 신의 관념을 갖고 있기 때문에 우리는 신에 의해 창조되었음이 틀림없다는 사실로부터 신의 현존을 증명했다."

200 원어는 "Nempe a que essem? A me scilicet, vel a parentibus, vel ab aliis quibuslibet Deo minus perfectis"이다. 〈제2성찰〉의 몇몇 문장들과 마찬가지로, 이 뒷문장 역시 동사가 생략되어 있다. "nempe", "scilicet"를 "과연", "물론"으로 옮겼다. "a nihilo esse"를 "무로부터 나오다"로 번역한 것처럼, "Nempe a quo

essem?"를 "과연 나는 누구로부터 나오는가?"라고 옮겼다. 이 것을 베이사드는 "De qui donc tiendrais - je mon etre?(그러면 나는 누구로부터 내 존재를 얻는 것인가?)"로, 부케나우는 "Nun, woher sollte ich mein Dasein haben?(자 그럼, 어디로부터 나는 내 현존을 얻는 것인가?)"로 의역한다.

201 두 번째 인과론적 신 증명은, '신이 현존하지 않는 경우에도 신 의 관념을 갖고 있는 정신이 현존할 수 있는가'라는 물음으로 시작된다. 나아가 신 없이도 정신이 현존할 수 있다면 그 현존 의 근거 혹은 원인이 무엇인지를 묻는다. 데카르트는 다시 열 거와 제거의 방식을 사용한다. 정신의 현존 근거로 정신 자신, 부모 혹은 신보다 덜 완전한 것을 열거하면서, 이것들을 차례 로 제거한다.

202 "omnino"를 "단적으로"로 옮겼다. 베이사드는 "absolument"으 로, 부케나우는 "überhaupt"로 옮긴다.

203 원어는 "nam contra, manifestem est longe difficilius fuissem me, hoc est rem sive substantiam cogitantem, ex nihilo emergere, quam multarum rerum quas ignoro cognitiones, quae tantum istius substantiae accidentia sunt, acquirere"이다. "emergere"를 "출현하다"로 옮겼다.

204 "더 큰 저것"은 '내가 무로부터 출현하는 것'을, "더 쉽게 가지 게 되는 이것들"은 '이 실체의 우유성들에 불과한 인식들을 획 득하는 것'을 가리킨다.

205 이 세 문장의 원문은 한 문장인데, 가독성을 고려해서 끊었 다. 원어는 "si quae autem difficiliora factu essent, certe etiam mihi difficiliora viderentur, siquidem reliqua quae habeo, a me

haberem, quoniam in illis potentiam meam terminari experirer"
이다.

206 원어는 "Perspicuum enim est attendenti ad temporis naturam, eadem plane vi & actione opus esse ad rem quamlibet singulis momentis quibus durat conservandam, qua opus esset ad eandem de novo creandam, si nondum existeret; adeo ut conservationem sola ratione a creatione differre, sit etiam unum ex iis quae lumine naturali manifesta sunt"이다. 신에 의해 창조된 만물은 창조된 후에도 신에 의해 매 순간 지속적으로 창조la création continuée 된다는 것, 즉 보존된다는 이론이 정신의 현존에 적용된다. 이 이론은 창조creatio와 보존conservatio은 실재로 다른 것이 아니라 개념적으로만sola ratione 구별된다는 것에 의거한다.

207 "그러나 그리고 (⋯) 경험하며"의 원어는 "Sed & nullam esse experior"이다. 데카르트는 가끔 "Sed et", "Sed &"라는 표현을 쓴다. 여기서는 그대로 "그러나 그리고"로 옮겼다. 또한 "experiri(경험하다)"를 정신의 내적 대상을 인식하는 경우에 사용한다. 바로 앞문장의 "conscius(의식하는)"도 마찬가지다. 데카르트는 '제2반박과 답변'에서 "사유cogitatio"를 정의할 때 "conscius"를 핵심어로 사용한다. "**사유**라는 이름으로 나는 우리가 직접적으로 의식할immediate conscii simus 만큼 우리 안에 있는 모든 것을 포괄한다. 그래서 의지, 지성, 상상력 및 감각의 활동들 모두가 사유들이다."(이 책, 127쪽) 그는 또한 이런 의미의 "경험"과 "의식"을《자연의 빛에 의한 진리 탐구》에서 코기토 명제와 관련하여 사용한다. "실로, 자신이 현존한다고 결론 내릴 수 있고 또 단언할 수 있기 전에 먼저 현존이 무엇인지

를 배워야 했을 만큼 그렇게 어리석은 자가 일찍이 현존했다
는 것을 나는 믿지를 못합니다. 의심과 사유에 대해서도 마찬
가지입니다. 자, 이제 내가 이것에 덧붙이는 것은, 그 자체로가
아닌 다른 어떤 방식 그것을 안다는 것은 불가능하고, 자기 고
유의 경험propria experientia 및 각자가 어떤 것을 곰곰이 재어볼
perpendo 때 자기 안에서 경험하는 의식이나 내적 증언conscientia,
vel interno testimonio, quod in se ipso experitur을 통해서가 아닌 다른 식
으로 그것에 대해 확신하는 것은 불가능하다는 것입니다.ʺ(이
책, 176쪽)

208 원어는 "Imo, ut jam ante dixi, perspicuum est tantumdem ad
minimum esse debere in causa quantum est in effectu"이다. 이
문장에서 원인과 결과 안에 존재하는 것이 무엇인지는 언급
되지 않지만, 인과원리가 다시 등장한다. 이 두 번째 신 증명이
ʹ인과론적 신 증명ʹ으로 불리는 것도 이 때문이다.

209 두 번째 신 증명은 단지 정신을 현존하게 하는 작자가 아니라,
ʹ신의 관념을 갖고 있는ʹ 정신을 현존하게 하는 작자가 문제시
된다는 점이 드러난다. 그래서 이 증명방식은 정신을 현존하게
하는 작자는 신적 완전성을 모두 가진 자, 혹은 신적 완전성을
현실적으로 소유할 수 있는 힘을 가진 자를 요구한다.

210 이 문장은 아당 타네리 판에서 별도의 문단을 형성한다. 뤼인
느, 베이사드, 부케나우 모두 별도의 문단을 형성하지 않고,
앞문장과 연결시킨다. 나는 아당 타네리 판을 따랐다. 원어는
"Satis enim apertum est nullum hic dari posse progressum in
infinitum, praesertim cum non tantum de causa, quae me olim
produxit, hic agam, sed maxime etiam de illa quae me tempore

praesenti conservat"이다. "progressum in infinitum"을 "무한 진행"으로 옮겼다.

211 원어는 "Nam contra, unitas, simplicitas, sive inseparabilitas eorum omnium quae in Deo sunt, una est ex praecipuis perfectionibus quas in eo esse intelligo"이다. 베이사드는 "unitas, simplicitas, sive inseparabilitas"를 "l'unité, la simplicité, c'est‑à‑dire l'inséparabilité(단일성, 단순성, 다시 말해 분리 불가능성)"으로 옮긴다.

212 원어는 "Nec certe istius omnium ejus perfectionum unitatis idea in me potuit poni ab ulla causa, a qua etiam aliarum perfectionum ideas non habuerim"이다. 어떤 원인이 신의 모든 완전성에 대한 단일성의 관념을 내 안에 놓아두는 일은, 그 원인이 또한 나에게 신의 다른 완전성들의 관념들도 주지 않는다면 불가능하다는 의미일 것이다.

213 원어는 "neque enim efficere potuit ut illas simul junctas et inseparabliles intelligerem, nisi simul effecerit ut quaenam illae essent agnoscerem"이다. "quaenam illae essent"을 베이사드는 "ce qu'elles sont(그것들이 무엇인지)"로, 부케나우는 "welches denn jene seien(그것들이 도대체 어떤 것들인지)"로 옮긴다. 나는, 부케나우와 마찬가지로, "어떤 것들"로 읽었다. 의미는 다음과 같을 것이다. 그 원인이 나로 하여금 신의 모든 완전성의 분리 불가능성을 이해하게 했다면, 이와 동시에 그 완전성들이 도대체 어떤 것들인지도 알게 했을 것이다.

214 원어는 "sed tantum dispositiones quasdam in ea materia posuerunt, cui me, hoc est mentem, quam solam nunc pro me

accipio, inesse judicavi"이다. "dispositio", "materia"를 "기질", "질료"로 옮겼다. 데카르트는 이때 영혼은 신체의 형상이고, 신체는 영혼의 질료이며, 영혼은 신체 안에 내재한다는 전통 형상질료이론을 염두에 두었을 것이다.

215 "omnino"를 베이사드와 마찬가지로 "주저 없이_sans réserve_"로 옮겼다.

216 "실로 (…) 아니다"의 원어는 "neque enim sensibus hausi, nec unquam non expectanti mihi advenit, ut solent rerum sensibilium ideae, cum istae res externis sensuum organis occurrunt, vel occurrere videntur; nec etiam a me efficta est"이다. "occurrere"를 "마주치다"로, "advenire"을 "불쑥 나타나다"로 옮겼다. 신의 관념은 감각으로부터 주어진 '외래관념', 상상력이 만들어낸 혹은 지어낸 '조작관념'이 아니라, 정신이 타고난 '본유관념'이라는 것이다.

217 '1641년에 쓴 한 편지'에서 데카르트는 다음과 같이 말한다. "모든 사람이 신에 대한 함축적 관념, 즉 이것을 명시적으로 지각할 수 있는 성향을 가지고 있음은 의심의 여지가 없다. 그러나 사람들이 신의 관념을 가지고 있음을 느끼지 못하거나, 알아차리지 못한다고 해서 놀랄 필요는 없다. 아마 어떤 사람은 내《성찰》을 천 번 읽고도 신의 관념을 알아차리지 못할 수도 있다."

218 원어는 "ut esset tanquam nota artificis operi suo impressa"이다. "nota impressa"를 "표지標識"로 옮겼다. '낙관落款'을 의미할 것이다.

219 원어는 "sed ex hoc uno quod Deus me creavit, valde credibile est me quadammodo ad imaginem et similitudinem ejus factum

esse, illamque similitudinem, in qua Dei idea continetur, a me percipi per eandem facultatem, per quam ego ipse a me percipior" 이다. 성서의 우리말 번역에 따라 "imago", "similitudo"를 "형상", "모습"으로 옮겼다.

220 신의 관념은 정신을 지각하는 능력과 동일한 능력에 의해per eandem facultatem 지각되며, 신의 인식은 정신의 자기 인식과 동시적simul임을 말한다. 정신의 불완전성은 신의 완전성이 적어도 함축적으로 인식되어야만 알려진다는 것이다.

221 원어는 "non indefinite et potentia tantum, sed reipsa infinite" 이다.

222 〈제3성찰〉의 두 가지 신 증명의 핵심어가 될 이 문장의 원어는 "Totaque vis argumenti in eo est quod agnoscam fieri non posse ut existam talis naturae qualis sum, nempe ideam Dei in me habens, nisi revera Deus etiam existeret"이다. "talis naturae qualis sum"을 '내가 (지금) 존재하는 그러한 본성으로'의 의미로 "지금과 같은 본성으로"로 옮겼다.

223 "comprehenere"를 "파악하다"로, "attingere cogitatione"를 '사유를 통해'라는 의미의 "사유로 닿다"로 옮겼다.

224 "fraus"를 "사기"로, "deceptio"를 "기만"으로 옮겼다.

225 〈제3성찰〉의 이 마지막 문단에 나타난 빛의 세계는 〈제1성찰〉의 마지막 문단에 나타나 있는 혼란과 어둠의 세계와 단적으로 비교된다.

226 원어는 "ut jam absque ulla difficultate cogitationem a rebus imaginabilibus ad intelligibiles tantum, atque ab omni materia secretas, convertam"이다. "materia/materialis", "corpus/corporalis"를 대체로 "물질/물질적", "물체(신체)/물체적(신체적)"으로 옮겼다.

227 원어는 "et ex hoc uno quod talis idea in me sit, sive quod ego ideam illam habens existam, adeo manifeste concludo Deum etiam existere, atque ab illo singulis momentis totam existentiam meam dependere"이다. 데카르트는 여기서 앞 〈제3성찰〉에서 개진된 두 가지 신 증명의 핵심을 극명하게 제시한다.

228 "ingenium"을 "지력智力"으로 옮겼다.

229 "어떤 길을 보고 있는 것 같다"의 원어는 "videre video aliquam viam"이다. 데카르트는 "videre"를 대단히 즐겨 사용한다. 이 경우에는 "같다"로 옮겼지만, "보다"로 옮겨도 무방할 것 같다. 전체적으로는 가능한 한 "보다(보인다)"로 옮겼다.

230 원어는 "fallacia"이다.

231 "acumen", "potentia", "malitia", "imbecillitas"를 "예리함", "능력", "악의", "무능"으로, "testari"를 '증명하여 내보이다'라는 사전적 의미의 "증시證示하다"로 옮겼다.

232 이 판단능력facultas judicandi은 〈제3성찰〉에서 관념, 정념이나 의지와 대비된 판단에 상응하는 능력이다. 데카르트는 이 능력의 오용에서만 오류가 일어날 수 있다고 말한 바 있다.

233 이 문장은, '제대로 사용하기만 하면, 판단능력은 결코 오류를

범할 수 없다'는 앞문장의 주장으로부터, "그러므로 나는 결코 오류를 범할 수 없다"는 것을 끌어내서는 안 된다는 것을 의미한다.

234 "신 즉 최고 완전한 존재자에 대한 실재적이고 적극적 관념"의 원어는 "Dei, sive entis summe perfecti, realem et positivam ideam"이고, "무 즉 모든 완전성에서 가장 멀리 떨어져 있는 absum 것에 대한 일종의 소극적 관념"의 원어는 "nihili, sive ejus quod ab omni perfectione summe abest, negativam quandam ideam"이다. "abesse"를 "떨어져 있다"로, 다음 문장의 "deesse" 는 "빠져 있다"로 옮겼다.

235 데카르트는 정신을 신과 무, 최고 존재자sumruim ens와 비존재자 혹은 존재하지 않는 것non ens의 중간자medium로 자리매김한다. 따라서 정신이 신 혹은 최고 존재자에 의해 창조되는 한 오류를 범하지 않지만, 무 혹은 비존재자에게 참여하는particere 한 오류를 범한다는 것이다. 그리고 신 혹은 최고 존재자의 관념은 실재적reale이고 적극적 관념이지만, 무 혹은 비존재자의 관념은 실재하는 것 혹은 참된 것의 관념이 아니라 단지 존재의 부정 혹은 부재로서의 소극적 관념일 뿐이다. 이런 중간자의 상태에 있는 정신 혹은 인간은 원칙적으로 유한하고 불완전할 수밖에 없고, 그래서 사실상 오류를 범할 수밖에 없다. 문제는 어떻게 오류를 최소화할 수 있는가 하는 점이다.

236 "defectus"을 "결함"으로 옮겼다. 오류의 원인은 인간에게 있지, 인간을 창조한 신에게 있지 않다는, 이와 같은 신에 대한 옹호는 일종의 '변신론Théodicée'이다. 이런 변신론적 입장은《성찰》에서도 피력되지만,《철학의 원리》에서는 특히 더하다.

237 원어는 "non enim error est pura negatio, sed privatio, sive carentia cujusdam cognitionis, quae in me quodammodo esse deberet"이다. "privatio", "carentia"를 "결여", "부족"으로 옮겼다.

238 "conditore"를 "창설자", "absolutus"를 "완성된"으로 옮겼다.

239 원어는 "atque ob hanc unicam rationem totum illud causarum genus, quod a fine peti solet, in rebus Physicis nullum usum habere existimo"이다. 데카르트는 목적원인이 자연적 사물의 탐구에 소용없는 것으로 간주한다.

240 원어는 "Deinde, ad me propius accedens, & qualenam sint errores mei (qui soli imperfectionem aliquam in me arguunt) investigans, adverto illo a duabus causis simul concurrentibus dependere, nempe a facultate cognoscendi quae in me est, & a facultate eligendi, sive ab arbitrii libertate, hoc est ab intellectu & simul a voluntate"이다. 데카르트는 오류가 동시에 협력하는 simul concurrentibus "인식능력facultas cognoscendi"과 "선택능력facultas eligendi"에 달려 있다고 말한다. 그런 다음 전자는 "지성intellectus"으로, 후자는 "의지voluntas"로 지칭한다. 그런데 이때 "의지의 자유libertas arbitrii"를 의지로 지칭된 "선택능력"과 동의어로 사용한다.

통상 "자유의지"로 번역되고 사용되는 "liberum arbitruim"과는 달리, "libertas arbitrii"는 "의지의 자유"로 읽어야 할 것이다. 그래서 아마 코팅엄이 "libertas arbitrii"를 "Freiheit of the will"로 옮겼을 것이다. 그런데 사실 "arbitrim"의 사전적 의미에는 '의지'보다는 '판결', '판단', '재판', '중재', '선택', '결정' 등의 의미가 더 많이 함축되어 있다. 어쩌면 지금 텍스트 맥락에서 이들 의미 가운데 가장 적합한 번역어로 보이는 것은 '선택'과 '결정'이다. 이런 관점에서 부케나우는 "libertas arbitrii"를 "선택의 자유Freiheit der Wahl"로 옮겼을 것이다. 그런데 "선택의 자유"로 읽을 경우 바로 앞에 "선택능력"이, 그리고 코팅엄처럼 "의지의 자유"로 읽을 경우 바로 뒤에 "의지"가 사용되어 중복된다는 점, 또 나중에 데카르트가 "지성의 지각perceptio intellectus"을 "의지의 결정determinatio voluntatis"과 대비시킨다는 점, 그리고《철학의 원리》에서 "libertas arbitrii"가 주로 "신의 예정praeordinatio Dei"과 관련해서 사용된다는 점을 고려한다면, '의지'나 '선택'보다는 '결정'이 더 합당한 것으로 보인다. 아마도 베이사드는 이런 관점에서 "libertas arbitrii"를 "결정의 자유liberté de décision"로 옮겼을 것이다. 그렇기는 하지만, 실로 의지의 '선택'은 곧 의지의 '결정'과 다름없고, 이것들은 의지의 '자유'와 불가분의 관계에 있다는 것, 즉 의지가 자유롭게 어떤 것을 결정하고 선택하는 것을 의미하는 것이므로, "의지의 자유"로 옮겨도 해당 문맥에 전혀 부적합하지 않다는 점, 그리고〈제4성찰〉에서는 물론이고, '의지의 자유는 그 자체로 알려진다'는 것을 설명하는《철학의 원리》제1부 39항에서 특히 다음과 같이, 즉 "우리 의지 안에는 자유가 있다는 것, 그리고 우리는 많은 것들에 대해 자의적으로ad arbitrium 동의하거나 동의하지 않을 수 있다는 것은 명백하다"고 말한다는 점을 고려한다면, 그것을 "의지의 자유"로 옮겨도 무방할 것이다.

241 "그렇다고 내가 (…) 말해야 한다"의 원어는 "non tamen proprie illis privatus, sed negative tantum destitutus, sum dicendus"이다. 부케나우와 마찬가지로, "destitutus"를 "갖고 있지 않은"으로

옮겼다. 베이사드는 "pourvu"으로 옮긴다.

242 "또 내가 장인이 능숙하다는 것을 이해한다고 해도"의 원어는 "atque quantumvis peritum artificem esse intelligam"이다. 이것을 베이사드는 "et quelle que soit l'habilete reconnue a l'artisan"으로, 부케나우는 "Und wenn ich ihn als einen auch noch so tuüchtigen Künstler ansehe"로 읽는다.

243 《철학의 원리》제1부 39항에서 다음과 같이 말한다. "왜냐하면 그럼에도 불구하고 우리는 그때 우리가 전적으로 확실하고 확인되지 않는 것들에 대해 믿는 것을 삼갈 수 있기 위해 우리 안에 자유가 있다는 것을 경험했기 때문이다."

244 데카르트는 의지, 즉 선택능력은 "어떠한 한계에도 갇혀 있지 않음nullis limitibus circumscribi", 그래서 의지만큼 "완전하거나 큰perfecta aut tanta" 것은 내 안에 아무것도 없는 반면, 지성의 양태들, 즉 이해능력facultas intelligendi, 상상능력facultas imaginandi, 기억능력facultas recordandi은 "아주 작고 매우 유한perexiguam et valde finitam"하며, "빈약하고 국한tenuem et circumscriptam"되어 있다는 것을 보여준다.

245 원어는 "adeo ut illa praecipue sit ratione cujus imaginem quandam et similitudinem Dei me referre intelligo"이다. "imago et similitudo Dei(신의 형상과 모습)"이라는 표현은 〈제3성찰〉에서 사용된바 있다. "referre"를 "닮다"로 옮겼다.

246 원어는 "formaliter & praecise spectata"이다.

247 원어는 "quia tantum in eo consistit, quod idem vel facere vel non facere (hoc est affirmare vel negare, prosequi vel fugere) possimus, vel potius in eo tantum, quod ad id quod nobis ab intellectu

proponitur affirmandum vel negandum, sive prosequendum vel fugiendum, ita feramur, ut nulla vis externa nos ad id determinari sentiamus"이다.

248 원어는 "Neque enim opus est me in utramque partem ferri posse, ut sim liber"이다.

249 원어는 "sed contra, quo magis in unam propendeo, tanto liberius illam eligo"이다.

250 "intima cogitationis meae"를 "내 사유의 심부(가장 깊숙한 부분)"로 옮겼다.

251 "indifferentia"를 "미결정성"으로 옮겼다. 대체로 "indifferentia" 는 "무관심(성)"으로 번역되거나 어의에 보다 충실하게 "무차별(성)"으로 번역되곤 하지만, 나는 데카르트의 어법에는 그것들보다 "미결정성"이 적합하다고 여겼다. 특히 이 용어는 데카르트에서 오직 인간 의지가 처한 상태만을 표현하고, 이것은 인간의 유한 지성에서 비롯된다. 즉, 유한 지성이 명석판명하게 지각하지 못하고 있는 것에 대해 "동의하거나 동의하지 않는" 능력인 의지의 자유가 이러지도 저러지도 못하고 "주저하는deliberare" 상태, 그래서 "자유의 가장 낮은 등급infimus gradus libertatis"을 연출하는 상태를 가리킨다. 달리 말해, "지성의 지각 perceptio intellectus은 언제나 의지의 결정determinatio voluntatis보다 앞서야 한다는 것이 자연의 빛에 의해 명백"하다는 데카르트의 주장에 따라, 지성이 지각한 것에 대해 의지가 결정 혹은 판단을 내리지 않는 것이 아니라 '내리지 못하는' 상태, 즉 미결정의 상태를 의미한다. 데카르트는 이 상태가 유한 지성의 '인식의 결여'에서 비롯된다고 말한다. 만일 지성이 어느 한쪽을 명

석판명하게 인식한다면, 그래서 양쪽 근거들의 무게가 지성에게 더 이상 동동하지 않게 되면, 의지의 자유는 미결정의 상태는커녕 무거운 쪽으로 단박에 이끌려간다. 이 '이끌림'은 이것이 "외적 힘에 의해" 강제된 것이 아니라, "지성 안의 커다란 빛에 의해서 의지 안에 커다란 경향성이 생겼기" 때문에, 그래서 정신 내적 힘에 의해서 이루어졌기 때문에, 그것은 데카르트적 "의지의 자유"와 충돌하지 않는다.

자유로운 의지는 인간이 신의 형상과 모습에 따라 창조되었다고 말하는 주된 근거이며, 이런 의미에서 인간의 의지는 인간 안에 있는 그 어떤 것보다 더 완전하고 광대하지만, 지성이 재현하는 것에 따라 좌우된다는 점에서 지극히 단순하고 소박한 능력이다. 결정하는 능력인 의지는 진위를 판단하고, 선악을 선택하지만, 그 판단과 선택은 전적으로 지성의 지각에 달려 있다. 의지는 지성의 명석하고 판명한 지각에 대해서는 참이라고 판단하지 않을 수 없다는 점에서 수동 아닌 수동이지만, 혼동되고 모호한 지각에 대해서는 주저하며 미결정 상태에 놓이거나, 이 상태가 견디기 힘들 경우 대충 결정하는, 그래서 오류를 저지르고 과오를 범하는 일이 생긴다. 의지의 자유와 결정을 지성의 명석판명한 인식의 울타리 안에 가두기 어려운 이유도 광대함과 단순함을 모두 가진 의지 때문일 것이다.

《성찰》에서와는 달리, 《철학의 원리》에서 "미결정성"이라는 표현은 아마도 한번, "어떻게 우리 의지의 자유와 신의 예정이 서로 일치되는지"를 설명하는 제1부 41항에서 등장한다. "우리 정신은 유한하지만, 신의 힘은 무한하다. 그리고 신은 존재하는 모든 것과 존재할 수 있는 모든 것을 그 무한한 힘으로 영원에서부터 예지하고 원하고 예정했다. 그 때문에 우리는 신이 그런 힘을 가지고 있다는 것을 명석판명하게 지각할 만큼, 그 힘과 충분히 마주치지만, 그가 어떤 식으로 인간의 자유로운 행위를 비결정적인 것들로indeterminatas 남겨놓았는지를 알 수 있을 만큼 그 힘을 충분히 파악하지 못한다. 그러나 우리는 우리 안에 놓여 있는 자유libertas와 미결정성indifferentia을 그보다 더 명증하고 더 완전하게 파악할 수 있는 것은 아무것도 없을 만큼 아주 잘 의식한다."

252 "반면 (…) 즉 어떤 부정을 증시한다"의 원어는 "Indifferentia autem illa, quam experior, cum nulla me ratio in unam partem magis quam in alteram impellit, est infimus gradus libertatis, & nullam in ea perfectionem, sed tantummodo in cognitioe defectum, sive negationem quandam, testatur"이다.

253 "deliberare"를 여기서는 "주저하다"로 옮겼다.

254 원어는 "non potui quidem non judicare illud quod tam clare intelligebam verum esse non quod ab aliqua vi externa fuerim ad id coactus, sed quia ex magna luce in intellectu magna consequuta est propensio in voluntate, atque ita tanto magis sponte & libere illud credidi, quanto minus sui ad istud ipsum indifferens"이다. 지성이 명석판명하게 인식한 것을 의지는 참이라고 판단하지 않을 수 없는데, 이는 "어떤 외적인 힘에 의해ab aliqua vi externa" 강제된 것이 아니라, "지성 안의 커다란 빛magna luce in intellectu"이 "의지 안에 커다란 경향성propensio in voluntate"을 생기게 해서, 의지에 의해 그것이 참을 긍정하는 쪽으로 기울게 하고, 믿게 한다는 것이다. 그러므로 이때 의지의 판단은 외적 힘에 의해 강

제된 것이 아니라, 정신의 내적 힘에 의해 이루어진 것이며, 데카르트는 이와 같은 의지의 필연적 선택과 결정을 강제coactus가 아니라 자유로 이해한다. 다음 문장의 "magis sponte et libere"를 "더 자발적으로 그리고 더 자유롭게"로 옮겼다.

255 원어는 "Nunc autem, non tantum scio me, quatenus sum res quaedam cogitans, sed praetera etiam idea quaedam nturae corporeae mihi obversatur, contingitque ut dubitem, an natura cogitans, quae in me est, vel potius quae ego ipse sum, alia sit ab ista natura corporea, vel an ambae idem sint"이다. "사유하는 본성natura cogitans"과 "물체적 본성natura corporea"은 '사유cogitatio'와 '연장extensio'을 가리킨다.

256 원어는 "et suppno nullum adhuc intellecuti meo rationem occurrer, quae mihi unum magis quam alium persuadeat, cert ex hoc ipso sum indifferens ad utrumlibet affirmandum vel negandum, vel etiam ad nihil de ea re judicandum"이다. 사유하는 것인 한, 의지는 내가 현존한다는 것이 참임을 긍정하지 않을 수 없지만, 그러나 지성이 명석판명하게 지각하지 않은 물체적 본성이 지성에 나타나는 경우, 의지는 이것이 사유하는 본성과 같은 것인지 다른 것인지에 대해 '의심하게' 된다. 그런데 이때 이것들이 같은 것이라고, 혹은 다른 것이라고 지성을 설득시키는 '근거'가 없는 경우, 다시 말해 지성이 그중 하나에 대해 명석판명한 인식을 갖지 못하는 경우, 의지는 그중 하나를 긍정하거나 부정해야 하는지, 아니면 아예 판단을 내리지 말아야 하는지 "주저하게" 되고, 그래서 의지는 "미결정"의 상태에 놓이게 된다.

257 원어는 "Quinimo etiam haec indifferentia non ad ea tantum se extendit de quibus intellectus nihil plane cognoscit, sed generaliter ad omnia quae ab illo non satis perspicue cognoscuntur eo ipso tempore, quo de iis a voluntate deliberatur: quantumvis enim probabiles conjecturae me trahant in unam partem, sola cognitio quod sint tantum conjecturae, non autem certae atque indubitabiles rationes, sufficit ad assensionem meam in contrarium impellendam"이다. 의지의 '미결정성' 혹은 '주저함'의 범위는 지성이 전혀 인식하지 못하는 것은 물론이고, 지성이 "충분히 명료하게satis perspicue 인식하지 못하는 모든 것"에까지 미친다는 것이다. 그리고 설령 "개연적 추측들probabiles conjecturae"이 의지를 어느 한쪽으로 끌어당겨trahere, 그것에 동의하게 한다고 해도, 그것들은 "확실하고 의심할 수 없는 근거들certae atque indubitabiles rationes"이 아니라 "그저 추측들"에 불과하다는 것을 아는 것만으로도 의지의 동의를 반대쪽으로 몰아가기impellere에 충분하다는 것이다.

258 원어는 "quia lumine naturali manifestum est perceptionem intellectus praecedere semper voluntatis determinationem"이다. "지성의 지각perceptio intellectus"에 "의지의 결정voluntatis determinatio"이 대비된다. 이는 지성이 지각능력이라면, 의지는 결정능력임을 명시한다. 그리고 동의하는 것에, 즉 긍정하거나 부정하는 것에 존립하는 의지의 판단 활동은 의지의 결정에 속한다. 데카르트는 레기우스와의 논쟁에서 똑같이 말한다. "사실 나는 영혼의 모든 특성이 두 가지 주된 것들과 연관된다고 말했다. 그 하나는 지성의 지각perceptio intellectus이고, 다른 하나

는 의지의 결정determinatio voluntatis인데, 이것들을 **우리 저자**는
지성과 의지라고 부른다. 그런 다음 그는 지성이라고 부른 것
을 지각과 판단으로 나누는데, 이 점에서 그는 나와 다르다. 왜
냐하면 우리가 판단하기 위해서는 우선 지각이 요구되지만, 판
단의 형식이 성립되기 위해서는 긍정이나 부정도 필요하다는
것, 그리고 비록 우리가 어떤 것을 지각한다고 해도, 동의를 삼
가는 것이 우리에게 가끔 자유롭다는 것을 보았으므로, 나는
동의에만, 다시 말해 긍정이나 부정에만 성립하는 이 판단 활
동actum judicandi을 지성의 지각이 아니라 의지의 결정과 연관시
켰기 때문이다."(이 책, 211~212쪽)

259 "libertas arbirii"를 "liberte de decision"으로 읽었던 베이사드는
달리 번역할 이유가 딱히 없어 보이는 이 표현을 여기에서만
"libre arbitre"로 옮긴다.

260 여기서 "자연의 빛"은 "이해의 힘vis intelligendi"과 동의어로 사용
된다. 이 자연의 빛은 앞문단에서 "지성의 지각은 언제나 의지
의 결정보다 앞서야 한다는 것이 자연의 빛에 의해 명백"하다
고 말할 때의 자연의 빛과 다른 것임이 분명하다.

261 원어는 "Privatio autem, in qua sola ratio formalis falsitatis &
culpae consistis, nullo Dei concursu indiget, qua non est res,
neque ad illum relata ut causam privatio, sed tantummodo
negatio dici debet"이다. "non res"를 "사물이 아닌"으로 옮겼다.

262 "동의하거나 동의하지 않는 자유libertas assentiendi vel non assentiendi",
즉 "의지의 자유"이다.

263 원어는 "deliberaturus"로, 여기서는 "주저하는"이 아니라 "숙고
하게 될"로 옮겼다.

264 "사물의 진리가 투명치 않을 때마다"의 원어는 "quoties de rei veritate non liquet"이다. "liquere"를 "투명하다"로 옮겼다. 이 문장을 베이사드는 "chaque fois que la lumière n'est pas faite sur la vérité"로 의역한다.

265 "사물의 진리가 투명치 않을 때마다 판단 내리기를 삼가야 함"을 말한다.

266 원어는 "nam, quamvis eam in me infirmitatem esse experiar, ut non possim semper uni & eidem cognitione defixus inhaerere, possum tamen attenta & saepius iterata meditatione efficere, ut ejusdem, quoties usus exiget, recorder, atque ita habitum quemdam non errandi acquiram"이다. "infirmitas"를 "나약함", "defixus"를 "박혀", "inhaerere"를 "붙어 있다"로 옮겼다. 첫 번째 방식은 명석판명한 인식에 의거해서 진리를 인식하는 적극적 방식이고, 두 번째 방식은 명석판명하게 인식되지 않은 것에 대해 판단을 보류함으로써 오류를 피하는 소극적 방식이다. 데카르트는 여기서 인간 정신의 유한성을 근거로 후자를, 즉 "오류를 범하지 않는 어떤 습관habitum quemdam non errandi"의 형성을 강조한다. 그리고 이 습관은 "아주 주의 깊고 거듭 반복되는 성찰을 통해attenta & saepius iterata meditatione" 획득할 수 있으며, 이것에 "인간의 가장 크고 주요한 완전성maxima & praecipua hominis perfectio"이 있다고 말한다.

267 원어는 "nam quoties voluntatem in judiciis ferendis ita contineo, ut ad ea tantum se extendat quae illi clare & distincte ab intellectu exhibentur, fieri plane non potest ut errem, quia omnis clare & distincta perceptio proculdubio est aliquid, ac

proinde a nihilo esse non potest, sed necessario Deum authorem habet, Deum, inquam, illum summe perfectum, vera"이다. 명석 판명하게 인식된 것은 참이라는 '진리의 규칙'이 보다 구체적으로 언급된 문장이다. 이것은 다시 〈제5성찰〉에서 제시되는데, 우리가 명석판명하게 인식한 것은 모두 신이 실제로 그렇게 만들 수 있으며, 그래서 판명하게 인식된 것은 무가 아니라 어떤 것이고, 따라서 그것은 참이라는 것이다.

제5성찰

268 원어는 "Nempe distincte imaginor quantitatem, quam vulgo Philosophi appellant continuam, sive ejus quantitatis, aut potius rei quantae extensionem in longum, latum & profundum; numero in ea varias partes: qualslibet istis partibus magnitudines, figuras, situs, & motus locales, motibusque istis quaslibet durationes assigno"이다. 물질적 사물의 관념 가운데 판명한 관념과 혼동된 관념을 구별하고, 전자에 물체의 제1성질에 해당되는 것의 관념이 귀속된다.

269 원어는 "Nec tantum illa, sic in genere spectata, mihi plane nota perspecta sunt, sed praeterea etiam particularia innumera de figuris, de numero, de motu, similibus, attendendo percipio, quorum veritas adeo aperta est & naturae meae consentanea, ut, dum illa primum detego, non tam videar aliquid novi addiscere, quam eorum quae jam ante sciebam reminisci, sive ad ea primum

advertere, quae dudum quidem in me erant, licet non prius in illa obtutum mentis convertissem"이다. 연장, 형태, 운동 등의 관념은 본유관념이라는, 플라톤의 '상기설'을 연상시키는 표현이다. 〈제1성찰〉에서 '악령 혹은 악신의 가설'에 의해 무 혹은 환영으로 간주한 물체적 단순 본성들의 실재성이 지극히 간단히 회복된다.

270 원어는 "& quamvis a me quodammodo ad arbitrium cogitentur, non tamen a me finguntur, sed suas habent veras & immutabiles naturas"이다. 물질적 단순 본성들로 합성된 것들, 이를테면 삼각형의 실재성에 대한 증명이 시작된다. 이것의 관념은 상상력이 꾸며내고finguntur 지어낸efficta 관념이 아니라, 참되고vera 영원하며aeterna 불변하는immutabilis 본성natura, 본질essentia, 형상forma 혹은 특성proprietas을 가지는 것의 관념이다. 이때 데카르트는 "본성", "본질", "형상"을 동의어로 사용한다.

271 데카르트는 물체의 제1성질에 해당하는 것을 《정신지도규칙》의 제12규칙에서 '물질적 단순 본성'으로 명명한다. 나아가 이런 '단순 본성에 의해 합성된 것'을 "지성이 합성된 것으로 경험하는 것"과 "지성 자신이 합성한 것"으로 구분한다. 그런 다음 이 문단과 유사한 다음 내용을 언급한다. "어떤 것을 다른 것과 분리해서 아는 것보다 여러 가지를 서로 결합해서 동시에 아는 것이 종종 더 쉽다는 점이다. 예컨대, 내가 삼각형에 대한 인식 속에 각, 선, 셋이라는 숫자, 도형, 연장 등과 같은 것의 인식이 포함되어 있다는 것을 생각한 적이 없다고 하더라도, 나는 삼각형을 인식할 수 있다. 그렇다고 삼각형의 본성이 저 모든 본성들로부터 합성되어 있다는 것을, 또 이런 것이 삼각형

보다 더 잘 알려진다는 것을 부정하는 것은 아니다. 왜냐하면 그런 것은 우리가 삼각형 안에서 이해하고 있는 것들이기 때문이다. 또 삼각형은 우리에게 드러나지 않는 것을 많이 포함하고 있을 수 있다. 예컨대, 두 직각과 같은 크기의 각을 갖고 있다든가, 변과 각 혹은 면적 사이의 많은 관계 등이 그것이다."

272 여기서는 "advenire"를 "불쑥 나타나다"가 아닌 '외부에서 전해져 들어오다'라는 사전적 의미를 가진 "도래渡來하다"로 옮겼다.

273 "illapsus"를 "흘러들어온"으로 옮겼다.

274 앞문단에서 데카르트는 내 외부 어디에도 현존하지 않을 수 있으나, 그렇다고 해서 무라고는 말할 수 없는 것, 그리고 내가 꾸며낸 것이 아니라 참되고 불변하는 본성을 갖고 있는 것을 말하면서 삼각형을 그 예로 제시한다. 그런데 여기서는 삼각형의 본성 혹은 특성들을 어떤 것, 즉 무가 아닌 것으로 말한다.

275 "certe"를 베이사드는 "en tout cas(어쨌든)"로 옮긴다.

276 원어는 "inhaerere"이다.

277 원어는 "Jam vero si ex eo solo, quod alicujus rei ideam possim ex cogitatione mea depromere, sequitur ea omnia, quae ad illam rem pertinere dare & distincte percipio, revera ad illam pertinere"이다. "depromere"를 "끌어내다"로 옮겼다. 여기서 '진리의 규칙'이 다소 변형되어 기술된다. '어떤 특성이 어떤 사물에 속한다고 명석판명하게 인식되면, 그 특성은 실제로 이 사물에 속한다'는 것이다.

278 '선험적a priori 신 증명' 혹은 이른바 '존재론적 신 증명'으로 명명되는 신 증명이 시작되는 문단이다.

279 원어는 "Quanquam sane hoc prima fronte non est omnino

perspicuum, sed quandam sophismatis speciem refert"이다.

280 "separari"를 "분리되다"로 옮겼다.

281 "deesse"를 "빠져 있다"로 옮겼다.

282 데카르트는 여기서 첫 번째 궤변에 대해 말한다. 그렇지만 그
내각의 합은 두 직각이라는 것이 삼각형의 본질과, 골짜기의
관념이 산의 관념과 분리될 수 없듯이, 절대 완전자인 "신의 현
존existentia"이 그 "본질essentia"과 분리될 수 없다는 것이다.

283 원어는 "Verumtamen, ne possim quidem cogitare Deum nisi
existentem, ut neque montem sine valle, at certe, ut neque ex
eo quod cogitem montem cum valle, ideo sequitur aliquem
montem in mundo esse, ita neque ex eo quod cogitem Deum
ut existentem, ideo sequi videtur Deum existere"이다.
"verumtamen"을 "그렇기는 하지만"으로, "sine"를 "없이",
"cum"을 "함께"로 옮겼다. 두 번째 궤변이다. 즉, 골짜기와 산을
분리해서 사유할 수 없다고 하더라도 이 세계에 산이 실제로
현존한다고 말할 수 없듯이, 현존과 신을 분리해서 사유할 수
없다고 하더라도 신이 실제로 현존한다고는 말할 수 없다는 것
이다.

284 원어는 "nullam enim necessitatem cogitatio mea rebus imponit"
이다. "내 사유는 사물에 어떠한 필연성도 부과하지 않"는다는
이 문장은 데카르트의 존재론적 신 증명에서 중요한 역할을 담
당한다. 두 번째 궤변이 노리는 것은, 날개 달린 말이 실제로 현
존하지 않음에도, 상상력이 말에게 날개를 자의적으로 부가해
서 고안해냈듯이, 신이 실제로 현존하지 않음에도, 상상력 혹
은 생각이 신에게 현존을 자의적으로 부가해서 만들어낸 것이

아닌가 하는 것이다.

285 "상상으로 덧붙이다"의 원어는 "affingere"이다. 이것을 베이사드는 "attribuer par fiction"으로 옮긴다.

286 원어는 "imo"이다. 베이사드는 "Mais non!"으로 옮긴다.

287 원어는 "neque enim, ex eo quod non possim cogitare montem nisi cum valle, sequitur alicubi montem & vallem existere, sed tantum montem & vallem, sive existant, sive non existant, a se mutuo sejungi non posse. Atqui ex eo quod non possim cogitare Deum nisi existentem, sequitur existentiam a Deo esse inseparabilem, ac proinde illum revera existere"이다. 데카르트는 여기서 사실 존재론적 신 증명의 결론에 도달한다. 신이 현존하지 않고서는 신을 사유할 수 없다는 것, 즉 신과 현존은 '필연적으로 결합'되어 있고, 따라서 신은 실제로 현존한다는 것이다. 이는 〈제2성찰〉에서 사유가 현존하는 나와 '필연적으로 결합'되어 있고, 그래서 '나는 사유하는 것이다'라고 결론지었던 것과 마찬가지다.

288 원어는 "non quod mea cogitatio hoc efficiat, sive aliquam necessitatem ulli rei imponat, sed contra quia ipsius rei, nempe existentiae Dei, necessitas me determinat ad hoc cogitandum"이다. 이것은 앞의 궤변에 대한 반론이다. 즉, 내 사유가 신에게 현존을 자의적으로 부과한 것이 아니라, 반대로 신과 현존 간의 필연적 결합이 내가 그 양자를 분리할 수 없는 것으로 사유하게끔 결정한다는 것이다.

289 날개가 달린 말에서 날개와 말의 경우와는 달리, 현존(완전성)이 없는 신(절대 완전자)을 사유하는 것은 우리 마음대로 되는

것이 아니다. 그러므로 우리가 신을 필연적으로 현존하는 것으로 사유할 때, 이런 사유는 우리에게서 나오는 것이 아니라 대상, 즉 신의 완전성에서 비롯된다는 것이다. 이와 같은 사유의 자유 혹은 자의는 조작관념에, 그 결정성 혹은 필연성은 본유관념에 적용된다.

290 예상되는 반론에 대한 방어가 제시되는 이 문장의 원어는 "Neque etiam hic dici debet, necesse quidem esse ut ponam Deum existentem, postquam posui illum habere omnes perfectiones, quandoquidem existentia una est ex illis, sed priorem positionem necessariam non fuisse"이다. 앞에서처럼 "ponere/positio"를 "조정하다/조정"으로 옮겼다.

291 현존이 일종의 완전성이고, 절대 완전자인 신은 모든 완전성들을 가진다는 것을 가정한 다음, 이로부터 신은 현존한다는 결론을 도출하는 것처럼 오해해서는 안 된다는 것이다. 왜냐하면 그 전제가 필연적으로 참이 아니라면, 결론도 참이 아닐 수 있기 때문이다. 이를테면 모든 사각형이 원에 내접한다고 가정한다면, 마름모도 사각형이고, 따라서 그것도 원에 내접한다고 말해야 하므로, 그 가정은 참이 아니라는 것이다. 데카르트는 여기서 '안셀무스의 존재론적 신 증명'을 염두에 두는 것처럼 보인다. 신은 최고 완전한 자이고, 현존이 하나의 완전성이라는 전제가 타당하다면, 신은 마땅히 현존해야 한다는 증명이다. 데카르트는 이런 증명방식과 거리를 둔다.

292 앞의 오해 소지에 대한 데카르트의 해명이다. 자신은 신이 절대 완전자이고, 현존은 하나의 완전성임을 가정한 다음, 신의 현존을 증명한 것이 아니라는 것이다. 반대로 우리가 '언젠가'

신에 대해 사유한다는 것이 필연적인 사실이 아닐지언정, 적어도 우리가 '지금' 신에 대해 사유한다면, 필연적으로 신에게 모든 완전성을 귀속시키지 않을 수 없다는 것이다. 이런 사유의 필연성에서 '나중에' 현존이 하나의 완전성임을 깨닫게 되면, 신은 현존해야 한다는 것이 필연적으로 도출된다는 것이다.

293 원어는 "ac proinde magna differentia est inter ejusmodi falsas positiones, & ideas veras mihi ingenitas"이다.

294 원어는 "quid fictitium a cogitatione mea dependens, sed imaginem verae & immutabilis naturae"이다. 즉, 신의 관념은 조작관념이 아니라 본유관념이고, 참되고 불변하는 본성을 재현하는 상이다.

295 원어는 "Et quidem ex iis quae ita percipio, etsi nonnulla unicuique obvia sunt, alia vero nonnisi ab ills qui propius inspiciunt & diligenter investigant deteguntur, postquam tamen detecta sunt, haec non minus certa quam illa existimantur"이다. "obvius"를 "명백한"으로, "detegere"를 "드러내다"로 옮겼다.

296 "perspicere"를 "통견하다"로 옮겼다.

297 "obruerer"를 "덮여 있다"로 옮겼다.

298 "더 자명한"의 원어는 "ex se est apertius"이다. 앞의 "obvius"와 유사한 의미를 지닌 "apertus(열린/맑은/명백한/손쉬운)"를 "ex se(그 자체로)"와 합쳐 "자명한"으로 옮겼다.

299 원어는 "Atque"이다. 베이사드는 "Ce n'est pas tout(이것이 전부가 아니다)"로 의역한다.

300 원어는 "hoc ipsum"이고, 이는 신이 존재한다는 사실을 가리킨다. 베이사드는 "cette vérité(이 진리)"로 옮긴다.

301 "바로 이것에 의존하고, 그래서 이것 없이는"의 원어는 "ab hoc ipso ita pendere, ut absque eo"이다. 의역하면, "신의 현존에 대한 확실한 인식에 의존하고, 이 인식 없이는"일 것이다.

302 두 측면에서 정신의 본성이 소개된다. 하나는 명석판명한 인식을 참이라고 동의하지 않을 수 없는 본성이고, 다른 하나는 직접적 인식이 아닌 간접적 인식에 대해서는 기억에 의존할 수밖에 없는 정신의 유한성이다. 여기서 데카르트는 이후 논쟁의 씨앗을 제공하는 말을 한다. 즉, 신의 보증이 기억적 지식에만 해당되는가 하는 점이다. 이때 데카르트는 기억적 지식에만, 즉 지금 주의집중하여 명석판명하게 인식되는 것이 아닌 기억에 의존하는 지식에만 신의 보증이 필요한 것처럼 말한다.

303 "비항구적이고 가변적인 의견들vagas & mutabiles opiniones"이 아닌 "참되고 확실한 지식veram & certam scientiam"을 추구하는 것이 데카르트의 철학 이상임은 의문의 여지가 없다. 그리고 앞의 문장, 즉 우리는 어떤 것을 명석판명하게 인식하는 한 그것의 진리성을 인정하지 않을 수 없는 본성을 지녔지만, 우리가 항상 그것에 주목할 수는 없고, 그래서 신을 알지 못한다면 기억적 인식의 진리성을 보장받지 못한다는 말은 '1640년에 레기우스에게 보낸 편지'에서도 잘 나타난다. "두 번째 반박에서 당신은 명석판명하게 인식되는 공리axiomatum의 진리성은 자명하다고 말한다. 명석판명하게 인식되는 동안은 그것이 참이라는 것은 나 역시 인정한다. 왜냐하면 우리는 명석하게 인식되는 것에 대해서는 동의하지 않을 수 없는 본성을 지니고 있기 때문이다. 그러나 우리는 이런 전제praemissis로부터 연역해 낸 결론들conclusionum을 종종 그 전제를 주목함이 없이 기억하고 있기 때

문에, 이런 경우에 우리가 신을 알지 못한다면, 그 결과들이 분명한 원리들principiis로부터 연역되었다고 기억하고 있을지라도 우리는 그것들이 확실하지 않다고 말할 수 있다는 것이다. 왜냐하면 우리는 아주 명증적인 것들에서도 속는 본성을 지닐 수 있기 때문이다. 그러므로 우리가 그것들을 이런 원리로부터 연역했을 때조차, 우리는 그것에 대해 지식scientia이 아니라 확신 persuasio만을 가질 뿐이다. 나는 이 두 가지를 다음과 같이 구별한다. 의심할 수 있는 근거가 여전히 남아 있을 때 갖게 되는 것이 확신이고, 지식이란 더 강한 논증에 의해서도 흔들릴 수 없을 만큼 강한 논증에 의거하는 확신이다. 신에 대한 지식을 가지지 않는다면 어느 누구도 지식을 가질 수 없다."

304 원어는 "imbuere"이다.

305 "그러나 내가 (…) 때문이며"의 원어는 "sed statim atque mentis aciem ab ilia deflexi, quantumvis adhuc recorder me illam clarissime perspexisse, facile tamen potest accidere ut dubitem an sit vera, si quidem Deum ignorem: possum enim mihi persuadere me talem a natura factum esse, ut interdum in iis fallar quae me puto quam evidentissime percipere"이다. 앞서 누차 나왔던 '악신의 가설'에 의한 의심의 가능성을 보여주는 문장이다. 그러나 이때 표현 및 의심의 정도는 앞의 성찰에서의 그것과 사뭇 다르다. 여기서는 내가 아주 분명하게 통찰했음을 '기억'하고 있는 것들에서도 악신 혹은 자연에 의해 "가끔" 속게끔 창조되었을 수도 있다는 식으로 말한다. 그러나 앞의 〈제1성찰〉과 〈제3성찰〉에서 악신의 가설에 의해 그 진리성이 의심되었던 것 가운데는 단지 기억에 의한 간접적인 인식뿐만 아니라 오히려

'2+3=5' 혹은 '삼각형은 세 변을 갖고 있다'와 같이 직관적으로 파악되는 극히 단순한 명제들 혹은 원리들도 포함되어 있음은 분명하다. 또 악신은 극히 명증적으로 직관하고 있는 것들에서도 "항상" 잘못을 저지르는 본성을 우리에게 부여했을 수도 있다는 것이 악신의 가설의 핵심이었으나, 여기서는 "가끔"이라는 표현이 사용된다. 데카르트의 이런 애매모호한 태도는 《철학의 원리》에서 다시 나타난다. 이 책의 제1부 5항에서 "무엇 때문에 수학의 증명에 대해서도 의심할 수 있는가"라는 제목 하에 악신의 가설에 의한 의심을 소개한다. 이 제목만 볼 때, 의심의 대상은 분명 증명적 인식이다. 그러나 데카르트는 곧 "수학의 증명들에 대해서de Mathematicis demonstrationibus, 또 지금까지 자명한 것으로 간주한 수학의 원리들에 대해서도de iis principiis 의심하기로 하자"고 말한다. 또 이를 의심할 수 있는 근거는 이런 잘못을 저지르는 사람을 가끔 본 적이 있고, 또 거짓인 것을 극히 확실한 것으로 간주하는 사람이 있기 때문이라고 말한다. 그런 다음에 악신의 가설을 끌어들이면서 이렇게 말한다. "또 특히 전능하며 우리의 창조자인 신이 존재한다고 들은 적이 있기 때문이다. 즉, 혹시 신은 극히 명백하게 보이는 것에 있어서조차 항상semper 잘못을 저지르는 것으로 창조했을 수도 있기 때문이다. 그 이유는 우리가 가끔interdum 속는다는 것은 이미 알고 있지만, 이에 못지않게 우리가 항상 속는다는 것도 충분히 가능하기 때문이다. 더구나 우리가 전능한 신에 의해서가 아니라 우리 자신에 의해 혹은 다른 어떤 것에 의해 만들어진 것이라고 생각해본다면, 우리 기원의 창시자의 능력을 작게 간주하면 할수록 우리가 항상 잘못을 저지를 만큼 불완전하다는 것은 더욱 믿을 만한 것이기 때문이다."

306 원어는 "nam certe, quamvis somniarem, si quid intellectui meo
sit evidens, illud omnino est verum"이다. 이것을 베이사드는
"car en tout cas, quand bien même je rêverais, tout ce qui s'offre
à mon entendement avec évidence est entièrement vrai(왜냐하면
어쨌든, 내가 꿈꾸고 있을지라도, 내 지성에 명증하게 나타나는 모
든 것은 전적으로 참이기 때문이다)"로, 부케나우는 "denn, wenn
ich selbst träumte, so ist dennoch sicher alles wahr, was meinem
Verstande einleuchtend ist(왜냐하면, 내가 꿈꾸고 있을지라도, 내
지성에 명증한 것은 모두 확실히 참이기 때문이다)"로 옮긴다. 데
카르트는 이 문단에서 '악신의 가설', '경솔한 믿음', '꿈의 가설'
에 의한 의심의 근거를 차례로 제거한다. 이 제거 과정은 〈제
6성찰〉 마지막 문단에서, 즉《성찰》을 끝내는 자리에서 보다
자세히 소개된다.

307 이 두 문장의 원어는 한 문장으로, "Atque ita plane video omnis
scientiae certitudinem & veritatem ab una veri Dei cognitione
pendere, adeo ut, priusquam illum nossem, nihil de ulla alia re
perfecte scire potuerim"이다.

308 원어는 "Jam vero innumera, tum de ipso Deo aliisque rebus
intellectualibus, tum etiam de omni illa natura corporea, quae
est purae Matheseos objectum, mihi nota & certa esse possunt"
이다. 물질적인 것에서는 "natura corporea(물체적 '본성')"로 쓰
는 반면, 지적인 것에서는 "natura intellectualis(지성적 '본성')"
이 아니라 "res intellectualis(지성적 '사물')"로 쓴다. "innumera
mihi nota & certa esse possunt"를 베이사드는 "je peux avoir

d'innombrables connaissances tout à fait certaines(나는 완전히 확실한 인식을 무수히 가질 수 있다)"로 의역한다. 부케나우는 나와 마찬가지로 "Unzähliges kann mir vollkommen bekannt und gewiß sein(무수한 것들이 나에게 완전히 알려질 수 있고 확실할 수 있다)"으로 직역한다.

제6성찰

309 〈제5성찰〉에서 미뤄두었던 과제이다.《철학의 원리》에서 물체의 현존에 대한 증명은 "인간 인식의 원리들"을 다루는, 즉 "형이상학Metaphysica" 혹은 "제일철학Prima Philosophia"을 다루는 제1부에서가 아니라 "물질적 사물들의 원리들"을 다루는, 즉 "자연학" 혹은 "자연철학Physica"을 다루는 제2부에서 시도된다.

310 명석판명하게 인식된 것은 참이라는 '진리의 규칙'이 다시 언급된다. 전능하고 선한 신은 우리가 명석판명하게 인식할 수 있는percipiendi sum capax 것 모두 실제로 그렇게 만들어낼 수 있다sit capax efficiendi는 것, 그래서 그렇게 인식된 것은 실재하는 어떤 것이고, 따라서 그것은 참이라는 것이다.

311 원어는 "nihilque unquam ab illo fieri non posse judicavi, nisi propter hoc quod illud a me distincte percipi repugnaret"이다. 이것을 부케나우는 "Und ich habe nur dann geurteilt, daß es für ihn unmöglich sei, irgend etwas zu schaffen, wenn es ein Widerspruch wäre, daß ich es deutlich erfasse(나는 내가 어떤 것을 판명하게 인식하는 것이 모순인 경우에만 그것을 만드는 것이 신

에게 불가능하다고 판단했다)"로 옮긴다. 베이사드는 "et je n'ai jamais jugé impossible qu'il fît quelque chose sinon parce que je trouvais de la contradiction à le percevoire distinctement(나는 내가 어떤 것을 판명하게 지각하는 것에 모순을 발견했기 때문이 아니라면 신이 그것을 만드는 것이 불가능하다고는 결코 판단하지 않았다)"로 옮긴다.

312 "상상능력facultas imaginandi으로부터" 물질적 사물들이 현존한다는 사실이 귀결된다는 것을 내세운 다음, 그 근거를 제시한다. 원어는 "nam attentius consideranti quidnam sit imaginatio, nihil aliud esse apparet quam quaedam applicatio facultatis cognoscitivae ad corpus ipsi intime praesens, ac proinde existens"이다. "imaginatio"를 "상상작용"으로, "intime praesens"를 "긴밀히 현전하는"으로 옮겼다. "facultas cognoscitivae"를 베이사드는 "la faculte cognitive"로, 부케나우는 "Erkenntniskraft"로 옮긴다.

313 "pura intellectio"를 "순수지성작용"으로 옮겼다. 베이사드는 "la pure intellection"으로, 부케나우는 "reine Verstandestätigkeit"로 옮긴다.

314 원어는 "Nempe, exempli causa, cum triangulum imaginor, non tantum intelligo illud esse figuram tribus lineis comprenhensam, sed simui etiam istas tres lineas tamquam praesentes acie mentis intueor, atque hoc est quod imaginari appello"이다. 어떤 것을 상상한다는 것은, 그것을 "이해하는 것intelligere"과 동시에 "정신의 눈으로acie mentis" 나에게 "현전하는 것praesentes"으로 "직관한다intueor"는 것이다. 이때 "직관하다intueri"는 《정신지도규칙》에

서 "순수지성의 파악작용"으로 정의되는 것과는 다른 것으로, '바라보다' 혹은 '응시하다'를 뜻하고, 이런 의미에서 베이사드와 부케나우 모두 "voir", "anschauen"으로 옮겼을 것이다.

315 원어는 "agnoscere"이다. 베이사드는 "discerner(식별하다)"로, 부케나우는 "entdecken(발견하다)"으로 옮긴다.

316 상상작용과 순수지성작용 간의 차이를 보여주는 이 문장의 원어는 "& manifeste hic animadverto mihi peculiari quadam animi contentione opus esse ad imaginandum, qua non utor ad intelligendum: quae nova animi contentio differentiam inter imaginationem & intellectionem puram clare ostendit"이다.

317 원어는 "si corpus aliquod existat cui mens sit tia conjuncta ut ad illud veluti inspiciendum pro arbitrio se applicet"이다. 이때의 물체는 신체를 가리키고, 정신과 신체의 결합방식을 언급한다.

318 원어는 "quod mens, dum intelligit, se ad seipsam quodammodo convertat, respiciatque aliquam ex ideis quae illi ipsi insunt; dum autem imaginatur, se convertat ad corpus, & aliquid in eo ideae vel a se intellectae vel sensu perceptae conforme intueatur"이다.

319 상상작용으로부터 물체의 현존은 "필연적으로necessario" 증명되는 것이 아니라 "개연적으로만probabiliter tantum" "추측된다conjicere"는 주장의 근거 문장으로, 원어는 "& quia nullus aius modus aeque conveniens occurrit ad illam explicandam, probabiliter inde conjicio corpus existere; sed probabiliter tantum"이다.

320 〈제1성찰〉과 〈제3성찰〉에서 제시된 의심의 근거들이 모두 재검토되는 시작 문단이다. 원어는 "Et primo quidem apud me hic

repetam quaenam illa sint quae antehac, ut sensu percepta, vera esse putavi, & quas ob causas id putavi; deninde etam causas expendam propter quas eadem postea in dubium revocavi; ac denique considerabo quid mihi nunc de iisdem sit credendum" 이다.

321 원어는 "sensique hoc corpus inter alia multa corpora versari, a quibus variis commodis vel incommodis affici potest, & commoda ista sensu quodam voluptatis, & incommoda sensu doloris metiebar"이다. "commodis vel incommodis"를 "유리하게 혹은 불리하게"로, "metiri"를 "측정하다"로 옮겼다.

322 "hilaritas"를 "쾌활"로 옮겼다.

323 "varietas"를 "다양성"으로 옮겼다.

324 이것이 감각관념 혹은 외래관념이 외부물체로부터 유래한다는, 나아가 이것들과 유사하다는 믿음의 근거들 가운데 하나이다. 원어는 "experiebar enim illas absque ullo meo consensu mihi advenire"이다. "advenire"를 "불쑥 나타나다"로 옮겼다.

325 데카르트가 가끔 사용하는 표현 "내가 뻔히 알면서"의 원어는 "prudens & sciens"이다.

326 원어는 "multo magis vividae & expressae"이다.

327 원어는 "ideoque supererat ut ab aliis quibusdam rebus advenirent"이다. 이것을 베이사드는 "il semblait qu'elles ne pouvaient proceder de moi-même(그것들은 나 자신으로부터 유래할 수 없었다고 여겼다)"로 과도하게 의역한다.

328 "notitia"를 "인식"으로 옮겼다.

329 아리스토텔레스 및 스콜라철학의 입장을 대변하는 이 말의

원어는 "nullam plane me habere in intellectu, quam non prius habuissem in sensu"이다.

330 원어는 "titillatio"이다.

331 "자연이 나에게 (…) 갖고 있지 않았다"의 원어는 "non aliam sane habebam rationem, nisi quia ita doctus sum a natura"이다. 〈제3성찰〉에서 제시된 "자연의 가르침"이 다시 등장한다.

332 원어는 "affinitas"이다.

333 "자연으로부터 배운 것으로 보였다"의 원어는 "videbar a natura didicisse"이다.

334 원어는 "intimius"이다.

335 내적 감각 자체가 아니라, 그것의 위치가 의심된다.

336 원어는 "duas maxime generales dubitandi causas"이다.

337 원어는 "prima erat, quod nulla unquam, dum vigilo, me sentire crediderim, quae non etiam inter dormiendum possim aliquando putare me sentire; cumque illa, quae sentire mihi videor in somnis, non credam a rebus extra me positis mihi advenire, non advertebam quare id potius crederem de iis quae sentire mihi videor vigilando"이다. 부정문으로 이어진 이 문장을 긍정문으로 바꿔 읽으면 다음과 같다. 꿈과 깨어 있음의 기준이 부재한 상황에서, 깨어 있는 동안 감각한다고 믿는 것은 자는 동안에도 감각한다고 믿을 수 있다는 것, 그리고 꿈속에서 보이는 것은 외부에서 도래한 것이 아니라고 믿는다면, 깨어 있을 때 감각한 것 또한 외부에서 도래한 것으로 믿어서는 안 된다는 것이다.

338 원어는 "Altera erat, quod cum authorem meae originis adhuc

ignorarem, vel saltem ignorare me fingerem, nihil videbam obstare quominus essem natura ita constitutus ut fallerer, etiam in iis quae mihi verissima apparebant"이다. "natura"를 "본성적으로"로 옮겼다.

339 원어는 "Cum enim viderer ad multa impelli a natura, quae ratio dissuadebat, non multum fidendum esse putabam iis quae a natura docentur"이다.

340 원어는 앞서 〈제3성찰〉에서도 한 번 나온 "effectrix"이다.

341 "내가 하나를 (…) 때문이다"의 원어는 "satis est quod possim unam rem absque altera clare & distincte intelligere, ut certus sim unam ab altera esse diversam, quia potest satem d Deo seorsim poni"이다. "absque"를 "없이"로 옮길 수 있겠지만, "sine"와 구별해서 "별도로"로 옮겼다. "seorsim"을 "별개로"로 옮겼다.

342 "내가 신체를 갖고 있고, 이것과 아주 밀접하게 결합되어 있다"는 사실을 두고, 처음에는 "어쩌면fortasse"으로 말했다가 바로 "확실히pro certo"로 수정한다.

343 전능하고 선한 신의 보증 아래에서 정신과 신체 혹은 물체의 '실재적 구별 혹은 상이성'이 증명되는 대목이다.

344 "그 형상적 개념 안에"의 원어는 "in suo formali conceptu"이다.

345 원어는 "Jam vero est quidem in me passiva quaedam facultas sentiendi, sive ideas rerum sensibilium recipiendi & cognoscendi, sed ejus nullum usum habere possem, nisi quaedam activa etiam existeret, sive in me, sive in alio, facultas istas ideas producendi vel efficiendi"이다. 이제 본격적으로 물체의 현존에 대한 필연

적 증명이 시작된다. 감각관념을 "받아들이고 인식하는recipiendi & cognoscendi", "감각하는 어떤 수동적 능력passiva quaedam facultas sentiendi"이 정신 안에 있으나, 이 능력은 감각관념을 "산출하거나 야기하는producendi vel efficiendi" "어떤 능동적 능력quaedam activa facultas istas ideas"이 전제되지 않는다면 무용한 능력이라는 사실에서 출발한다.

346 감각관념은 의지의 협력 없이 주어진다는 과거의 믿음은 이제 타당한 것으로 간주한다.

347 인과론적 신 증명에서 사용된 인과원리가 여기서도 사용된다.

348 "certe"를 "적어도"로 옮겼다. 베이사드와 부케나우는 이 단어를 옮기지 않는다.

349 "emittere"를 "내보내다", "immittere"를 "들여보내다"로 옮겼다.

350 물체의 현존에 대한 필연적 증명은 이렇게 간단히 끝난다. 데카르트는 인과원리를 끌어들여, 감각관념 안에 존재하는 실재성은 형상적으로 혹은 우월적으로 포함하는 실체에서 유래해야 하며, 그 후보로 물체, 신 혹은 물체보다 우월한 실체를 내놓는다. 그러나 그는 신이나 다른 실체가 왜 감각관념의 원인일 수 없는지에 대해서 함구한 채, 그것들을 그 원인에서 배제한다. 물체만이 감각관념의 원인일 수 있는 이유는 단지 감각관념이 물체에서 유래한다고 "믿는 커다란 경향성magnam propensionem ad credendum"을 신이 우리에게 주었다는 것, 그래서 신은 기만자가 아니므로 이 믿음은 참이라는 것이다.

351 "거짓을 교정하는 어떤 능력"의 원어는 "aliqua facultas ad illam emendandam"이다.

352 "참된 어떤 것"의 원어는 "aliquid veritatis"이다.

353 원어는 "Per naturam enim generaliter spectatam, nihil nunc aliud quam vel Deum ipsum, vel rerum creatarum coordinationem a Deo institutam intelligo; nec aliud per naturam meam in particulari, quam complexionem eorum omnium quae mihi a Deo sunt tributa"이다. "coordinatio"와 "complexio"를 베이사드는 "le système ordonné"와 "l'assemblage"로, 부케나우는 "Gesamtordnung"과 "Verknüpfung"으로 옮긴다. 여기서 데카르트는 "자연"이라는 말의 의미를 규정한다. "일반적으로 볼 경우" 자연은 "신"이거나, 아니면 "신이 설정한 피조물들의 질서 체계"이며, "특수하게" "나의 자연"은 "신이 나에게 부여한 모든 것의 결합"이다. 이 "결합"은 나중에 다시 '정신에 속하는 자연', '신체에 속하는 자연', 그리고 '정신과 신체의 합성체로서 나에게 속하는 자연'으로 세분된다.

354 여기서는 "expresse"를 "명시적으로"로 옮겼다.

355 원어는 "Decet etiam natura, per istos sensus doloris, famis, sitis c., me non tantum adesse meo corpori ut nauta adest navigio, sed illi arctissime esse conjunctum quasi permixtum, adeo ut unum quid cum illo componam"이다. 데카르트는 인간 정신과 신체의 존재방식을 선원과 배의 관계로 설명한 플라톤의 입장을 거부한다. 고통, 허기, 갈증과 같은 내적 감각들을 근거로 정신과 신체는 아주 밀접하게 "결합conjunctum되어" 있고, "흡사 혼합quasi permixtum되어" 있으며, "일체unum를 이루고 있다는 것을 자연이 가르친다고 말한다.

나중에 데카르트는 정신과 신체의 통일에 대한 개념을 "원초적 개념들primitives notions"의 하나로 간주하면서, 그것은 감각에 의해 분명하게 지각된다고 말한다. '1643년 5월에 엘리자베스에게 보낸 편지'에서 데카르트는 모든 사물에 공통적으로 적용되는 개념인 존재, 수, 지속 등, 그리고 물체에만 적용되는 연장, 형태, 운동 등, 또 정신에만 적용되는 지성작용과 의지작용뿐만 아니라, 정신과 신체의 통일에 대한 개념을 원초적 개념으로 분류한다. 앞의 세 가지는 물론《정신지도규칙》에 나타난 "공통적 단순 본성", "물질적 단순 본성" 및 "정신적 단순 본성"과 상응하지만, "정신과 신체의 통일에 대한 개념"은 그때 처음 등장한 용어다.

나아가 데카르트는 '1643년 6월에 엘리자베스에게 보낸 편지'에서, 정신에 속하는 원초적 개념은 순수지성에 의해서만 인식되고, 물체에 속하는 원초적 개념은 상상력의 지원을 받은 지성에 의해 더 잘 인식되지만, 정신과 신체의 통일에 대한 원초적 개념은 감각에 의해 더 분명히 인식될 수 있다고 말한다. "철학을 해본 적이 없고 오직 감관만을 사용하는 사람이, 정신이 신체를 움직이고 물체가 정신에 작용을 가한다는 사실에 대해 의심하지 않는 이유도 바로 여기에 있다. 그들은 정신과 신체 모두를 하나의 사물로 간주한다, 즉 그 통일성을 인식한다. 왜냐하면 두 사물 간의 통일을 인식한다는 것은 그것들을 하나의 사물로 인식한다는 것이기 때문이다. 순수지성을 사용하는 형이상학적인 사유를 통해 우리는 정신의 개념을 알게 되고, 형태와 운동을 고찰할 때 주로 상상력을 사용하는 수학적 탐구를 통해 우리는 물체에 대한 판명한 개념을 형성하게 된다. 그러나 삶의 일상적인 과정 및 대화를 통해서, 상상력을 사용하는 사물에 대한 탐구나 성찰에서 벗어나서 우리는 정신과 신체가 어떻게 통일되어 있는지를 배우게 되는 것이다." 그러므로 정신과 신체가 인간에서 일체를 이루고 있음은 철학적 혹은 수학적 탐구에 의해서가 아니라 일상적인 삶 속에서 체험된다는 것이다. 그러므로 이 통일성에 대한 인식은 엄밀히 말해 학문적 인식이 아니라고 볼 수 있다.

356 원어는 "Nam certe isti sensus sitis, famis, doloris &c., nihil aliud sunt quam confusi quidam cogitandi modi ab unione & quasi permixtione mentis cum corpore exorti"이다.

357 신이 부여한 '자연의 가르침'과 '분별없이 판단하는 어떤 습관으로부터a consuetudine quadam inconsiderate judicandi 비롯되는 믿음'이 구별된다.

358 정신과 신체의 합성체compositio로서의 인간에게 주어진 자연이란 자연적 본능을 가리킨다.

359 정신과 신체의 합성체로서 나에게 신이 부여한 자연의 역할은 실생활에서 유익한 것과 무익한 것을 가르치는 것에 국한된다. 그것은 맹목적인 후천적 습관과도, 이론적 지식을 발견하게 해주는 자연의 빛과도 구별된다.

360 원어는 "Ita quamvis stella non magis oculum meum quam ignis exiguae facis afficiat, nulla tamen in eo realis sive positiva propensio est ad credendum illam non esse majorem"이다. 데카르트가 이런 경우 종종 사용하는 "ita"를 원뜻 그대로 "이렇게"로 옮겼다. 베이사드와 부케나우는 모두 "예를 들어"로 의역한다. "믿게 하는 실재적 혹은 적극적 경향성"의 원어는 "realis sive positiva propensio ad credendum"이다. 문제는 "in eo"인데,

지시대명사 "eo"가 지시하는 것이 무엇인지가 다소 모호하다. 하나는, 의미상 "믿게 하는 실재적 혹은 적극적 경향성"을 고려할 경우에 '합성체로서의 나'를 지시할 것이다. 다른 하나는, 바로 그 다음 문장을 고려할 경우에 "별"을 지시할 것이다. "이 열과 유사한 어떤 것이 불 안에in eo 있다고(…) 설득하는 근거는 분명 전혀 없으며, 단지 우리 안에 이 열이나 고통의 감각들을 야기하는 어떤 것이 (…) 불 안에in eo 있다고 설득하는 근거만이 있을 뿐이다." 즉, 이 문장에서 "in eo"와 "in nobis"가 동시에 사용되면서, 전자의 "eo"는 "불"을 지시하는 것이 분명하기 때문이다. 이 문장의 "in eo"를 베이사드와 부케나우 모두 "불 안에"로 번역하는 반면, 앞문장의 "in eo"에 대해서는, 베이사드는 "là(거기에)"로, 부케나우는 "in ihm(그것 안에)"으로 옮기면서, 지시대명사 "eo"를 그대로 번역한다.

361 "자연의 질서를 왜곡시키는"의 원어는 "ordinem naturae pervertere"이다.

362 원어는 "quia nempe sensuum perceptionibus, quae proprie tantum a natura datae sunt ad menti significandum quaenam composito, cujus pars est, commoda sint vel incommoda, & eatenus sunt satis clarae & distinctae, utor tanquam regulis certis ad immediate dignoscendum quaenam sit corporum extra nos positorum essentia, de qua tamen nihil nisi valde obscure & confuse significant"이다. "significare"를 "알리다"로 옮겼다. 이것을 부케나우는 "anzeigen"과 "Kunde geben"으로 옮기지만 모두 "알리다"의 의미로 읽는다. "dignosco"는 "알아보다"로 옮겼다. 이를 베이사드는 "discerner(식별하다)"로, 부케나우는

"erkennen(인식하다)"으로 옮긴다.

363 "bonitas"를 "선성善性"으로 옮겼다.

364 "이 자연이 전지하지 않다는 것이다"의 원어는 "naturam istam non esse omnisciam"이다. "omniscius"를 "전지한"으로 옮겼다.

365 원어는 "fallacem naturam"이다.

366 원어는 "si considerem hominis corpus, quatenus machinamentum quoddam est ex ossibus, nervis, musculis, venis, sanguine & pellibus ita aptum & compositum, ut etiamsi nulla in eo mens existeret, eosdem tamen haberet omnes motus qui nunc in eo non ab imperio voluntatis nec proinde a mente procedunt"이다.

367 "praeconceptus"를 "사전에 형성된"으로 옮겼다.

368 앞문장의 "deflectere"를 "빗겨나다"로, "aberrare"를 "벗어나다"로 옮겼다.

369 원어는 "haec enim nihil aliud est quam denominatio a cogitatione mea, hominem aegrotum & horologium male fabricatum cum idea hominis sani & horologii recte facti comparante, dependens, rebusque de quibus dicitur extrinseca; per illam vero aliquid intelligo quod revera in rebus reperitur, ac proinde nonnihil habet veritatis"이다. 인간 정신이 만들어낸 자연과 사물 자체 속에 있는 자연을 구별하고, 후자는 단지 "외적 명칭"일 뿐이라고 말한다.

370 "순수한 명칭", "자연의 진정한 오류"의 원어는 "pura denominatio", "verus error naturae"이다.

371 "내가 전적으로 (…) 이해하기"의 원어는 "rem plane unam et

integram me esse intelligo"이다.

372 원어는 "et quamvis toti corpori tota mens unita esse videatur"
이다.

373 〈제2성찰〉을 가리킨다.

374 "자연이 설정했다"의 원어는 "institutus est a natura"이다.

375 원어는 "Experientiam autem testari, tales esse omnes sensus
nobis a natura inditos; ac proinde nihil plane in iis reperiri, quod
non Dei potentiam bonitatem testetur"이다. "testari"를 "증시證
示하다"로 옮겼다.

376 "신호를 주고"의 원어는 "signum dat"이다.

377 원어는 "natura hominis"이다. 맥락상 '인간의 자연', '인간의 자
연적 본성' 등으로 옮길 수 있겠지만, '신이 정신과 신체의 합성
체로서 인간에게 부여한 특성'이라는 의미에서 "인간의 본성"
으로 옮겼다.

378 이 문단의 원어는 "Potuisset vero natura hominis a Deo sic
constitui ut ille idem motus in cerebro quidvis aliud menti
exhiberet: nempe vel seipsum, quatenus est in cerebro, vel
quatenus est in pede, vel in aliquo ex locis intermediis, vel
denique aliud quidlibet"이다.

379 '고통이 발에 있는 것처럼 현시하는 것만큼'을 의미한다.

380 "신의 선성"과 관련된 앞의 문제 제기에 대한 답이다. 원어는
"Ex quibus omnino manifestum est, non obstante immensa Dei
bonitate, naturam hominis ut ex mente et corpore compositi non
posse non aliquando esse fallacem"이다.

381 "감각은 자연적으로 속게 될 것인데"의 원어는 "sensusque

naturaliter falletur"이다.

382 원어는 "rationi consentaneum"이다. '맞다', '틀리다'가 아니라 '합리적'이라는 의미로 "이성에 부합"한다고 말한다.

383 원어는 "natura mea"이다. "인간의 본성"과 마찬가지로, '신이 정신과 신체의 합성체로서 나에게 부여한 특성'이라는 의미에서 "나의 본성"으로 옮겼다.

384 "aut emendare aut vitare"를 "교정하거나 피하다"로 옮겼다.

385 원어는 "cum sciam omnes sensus circa ea quae ad corporis commodum spectant, multo frequentius verum indicare quam falsum"이다. "corporis commodum"을 "신체의 이익"으로, "indicare"를 "지시하다"로 옮겼다.

386 원어는 "sed huperbolicae superiorum dierum dubitationes, ut risu dignae, sud explodendae. Praesertim summa illa de somno, quem a vigilia non distinguebam"으로 두 문장인데 한 문장으로 이어서 옮겼다. 여기서 '꿈의 가설'은 "과장된 의심", "극도의 의심", "우스운 것"으로 표현된다. 〈제6성찰〉 앞부분에서 '꿈의 가설'과 '악신의 가설'이 "극히 일반적인 의심의 근거들 두 가지duas maxime generales dubitandi causas"로 제시된 바 있다.

387 원어는 "insomnia"이다.

388 "homo verus", "spectrum", "phantasma"을 "진정한 인간", "유령", "환영"으로 옮겼다.

389 "nuntiare"를 "보고하다"로 옮겼다.

390 "omnino"를 "일반적으로"로 옮겼다.

기하학적 배열에 따라 신의 현존 및
영혼과 육체의 구별을 입증하는 근거들

1 원어는 "*Cogitationis* nomine complector illud omne quod sic in
   nobis est, ut ejus immediate conscii simus. Ita omnes voluntatis,
   intellectus, imaginationis & sensuum operationes sunt
   cogitationes. Sed addidi *immediate*, ad excludenda ea quae ex iis
   consequuntur"이다. "사유"라고 옮긴 "cogitatio"는 데카르트가
   특수한 의미를 부여하는 기술적 용어이기 때문에, 넓은 의미를
   가진 '생각' 등으로 옮기기 어려웠다. 데카르트는 "사유"와 같
   은 "단순 개념들notiones simplices"은 정의될 필요가 없다고, 아니
   오히려 정의definitio는 그 의미를 불명료하게 만들뿐이라고 강
   조하지만, 여기서는 기하학적 방식으로 논증이 진행되는 만큼
   그것들에 대한 정의를 제시하지 않을 수 없었을 것이다.

2 원어는 "*Ideae* nomine intelligo cujuslibet cogitationis formam
   illam, per cujus immediatam perceptionem ipsius ejusdem
   cogitationis conscius sum"이다.

3 원어는 "Atque ita non solas imagines in phantasia depictas
   ideas voco; imo ipsas hic nullo modo voco ideas, quatenus sunt
   in phantasia corporea, hoc est in parte aliqua cerebri depictae,

sed tantum quatenus mentem ipsam in illam cerebri partem conversam informant"이다. "phantasia (corporea)"는 "상상력" 혹은 "상상작용imaginatio"과 구별하여 "(물질적) 상상"으로, "informer"는 코팅엄 영역본의 "give form"을 참고하여 "형상을 주다"로 옮겼다.

4   원어는 "Per realitatem objectivam ideae intelligo entitatem rei repraesentae per ideam, quatenus est in idea"이다. "realitas"를 "실재성"으로, "entitas"를 "존재성"으로 옮겼다.

5   원어는 "Eadem dicuntur esse formalier in idearum objectis, quando talia sunt in ipsis qualia illa percipimus; eminenter, quando non quidem talia sunt, sed tanta, ut talium vicem supplere possunt"이다.

6   원어는 "Omnis res cui inest immediate, ut in subjecto, sive per quam existit aliquid quod percipimus, hoc est aliqua proprietas, sive qualitas, sive attributum, cujus realis idea in nobis est, vocatur Substantia"이다.

7   원어는 "Substantia, cui inest immediate cogitatio, vocatur Mens; loquor autem hic de mente potius quam de anima, quoniam animae nomen est aequivocum, & saepe pro re corporea usurpatur"이다. "영혼anima"보다는 "정신mens"이라는 용어를 선택한 이유를 밝힌다.

8   원어는 "Substantia, quae est subjectum immediatum extensionis localis, & accidentium quae extensionem praesupponunt, ut figurae, situs, motus localis, &c., vocatur Corpus"이다.

9   원어는 "Substantia, quam summe perfectam esse intelligimus,

& in qua nihil plane concipimus quod aliquem defectum sive perfectionis limitationem involvat, *Deus* vocatur"이다.

10 원어는 "Cum quid dicimus in alicujus rei natura, sive conceptu, contineri, idem est ac si diceremus id de ea re verum esse, sive de ipsa posse affirmari"이다. 〈제5성찰〉에서 제시된 '신 존재 증명'의 전제가 되는 명제다.

11 원어는 "Duae substantiae realiter distingui dicuntur, cum unaquaeque ex ipsis absque alia potest existere"이다. "absque"를 "없이sine"보다는 "별개로"로 옮겼다.

12 원어는 "idque tam diu & tam saepe apud se revolvant, ut tandem consuetudinem acquirant non amplius ipsis nimium fidendi"이다.《성찰》에서와 마찬가지로, 여기서도 의심 그리고 의심의 습관을 첫 번째 요청postulatum으로 내놓는다.

13 원어는 "nec prius illam considerare desistant, quam ipsam clare percipiendi & rebus omnibus corporeis cognitu faciliorem credendi usum sibi compararint"이다. 첫 번째 요청에서 의심하는 습관을 주문했다면, 두 번째 요청에서는 명석판명하게 인식하는 습관을 주문한다. "credendi usum"을 "믿는 습관"으로 옮겼다.

14 원어는 "propositiones per se notas, quas apud se invenient"이다. 공리 혹은 공통개념에 대한 인식방식과 존재방식이 동시에 표현된다.

15 "곰곰이 재어보다"의 원어는 "perpendere"이다.

16 원어는 "atque ita perspicuitatem intellectus sibi a natura inditam, sed quam sensuum visa quammaxime trubare solent & obscurare, puram atque ab ipsis liberatam exerceant"이다.

"perspicuitas intellectus"를 "지성의 명료함"이 아니라 "명료한 지성"으로 의역했다.

17 원어는 "Nonnulla enim quibusdam per se nota sunt, quae ab aliis non nisi per discursum intelliguntur"이다. "per discursum"를 "추론 과정을 통해"로 옮겼다.

18 원어는 "Nulla res existit de qua non possit quaeri quaenam sit causa cur existat"이다. 데카르트는 다른 것을 통해서가 아니라 그 자체로 알려지는 공리들axiomata 혹은 공통개념들communes notiones의 첫 번째 것으로, 나중에 라이프니츠G. W. Leibniz와 쇼펜하우어A. Schopenhauer에서 정립되고 수용되는 충족이유율을 내놓는다. 현존하는 모든 것에는 그 현존의 원인이 있어야 한다는 뜻인데, 신도 예외가 아님을 강조한다.

19 원어는 "Nulla res, nec ulla rei perfectio actu existens, potest habere nihil, sive rem non existentem, pro causa suae existentiae"이다.

20 원어는 "Quidquid est realitatis sive perfectionis in aliqua re, est formaliter vel eminenter in prima & adaequata ejus causa"이다. "실재성realitas"과 "완전성perfectio"이, 그리고 다음 여섯 번째 공리에서 "존재성entitas"이 모두 동일한 것으로 간주된다.

21 원어는 "Res cogitantis voluntas fertur, voluntarie quidem & libere (hoc enim est ed essentia voluntatis), sed nihilominus infallibiliter, in bonum sibi clare cognitum"이다. "ferre"를 "이끌다", 그 수동형 "fertur"를 "이끌리다"로 옮겼다.

22 원어는 "In omnis rei idea sive conceptu continetur existentia, quia nihil possumus concipere nisi sub ratione existentis"이다. "sub

ratione existentis"를 "현존의 상 아래에서"로 직역했다. 데카르트도 가끔 썼지만, 스피노자B. Spinoza가 방점을 찍은 "sub specie aeternitatis(영원의 상 아래에서 혹은 영원의 관점에서)"를 고려했다. 원석영(르네 데카르트 저, 원석영 역, 《성찰 1》, 나남, 2012, 116쪽)은 이 문장을 "존재와 연관짓지 않고서는"으로 읽는다.

23 원어는 "Dei existentia ex sola ejus naturae consideratione cognoscitur"이다. 《성찰》에서와는 다르지만 《철학의 원리》에서와 마찬가지로, 이른바 '존재론적 신 증명'이 '인과론적 신 증명'보다 먼저 제시된다.

24 원어는 "Dei existentia ex eo solo quod ejus idea sit in nobis, a posteriori demonstatur"이며, 〈제3성찰〉의 첫 번째 증명이다. "a posteriori(후험적으로/경험에 의해)"라는 용어가 여기서 처음 사용된다. 이는 곧 존재론적 신 증명은 '선험적으로a priori' 증명된 방식임을 함축할 것이다.

25 원어는 "Dei existentia demonstratur etiam ex eo quod nos ipsi habentes ejus ideam existamus"이며, 〈제3성찰〉의 두 번째 증명이다.

26 원어는 "deesse"이다.

27 원어는 "Mens et corpus realiter distinguuntur"이다.

28 "그러나 우리는 (…) 존재할 수 있다"의 원어는 "Sed clare percipimus mentem, hoc est, substantiam cogitantem, absque corpore, hoc est, absque substantia aliqua extensa (per post. 2); vice versa corpus absque mente (ut facile omnes concedunt). Ergo, saltem per divinam potentiam, mens esse potest sine corpore, & corpus sine mente"이다. "absque"를 "별개로", "sine"를 "없이"로 옮겼다.

자연의 빛에 의한 진리 탐구

1 원어는 "un honneste homme/un honnête homme"이다. 이 용어의 의미, 또 그 번역어에 대해 다양한 의견들이 제시되었다. 그 가운데 데카르트가 이 용어를 가져온 것이 그 당시 시대 분위기에 기인했을 것이라는 추측은 충분히 일리 있다. 사비니와 파이에가 지적하듯이, 몽테뉴M. E. Montaigne와 샤롱P. Charron을 포함한 여러 인문학자들의 작품들이, 특히 파레트N. Faret가 집필한 책《교양인 혹은 궁중예법 L'Honnête Homme ou l'Art de plaire à la Cour》가 1630~1640년에만 6쇄를 찍어낼 정도로 선풍적인 인기를 끌고 있었다는 점을 감안하면 그렇다. 그렇지만 데카르트는 아이러니하게도 "건전한 인간honnête homme"에게 궁중예법을 터득한 인간과는 전혀 어울리지 않는 인간상을 부여한다. 적어도《자연의 빛에 의한 진리 탐구》(이하《진리 탐구》)에서는 그렇다. 그는 이 글에서 그 용어를 명시적으로 세 번 사용한다. 첫 번째는 학교 공부는 해본 적이 없는 인간, 두 번째는 라틴어나 희랍어와 같은 학술어를 알 필요가 없는 인간, 세 번째는 우울증환자와 대비되는 인간을 가리킬 때다. 이것들이 의미하는 인간은 '강단교육이 필요 없는 건강한sain 정신의 소유자'일 것

이다. 그리고 이 건강한 정신은 앎과 행위의 기반을 "상식sens commun" 혹은 "양식bon sens"에 두는 인간이다. 이는 데카르트가 그토록 강조한 '선입견에서 자유로운 인간'과 다르지 않을 것이다. 이런 관점에서 나는 "honnête homme"를 "건전한 인간"으로 번역했다. 이것을 코팅엄은 "a good man"으로, 슈미트는 "ein kultivierter Mensch(교양인)"로 옮긴다. 나는 여기서 사비니(René Descartes, La Recherche de la Vérité par la lumière naturelle. Introduction et commentaire historique et conceptuel par Ettore Lojacono, Textes revus Massimiliano Savini, Quadrige/PUF, 2009, 이하 '사비니')와 파이에(Descartes, La Recherche de la Vérité par la lumière naturelle. Traduction et Notes par Emmanuel Faye, Précédées d'un Essai introductif: L'Invention cartésienne de la conscience, Le Livre de Poche, 2007, 이하 '파이에')를 주로 참고했다.

2   원어는 "Un honnête homme n'est pas obligé d'avoir veu tous les livres, ni d'avoir appris soigneusement tout ce qui s'enseigne dans les Ecoles"이다. 아당 타네리 판의 옛 프랑스어를 현대어로 바꾸었다. "soigneusement"을 "세심하게"로 옮겼다.

3   "l'exercice des lettres"를 "글공부"로 옮겼다.

4   원어는 "il a beaucoup d'autres choses à faire pendant sa vie, le cours de laquelle doit être si bien mesuré, qu'il lui en reste la meilleure partie pour pratiquer les bonnes actions, qui lui devroient être enseignées par sa propre raison, s'il n'apprenait rien que d'elle seule"이다. 이성에 의한 선행善行의 가르침에 대한 데카르트의 실천적 관심이 드러나는 대목이다.

5   데카르트가 철학함에서 가장 경계했던 "감각의 허약함과 선

생들의 권위"의 원어는 "la faiblesse des sens et l'autorité des précepteurs"이다.

6   원어는 "pensées"이다. 라틴어로는 "cogitationes"이다. 〈제3성
    찰〉에서처럼 '정신 안에 나타나는 모든 것'을 가리킨다.

7   원어는 "De sorte qu'il a besoin par après d'un trés grand
    naturel, ou bien des instructions de quelque sage, tant pour se
    défaire des mauvaises doctrines dont il est préoccupé que pour
    jeter les premiers fondements d'une science solide, et découvrir
    toutes les voies par où il puisse élever sa connaissance jusques au
    plus haut degré qu'elle puisse atteindre"이다. "naturel"을 "소질",
    "doctrine"을 "교설", "voie"를 "길"로 옮겼다. 이것은 데카르트
    가 학문에 임하는 기본 입장이므로, 이런 유의 문장은《정신지
    도규칙》에서부터《철학의 원리》에 이르기까지 그의 저서 도
    처에서 발견된다. 그 가운데 이와 가장 유사한 표현을 담고 있
    는 것이《방법서설》제1부의 문장일 것이다. "내가 생각하기
    에, 나는 청년기부터 특정한 길에 들어서는 큰 행운을 가졌고,
    이 길의 인도로 몇몇 고찰들과 준칙들에 이르렀으며, 이것들로
    하나의 방법을 만들어냈던바, 그 방법 덕분에 내 인식을 단계
    적으로 증대시킬, 그리고 그것을 내 평범한 정신과 내 짧은 삶
    으로도 기대해볼 만한 가장 높은 곳까지 조금씩 끌어올릴 수단
    을 갖게 된 것으로 보인다." (이현복, 19~20쪽)

8   "ouvrage"를 "작업"으로, "enseigner"를 "가르치다"보다는 "알려
    주다"로 옮겼다.

9   "les plus curieuses connaissances"에서,《진리 탐구》의 원제목에
    도 들어 있는 "curieux"를 "정교한"으로 읽었다. 물론 데카르트

가《방법서설》제2부에서 "les plus curieuses et les plus rares(가장 기이하고 가장 드문)" 학문을 언급했을 때, 이 학문은 연금술, 점성술 등을 의미했을 것이고, 그래서 그 경우에 "curieux"는 "정교한"의 의미로 사용하지 않았을 것이다. 그러나 그가《방법서설》을 한창 집필하던 '1636년 3월 메르센에게 보낸 편지'에서 자신이 구상한《방법서설》의 제목을 밝힐 때, 그 용어는 굴절광학, 기상학 그리고 기하학과 연관되어 다음과 같이 사용된다. "우리 본성을 더 높은 단계의 완전성으로 끌어올릴 수 있는 보편학의 기획, 그리고 또 굴절광학, 기상학 및 기하학, 여기서 저자가 제시하는 보편학을 입증하기 위해 선택할 수 있었던 가장 정교한 주제들les plus curieuses matiéres이 공부를 전혀 하지 않은 자들조차도 이해할 수 있는 방식으로 설명된다." 이런 의미에서 "curieux"를 "정교한"으로 옮겼다.

10 "우리 영혼의 진정한 풍요로움"의 원어는 "les véritables richesses de nos âmes"이다.

11 "avertir"를 "일러주다"로 옮겼다.

12 "adresse/industria"를 "재간"으로 옮겼다.

13 인간 정신이 도달할 수 있는 모든 지식은 서로 "경이로운 끈une liaison si merveilleuse"으로 결합되어 있고, 상호 추론될 수 있으며, 그래서 "가장 단순한 것les plus simples"에서 시작해서 "단계적으로per gradus 고상한 것, 즉 복잡한 것으로 나아간다면 모든 지식은 발견될 수 있다는 데카르트의 확신은《정신지도규칙》,《방법서설》,《성찰》에서도 피력된다. 예를 들어,《정신지도규칙》에서 다음과 같이 말한다. "그래서 이 방법 전체를 완전히 습득한 자는 누구든, 그의 지력이 평범하더라도, 어떠한 길도 그에

게 다른 이들 이상으로 차단된 것이 아님을, 그리고 그가 더 이상 지력이나 기예의 결함으로 인해 무지한 것이 아님을 볼 것이다."(이현복, 160쪽)

14 《방법서설》 제1부에서 다음과 같이 말한다. "좋은 정신l'esprit bon을 가지는 것으로 충분한 것이 아니라, 주요한 것은 그것을 잘 사용하는 것이기 때문이다."(이현복, 18쪽)

15 《정신지도규칙》 제4규칙에서 다음과 같이 말한다. "필사자들은 맹목적 호기심에 사로잡혀, 희망의 어떠한 근거도 없이 단지 찾는 것이 거기에 놓여 있는지를 시험해보기 위해 정신을 종종 미지의 길로 인도한다. 이는 어떤 이가 보물을 발견하려는 어리석은 욕망에 불타, 혹시라도 여행자가 잃어버린 어떤 것을 발견할지를 알아보기 위해 계속 거리를 배회하는 경우와 같다."(이현복, 126쪽)

16 "인간 정신의 범위를 넘어서지 않는" 인식을 가리킨다.

17 《방법서설》 제2부에서 다음과 같이 말한다. "이는 산들 사이를 돌아가는 큰길들이 사람들이 많이 다닌 덕분에 조금씩 평탄해지고 편하게 되어, 그 길들을 따라가는 것이 바위 위를 기어오르고 절벽 아래로 내려가면서 더 곧장 가려고 시도하는 것보다 훨씬 더 나은 것과 마찬가지다."(이현복, 34쪽)

18 "ingenium"를 "지력智力"으로 옮겼다.

19 《방법서설》 제2부에서 다음과 같이 말한다. "그리고 논리학 안에 실제로 아주 참되고 아주 좋은 규정들이 많이 들어 있긴 하지만, 그럼에도 불구하고 해롭거나 불필요한 다른 것들도 그만큼 많이 섞여 있어서, 그것들을 가려내는 일은 아직 전혀 다듬어지지 않은 대리석 덩어리에서 디아나상이나 미네르바상을 끌어

내는 것과 거의 마찬가지로 힘들다는 것이다."(이현복, 37쪽)

20 원어는 "honnetes/honneste"이다. 이 경우에는 "진솔한"으로 옮겼다.

21 "가장 드물고 가장 호기심 많은"의 원어는 "des plus rares esprits et des plus curieux"로, 주해 9에서 밝힌《방법서설》의 "가장 기이하고 가장 드문"과 동일한 표현이다. 거기서는 '학문'을, 여기서는 '인물'을 표현한다. 그래서 "curieux"를 "기이한"이 아니라 "호기심 많은"으로 옮겼다.

22 대화 속에 등장하는 세 인물의 특징이 묘사된다. 폴리안데르는 평범한 지성의 소유자, 즉 "건전한" 사람이다. 그는 강단의 학문을 배운 적이 없는 무지한 인물이다. 에피스테몬은 강단의 모든 학문을 섭렵하고 스승의 권위에 기대는 인물이다. 에우독소스는 평범한 정신, 건강한 판단력, 온전한 이성을 가진 인물이다.

폴리안데르, 에피스테몬, 에우독소스

23 "la cour"를 "뜰"로, "les armées"를 "군대"로 옮겼다.

24 원어는 "c'est que le désir de savoir, qui est commun à tous les hommes, est une maladie qui ne se peut guérir"이다.

25 원어는 "courisité"이다.

26 "savant"을 "박식한"으로 옮겼다.

27 "보편적인 질병"의 원어는 "une maladie universelle"이다.

28 지도된 영혼의 호기심la curiosité des âmes réglées과 맹목적인 영혼의

호기심이 구분된다. 데카르트는《정신지도규칙》에서 "확실하게 알 수 있는 대상에 우리 정신을 국한시켜야 한다"고 말한다. "인간 인식이 무엇이고 또 무엇이고, 또 그것이 어디까지 미치는지를 탐구하는 것보다 더 유익한 것은 아무것도 있을 수 없다. (…) 진리를 조금이라도 사랑하는 자라면 누구든 일생에 한 번은 행해야 하는 것이다. 왜냐하면 이 문제에 대한 탐구 안에 지식의 참된 도구들과 방법 전체가 들어 있기 때문이다. 이에 반해, 자연의 비밀, 지상의 것들에 대한 하늘의 영향, 미래의 것들에 대한 예언 그리고 이와 유사한 것에 대해, 많은 이들이 하듯이, 대담하게 논쟁하는 것보다, 그럼에도 인간 이성이 그것들을 발견하기에 충분한지 여부조차 한 번도 탐구하지 않는 것보다 나에게 더 부당하게 보이는 것은 아무것도 없다. 그리고 우리가 우리 자신 안에서 느끼는 정신의 한계들을 정하는 것이 힘들거나 어려운 일로 보여서도 안 된다."(이현복, 157~158쪽) "그리고 호기심을 더 멀리 확장하는 자는 건전한 정신sanae mentis의 소유자로 보이지 않을 것이다."(이현복, 152쪽)

29 원어는 "naturellement"이다.

30 "honnetes/honnete"를 여기서는 "건전한"으로 옮겼다.

31 《방법서설》제1부에서 다음과 같이 말한다. "나는 내 스승들의 구속에서 해방될 수 있는 나이가 되자마자 글공부를 완전히 떠났다. 그리고 나 자신에서, 혹은 세상이라는 커다란 책 안에서 발견될 수 있을 학문 외에 다른 것은 더 이상 찾지 말자고 결단하면서, 여행을 하는 데, 궁전과 군대를 보는 데, 다양한 기질과 환경을 가진 사람들과 어울리는 데, 다양한 경험을 쌓는 데, 운이 내게 내보인 마주침들 안에서 나 자신을 시험하는 데, 그

리고 내게 나타난 것들에 대해, 이것들로부터 어떤 이익을 끌어낼 수 있는지를 어디서나 반성하면서 내 남은 청춘을 보냈다."(이현복, 27~28쪽)

32 "propositions"을 "주장들"로 옮겼다.

33 "apprendre"를 "습득하다"로 옮겼다.

34 "sans aucun discours de raison"을 "그 어떤 이성적 추리 없이"로, "les simples connaissances"를 "소박한 인식들"로, "les sciences"를 "지식들"로 옮겼다.

35 "건전한 인간un honnête homme"이 이 글에서 두 번째로 등장한다.

36 데카르트는 《방법서설》 제1부에서 다음과 같이 말한다. "가장 강한 추리력을 가진 자들, 그리고 자신의 생각을 분명하고 이해하기 쉽도록 가장 잘 소화하는 이들은, 비록 브르타뉴 지방의 사투리만을 말하고 수사학을 배운 적이 없다고 해도, 그들이 제안하는 것을 언제나 가장 잘 설득할 수 있다."(이현복, 24~25쪽)

37 원어는 "en choses honnêtes et utiles"이다.

38 원어는 "Pour les sciences, qui no sont autre chose que les jugements certains que nous appuyons sur quelque connaissance qui precede"이다.

39 "모든 (…) 것들"의 원어는 "choses communes et desquelles tout le monde a entendu parler"이고, "드물고 공들인 관찰들"의 원어는 "experiences rares et etudiees"이다. 전자에서 도출되는 지식과 후자에서 도출되는 지식이 구분된다.

40 "일상적인 것들에서 도출될 수 있고, 각자에게 알려진 진리들"의 원어는 "les vérités qui se peuvent déduire des choses

ordinaires et connues à un chacun"이다.

41 원어는 "les premiers"이다. 이른바 고대의 '최초의 철학자들'을 가리킬 것이다.

42 《정신지도규칙》에서 다음과 같이 말한다. "방법의 유용성은 대단히 커서, 이것 없이 공부에 정진하는 것은 이롭다기보다는 오히려 해롭다고 보이기 때문에, 나는 이미 이전에 뛰어난 지력의 소유자들이 그것을, 오직 자연의 인도에 의해서라고 해도, 어떤 식으로 통관했다고 쉽게 확신했다. 왜냐하면 인간 정신은 내가 알지 못하는 신적인 어떤 것을 갖고 있으며, 그 안에 유익한 사유의 최초 씨앗들이 뿌려져 있어서, 그것들은 종종, 아무리 무시되었고 또 방해하는 연구들에 의해 아무리 질식되었더라도, 자발적 열매를 생산하기 때문이다. 우리는 이것을 가장 단순한 학문들인 산술과 기하학에서 경험한다. 왜냐하면 우리는 옛 기하학자들이 어떤 해석analysis quadam을 사용했고, 이것을 모든 문제들의 해결에까지 확장했다는 것을 충분히 알아차리기 때문이다. 물론 그들이 질투하여 이것을 후손에게 숨겼지만 말이다."(이현복, 128~129쪽)

43 데카르트가 아주 가끔 쓰는 어휘로서, 원어는 "la prudence"이다. 보통 "현명(함)"으로 번역되지만, 문맥상 "지혜"로 옮겼다.

44 《방법서설》에서 다음과 같이 말한다. "심지어 가장 미신적인 것들 그리고 가장 거짓된 것들까지도 조사하는 것이 그것들의 정당한 가치를 인식하고, 그것들에서 기만당하는 것을 경계하기 위해 좋은 일임을 나는 알고 있었다."(이현복, 23~24쪽) "나쁜 학설들에 대해서는, 나는 이미 그것들의 진가를 충분히 인식하고 있어서, 연금술사의 약속에도, 점성술사의 예언에도,

마술사의 사기에도, 아는 것보다 더 안다고 공언하는 자들 그 누구의 계교나 허풍에도 더 이상 기만당하지 않으리라 생각했다.”(이현복, 27쪽)

45 원어는 “les plus puissantes machines, les plus rares automates, les plus apparentes visions, et les plus subtiles impostures que l'artifice puisse inventer”이다.

46 라틴어판에만 있는 “그다음에 postea”를 맥락상 추가했다.

47 “감각적인 것들의 건축물 전체”의 원어는 “tout l'architecture des choses sensibles”이다.

48 “가장 건전한 추측들”의 원어는 “les saines conjectures”이다.

49 원어는 “qu'un bon esprit, quand bien même il aurait été nourri dans un désert, et n'aurait jamais eu de lumiére que celle de la nature, ne pourrait avoir d'autre sentiment que les notres, s'il avait bien pesé toutes les mêmes raisons”이다. “자연의 빛”이라는 용어가 등장한다.

50 “인간 최초의 인식 la première connaissance des hommes 이 어떠한 것인지, 그 인식이 영혼의 어떠한 부분에 en quelle partie de l'âme 그 인식이 놓여 있는지, 그리고 어떻게 해서 d'où vient 그 인식이 처음에 그토록 불완전한지” 세 가지 물음을 던지며 세 번째 물음을 먼저 조사한다.

51 이 두 문장에서 “fantaisie”를 “상상”으로, “une table d'attente”을 “빈 서판”으로, “après le naturel”을 “본래 모습에 따라”로 옮겼다. 데카르트는 〈제1성찰〉에서처럼 화가를 불러온다. 그래서 “portraits”를 “초상肖像들”로 옮겼다. 이것은 ‘관념들’을 가리키며, 〈제3성찰〉에서는 “상들 혹은 관념들 imagines sive ideae”로 표

현된다. 에피스테몬은 '빈 서판 혹은 백지tabula rasa이론'으로 "감각 안에 먼저 있지 않은 것은 지성 안에 없다"는 아리스토텔레스의 경험주의적 입장을 대변한다.

52 빈 화폭에 그림을 그릴 수 있는 화가들로 "감각들les sens", "성향l'inclination", "선생들les precepteurs", "지성l'entendement"을 꼽는다. 이 가운데 지성을 능력이 가장 출중한 화가로, "불완전한 감각les sens imparfaits", "맹목적 본능un instinct aveugle", "엉뚱한 유모les nourrices impertinentes"를 능력이 떨어지는 화가들로 간주하고, 후자가 전자보다 먼저 그림 작업에 참여한다고 말한다. 이때 "성향"을 "맹목적 본능"으로 본다고 해도, "엉뚱한 유모"는 이후 언급되지 않는다. "선생들"은 "지성"의 "스승들les maîtres"로 표현된다.

53 "보다 비속하고 통상적인 것들 너머로는", "우리의 자연적 성향"의 원어는 "au‑delà des choses plus grossières et communes", "notre inclination naturelle"이다.

54 원어는 "il faudrait aussi que chaque homme, sitôt qu'il a atteint un certain terme qu'on appelle l'âge de connaissance, se résolût une bonne fois d'ôter de sa fantaisie toutes les idées imparfaites qui y ont été tracées jusqu'alors, et qu'il recommençât tout de bon d'en former de nouvelles, y employant si bien toute l'industrie de son entendement"이다. 이것은 데카르트의 일관된 신념이다. 《방법서설》에서 다음과 같이 말한다. "그때까지 내 믿음에 받아들인 모든 의견들에 대해서는, 내가 한 번은 그것에서 그것들을 치우고, 나중에 거기에 더 나은 다른 것들을, 아니면 같은 것들이라 해도 그것들을 이성의 수준에 맞추고 나서야 다시

놓으려고 시도하는 것보다 내가 더 잘할 수 있는 것은 아무것도 없다고 확신했다. 그리고 나는 그런 식으로 내가 그것들을 낡은 토대들 위에만 세웠던 경우보다, 또 내가 참된 것인지를 한 번도 조사함이 없이 젊어서 확신해버린 원리들에만 의거했던 경우보다, 내 삶을 훨씬 더 잘 인도하게 될 것이라고 굳게 믿었다."(이현복, 33쪽) 그리고《성찰》에서도 다음과 같이 말한다. "나는 이미 몇 년 전 내가 유년기부터 얼마나 많은 거짓된 것을 참된 것으로 인정했는지, 그리고 그 후 그 위에 세운 그 모든 것이 얼마나 의심스러운지, 따라서 내가 언젠가 학문에서 확고하고 불변하는 어떤 것을 세우길 원한다면, 일생에 한 번은 모든 것을 뿌리째 뒤집고 최초의 토대들에서 새로 시작해야 한다는 것을 깨달았다. 그러나 이 일은 엄청난 것으로 보였고, 공부에 임하는 데 더 이상 적당한 때가 없을 만큼 성숙한 나이가 되길 기다렸다."(이 책, 36쪽)

55 "la faiblesse des sens"을 "감각의 약함"으로, "les dereglements de la nature"을 "자연의 불규칙성"으로 옮겼다. 후자는 라틴어판에서 "naturae errores(자연의 오류)"이다.

56 '지금까지 획득된 모든 인식을 전복하는renverser toute la connaissance acquise jusques à présent' 작업이 '의심'일 것이다.

57 '건축(물)의 비유'는 '화가의 비유' 이상으로 데카르트가 즐겨 하는 비유법이다. 앞서 "앎에 대한 욕망"은 "치유될 수 없는 하나의 질병"이라고 했을 때 사용한 "remédier"를 다시 쓴다. 여기서는 "치유하다"가 아니라 "고치다"로 옮겼다.

58 《방법서설》에서 다음과 같이 말한다. "낡은 집을 허물 때, 대개 그 잔재들을 새집을 지을 때 쓰려고 보관하듯이, 내 의견들 중

에서 그 토대가 부실하다고 판단된 의견들을 모두 파괴하면서,
나는 다양한 관찰들을 행하고 여러 경험들을 획득했는데, 이것
들은 그 후로 내가 보다 더 확실한 것을 세우는 데 쓰였다."(이
현복, 50쪽)

59 《성찰》에서 그토록 강조했던 '사물의 순서상' 혹은 '존재의 순
서상ordo essendi'이 아니라 '인식의 순서상ordo cognoscendi' 어떤 것
이 가장 먼저, 가장 확실하게 인식되는지에 대한 물음이다.

60 아당과 타네리는 "doute"가 아니라 "puisse douter"로 읽는다.

61 원어는 "crédules/crédule"이다. 의미는 다음 문장의 "불신하다
défier"의 "불신不信"과 짝을 이뤄, '쉽게 믿는 (마음)'이라는 의미
에서 "경신輕信"으로 옮겼다. 데카르트는 이 단어를 〈제1성찰〉
끝부분에서 사용한다. "그러나 이런 것을 주목한 것으로는 아
직 충분치 않고, 기억하도록 마음을 써야 한다. 왜냐하면 익숙
한 의견들은 끈질기게 되돌아오고, 오랜 관습과 친교의 권리로
인해 그것들에게 종속된 나의 쉽게 믿는 마음credulitatem meam을
거의 내 뜻에 반해서까지 점령해버리기 때문이다."(이 책, 41쪽)

62 원어는 "puisque personne n'ignore qu'ils trompent quelquefois,
et que nous avons juste raison de nous défier toujours de ceux qui
nous ont une fois trompés"이다. 감각에 대한 의심의 근거ratio
dubitandi가 제시된다. 감각은 우리를 가끔quelquefois 속이고, 또 우
리를 한 번이라도une fois 속인 것은 항상toujours 불신해야 한다는
것은 '의심'이 등장하는 모든 텍스트에서 똑같이 주장된다.

63 감각이 가끔 우리를 속이기 때문에 감각을 신뢰해서는 안 된다
는 것을 인정한다고 해도, 우리 감각에 보통 나타나는 것은 참
된 것임은 의심될 수 없다는 폴리안데르의 주장에 대해, 에우

독소스는 '우울증환자의 예'를 내세운다. 이것은 〈제1성찰〉의 '광인의 예'에 해당할 것이다. 그리고 〈제1성찰〉에서와 마찬가지로 이 비정상인의 예를 바로 거두고, '꿈의 가설'로 넘어간다.

64 "건전한 인간une honnête homme"이라는 용어가 세 번째 등장한다.

65 "즉"으로 이어지는 두 문장은 원문에는 한 문장인데, 끊어서 읽었다. 원어는 "Il est vrai que ce serait offenser un honnête homme que de lui dire qu'il ne peut avoir plus de raison qu'eux pour assurer sa créance, puisqu'il se rapporte, comme eux, à ce que les sens et son imagination lui représentent"이다. "représenter"를 "재현하다"로 옮겼다.

66 "당신이 나를 보고 있다는 것 (…) 생각할 수 없는지"의 원어는 "si vous ne pouvez pas, en dormant, penser que vous me voyés, que vous vous promenés en ce jardin, que le soleil vous esclaire, & bref toutes les choses dont vous croyez maintenant être tout assuré"이며, 이탤릭체로 강조되어 있다.

67 원어는 "Veille-je, ou si je dors?"이며, 이탤릭체로 강조되어 있다.

68 원어는 "Comment pouvez-vous être certain que votre vie n'est pas un songe continuel, et que tout ce que vous pensez apprendre par vos sens n'est pas faux, aussi bien maintenant comme lorsque vous dormez?"이다.

69 원어는 "Vu principalement que vous avez appris que vous étiez créé par un être supérieur, lequel étant tout-puissant comme il est, n'aurait pas eu plus de difficulté a nous créer tels que je dis, que tels que vous pensez que vous êtes"이다. "étant tout-puissantomni-potens"을 "전능한"으로, "un être

supérieur(superior quidam Ens)"를 "어떤 우월한 존재자"로 옮겼다. '악령 혹은 악신의 가설'이다. 그런데 《성찰》이나 《철학의 원리》에서와는 달리, 여기서는 독자적인 것이 아니라 '꿈의 가설'을 뒷받침하는 근거로 제시된다.

70 "un peu trop"를 "너무 좀"으로 옮겼다.

71 "나를 너무 좀 몽상적으로 만드는 것은"의 원어는 "de me rendre un peu trop rêveur"이다.

72 원어는 "Ces doutes si généraux nous mèneraient tout droit dans l'ignorance de Socrate ou dans l'incertitude des Pyrrhoniens"이다. 데카르트적 회의주의는 회의주의를 극복하기 위한 하나의 방편이었고, 그래서 '진리 탐구의 길'에서 의심에 방점을 찍기는 했지만, 소크라테스나 피론의 이름을 직접 거명하는 경우는 거의 없다.

73 데카르트는 "일반적인 이 의심doutes si généraux"이 초래한 상황을 〈제2성찰〉에서 다음과 같이 실감 나게 묘사한다. "나는 어제의 성찰로 대단한 의심들 속에 던져져 더 이상 그것을 잊을 수도 없고, 그것들이 어떤 식으로 해소되어야 하는지를 알지도 못한다. 오히려 갑자기 깊은 소용돌이에 휘말린 것처럼 어지러워 바닥에 발을 댈 수도 없고 물 위로 빠져나올 수도 없다."(이 책, 44쪽)

74 원어는 "le gué"이다.

75 원어는 "gens de lettres"이다.

76 《방법서설》에서 다음과 같이 말한다. "나는 풍습들을 다룬 고대 이교도들의 글들을 그저 모래 위에 그리고 진흙 위에 세워진 매우 화려하고 웅장한 궁전들에 비교했다."(이현복, 25쪽)

"그리고 각각의 사안에서, 그것을 수상쩍게 할 수 있는 것에 대해 그리고 우리에게 착각할 계기를 줄 수 있는 것에 대해 특히 반성하면서, 이전에 내 정신에 슬그머니 스며들어 있을 모든 오류들을 그동안 내 정신에서 뿌리째 뽑아버렸다. 그렇다고 해서 내가 의심하기 위해서만 의심하고, 늘 우유부단한 모습을 보이는 회의주의자들을 모방한 것은 아니었다. 왜냐하면, 그와 반대로, 내 모든 의도가 향한 것은 나를 확신시키는 것에만, 바위나 찰흙을 찾아내기 위해 무른 흙이나 모래를 내던지는 것에만 있었기 때문이다." (이현복, 50쪽)

77   앞에서 제시된 '의심의 근거들'을 가리킨다.

78   원어는 "un indice"이다.

79   원어는 "je vous avertis que ces doutes, qui vous ont fait peur à l'abord, sont comme des fantômes et vaines images, qui paraissent la nuit à la faveur d'une lumière débile et incertaine" 이다. "vaines images"을 "허상"으로 옮겼다.

80   아당 타네리 판에서 《진리 탐구》의 불어 원본은 여기서 끝난다. 이후부터는 1701년 암스테르담 라틴어본이다.

81   다소 의역한 이 문장의 원어는 "Cernis equidem, de omnibus rebus quarum cognitio non nisi ope sensuum ad te pervenit, cum ratione dubitare te posse"이다.

82   "admiratione percellere"를 "놀라움으로 후려치다"로 옮겼다.

83   원어는 "pauxillum illud quod tantillum sani sensus mihi suppeditat, perspicaciae"이다. "sani sensus"를 "양식"으로, "perspicacitas"를 "명민明敏함"으로 옮겼다.

84   원어는 "inferre"이다.

85 "일반적인 놀라움generalis admiratio"은 앞의 "일반적인 의심"의 결과일 것이다.

86 원어는 "principium"이며, 이 용어가 《진리 탐구》에서 처음 등장하는 대목이다.

87 원어는 "veritatesque quas quantum vis doctus, Epistemon forsan ignorare potuerit, cognoscendas nobis exhiberes"이며 "그리고 에피스테몬이 아무리 박학하다고 해도 어쩌면 모를 수도 있는 진리들을 인식하도록 그것들을 우리에게 현시하는 것"으로 의역했다. 이것을 사비니와 파이에는 "de nous faire connaître des vérités"로 옮기면서 "exhiberes(현시하다)"를 번역하지 않는다.

88 원어는 "Hac enim universali ex dubitatione, veluti è fixo immobilique puncto, Dei, tui ipsiusmet, omniumque, quae in mundo dantur, rerum coginitionem derivare statui"이다. 이 문장은 데카르트의 다른 텍스트보다 더 명확하게 의심의 중요성을 보여준다. 의심을 보편적인 것으로 규정함과 동시에 "고정되고 부동한 일점"으로 간주하고, 이것에서 정신, 신 및 여타 사물에 대한 인식이 도출될 수 있다고 말한다. 《성찰》에서는 고정되고 부동한 아르키메데스적 일점이 "정신의 현존"이었던 반면, 여기서는 그것이 "의심"이라는 것, 그리고 의심에서 "정신"은 물론, 신과 여타 사물에 대한 인식이 도출된다는 주장은 실로 시사하는 바가 적지 않다. 특히 《성찰》의 인과론적 및 존재론적 신 증명이 지극히 복잡하고 혼란스럽게 개진되는 반면, 여기에서 "의심에서 신의 인식이 귀결된다"는 주장은, 《정신지도규칙》에 나타난 "정신은 존재한다, 그러므로 신은 존재한다"는 명제, 그리고 〈제3성찰〉 후반에 제시된 "의심하는 정신

에 대한 인식과 신에 대한 인식은 동시에 동일한 능력에 의해 행해진다"는 주장과 같은 선상에 있으며, 신 존재 증명에 대한 데카르트의 의도를 엿볼 수 있는 대목이다.

89 원어는 "Quandoquidem itaque dubitare te negare nequis, & è contrairo certum est te dubitare, & quidem adeò certum, ut de eo dubitare non possis: verum etiam est te, qui dubitas, esse, hocque ita etiam verum est, ut non magis de eo dubitare possis" 이다. 이런 식으로 나의 존재의 진리성을 확보하는 것은 〈제 2성찰〉에서 악신의 속임으로부터 나의 존재의 진리성을 끌어 내는 방식과 차이를 보인다. "그러나 누군지는 모르는, 계획적 으로 나를 항상 속이는 최고로 유능하고 최고로 교활한 기만자 가 존재한다. 그러므로 그가 나를 속인다면, 나 또한 존재한다 는 것은 의심스러운 것이 아니다. 그리고 그가 할 수 있는 만큼 속인다고 해도, 그렇지만 내가 어떤 것이라고 사유할 동안, 그 는 결코 내가 무이게끔 만들지는 못할 것이다. 그래서 내가 모 든 것을 충분하고도 남을 만큼 재어보게 되면, 나는 존재한다, 나는 현존한다는 이 명제는 마침내, 내가 그것을 발화할 때마 다 심지어 정신에 떠올릴 때마다, 필연적으로 참이라고 결론지 어야 한다."(이 책, 45쪽) 아마도 이 차이는 《진리 탐구》에서 '악 신'은 '꿈의 가설'을 뒷받침하는 역할만을 한다는 점에 있을 것 이다.

90 '내가 의심한다는 것에 대해 의심할 수 없다는 것은 참이다'라 는 명제에서 '의심하는 나는 존재한다는 것은 참이다'라는 명 제가 어떻게 해서 도출될 수 있는지는 폴리안데르의 입에서 나 온다. "내가 존재하지 않는다면, 나는 의심할 수 없기 때문입니

다_{quia, si non essem, non possem dubitare}".

91 원어는 "Es igitur, et te esse scis, et hoc exinde, quia dubitas, scis" 이다.

92 원어는 "argumentum"이다.

93 원어는 "Tu es, et tu te esse scis, ideoque id scis, quia te dubitare scis: sed tu, qui de omnibus dubitas et de te ipso dubitare nequis, quid es?"이다. 앞서 논증된 모든 것을 재차 확인한 다음, 자기 자신의 현존에 대해 의심할 수 없는, 필연적으로 현존하는 '나는 무엇인가'를 묻는다. '나'의 경우에는, '나는 현존하는가'를, 다시 말해 존재 혹은 현존의 가능성을 먼저 타진하고, 그다음에 '나는 무엇(누구)인가'를 묻고 답한다. 이는 신을 포함한 다른 사물의 경우와는 확연히 다르다. 신의 경우, 신은 무엇인가를 먼저 규정한 후, 그러한 신은 존재하는가에 대해 답한다.

94 원어는 "vous"이다. 사비니는 "illas"로, 파이에는 "les"로, 즉 "질문들"로 옮긴다.

95 "형이상학적이라고 불리는 모든 단계들을 통해"의 원어는 "per omnes quos vocant Metaphysicos gradus"이다.

96 "vivens sensitivum"을 "감각적 생물"로, "vivens"를 "생물"로, "corpus animatum"을 "혼이 있는 물체"로 옮겼다.

97 "가족나무의 가지처럼"의 원어는 "instar arboris Genealogicae" 이다.

98 원어는 "egregias"이다. 데카르트의 반어적 표현으로 "멋진"으로 옮겼다.

99 "mera Battologia"를 "순전한 중언부언"으로 옮겼다.

100 〈제2성찰〉에서 다음과 같이 말한다. "그러면 지금까지 나는 도

대체 무엇이라고 여겼는가? 물론 인간. 그러나 인간은 무엇인가? 이성적 동물이라고 말할 것인가? 아니다, 왜냐하면 그다음에는 동물이란 무엇이고, 이성적이란 무엇인지를 물어야 하고, 그래서 한 문제에서 더 많고 더 어려운 문제들로 빠져들 것이기 때문이다. 그리고 나는 지금 이런 종류의 정교한 것들에 허비할 만큼 한가한 것도 아니다."(이 책, 46~47쪽)

101 포르피리우스 나무는 실체에서 인간으로 나아가는 개념들 간의 종속 관계를 보여주는 도표이다. 실체는 물질적인 것과 비물질적인 것으로, 물질적인 것, 즉 물체는 영혼적인 것과 비영혼적인 것으로, 영혼적인 것, 즉 생명이 있는 것은 감각적인 것과 비감각적인 것으로, 감각적인 것, 즉 동물적인 것은 이성적인 것과 비이성적인 것으로 나뉘고, 마침내 이성적 동물이 인간으로 규정된다.

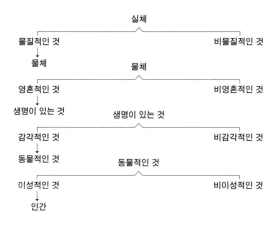

102 "concipere"를 "생각하다", "significare"를 "지시하다"로 옮겼다.

103 원어는 "entia Scholastica"이다.

104 "우리가 (…) 경험하는 것들에 대해"의 원어는 "de iis, quae in

nobismetipsis experimur"이다. 〈제2성찰〉에서 다음과 같이 말
한다. "나는 오히려 여기서 나는 무엇인지를 고찰할 때마다 지
금까지 내 사유에 저절로 그리고 자연적으로 떠올랐던 것에 주
의를 기울일 것이다."(이 책, 47쪽)

105 〈제2성찰〉에서 다음과 같이 말한다. "처음에 떠올랐던 것은,
내가 얼굴, 손, 팔 및 이 지체들의 기계 전체를 갖고 있다는 것
이다. 이런 것은 시체에서도 보이는 것으로, 나는 그것을 신체
라는 이름으로 지칭하고 있었다. 그다음에 떠올랐던 것은, 내
가 양분을 섭취한다는 것, 걷는다는 것, 감각한다는 것, 사유한
다는 것으로, 나는 분명 이 활동들을 영혼과 연관시키고 있었
다."(이 책, 47쪽)

106 '행복한 오류felix error'에 관한 표현이 나오는 대목이다. 원어
는 "Est tamen, cur felicem, quem commisi, errorem dicamus,
quoniam hujus ope recte admodum cognosco, id quod sum,
quatenus dubito, omnino illud non esse, quod corpus meum
adpello"이다.

107 원어는 "contra vero illae faciunt, quo magis in ea confirmer
certitudine, qua me exsistere, et corpus non esse persuasum
habeo"이다. "confirmer"를 "확고히 하다"로, "certitudine"를
"확실성으로"로 옮겼다.

108 원어는 "sensus communis"이다. 여기서는 "양식bon sens"과 유사
한 의미로 쓰이고 있다는 점에서, "공통감각"이 아니라 "상식"
으로 옮겼다.

109 "제일원리prima principium"라는 용어가 처음으로 등장한다. 원
어는 "Perge itaque consequentias, quae ex primo isto principio

sequuntur, proprio marte deducere"이다.

110 원어는 "ut scilicet perpenderem, quid sim, qui dubito"이다. 〈제 2성찰〉에서 '나는 존재한다, 나는 현존한다는 것은 필연적으로 참'이라고 결론지을 때 사용된 동사인 "(per)pendere"를 "(곰곰이) 재어보다"로 옮겼다.

111 "impetus animi"를 "영혼의 격정"으로, 뒤에 에피스테몬이 말하는 "aestus animi"를 "영혼의 격앙"으로 옮겼다.

112 원어는 "errantibus ignibus/errans ignis"이다

113 아당 타네리 판에서 원어는 "tui instar(당신처럼)"로 되어 있는데, 그 각주에서 "tui(당신)"를 "mei(나)"로 옮긴다고 적는다. 그러나 사비니와 파이에는 모두 "nous(우리)"로 불역한다.

114 원어는 "qui Mathesim a limine salutarunt(문턱에서 수학에게 인사하는)"인데, 의역했다.

115 데카르트는 피론(주의)에 대한 자신의 생각을 에피스테몬의 입을 통해 다시 한번 거론한다. 원어는 "Sed Pyrrhonicorum sententiam totis refutavimus, atque ad illos ipsos ex istiusmodi Philosophandi methodo tam exiguus fructus rediit, ut per tatam oberrarint vitam, & dubiis suis, quae in Philosophiam introduxerunt, liberari nequiverint, ita ut ad id tantum videantur operam dedisse, ut dubitare addiscerent"이다.

116 "jocus"를 "비아냥"으로 옮겼다. 사비니와 파이에는 "raillerie"로 옮긴다.

117 원어는 "rem nimis alte"이다. '수준이 높은 대화', '고상한 것을 다루는 대화'를 의미한다.

118 "내가 내 첫 발자국들을 계속 밟는 동안"의 원어는 "dum prima

mea vestigia relegere pergo"이다. 사비니는 "en revenant sur mes premières études(내 첫 공부로 다시 돌아오면서)"로, 파이에는 "en revenant sur mes premiers pas(내 첫걸음으로 다시 돌아오면서)"로 옮긴다.

119 앞에서 자신이 저지른 오류가 "행복한 오류felix error"였다고 한 폴리안데르의 말을 상기시킨다.

120 신체에 속하는 것을 제거한 다음, 영혼에 속한다고 말해지는 세 가지 것, 즉 영양섭취, 운동 및 감각도 마찬가지로 신체를 전제로 하기 때문에 현존하는 나로부터 분리될 수 있다.

121 원어는 "sanus sense(bon sens)"이다. 데카르트는《방법서설》첫 문장에서 다음과 같이 말한다. "양식은 세상에서 가장 잘 분배되어 있는 것이다. 왜냐하면 저마다 양식을 잘 갖추고 있다고 생각하고 있어, 다른 모든 것에 만족하기 가장 어려운 자들조차도 그것만큼은 자신들이 가진 것 이상을 욕망하지 않곤 하기 때문이다. 이 점에서 모두가 속고 있다는 것은 그럴 법하지 않다. 그것은 오히려 잘 판단하는 그리고 참된 것을 거짓된 것에서 구별하는 힘이, 이것이 본래 사람들이 양식 혹은 이성이라고 명명하는 것인바, 모든 인간에게 자연적으로 동등하다는 것을 증시한다."(이현복, 18쪽)

122 이때의 "논리Logica", "규칙regula", "논증 형식argumeritandi formula"은 아리스토텔레스적 형식 논리학을 지칭한다. 데카르트는 이런 논리학을 '발견의 논리학'이 아니라 '정당화의 논리학'으로 간주, 그 유용성을 인정하지 않는다. 그것은 오히려 "이성의 빛lumen rationis", "양식" 혹은 "자연의 빛lumen naturalis"을 흐리게 한다고 주장한다. 물론 데카르트도 규칙을 만들기는 하지만, 그

는 자신의 규칙 혹은 방법을 새로운 진리를 발견하게 해주는 '유용하고 참된' 방법이라고, 또 이 방법에 의거하는 철학함을 '참된' 철학이라고 말한다.

123 원어는 "Ex omnibus istis, quae olim mihi vindicaveram, attributis unum duntaxat examinandum restat, cogitatio scilicet, atque hanc solam istiusmodi esse, ut a me sejungere nequeam, comperio"이다. 〈제2성찰〉에서 다음과 같이 말한다. "사유한다? 이번에 나는 발견한다, 사유이다, 이것만이 나로부터 떼어 내divelli질 수 없다."(이 책, 48쪽)

124 원어는 "quid enim dubirare aliud est, quam certo quodam modo cogitare?"이다. 의심은 사유의 특정 양태일 뿐이라는 것이다. 이것이 '의심하는 나'에서 '사유하는 나'로, 다시 말해 '의심하는 나는 존재한다'에서 '사유하는 나는 존재한다', 혹은 '나는 의심하는 것이다'에서 '나는 사유하는 것이다'로 넘어가는 근거이다.

125 나는 사유하는 것임을 데카르트는 여기서 의심과 사유 간의 관계를 통해 보여준다. 내가 의심하고 있다는 것이 사실이라면, 내가 사유하고 있다는 것 역시 사실인 까닭은 의심이 사유의 양태이기 때문이다. 즉 의심은 사유 없이 존재하고 인식될 수 없다는 것이다. 이것을 근거로 데카르트는 '의심하는 나'에서 '사유하는 나'로, 즉 '나는 의심하는 것ego sum res dubitans'에서 '나는 사유하는 것ego sum res cogitans'으로 이행한다. 그러나 《성찰》에서는 사유가 나와 분리될 수 없는 유일한 것임을 먼저 확인한 후, 사유하는 것의 양태를 고찰하고, 그것에 의심을 포함시킨다.

126 〈제2성찰〉에서 다음과 같이 말한다. "나는 존재한다, 나는 현존한다, 확실하다. 그러나 얼마 동안? 물론 내가 사유하는 동안. 왜냐하면 어쩌면, 내가 모든 사유를 그친다면, 나는 그 즉시 존재하기를 완전히 멈추는 일이 생길 수도 있기 때문이다."(이 책, 48쪽)

127 엄밀히 말하면, 나와 분리될 수 없는 것은 "사유하는 것res cogitans"이 아니라 "사유cogitatio"이다. 사유하는 것은 사유 실체, 즉 정신이며, 사유는 그 본성이기 때문이다. 그럼에도 데카르트는 가끔 이런 식으로 말한다.

128 "그것의 유익함"의 원어는 "ejus utilitatem"이다. 그러나 이것을 사비니와 파이에는 정반대의 의미를 가진 "l'inutitilte(무익함)"로 읽는다. 그들은 아마 "ejus(그것의)"가 "대원리magnum principium"를 지시하는 것으로 보았을 것이다.

129 원어는 "irritata Logica"이다.

130 "토대들", "원리들", "귀결들"의 원어는 "fundamenta", "principia", "consequentias"이다.

131 원어는 "Te esse, te scire esse, dicis, idque ideo scire, quia dubitas, & quia cogitas"이다.

132 원어는 "Atque cum nihil, de quo certus non sis, quodque perfecte non cognoscas, admittere velis, quomodo te esse ex tam obscuris, & proinde tam parum certis fundamentis certus esse potes?"이다. 데카르트는 《성찰》이나 《방법서설》에서 이와 같은 문제를 제기하지 않는다. 《철학의 원리》 제1부 10항에서야 다음과 같이 말한다. "내가 이 명제 '나는 사유한다, 그러므로 나는 존재한다'가 누구든 순서에 따라 철학하는 자가 만나는

모든 것 중에서 최초의 그리고 가장 확실한 것이라고 말했을 때, 나는 그가 그 때문에 '사유가 무엇인지', '현존이 무엇인지', '확실함이 무엇인지' 그리고 '사유하는 것이 현존하지 않는다는 것을 불가능하다'와 같은 것을 먼저 알고 있어야 한다는 점을 부정하지 않았다."

133 원어는 "ut Epistemon meis sese rationibus dedat(에피스테몬이 내 근거들에 자신을 내줄 것이라고)"이다.

134 원어는 "Quippe qui, illius instar, opinionibus omnino refertus, centumque occupatus praejudiciis est, difficulter admodum soli naturali lumini se dederit"이다. 이 글의 제목이《자연의 빛에 의한 진리 탐구》임에도 불구하고, 정작 본문에서 "자연의 빛"이라는 용어는 이제야 정식으로 출현한다.

135 《방법서설》에서 다음과 같이 말한다. "이런 식으로 나는 우리 자연의 빛을 흐리게 할 수 있는, 이성에 귀를 덜 기울이게 만드는 많은 오류들부터 조금씩 해방되었다는 것이다."(이현복, 29쪽)

136 사비니는 원문의 동사 "exprobrat"를 "exprobras"로 바꾸면서, 주어를 "그(3인칭 단수)", 즉 폴리안데르 대신 "당신(2인칭 단수)", 즉 에우독소스로 읽는다. 이것은 파이에도 마찬가지다. 아마도 의미를 고려했을 것이지만, 나는 원문 그대로 옮겼다. 원어의 동사를 바꾸면서 에우독소스로 읽어야만 의미가 통하는 것은 아니기 때문이다.

137 "sibi consulere"를 "자신을 보살피다"로 옮겼다. 이것을 사비니는 "entendre ses intérêts"로, 파이에는 "réfléchir"로 옮긴다.

138 원어는 "quam de veritate hujus ratiocinii, dubito, ergo sum, vel,

quod idem est, cogito, ergo sum, plane simus persuasi"이다. "나
는 의심한다, 그러므로 나는 존재한다"는 명제는《방법서설》,
《성찰》,《철학의 원리》어디에서도 등장하지 않는다. 게다가
이 명제가 "나는 사유한다, 그러므로 나는 존재한다"와 '같은
것'이라고 명시적으로 말하는 곳도 이곳이 유일하다.

139 "십자가에 매달아야 한다"는 것은 의도적인 표현일 것이다.
"최근류와 종차"의 원어는 "proximum genus essentialemque
differentiam"이다. "ingenium"을 "지력"으로 옮겼다.

140 원어는 "verum quicumque per semetipsum res examinare cupit,
et de ills, prout eas concipit, judicat"이다.

141 원어는 "distinctiones"이다.

142 "가장 단순simplicissima하고 또 그 자체로 알려지는per se nota 것들
은 논리학의 정의에 의해difinitionibus Logicis 모호하게 된다는 것,
그리고 이것들을 공들여 획득되는 인식들에 포함시켜서는 안
된다는 것"이라는 원제를 가진《철학의 원리》제1부 10항에서
다음과 같이 말한다. "나는 여기서 내가 이미 사용하고 있고, 또
앞으로도 사용할 많은 용어들을 설명하지 않겠다. 왜냐하면 그
것들은 그 자체로 충분히 알려지는 것으로 보이기 때문이다.
나는 철학자들이 가장 단순하고 또 그 자체로 알려지는 것들을
논리학의 정의를 통해 설명하려고 하는 것에서 오류를 범하고
있음을 자주 보았다. 왜냐하면 그렇게 해서 그들은 그것들을
모호하게 만들곤 했기 때문이다."

143 원어는 "eorum error, qui id, quod concipi tantummodo debet,
definiere volunt"이다. "concipere"를 "생각하다"로 옮겼다.

144 "인식되기 위해서는 (…) 오류입니다"의 원어는 "id, quod ut

352

cognoscatur definiri exigit mereturque, ab eo, quod optime per se ipsum cognosci potest, discernere nequeunt"이다.

145 데카르트는 "그 자체로 인식되는per se cognoscuntur" 혹은 "그 자체로 알려지는per se nota" 것들을 《정신지도규칙》에서는 "단순 본성들naturas simplices"로, 《철학의 원리》에서는 "단순 개념들notiones simplices" 혹은 "공통개념들notiones communes" 혹은 "공리들axiomata" 혹은 "영원한 진리들aeternas veritates"로, '엘리자베스에게 보낸 편지'에서는 "원초적 개념들notions primitives"로 표현한다. 그리고 선입견에서 자유로운 자는 누구나 이것들의 의미를 알 수 있다고 말한다.

146 이렇게 구체적인 표현 역시 《진리 탐구》에서만 나타난다. 원어는 "Verum his adjungo, fieri non posse, ut alia quis ratione, ac per se ipsum, ea addiscat, neque ut de iis alio modo persuasus sit, quam propria experientia, eaque conscientia, vel interno testimonio, quod in se ipso unusquisque, cum res perpendit, experitur"이다. "자기 고유의 경험propria experientia"은 그렇다고 해도, "자기 안에서 경험하는 의식conscientia이나 내적 증언"이라는 표현은 다른 텍스트에는 등장하지 않는다. "interno testimonio"를 "내적 증언"으로 옮겼다. "자기 안에서 경험하는"은 불어판에서는 "자기 안에서 발견하는trouve"으로 되어 있다. 이와 유사하게 《정신지도규칙》에서 말한다. "다른 어떤 것에 의존해서가 아니라, 경험 자체 안에서, 혹은 우리 안에 놓여 있는 어떤 빛에 의해 직관될 수 있는 약간의 순수하고 단순한 본성들만이 있다는 점이다. 그리고 우리는 이것들이 세심하게 관찰되어야 한다고 말한다.paucas esst duntaxat naturas puras et simplices,

quas primo et per se, non dependenter ab aliis ullis, sed im ipsis experimentis, vel lumine quodam in nobis insito licet intueri.〞(이현복, 140쪽)

147 〝cito〞를 〝눈 깜짝할 사이에〞로 옮겼다. 파이에는 〝en un clin d'oeil〞로, 사비니는 〝sur-le-champ〞로 옮긴다.

148 〝aequivocum〞을 〝애매함〞으로, 〝distinguo〞를 〝구별하기〞로 옮겼다. 이것들에 대해 사비니는 다음과 같이 추측한다. 〝데카르트는 아마도 라 플레슈의 교육, 특히 논쟁들disputationes에서 따르는 방법을 염두에 두었을 것이다. 즉, 논쟁에서 일치accord/concedo도 불일치désaccord/nego도 없을 때, 해당 주제가 어떤 의미에서 수용될 수 있는지 여부를 밝히기 위해 구별하기distingo를 행한다. 데카르트의 눈에 구별하기는 명백히 스콜라적 토론에서 모호성의 곤경l'embarras de l'obscurité을 피하기 위한 수단을 나타낸다.〞(사비니, 157쪽, 주 152 참조)

149 폴리안데르를 지시한다.

150 《방법서설》에서 다음과 같이 말한다. 〝나는 기꺼이 이 서설에서 내가 어떤 길을 따라왔는지를 보여주고, 내 삶을 한 폭의 그림으로 표현할 것이다. 이로써 각자가 그것에 대해 판단을 내릴 수 있도록 할 것이며, 사람들이 갖게 될 의견들을 세상의 소문으로 접하게 되면, 그것을 나를 지도하는 새로운 수단으로 삼아, 내가 습관적으로 사용하곤 하는, 수단들에 추가할 것이다. 그러므로 내 의도는 각자가 자신의 이성을 잘 인도하기 위해 따라야 하는 방법을 여기서 가르치는 것이 아니라, 단지 내가 어떤 방식으로 이성을 인도하려고 애썼는지를 보여주는 것이다.〞(이현복, 20~21쪽)

151 원어는 〝non posse nos in stabiliendis principiis satis cautos esse,

& ubi illa semel stabilita sunt, consequentias nos ulterius ducere, & facilius ac nobis polliceri ausi fuissemus, inde deduci posse" 이다.

152 "가장 단순한 사물들을 복잡한 사물들과 구별하고 순서대로 추적하기 위해서, 우리는 여기서 우리가 어떤 진리들을 다른 어떤 진리들로부터 곧바로 연역한 사물들의 각 계열 안에서 어떤 것이 최고로 단순한지, 그리고 어떻게 그 밖의 모든 것들이 그것에서 더, 혹은 덜, 혹은 동등하게 떨어지는지를 관찰해야 한다"는 원제를 가진 《정신지도규칙》 제6규칙에서 다음과 같이 말한다. "비록 이 명제가 아주 새로운 것을 전혀 가르치지 않는 것으로 보일지라도, 그렇지만 그것은 기예의 주요한 비밀을 포함하며, 이 논고 전체 안에서 이보다 더 유용한 것은 아무것도 없다. 왜냐하면 이 규칙은 모든 사물들이, 물론 이것들이 ― 철학자들이 이것들을 그들의 범주들로 나누었듯이 ― 존재자의 어떤 유와 관련되는 한에서가 아니라, 어떤 하나가 다른 것들로부터 인식될 수 있는 한에서, 어떤 계열들로 배열될 수 있다는 것을 일러주고, 이리하여 어떤 어려움이 나타날 때마다, 우리는 즉시, 다른 어떤 것들을 먼저, 그리고 어떤 것들을, 그리고 어떤 순서로 검토하는 것이 유익한지를 알아차릴 수 있기 때문이다."(이현복, 138쪽)

153 "제일원리"라는 표현이 두 번째 등장하는 대목이다. 원어는 "Jam vero quis est qui dubitet, quin id, quod ut primum principium statui, prima omnium, quas cum aliqua methodo cognoscere possumus, rerum sit?"이다.

154 원어는 "Cum enim mullum alium magistrum sequatur, praeter

sensum communem, cumque ejus ratio nullo falso praejudicio corrupta sit, vix fieri poterit, ut decipiatur, vel saltem facile id animadvertet, et nullo labore in viam reducetur"이다. "in viam"를 "길로"로 옮겼다. 이것을 사비니와 파이에 모두 "dans le droit chemin(올바른 길로)"로 의역한다.

155 아당 타네리 판에는 "nostro(우리의)"가 아니라 "vestro(당신의)"로 되어 있고, 그럼에도 에우독소스의 말과 이어진다. 만일 후자가 맞는다면, 이 문장은 의미상 에피스테몬의 말일 것이다. 파이에, 사비니, 코팅엄은 이 문장을 에우독소스의 것으로 간주하면서 "vestro"가 아니라 "nostro"로 읽는 반면, 알키에와 슈미트(René Descartes, Die Suche nach Wahrheit durch das natürliche Licht, Würzburg, 1989.)는 "vestro"로 읽으면서 에피스테몬의 말로 옮긴다. 이런 문제점에도 불구하고, 나는 아당 타네리 판을 그대로 따랐다.

156 "사유하는 것"의 원어는 "res cogitans"이고, '정신mens'을 의미한다.

프로그램에 대한 주석

1   1648년에 출간된 레비우스J. Revius의《신학 연구*Consideratio theologica*》를 가리킨다.

2   이 책자의 저자는 레기우스이다. 젊은 의학도인 레기우스는 한 때 데카르트의 열렬한 추종자로서 데카르트의 철학을 확산시 키는 데 앞장섰다. 사적으로도 친구나 제자 이상으로 데카르트 의 가족과 친분을 유지했다. 그러나 레기우스가 데카르트 철 학의 추종자이기를 그만두고, 자신만의 철학을 꿈꾸면서 그 관계는 서서히 식어갔다. 특히 그가 자신이 쓴《자연학의 토대 *Fondemens de Physique*》의 원고를 데카르트에게 보내면서 절교 의 상태에 이르렀다. 데카르트는 자신의 철학 원리를 왜곡하는 내용이 담긴 이 원고의 승인을 거부했고, 그럼에도 레기우스 는 결국 이 원고를 출간했다. 이로써 이들은 그저 절교가 아니 라 적대자의 관계로 돌아섰다. 레기우스는 1647년에《인간 정 신 혹은 이성적 영혼에 대한 설명, 여기서 그것이 무엇이고, 무 엇일 수 있는지가 설명됨》이라는 제목의 작은 책자를 그의 이 름으로 출간했다. 이후 다시 그것을 광장이나 길거리에 쉽게 붙일 수 있는 프로그램 혹은 플래카드 형식으로, 이번에는 저

자와 인쇄인의 이름 없이 세상에 내보냈다. 데카르트가 여기서 문제 삼는 것이 바로 이것이다.

3 데카르트는《철학의 원리》불역판 서문 '피코에게 보낸 편지'에서 다음과 같이 말한다. "나는 최근에 어떤 인물에게서 그런 경험을 했는데, 그는 사람들이 나를 따르기를 원하는 것으로 철석같이 믿고 있던 자들 중 하나였고, 그는 심지어, 내가 내 의견으로 기꺼이 인정하고 싶지 않은 어떠한 의견도 그가 갖고 있다고 믿지 않았을 만큼, 내가 그의 정신을 신뢰하고 있었다고 어떤 곳에 쓰기까지 했던 그 인물이었습니다. 실로, 그는 지난해에《자연학의 토대》라는 제목으로 책을 출판했는데, 여기서 자연학 그리고 의학과 관련하여 그는 내 글들에서, 내가 발표한 글들에서도, 또한 그의 수중에 들어간 동물의 본성과 관련된 다른 미완성 글에서도 끌어내지 않은 것은 하나도 내놓지 않은 것으로 보인다고 해도, 그는 잘못 베껴 쓰고 순서를 바꿔 버리며, 자연학 전체가 근거해야 하는 형이상학의 몇몇 진리들을 부정했습니다. 이 때문에, 나는 그것을 완전히 부인하지 않을 수 없고, 또 내가 이 자리에서 독자들에게 당부하지 않을 수 없는 것은, 내 글에서 명확하게 발견하지 못한다면, 어떠한 의견도 결코 내 의견으로 여기지 말라는 것, 그리고 참된 원리들로부터 아주 명석하게 연역되는 것을 보지 못한다면, 내 글들에서나 다른 어느 곳에서나 어떠한 것도 참된 것으로 받아들이지 말라는 것입니다."(이현복, 557~558쪽)

지난번에 출간된 어떤 프로그램은 다음과 같다:
인간 정신 혹은 이성적 영혼에 대한 설명, 여기서
그것이 무엇이고, 무엇일 수 있는지가 설명됨

4   원어는 "Mens humana est, qua actiones cogitativae ab homine
primo peraguntur; eaque in sola cogitatadi facultate, ac interno
principio, consistit"이다.

5   이 세 문장의 원어는 "Quantum ad naturam rerum attinet,
ea videtur pati, ut mens possit esse vel substantia, vel
quidam substantiae corporae modus; vel, si nonnullos alios
Philosophantes sequamur, qui statuunt extensionem &
cogitatem esse attributa, quae certis substantiis, tanquam
subjectis, insunt, cum ea attributa non sint opposita, sed diversa,
nihil obstat, quo minus mens possit esse attributum quoddam,
eidem subjecto cum extensione conveniens, quamvis unum in
alterius conceptu non comprehendatur"이다. "pati", "obstare"
를 "허락하다", "가로막다"로 옮겼다. "oppositus"를 "대립된",
"diversus"를 "상이한"으로 옮겼다.

6   원어는 "nos humanam mentem clare & distincte, tanquam
necessario a corpore realiter distinctam, concipere"이다. 이것을
코팅엄은 "we clearly and distinctly conceive the human mind as
necessarily (actually) and really distinct from the body"로 옮긴다.

7   "realiter", "actu"를 "실재적으로", "현실적으로"로 옮겼다.
"seorsim"을 "따로"로, "per naturam", "per divinam revelationem"
를 "본래", "신적 계시에 의해"로 옮겼다.

8 "그것을"은 앞의 내용을 가리킨다.

9 "organicus", "dispositio"를 "유기적", "기질"로 옮겼다.

10 "전체 안에서 전체인지, 개개의 부분들 안에서 전체인지"의 원어는 "tota in toto, & in singuilis partibus tota"이다.

11 원어는 "Vinculum, quo anima cum porpore conjuncta manet, est lex immutabilitatis naturae, qua unumquodque manet in do statu, in quo est, donec ab alio deturbetur"이다.

12 의역한 이 문장의 원어는 "Cum sit substantia, & in generatione nova producatur: rectissime sentire videntur ii, qui anmam rationem, per immediatam creationem, a Deo, in generatione, produci volunt"이다.

13 원어는 "Mens non indiget ideis, vel notionibus, vel axiomatis innatis: sed sola eius facultas cogitandi, ipsi, ad actiones suas peragendas, sufficit"이다. 여기서 "innatis(본유)"는 "관념들"만이 아니라 "개념들", "공리들"도 수식한다.

14 원어는 "menti insita"이다.

15 원어는 "Cogitatio mentis est duplex: intellectus & voluntas"이다.

16 원어는 "Intellectus est perceptio & judicium"이다.

17 원어는 "Perceptio est sensus, reminiscentia, & imaginatio"이다.

18 원어는 "species intentionales"이다.

19 원어는 "Voluntas est libera, & ad opposita, in naturalibus, indifferens: ut ipsa nobis testatur conscientia"이다. 《성찰》에서와 마찬가지로 "indifferens"를 "미결정"으로 옮겼다. "의식을 통해"로 옮긴 "conscientia"는 데카르트가 "사유cogitatio"를 정의

할 때 그리고 그 외 몇 군데서 아주 드물게 사용한 개념이다. 그러나 그는 레기우스의 주장을 검토할 때 이 개념을 무시한다.

20 원어는 "Haec se ipsam determinat; nec coeca est dicenda, ut visus non dicendus surdus"이다.

프로그램에 대한 검토

21 "differentia"를 "차이"로 옮겼다.

22 "illa, quae ex natura sua possunt mutari"를 "그 본성상 변할 수 있는 것들"로, "illa, quae nunquam mutantur"를 "절대 변하지 않는 것들"로 옮겼다.

23 《철학의 원리》제1부 53항에서 "실체는 저마다 하나의 주된 속성praecipuum attributum을 가지고 있다. 정신의 속성은 사유이고, 물체의 속성은 연장이다"라고 말한다.

24 《철학의 원리》제1부 56항에서 양태modus, 성질qualitates 및 속성attributa을 구분한다. "여기서 우리는 양태를 다른 곳에서 속성이나 성질로 이해하는 것과 완전히 똑같은 것이다. 그러나 실체가 속성들이나 성질들에 의해 자극되거나 변화되는 점을 고려할 때, 우리는 그것들을 양태라고 부른다. 이런 변화에 의해 실체가 어떤 종류의 것으로 지명될 수 있을 때, 그것들을 성질이라고 부른다. 끝으로, 보다 일반적으로, 이 성질들이 실체에 내재한다는 점만을 고려할 때, 그것들을 속성이라고 부른다. 이 때문에 신 안에 양태나 성질이 있다고 말하는 것은 적절하지 않으며, 단지 속성만 있다고 말하는 것이 적절하다. 왜냐하

면 신 안에 어떠한 변화가 있다고 이해해서는 안 되기 때문이다. 피조물에서도 결코 다른 방식으로 존재하지 않는 것은 성질도 양태도 아닌 속성으로 불려야 한다. 예를 들어, 현존하는 것과 지속하는 것에서 현존과 지속이 그런 것이다."

25 "그 자체로 존립하는 것"의 원어는 "quod per se subsistat"이다.

26 데카르트는 여기서 좁은 의미에서의 속성, 즉 실체의 본질을 구성하는 속성 혹은 실체와 분리될 수 없는 속성과 이것의 양태를 구분한다. 달리 말해, 정신의 본질적 속성인 사유와 그 양태, 물체의 본질적 속성인 연장과 그 양태를 구별한다.《철학의 원리》1장 53항에서 다음과 같이 말한다. "실체는 물론 임의의 속성으로부터 인식된다. 그럼에도 실체는 저마다 하나의 주된 특성을 가지는데, 이것은 실체의 본질과 본성을 구성하며, 다른 모든 특성들은 그것과 연관되어 있다. 길이, 너비, 깊이로의 연장은 물체적 실체의 본성을 구성하고, 사유는 사유 실체의 본성을 구성한다. 물체에 속할 수 있는 다른 모든 것은 연장을 전제하고, 연장된 사물의 어떤 양태에 불과하다. 이는 우리가 정신 안에서 발견하는 모든 것들이 사유의 다양한 양태에 불과한 것과 마찬가지다. 그래서 예를 들어, 형태는 단지 연장된 사물에서만, 운동은 단지 연장된 공간에서만 사유될 수 있다. 그리고 상상력, 감각 그리고 의지는 단지 사유 실체에서만 이해될 수 있다. 그러나 반대로 연장은 형태나 운동이 없이도 사유될 수 있고, 사유는 상상력이나 감각 없이 이해될 수 있고, 나머지 것들도 마찬가지다." 데카르트는 본질적 속성과 양태의 관계를 설명할 때, 전자가 후자를 "허용한다admittere", "받아들인다recipere/recevoir"라고, 후자가 전자를 "전제한다praesupponere", 혹

은 후자가 전자에서 "솟아난다exurgere", 후자가 전자에 "내재한
다procèder"라고 말하면서, 전자를 후자의 "내적 원리"로 간주
한다.

27 원어는 "esse autem & non esse contraria sunt"이다.

28 "단순한 그리고 비합성적 주체가"의 원어는 "simplici & non
composito subjecto"이다.

29 "단순 존재자와 합성 존재자"의 원어는 "entia simplicia &
composita"이다.

30 원어는 "ex hoc enim, quod unum sine alio sic intelligatur,
cognoscitur non esse ejus modus, sed res vel attributum rei, quae
potest absque illo subsister"이다. "sine"를 "없이", "absque"를 "별
개로"로 옮겼다.

31 원어는 "Eodemque modo, potuit author noster in homine, qui
ex anima & corpore est compositus, considerare corpus tanquam
praecipuum quid, ratione cujus, animatum esse vel cogitationem
habere, nihil aliud est quam modus"이다. "animatum esse"를 "영
혼이 있음"으로, "cogitationem habere"를 "사유를 가지고 있음"
으로 옮겼다.

32 원어는 "sed ineptum est inde inferre, ipsam animam, sive id per
quod corpus cogitat, non esse substantiam a corpore diversam"
이다. 이때 영혼은 "신체로 하여금 사유하게 하는 것"으로 간주
된다.

33 원어는 "quia Deus potest omnia efficere, quae nos possibilia esse
clare percipimus"이다. "possibilia"를 "가능한 것"으로 옮겼다.

34 "auro arte Chymica"을 "화금석"으로 옮겼다.

35 《성찰》의 〈헌사〉에서 다음과 같이 말한다. "그리고 영혼에 관해서는, 비록 많은 이들이 영혼의 본성은 쉽게 탐구될 수 없다고 판단했을지라도, 심지어 몇몇 이들은 인간적 근거들이 영혼은 육체와 더불어 동시에 소멸함을 설득한다고, 그 반대는 신앙을 통해서만 견지된다고 감히 말했을지라도, 레오 10세가 주재한 제8차 라테란 공의회는 그들을 단죄하기 때문에, 그리고 기독교 철학자들에게 그들의 논거를 해소하고 온 힘을 다해 진리를 입증하라고 명시적으로 명하기 때문에, 나도 이 작업을 착수하는 데 주저하지 않았습니다."(이 책, 18~19쪽)

36 의역한 문장으로, 원어는 "primam in eo, quod unius & ejusdem rei essentiam, quam repugnat non eandem semper manere (quia si supponatur alia fieri, hoc ipse erit alia res, & alio nomine indigitanda), supponat esse, per naturam, dubiam, ac proinde mutabilem"이다.

37 우리는 물체 없이 정신에 대한 명석판명한 개념을 형성할 수 있으며, 정신 없이 물체에 대한 명석판명한 개념을 형성할 수 있다는 것이 정신과 물체의 실재적 구별을 증명하는 방식이다.

38 "instrumentalis"를 "도구적"으로 읽었다.

39 원어는 "confirmatione/confirmatio"인데, 다른 역자들과 마찬가지로 "conformatio(구조)"로 읽었다.

40 "ironia"를 "반어법"으로 옮겼다.

41 원어는 "Socraticum schema"이다.

42 원어는 "sensus communis"이다.

43 "사물의 참된 상들 만큼이나 허구적인 상들도 받아들이고" 원어는 "rerum tam verarum quam imaginariarum species recipiuntur"

이다. "species"를 "imago"와 마찬가지로 "상"으로 옮겼다.

44 "conjunctus", "disconjunctus"를 "결합되어 있는", "분리되어 있는"으로 옮겼다.

45 원어는 "naturalem sive innatam"이다.

46 원어는 "Non enim unquam scripsi vel judicavi, mentem indigere ideis innatis, quae sint aliquid diversum ab eius facultate cogitandi"이다. 여기서 사유하는 능력만을 본유관념으로 간주한다.

47 원어는 "sed cum adverterem, quasdam in me esse cogitationes, quae non ab objectis externis, nec a voluntatis meae determinatione procedebant, sed a sola cogitandi facultate, quae in me est, ut ideas sive notiones, quae sunt istarum cogitationum formae, ab aliis adventitiis aut factis distinguerem, illas innatas vocavi"이다. 여기서 본유관념은 외부 사물에서 — 이것은 외래관념을 의미할 것이다 —, 혹은 의지의 결정voluntatis determinatio에서 — 이것은 조작관념을 의미할 것이다 — 유래하는 것이 아니라 오직 사유능력facultas cogitandi에서 유래하는 procedere "사유들cogitationes"의 "형상들formae"로 간주한다. 데카르트는 '제2반박과 답변'에서 다음과 같이 관념을 정의한다. "**관념**이라는 이름으로 나는 임의의 사유의 형상, 즉 내가 이것에 대한 직접적인 지각을 통해 바로 그 사유를 의식하는 사유의 형상을 이해한다."

48 본유관념은 정신에 항상 현전하는 것이 아니라 가능적으로 혹은 잠재적으로 내재되어 있다는 것이다.

49 원어는 "non quia istae res illas ipsas nostrae menti per organa

sensuum immiserunt, sed quia tamen aliquid immiserunt, quod ei dedit occasionem ad ipasa, per innatam sibe facultatem, hoc tempore potius quam alio, efformandas"이다. 여기서 데카르트 는 외적 경험에 의존하지 않는 관념을 모두 본유관념으로 간주 한다. 그리고 외부대상과 관계를 맺는 관념이 본유관념은 아니 더라도, 외부대상이 그 관념을 직접 정신 안에 집어넣은 것이 아니라, 기껏해야 정신을 자극하여 '어떤 물질적 운동'만을 산 출하여, 정신이 그 관념을 바로 그때 형성하게 하는 '기회 혹은 동기occasio'만을 제공한다는 것이다.

50 원어는 "Ac tanto magis innatae esse debent ideae doloris, colorum, sonorum, & similium, ut mens nostra possit, occasione quorundam motuum corporeorum, sibi eas exhibere; nullam enim similitudinem cum notibus corporeis habent"이다. 외적 감각의 관념은 물론 내적 감각의 관념조차도 본유관념이라고 말한다. 그 근거는 그 관념들이 물체적 운동과 유사성이 전혀 없다는 것이다.

51 원어는 "affinitas"이다.《성찰》에서는 〈제6성찰〉에서 단 한 번 사용한다. "이 쓰림과 먹을 것을 취하려는 의지 사이에, 또는 고 통을 가져오는 것에 대한 감각과 이 감각에서 발생하는 슬픔의 사유 사이에 (적어도 내가 이해하는) 근친성은 전혀 없었기 때문 이었다."(이 책, 108쪽)

52 원어는 "aliquid dici posse ex alio esse, vel quia hoc aliud est causa ejus proxima & primaria, sine qua esse non potest; vel quia est remota & accidentaria duntaxat, quae nempe dat occasionem primariae, producendi fuum effectum uno tempore potius quam

alio"이다.

53 원어는 "picturas"이다.

54 원어는 "adeo ut illa omnia quae praeter istas voces vel picturas
cogitamus tanquam earum significata, nobis repraesententur per
ideas non aliunde advenientes quam a nostra cogitandi facultate,
ac prionde cum illa nobis innatas, hoc est, potentia nobis semper
inexistentes"이다. "significata"를 "지시체"로, "advenientes"를
"도래하는"으로, "repraesentare"를 "재현하다"로 옮겼다. 관찰
에 의해 주어지는 것은 소리나 그림뿐이고, 그래서 이런 기호
signes에 의해 지시된 것signifiées은 본유관념을 통해par des idées 우
리에게 재현되어야représenté 한다는 데카르트의 주장은 앞의 이
론, 즉 감각으로부터 정신에게 주어지는 것은 물체적 운동 혹
은 형상뿐임을 전제하며, 그래서 그 지시체 혹은 지시내용은
정신 안에 가능적으로 내재하는 관념에 의해 재현되어야만 한
다는 것이다. 이런 입장은 《성찰》에서 관념을 두 가지 측면에
서, 즉 재현하는 것과 재현된 것의 측면에서 고찰할 수 있다는
주장과 무관하지 않다.

55 사유능력과 본유관념은 "현실적으로actu가 아니라 가능적으로
potentia" 있다는 것을 "facultas(능력)"의 두 가지 의미를 가지고
설명한다. 이것은 이미 〈제3성찰〉의 신 존재 증명에서도 사용
된 바 있다.

56 원어는 "praeter nomen vel effigiem"이다. "effigies"를 "영상映像"
으로 옮겼다.

57 원어는 "notitiam/notitia"이다. '관념'과 동의어로 사용되는 이
경우에는 "개념"으로 옮겼다.

58 원어는 "rem/res"이다. '사태'의 의미로 "사물"로 옮겼다.

59 "일반적으로 취해진"의 원어는 "in genere sumpta"이다. 의역해 "일반적인 의미에서 이해된" 혹은 "일반적으로 고찰된"으로도 옮겼다.

60 "완전성들의 절정(⋯)을 위해"의 원어는 "ad cumulum perfectionum, sine quo Deum intelligere non possumus"이다.

61 절대 완전자로서의 신에 현존이 필연적으로 귀속된다는 사실을 근거로 〈제5성찰〉에서 개진되는 이른바 '존재론적 신 증명'이다.

62 이것은 〈제3성찰〉에서 개진되는 이른바 '인과론적 신 증명', 특히 신의 관념을 갖고 있는 정신의 현존에서 신의 현존을 증명하는 신 증명이다.

63 원어는 "naturalis"이고, 앞의 "초자연적인 은총gratia supernaturalis"과 대비된다.

64 원어는 "perfectiones objectivas"이다. 《성찰》에서, 특히 '인과론적 신 증명'이 전개되는 〈제3성찰〉에서는 주로 "표상적 실재성realitas objectiva"으로 사용된다. "실재성"은 "완전성"과 다름없기 때문이다.

65 "완전성들의 초과만으로부터"의 원어는 "ab hoc solo perfectionum excessu"로, 《성찰》에서는 전혀 사용되지 않는 개념이다.

66 원어는 "quarum una est perceptio intellectus, alia vero determination voluntatis, quas Noster vocat intellectum & voluntatem"이다. 〈제4성찰〉에서 다음과 같이 말한다. "나 자신에게 더 가까이 가면서, 그리고 나의 오류들(이것들만이 내 안의

어떤 불완전성을 폭로하는)이 도대체 어떠한 것인지를 탐구하면서, 나는 그것들이 동시에 협력하는 두 원인에, 곧, 내 안에 있는 인식능력facultas cognoscendi과 선택능력facultas eligendi 즉 의지의 자유arbitrii liebertas에, 다시 말해 지성intellectus과 의지voluntas에 의존한다는 것을 깨닫는다." (이 책, 84쪽) 여기서 지성은 "인식능력", 의지는 "선택능력 즉 의지의 자유"로 지칭된다. 그리고《철학의 원리》제1부 32항에서는 다음과 같이 말한다, "우리가 우리 안에서 경험하는 사유 양태들은 모두 두 종류로 환원될 수 있다. 하나는 지성의 지각 혹은 지성의 작용perceptio, sive operatio intellectus이고, 다른 하나는 의지 활동 혹은 의지의 작용volitio, sive operatio voluntatis이다." 데카르트는《성찰》에서는 의지를 "선택능력" 혹은 "의지의 자유"로, 이 글에서는 "의지의 결정" 즉 "결정능력"으로 지칭한다.

67 여기서 재차 "지성의 지각"과 "의지의 결정"을 대비하면서, 판단 활동을 후자에 귀속시킨다. 데카르트는 '1641년 레기우스에게 보낸 편지'에서 다음과 같이 말한다. "의지와 지성은 동일한 실체의 능동성과 수동성으로만 구별된다고 생각한다. 왜냐하면 엄격하게 말해서, 지성은 정신의 수동성이며, 의지는 그 능동성이다. 그러나 우리는 우리가 무엇을 의욕하는지를 아는 것 없이는 어떤 것도 의욕할 수 없고, 또 우리가 어떤 것을 동시에 의욕함이 없이는 거의 아무것도 알 수 없기 때문에, 수동성과 능동성을 구별하기란 쉽지 않다."

68 원어는 "Nulli facilius ad magnam pietatis famam perveniunt, quam superstitiosi & Hypocritae"이다. 레기우스는 이 문장을 프로그램을 끝내면서 적고 있으나, 그것은 사실 데카르트가 쓴

《철학의 원리》에서 엘리자베스 왕녀에게 바치는 헌사에 들어 있는 것이다.

69 데카르트는 한때 레기우스와 깊은 친분을 맺었으며, 그를 옹호하면서 위트레흐트 대학 학장인 보에티우스를 비판한 적이 있다.

70 "진리에 대한 사랑_{amor veritatis}"과 "새로움에 대한 사랑_{amor novitatis}"이 대비된다.

71 주해 3 참조.

72 레비우스_{Jacques de Rives}(Jacobus Revius)를 가리킨다.

73 원어는 "Esse Neotericos nonnullos, qui certam omnem fidem sensibus abrogant, & Philosophos Deum negare, & de ejus existentia dubitare posse contendunt, qui insitas interim a natura humanae menti de Deo notitias actuales, species, & ideas, admittunt"이다. "insitas a natura"를 "자연적으로 각인된"으로 옮겼다.

74 원어는 "Neotericos istos audacter pronunciare, Deum non modo negative, sed & positive, sui causam efficientem dici debere"이다. "positve"를 "적극적으로"로 옮겼다.

75 원어는 "nullam de Deo actualem speciem & ideam menti nostrae ingenitam"이다. "ingenitus"를 "각인된"으로 옮겼다.

76 원어는 "nobis a natura inesse potentiam, qua Deum cognoscere possumus"이다.

77 원어는 "species"이다.

78 원어는 "entitatum Scholasticarum"이다. 《진리 탐구》에서 폴리안데르는 다음과 같이 말한다. "더구나, 당신 질문에 대답하

기 위해 내가 나는 **인간**이라고 말했을 때, 나는 내가 알지 못했고 결코 어떤 것도 들어보지 못했던, 그리고 내가 생각하듯이, 그저 그것을 고안해낸 이들의 상상 안에만 있는 모든 스콜라적 존재자들에 주의를 기울인 것이 아닙니다."(이 책, 165쪽)

79 "caterva"를 "무리"로 옮겼다.

80 《성찰》제목에 "In quibus Dei existentia, & animae humanae a corpore distincto, demontrantur(여기서 신의 현존 및 인간 영혼과 신체의 구별이 증명됨)"가 들어 있다는 것을 가리킨다.

81 "성찰의 글쓰기 방식stylus meditationum"은 데카르트가《성찰》에 걸맞게 자문자답의 형식을 취하는 것, 즉 스스로 문제를 제기하고, 그것에 답하고, 다시 이 답을 스스로 반박하면서 성찰이 진행된다는 것을 뜻할 것이다.

82 "cautela"를 "조심"으로 옮겼다.

상원

데카르트: 형이상학적 성찰의 구조와 이념[1]

1. 철학과 형이상학

데카르트는 자연과학이 비약적으로 발전했던 근세의 여명기에 철학적 사유를 펼친 사람이다. 그래서 그의 철학은 당대의 자연과학과 밀접한 관계 속에서 진행되었고, 심지어 자연과학을 함축한다. 또한 그는 철학이 수사학을 넘어 인간의 삶에 실질적인 쓸모가 있어야 한다고 믿는다. 그 유용성은 형이상학이나 이론적 자연철학과 같은 사변 학문이 아니라 실질적인 내용 학문에서 진가를 발휘한다고 확신한다. 다시 말해 데카르트에게 철학함이란 궁극적으로는 이론적 혹은 관조적 삶vita contemplativa이 아니라 실천적 혹은 행위적 삶vita activa의 일환이었다.

이런 데카르트의 입장, 즉 철학에 대한 정의 및 그 유용성이 가장 압축적으로, 또 가장 명료하게 제시된 텍스트는 뭐니 뭐니 해도《철학의 원리》의 불역판 서문으로 사용되기를 기대하면서 데카

---

1   이 글은《인문논총》(제27권)에 실린 논문을 수정 보완한 것이다.

르트가 피코 신부에게 보낸 서한이다. 이 편지에서 데카르트는 철학이란 '지혜의 탐구l'etude de la Sagesse'라고 단정한다. 그리고 지혜는 '일처리에서의 현명함prudentia'뿐만 아니라 '인간이 알 수 있는 모든 것에 대한 완전한 인식une parfaite connaissance'으로 규정한다.[2] 나아가 이런 완전한 인식은 제일원인 혹은 제일원리에서 도출되어야 하며, 그래서 인식의 순서상 으뜸가는 명증적인 원리에 대한 탐구에서 시작하는 것이 진정한 철학함이라고 말한다.

그러므로 지혜의 탐구로서 철학은 원리 이론에서 시작한다. 이 원리는 명증적이고 또 다른 지식의 연역 근거라는 두 가지 조건을 겸비해야 한다.[3] 명증적인 원리에서 올바로 연역된 지식은 마찬가지로 명증적일 것이다. 새로운 지식을 담보하고 있는 원리는 좋은 원리이고 참된 원리이다. 이것에서 연역된 지식 역시 참된 지식이다. 참된 지식의 총체인 철학은 이제 참된 철학일 것이다. 따라서 참된 철학의 기본 조건은 참된 원리인 셈이다. 그런데 데카르트가 제시한 원리가 그릇된 원리가 아니라 참된 원리임은 어떻게 보장할 것인가? 데카르트는 이제 자신의 본색을 드러낸다.

그런 원리가 극히 명석하다는 것은 쉽게 증명할 수 있습니다. 그것은 첫째로 내가 그것들을 찾아낸 방식에 의해서입니다. 즉, 내가 아주 조금이라도 의심할 수 있다고 생각하는 것은 모두 배제하는 방식에 의해서입니다. 왜냐하면 면밀한 고찰을 통해 이와 같은 방법으로도 배제할 수 없는 것이 발견된다면, 그것은 인간 정신이

2   AT: IX-2, 2쪽 참조.
3   AT: IX-2, 2쪽 참조.

알 수 있는 가장 명증적이고 가장 분명한 것임이 확실하기 때문입니다.[4]

그렇다면 이제 데카르트의 원리는 의심이라는 제거 혹은 배제의 방식에 따라 그 진리성이 보증된 원리인 셈이다. 더 이상 의심의 여지가 없는 것이 있다면, 그것은 확실한 것이고, 따라서 참된 것이다. 데카르트는 이런 참된 원리들 속에 '정신의 현존'을 우선 자리매김하고, 이 제일원리로부터 만물의 작자인 '신의 현존'을, 나아가 진리의 원천인 신으로부터 지성이 명석판명하게 인식하는 것은 모두 참'이라는 '진리의 규칙'을 도출하여 포함시킨다.

모든 것에 대해 의심하는 사람도 자신이 의심하고 있는 동안은 자신이 있다는 것을 의심할 수 없다는 것, (…) 그리고 자신에 대해서는 의심할 수 없으나 다른 모든 것에 대해서 의심하고 있는 것은 신체로 불리는 것이 아니라 우리 정신 혹은 사유라고 불리는 것을 감안하여 이런 사유가 있다는 것, 즉 현존한다는 것을 첫째 원리로 설정한 것입니다. 그리고 나는 이로부터 이 세상에 있는 모든 것의 작자인 신이 현존한다는 것, 그리고 이 신은 모든 진리의 원천이므로, 명석판명하게 인식하는 것에 대해 내리는 판단에 잘못을 저지르는 일이 없도록 우리 지성을 만들었다는 원리들을 도출했습니다.[5]

4　AT: IX-2, 9쪽.
5　AT: IX-2, 9~10쪽.

청년 데카르트의 초상화.

그리고 데카르트는 "이런 것들이 비물질적 혹은 형이상학적 사물 les choses immatérielles ou Métaphysiques에 관해 내가 사용하는 원리 전부입니다"[6]라고 말한다. '비물질적' 혹은 '형이상학적'인 원리들은 다시 '물질적' 혹은 '형이하학적' 혹은 '자연학적'인 원리의 연역 근거가 된다.

이로부터 나는 극히 분명하게 물질적 혹은 자연학적 사물 les choses corporelles ou Physiques의 원리를 도출했습니다. 즉, 길이, 폭, 깊이의 연장을 가진 물체가 현존하고, 그것은 다양한 형태를 갖고 온갖 방식으로 운동을 한다는 것입니다. 결국 이런 것이 거기서 내가 다른 사물의 진리를 연역하는 원리의 전부입니다.[7]

그러므로 자연학적 원리는 형태 및 운동 그리고 연장을 가진 물체의 현존이고, 이것은 형이상학적인 원리로부터 연역된다는 것이다. 데카르트는 계속 말한다.

---

6 AT: IX-2, 9~10쪽.
7 AT: IX-2, 9~10쪽.

그러나 내가 원리로 제시한 진리는 모두 모든 시대에 모든 사람에 의해 알려진 것이지만, 내가 아는 한 지금까지 그것들을 철학의 원리로, 즉 이 세상에 있는 다른 모든 것에 대한 인식의 연역 근거로 간주한 사람은 아무도 없다는 것입니다.[8]

이제 데카르트는 자신의 형이상학적 원리나 자연학적인 원리가 지니고 있는 고유성을 여타 인식의 가능 근거라는 점에서 찾는다. 그렇다면 데카르트의 철학은 형이상학적 원리에서 출발해서 다른 지식을 구성하는 연역적 체계와 다름없고, 그 철학의 '첫 번째 부분' 혹은 철학이라는 나무의 뿌리는 인식의 원리를 다루는 형이상학 혹은 제일철학이며, 다시 형이상학의 단초 혹은 최초의 인식 원리는 정신의 현존이다. 그래서 데카르트 철학의 제일원리는 "나는 사유한다, 그러므로 나는 존재한다"로 불리고, 이로부터 철학의 그림이 그려진다.

이제 우리는 데카르트의 철학에서 형이상학이 차지하는 위상을 알 수 있다. 형이상학은 제일철학이고, 제일철학은 지식의 순서상 모든 학문에 앞서는 으뜸가고 토대가 되는 학문이다. 제일철학이 담지하고 있는 지식이나 원리가 전제되지 않고서는 다른 지식도 알 수 없다. 다른 지식을 지식으로 판정해주는 지식이 바로 형이상학적 원리이기 때문이다. 형이상학은 비물질적인 사물을 그 탐구 대상으로 하고 있으며, 그래서 그 원리는 비물질적인 원리이다.

데카르트 연구가들은 이런 입장이 청년 데카르트가 1629년에 집

---

8   AT:IX-2, 10~11쪽.

필한 《형이상학적 논고 *Traité de Métaphysique*》에서도 이미 나타나 있다고 추정한다. 그들은 지금은 사라진 《형이상학적 논고》의 내용을 1630년에 메르센 신부에게 보낸 두 통의 편지 내용으로 미루어 짐작한다. '1630년 4월 15일에 쓴 편지'에서, "신이 이성의 사용을 허락한 사람들은 모두 신과 자기 자신을 인식하는 데 모든 노력을 기울여야 한다고 생각합니다. 이로부터 나는 학문 탐구를 시작했던 것이며, 이 길을 따라 자연학의 토대를 찾지 못했다면, 나는 결코 그 토대를 발견할 수 없었을 것이라고 말할 수 있습니다. (…) 나는 적어도 형이상학적 진리가 기하학의 논증보다 더 명증하게 증명될 수 있는지를 발견했다고 생각합니다. 물론 이것은 내 생각입니다. 왜냐하면 내가 이것에 대해 다른 사람들을 납득시킬 수 있는지를 아직 알지 못하기 때문입니다. 이 나라에서 머물렀던 지난 9개월 동안 나는 이것 외에 아무것도 하지 않았습니다"[9]라고 말하고, '1630년 11월 25일에 쓴 편지'에서 "나는 곧 형이상학에 관한 소논문을 완성하게 될 것 같습니다. 이 논문은 내가 프리슬란트에서 시작했던 것이고, 그 주요 논점은 신의 현존과 영혼의 현존을 증명하는 것, 또 영혼이 신체와 분리된다면 영혼의 불멸성이 도출된다는 것입니다"[10]라고 말한다. 이렇게 데카르트는 형이상학이 자연학의 토대로 기여할 수 있다는 확신, 또 그것의 원리는 신과 영혼의 현존이라는 확신을 명시적으로 밝힌다. 이런 내용은 1637년에 출간된 《방법서설》의 제4부에서 그 윤곽이 드러나고, 다시 1641년의 《성찰》에서 그 전모가 나타난다.

9 AT: I, 144쪽.
10 AT: I, 182쪽.

2. 형이상학의 구조

1) 형이상학적 사유의 단초로서 데카르트적 의심

데카르트의 형이상학이 가장 분명하게 드러난 텍스트는 단연《성찰》이다. 이 책은 1641년에《제일철학에 관한 성찰, 여기서 신의 현존 및 인간 영혼의 불멸성이 증명됨》이라는 제목으로 파리에서 처음 출간되었고, 1642년에《제일철학에 관한 성찰, 여기서 신의 현존 및 인간 영혼과 신체의 구별이 증명됨》이라는 제목으로 암스테르담에서 재판이 출간되었다. 이 텍스트는 모두 여섯 성찰로 이루어져 있다. 〈제1성찰〉은 "의심할 수 있는 것들에 관하여", 〈제2성찰〉은 "인간 정신의 본성에 관하여: 정신이 신체보다 더 쉽게 알려진다는 것", 〈제3성찰〉은 "신에 관하여, 그가 현존한다는 것", 〈제4성찰〉은 "참과 거짓에 관하여", 〈제5성찰〉은 "물질적 사물들의 본질에 관하여; 그리고 다시 신에 관하여, 그는 현존한다는 것", 끝으로 〈제6성찰〉은 "물질적 사물의 현존, 그리고 정신과 신체의 실재적 구별에 관하여"이다. 앞에서 말했듯이, 형이상학 혹은 제일철학은 신과 정신에 관한 담론이다. 그렇다면 데카르트는 왜 여기서 물체의 본질과 현존에 관해서 다루고 있는가라는 물음이, 또 정신이 신보다 왜 먼저 고찰되고 있는가라는 물음이, 나아가 왜 〈제4성찰〉에서 참과 거짓을 검토하고 있는가라는 물음이 제기될 수 있겠다.

첫 번째 물음과 연관해서, 데카르트는 물체의 본성과 현존에 관한 문제를《철학의 원리》제2부인 자연학의 부분에서 다루고 있다. 따라서 물체에 관한 담론은 엄밀히 말해 자연학적인 것이다. 그럼에도 형이상학적 성찰의 내용으로 포함시키는 것은 두 가지 측면에서 고찰할 수 있다. 먼저, 데카르트는《성찰》에서 영혼의 불멸성을 증명하고 싶었고, 이를 위해서는 영혼이 신체와 본성적으로 다름을 보여주어야 했으며, 그래서 신체 혹은 물체의 본성을 검토해야 했을 것이다. 두 번째 측면은, 데카르트는 절대적으로 확실한 지식을 확보하기 위한 수단으로 의심을 사용했으며, 그 결과 사유하는 자아 외에 모든 사물에 대한 인식은 불확실한 것으로 전락하고 말았다. 그래서 그 물질적 사물에 관한 진리성을 다시 확보하기 위해서도 《성찰》에서 물체에 관한 논의는 필요했을 것이다.

왜 정신이 신보다 먼저 성찰되어야 했는가라는 두 번째 물음과 연관해서는, 데카르트에게 가장 먼저 인식되는 것은 신이 아니라 정신이기 때문이다. 그것은 정신이 신의 창조물이고, 따라서 신이 정신보다 먼저 존재한다는 것을 부정하는 것이 아니라, 즉 존재의 순서상 정신이 신보다 먼저 존재한다는 것이 아니라, 인식의 순서상 정신이 신보다 먼저 인식된다는 것을 의미한다. 존재의 순서가 아니라 인식의 순서를 따른다는 것은 《성찰》의 서술 방식의 특징이다. 인식의 순서에서 정신이 신보다 앞선다는 데카르트의 주장은 그 당대의 철학자들로부터 수많은 오해를 불러일으킨 문제이고, 따라서 이런 오해를 불식시키는 데 데카르트는 많은 노력을 기울여야만 했다. 정신의 자기 인식이 신에 대한 인식보다 앞선다는 것은 이전의 철학과 획을 긋는, 어쩌면 가장 데카르트적인 것일 수 있다. 이것은 스피노자에 의해 비판되고 있는 대목이며, 그래서 데카르트와 스피노자의 철학의 차이를 명확히 보여주는 부분이기도 하다.

끝으로 데카르트는 왜 〈제3성찰〉에서 신의 현존을 증명하고 난 뒤에 곧바로 참과 거짓에 대해 말하고 있는가. 그것은 〈제1성찰〉에서 제시된 의심의 결과로서 사유하는 자아와 성실한 신의 현존 외에 모든 것이 의심되었으나, 정신이 그 진리성을 인식하게 될 다른 사물에로 나아가기 위한 연결고리를 설정하기 위함이다. 사유하는 자아의 현존에서 "명석판명하게 지각하는 모든 것은 참이다"라는 진리의 규칙을 확립하였으나, '악령malin génie의 가설'이 잔존하는 한 그 규칙은 허울 좋은 이름일 뿐이며, 그래서 신이 정신과 그 능력을 창조했고, 이 능력을 올바로 사용하는 한 오류의 그늘에서 벗어날 수 있음을, 따라서 진리의 규칙을 안심하고 사용할 수 있음을 밝힌 다음에 물질적인 것에 대한 참된 인식을 얻을 수 있다는 주장을 개진한 것이다. 의심의 대상으로 전락한 감각적인 것 및 지성적인 것에서 오류의 기원을 명시한다면, 오류를 방지함과 동시에 진리를 인식할 수 있다고 생각했기 때문이다. 따라서 〈제4성찰〉에서 참과 거짓에 대한 논의는 이어지는 성찰의 내용인 물질적인 것에 대한 오류를 방지하고 진리 인식으로 나아가기 위해 필연적인 과정인 셈이다.

《성찰》은 분명 인식의 순서로 진행된다. 이 때문에 데카르트는 《성찰》의 각 부분을 분리해서 고찰하거나 읽어서는 안 된다고 독자에게 당부한다.[11] 각각의 성찰에서 사용된 근거들은 상호 연결되어 있고, 또 감각에서, 선입견에서 벗어난 정신을 요구하고 있기 때문에, 《성찰》의 독서에 필요한 두 가지 요건은 전체를 일목요연하게 통람하는 것과 동시에 그야말로 오직 정신적인 성찰로 읽어 달라는 것이다. 데카르트의 이런 간곡한 부탁은 《성찰》의 서문격인 〈헌사〉, 〈서언〉 및 〈요약〉에 잘 나타난다.

11   특히 《성찰》의 〈서언〉 참조.

데카르트가 1638년 8월 23일 메르센 신부에게 보낸 편지.

데카르트의 형이상학적 성찰은 의심에서 출발한다. 이 의심의 유용성을 데카르트는 〈요약〉에서 "모든 선입견에서 자유롭게 하고, 정신을 감각에서 떼어놓는 데 가장 쉬운 길을 열어준다. 그리고 마침내, 우리가 참이라고 발견한 것에 대해 더 이상 의심할 수 없게 해준다"[12]고 적는다. 따라서 의심을 통해 우리 정신은 선입견과 감각에서 해방될 수 있고, 더 이상 의심할 수 없는 것에 대해서 의

---

12 이 책, 30쪽.

심은 그 진리성을 보장해준다는 것에 의심의 유용성이 있다는 것이다.

'선입견과 감각에서 정신의 분리'라는 사항은 〈헌사〉에서 이미 강조된 바 있다. 기하학적 논증 못지않게 형이상학적 논증 역시 확실하고 명증적인 것이지만, 이것을 충분히 이해하고 있는 사람은 많지 않은데, 그 이유는 "특히 그것들이 선입견에서 전적으로 자유로운 정신을, 그리고 감각들의 관여에서 쉽게 벗어나는 정신을 요구"[13]하기 때문이다. 선입견과 감각의 굴레에서 벗어난 정신의 소유자는 데카르트가 보기에 그렇게 많지 않다. 그렇지만 《성찰》은 철저하게 형이상학적인 것이므로, 이 책의 내용을 제대로 이해할 수 있는 사람도 그렇게 많지 않다. 그래서 "나는, 나와 함께 진지하게 성찰하고, 정신을 감각에서 그리고 동시에 모든 선입견에서 떼어놓을 수 있고 떼어놓으려고 하는 이들 외에는, 누구에게도 이 글을 읽으라고 권하지 않"[14]는다고 데카르트는 말한다.

그러므로 데카르트적 의심은 형이상학적 논증을 이해하기 위한 수단이며, 형이상학의 문에 들어가기 위한 첫 관문이다. 이 단계를 거치지 않으면 형이상학을 제대로 수행할 수 없고, 형이상학의 세계를 바라볼 수 없다. 비물질적인 영역, 즉 정신과 신의 영역은 오직 의심의 단계를 거쳐야 한다. 데카르트는 의심에 이런 의미심장한 역할을 부여한다. 의심은 유아기 혹은 기존의 선입견을 제거하고, 감각적인 것을 지적인 것에서 분리하는 데 그 본질적 유용성이 있다. 올바른 이성ratio recta, 좋은 정신bona mens 혹은 양식bon sens의

---

13 이 책, 21쪽.

14 이 책, 28쪽.

본래적 특성을 회복하고 잘 사용하는 것이 데카르트 철학의 시작이자 마지막이라고 해도 과언이 아니다. 그렇지만 이렇게 하기란, 의심을 제대로 수행하기란 결코 쉬운 일이 아니다. 그래서 형이상학을 제대로 한다는 것은 말처럼 쉽지 않고, 형이상학적 탐구에 적합한 사람은 그리 많지 않다. 의심은, 형이상학은 철저한 고행을 요구하기 때문이다. 기존의 선입견의 타성에서 벗어나는 것, 감각적 유혹에서 벗어나는 일은 분명 고행의 길이다. 일상적 습관에서 벗어나는 것은 일상적 정신에 쉬운 일이 아니다.

의심의 두 번째 유용성은 '참된 것으로 발견한 것에 대해 더 이상 의심할 수 없게 해주는 것'에 있다. 앞서 말했듯이, 형이상학적 원리, 특히 '코기토 명제cogito, ergo sum'가 이에 해당한다. 어떠한 의심에 의해서도 더 이상 그 진리성이 의심될 수 없다면, 그것은 의심할 수 없는 것이고, 따라서 절대 확실한 것으로 인정할 수 있을 것이기 때문이다. 달리 말해서, 회의론자의 극단적인 회의에도 흔들릴 수 없는 것이 있다면, 그것은 참된 진리로 간주할 수 있기 때문이다. 데카르트는 이런 의미에서 의심에서 진리 탐구를 시작한다. 데카르트적 의심은 이미《방법서설》에 나타나 있으나 데카르트가 보기엔 미흡했던 것 같다. 그래서 그는《성찰》에서 비로소 만족스러운 의심의 과정을 제시한다.《방법서설》과《성찰》에 나타난 의심의 과정은 이른바 '악령 혹은 악신의 가설'의 등장 여부에 그 차이가 있다. 따라서 데카르트의 극단적 의심은 이 가설에 의해 수행된다고 볼 수 있다.

《방법서설》은 일상인을 위해 쓰였다. 그래서 데카르트는 이 책을 당시 전문 언어인 라틴어가 아니라 일상 언어인 프랑스어로 썼다. 일상인에게 학문 탐구의 방법을 제시할 목적으로 집필된 이 책에서 데카르트는 비일상적인 길, 즉 본격적인 형이상학의 길을 제시하려고 하지 않았다. '1638년 2월 22일에 바티에 신부에게 보낸 편지'에서 데카르트는《방법서설》에서의 형이상학에 대한 자신의 논의는 대단히 모호한데, 이렇게 된 주된 이유는 그 책에서 자신은 회의론자들의 근거에 대해 개진하려고 하지 않았고, 또 일상인을 위해 집필된 이 책에서 정신을 감각에서 떼어놓는 데 요구되는 것을 모두 말할 필요가 없었기 때문이라고 적는다.[15] 그렇다면 회의론자들의 의심 근거가《방법서설》에서는 적나라하게 피력되지 않았다는 것이고, 따라서 거기서의 형이상학적 원리의 진리성은 명쾌하게 논증될 수 없었다는 것이다. 의심이 극단적인 만큼, 그 의심을 극복한 진리의 빛은 투명하기 때문이다. 데카르트는 이제 비일상적 서적인《성찰》에서 극단적 의심을 제시하고, 따라서 형이상학적 진리의 투명성을 확보하려 한다. 의심의 늪이 깊으면 깊을수록, 이 늪을 벗어난 진리는 그만큼 확고부동할 것이기 때문이다.

　이제 데카르트적 의심은 분명히 진리의 길로, 적어도 형이상학적 진리의 길로 접어들기 위해 반드시 거쳐야 하는 과정이다. 의심은 정신을 감각과 선입견에서 해방시켜서 형이상학의 길로 인도하며, 동시에 형이상학적 원리를 진리로서 확증해준다. 의심에서 형이상학적 원리가, 그리고 형이상학적 원리에서 형이하학적 혹은 자연학적 원리가 도출된다면, 이런 의심에서 사유하는 자아, 전능하고 선한 신, 그 밖에 현존하는 모든 것에 대한 진리가 도출되는 셈이다.《자연의 빛에 의한 진리 탐구》에서 데카르트가 사유하는

15　AT: I, 560쪽 참조.

자아가 아니라 보편적 의심을 아르키메데스적 일점으로 간주한 것도 바로 이런 이유에서일 것이다.[16]

데카르트는 〈제1성찰〉에서 이런 의심의 과정과 내용을 제시한다. 이 의심의 명시적 목표는 지금까지의 모든 의견을 전복시키는 것, 그 진리성을 무장해제시키는 것이다. 그것은 기존의 철학적 지식뿐만 아니라 모든 지식의 타당성에 의심의 눈길을 보내는 것이다. 기존의 지식을 '의견opinio'으로 부르고 있다는 것에서부터 이미 의심의 길로 접어든 셈이다.

모든 의견을 전복시키고자 하는 데카르트적 의심의 길은 하나의 전략을 함축하고 있다. 즉, 완전히 거짓된 것으로 드러난 것은 물론이고, 그럴듯한 혹은 의심스러운 의견들도 마치 거짓된 것으로 간주하자는 것이다. 사실, 거짓으로 확인된 것은 의심할 필요가 없다. 그래서 의심의 주 대상은 완전히 거짓된 것이 아니면서도 완전히 확실하지도 않은 것, 즉 개연적인 지식 혹은 의견이다. 이런 의견은 참과 거짓 사이에 있고, 그것을 인간의 정신은 쉽게 받아들인다. 이 중간적 앎이 의심의 주 대상이다.

모든 지식을 의심 대상으로 삼고, 나아가 의심스러운 모든 것을 거짓인 것처럼 간주하겠다는 데카르트의 전략은 일차적으로 감각과 지성의 능력을 문제 삼는다. 인간이 자신을 포함한 세계에 대한 지식을 획득하는 길은 감각이거나 지성 즉 순수 지성이다. 따라서 지식은 감각적 대상에 대한 지식이거나 지성적 대상에 대한 지식이고, 전자는 물질적 사물에 대한 지식과, 후자는 비물질적 사물에

---

16 이 책, 161쪽 참조.

대한 지식과 연관된다. 모든 지식을 일일이 열거할 수 없다. 그것은 불가능할 뿐만 아니라 자신의 방법에도 위배된다. 그래서 데카르트는 지식을 산출하는 원리 자체를 검토한다. 이로써 시간 혹은 능력의 낭비를 방지할 수 있기 때문이다. 지식의 산출 원리는 지식의 산출 능력과 다름없다. 따라서 감각능력과 지성능력의 기만성 여부를 고찰하는 것으로 족하다. 이 능력에 의해 산출된 지식 가운데 하나라도 거짓된 것 혹은 불확실한 것이 발견된다면, 그 능력을 불신해도 좋다는 것, 같은 말이지만, 신뢰해서는 안 된다는 것이다.

감각능력의 기만성은 쉽게 드러난다. 그래서 감각에 의해 산출된 지식은 그 진리성이 쉽게 해체될 수 있다. 감각에 의해 획득된 지식 가운데 얼마나 많은 것이 거짓으로 드러났는가. 이것은 일상적 경험을 통해 쉽게 드러난다. 둥글게 보이는 것이 실제로는 각진 것이라고 판단한 적이 어디 한두 번이었던가. 이때 문제되는 것은, 감각에 의해 나에게 나타난 상이 외부에 실제로 존재하는 사물과 일치하는가이다. 이 일치가 이루어지면, 감각적 명제 혹은 판단은 참이고, 그렇지 않으면 거짓이다. 그러나 감각적 판단이 항상 이런 일치를 수반하지 않는다는 데 그 의심의 근거가 있다.

나아가 감각능력이 의심되는 두 번째 길은, 감각을 통해 얻은 지식이 아니라 감각 덩어리인 내 신체 자체의 현존에 대한 지식이다. 앞의 의심이 일상적 경험을 확인하는 차원에서 이루어졌다면, 신체 자체의 현존에 대한 의심은 이른바 '꿈의 가설'에 의해 수행된다. 지금 내가 이런 모습으로 컴퓨터 앞에서 이런 손놀림을 하면서 앉아 있다는 사실은 꿈속에서도 같은 장면이 연출된다는 이유에서 그 실재성이 의심된다. 꿈속에서 나타나는 이런 나의 모습은 분명 실제로 현존하는 것이 아니다. 꿈과 생시 간에 어떠한 차이점도 보여줄 수 없다면, 내 신체의 현존에 대한 지식 역시 확실하게 참일 수 없다.

데카르트는 신체의 활동들, 즉 눈을 뜨고 있다는 것, 머리를 움직여본다는 것, 두 손을 뻗어본다는 것과 같은 '특수한 것particularia'이 꿈속에서도 나타난다는 것을 근거로 그것의 실재성을 의심하고 난 뒤 눈, 머리, 몸통과 같은 '일반적인 것generalia'의 실재성은 공상적인 것이 아니라 참으로 실재하는 것이라고 잠정적으로 인정한다. 그렇지만 화가의 예를 통해, 그것도 공상적인 것일 수 있음을 보여주고 난 뒤, 다시 연장, 형태, 수, 장소와 같은 '더 단순하고 보편적인 것magis simplicia et universalia'의 실재성은 의심될 수 없는 것으로 간주한다. 그러나 이 단순하고 보편적인 것들, 또 이것들의 연관을 문제 삼는 단순 학문, 즉 대수나 기하학은 의심할 수 없는 확실성을 담지하고 있다고 생각한다. 마침내 이제 단순한 물질적 본성의 실재성 및 이 본성들naturas 간의 관계의 진리성을 의심하기 위해 데카르트는 악신의 가설을 끌어들인다.

《성찰》이 《방법서설》과는 달리 비일상적인 텍스트라면, 그것은 극단적 회의론자의 근거, 즉 '악령 혹은 악신의 가설'이 도입되었기 때문일 것이다. 물체의 궁극적 구성 요소인 물질적 본성의 실재성, 그리고 "내가 깨어 있든 잠들어 있든, 둘과 셋이 합해지면 다섯이고, 사각형은 네 개보다 더 많은 변을 갖지 않으므로, 이처럼 명료한 진리들이 거짓의 의혹을 받는 일은 있을 수 없는 것"[17]은 일상인들에게는 자연스러운 것이다. 그럼에도 이것의 진리성을 해체시키는 것은 분명 비일상적인 것이고, 우스꽝스러운 것이며, 형이상

---

17 이 책, 40쪽.

학적인 것이다. 그러나 데카르트는 그 어떤 근거에 의해서도 의심할 수 없는 확고부동한 일점을 발견하기 위해《성찰》에서 그것에 대한 의심을 감행한다. 그 의심의 근거는 어린 시절에 들었던 우화 속에 나오는 전능한 악신이다.

지성은 오직 순수한 정신작용이다. 따라서 신체를 전제하는 감각능력과는 그 출생 신분이 다르다. 이런 지성은 직관하고 연역하는 능력이다. 추론되는 것은 분명 단계를 갖는다. 복잡한 단계를 가지면, 그 결론은 그만큼 불확실하다. 즉, 오류의 가능성이 증가한다. 종종 계산을 잘못해서 오류를 범할 수 있다. 계산을 한다는 것은 추론한다는 것이고, 어려운 계산은 복잡한 추론을 동반할 것이며, 따라서 그것은 많은 오류 가능성을 내포한다. 지성은 실수로 혹은 부주의로 오류를 범할 수 있다. 데카르트는 우선 이런 가능성을 염두에 두고 지성적 지식의 오류 가능성을 고찰한다.《성찰》에서도,《방법서설》에서도 그렇다.

그러나《성찰》은 이것에 만족하지 않는다. 실수로 '가끔' 오류를 범하는 지성이 아니라 원칙적으로 '항상' 속는, 그래서 언제나 오류를 범하는 지성의 가능성을 검토한다. 복잡한 추론적 사태가 아니라 단순하고 직관적인 사태를 인식할 때도 항상 속도록, 그래서 오류를 범하도록 지성이 창조되었다면, 지성은 이런 사태에서 여지없이 잘못을 범한다. 지성이 본성상 그렇게 만들어져 있을 가능성은 사실 없다. 그것은 선한 신에 의해 정신에 부여된 능력이며, 그래서 원칙적으로 오류를 범하지 않는 것이기 때문이다. 그러나 선한 신이 아니라 악한 신이, 그것도 못하는 것이 없는 악신이 지성을 창조했을지도 모른다는 것이 '악신의 가설'이다. "내가 둘과 셋을 더할 때마다, 혹은 사각형의 변을 셀 때마다, 혹은 더 쉬운 다른 어떤 것을 꾸며낼 수 있다면 그것을 할 때마다, 내가 속게끔 만들지 않았다는 것을 나는 어디로부터 아는가? 그렇지만 아마도 신은 내가 그렇게 기만당하는 것을 원치 않았을 것이다. 그는 최고로 선하다고 말해지니 말이다. 그러나 내가 항상 속게끔 나를 창조한 것이 신의 선성과 상충한다면, 내가 가끔 속는 것을 허용하는 것 또한 그 선성에 걸맞지 않은 것으로 보인다. 그렇지만 마지막 것은 말해질 수 없는 것이다."[18] 그리고 "속는다는 것 그리고 오류를 범한다는 것은 일종의 불완전성으로 보이므로, 그들이 내 기원으로 지정한 작자가 덜 유능하면 할수록, 내가 항상 속을 만큼 불완전하다는 것은 더욱 개연성을 가질 것이다."[19] 따라서 지성은 출생상 악신의 놀음에 놀아나기 때문에, 본성적으로 속도록, 오류를 범하도록 되어 있다는 것이다. 지성이 명증하게 직관하는 것에서도 항상 잘못을 범하도록 그 본성이 규정되어 있다. 잘못 만들어진 지성, 그러나 이런 비극적 운명을 알지 못하는 지성은 가끔이 아니라 항상 속고, 항상 오류를 범한다. 이것이 바로 데카르트가 악신의 가설을 통해 의도했던 것이다.

〈제1성찰〉, 〈제2성찰〉 및 〈제3성찰〉에서 데카르트는 악신의 가설에 의해 직관적으로 통찰되는 단순한 명제를 의심하고 있음은 분명하다.

산술적인 또는 기하학적인 것들에서 매우 단순하고 쉬운 것, 예를 들어 둘과 셋을 더하면 다섯이라는 것, 혹은 이와 유사한 것들을

18 이 책, 40~41쪽.
19 이 책, 41쪽.

고찰하고 있었을 때, 내가 적어도 이것들이 참임을 긍정할 만큼 충분히 명료하게 직관하지 않았다고? 분명히, 나는 나중에 그것들에 대해 의심할 수 있다고 판단했는데, 그 이유는 다름 아니라 혹시 어떤 신이 극히 명백하게 보이는 것들에서조차 기만당하는 그러한 본성을 나에게 부여했을 수도 있다는 것이 정신에 떠올랐기 때문이다. 그러나 신의 전능성에 관해 사전에 형성된 이 의견이 나에게 떠오를 때마다, 정말로 신이 원한다면, 내가 정신의 눈으로 극히 명증하게 직관한다고 여기는 것들에서조차 오류를 범하게끔 하는 것은 신에게는 쉬운 일임을 시인하지 않을 수 없다."[20]

이 인용문에 나타나 있는 "정신의 눈으로 극히 명증하게 직관"될 수 있는 대상은 단순 명제 혹은 단순 원리임이 분명해 보인다. 이것이 추론의 대상이 아니라 직관의 대상이라는 것은《정신지도규칙》에서도 잘 나타난다.

그러나 데카르트는 선신의 존재를 증명하여 의심의 끝이 보이는 자리에서 악신의 가설에 의해 의심했던 것은 직관적 명제가 아니라 기억에 의존하는 추론적 명제라고 말한다. 〈제5성찰〉의 한 대목이 대표적이다.

비록 내가 어떤 것을 매우 명석판명하게 지각하는 동안 그것이 참임을 믿지 않을 수 없는 그러한 본성을 갖고 있다고 해도, 그렇지만 나는 또한 어떤 것을 명석하게 지각하기 위해 정신의 시선을

---

20 이 책, 58~59쪽.

줄곧 그것에 고정시킬 수 없는 그러한 본성도 갖고 있고, 또 내가 어떤 것을 그렇다고 판단하게 해준 근거들에 더 이상 주의를 기울이지 않을 때는 이전에 내린 판단의 기억이 자주 되살아나는 그러한 본성도 갖고 있다. 이 때문에, 만일 내가 신을 모른다면, 내 의견을 쉽게 버리게 할 다른 근거들이 제시될 수 있으며, 그래서 나는 결코 어떤 것에 대해서도 참되고 확실한 지식을 갖지 못하고, 그저 비항구적이고 가변적인 의견들만을 가질 것이다.[21]

이 인용문에 따르면, 지금 우리에게 현전하는 명석판명한 인식은 항상 참이고, 따라서 그것의 진리성은 의심될 수 없으며, 그래서 그것은 선한 신의 보증을 요청하지 않는 반면에, 과거의 명석판명한 인식에 대해서는 신의 보증이 필요하다. 이 인용문에 이어 데카르트는 그 이유를 제시한다. "왜냐하면 나는 내가 극히 명증하게 지각한다고 여기는 것들에서 가끔 속게끔 자연에 의해 만들어졌다고 나를 설득할 수 있기 때문[22]이다." 그러나 이때도 극히 명증적으로 지각'했다'라는 과거형이 아니라 지각'한다'라는 현재형이 사용되고 있으며, 나아가 '가끔 속게끔 자연 혹은 악신에 의해 만들어졌을 수도 있다'는 문장에서 '가끔'이라는 단어는 악신의 가설이 도입될 때의 상황과 어울리지 않는다. 왜냐하면 비추론적인 명증적인 사태도 '항상' 의심될 수 있다는 것이 악신의 가설의 진면목일 것이기 때문이다.

《성찰》을 비일상적인 텍스트로 만들어주는 대표적인 예가 악신

---

21 이 책, 100쪽.

22 이 책, 100쪽.

의 가설이라면, 의심의 과정과 연관해서는 이 부분이《성찰》과《방법서설》의 차이를 극명하게 보여준다. 그러나 데카르트는 선신의 존재를 증명하고 난 다음에 추론적, 즉 기억적 인식만이 신의 보증을 필요로 한다고 간주한다. 이런 입장은 〈제4성찰〉이나 〈제5성찰〉에서도, 나아가 '제2반박과 답변'에서도 마찬가지이다. 데카르트의 이 두 상이한 태도는 데카르트 연구가들로부터 다양한 해석을 낳았다. 데카르트의 의심의 영역은 어디까지이며, 그 방식은 어떠한지 등 논란이 이어졌다. 또 이것과 관련해서 '데카르트적 순환 논증'도 문제시되는데, 데카르트의 태도가 분명치 않기 때문에 이것의 옳고 그름은 간단히 단정할 수 없다. 그럼에도 다음과 같이 말할 수 있다. 데카르트의 의심의 영역은 모든 물질적인 것에 해당한다는 것이다. 수학적 대상을 포함한 모든 물질적인 것의 진리성 혹은 실재성이 의심된다. 그 극단적인 경우가 물질적인 단순 본성의 실재성 및 이것들 간의 상호 관계에 대한 의심이다. 이런 물질적인 것의 실재성이 의심되면, 비물질적인 것, 정신적인 것 혹은 사유적인 것만이 남아 있고, 그것의 실재성 혹은 진리성이 확인된다. 그것이 바로 의심하는, 사유하는 자아의 실재성이다. 물질적 단순 본성을 악신의 가설에 의해 허구로 간주하는 반면에, 정신적 단순 본성의 실재성은 허구로 간주할 수 없다는 것이 바로 코기토 명제의 진리성이다.

직관과 연역이라는 말은《성찰》에서는 드물게 나타난다. 데카르트에게 그것은 인식론적 혹은 방법론적 개념이고,《성찰》은 형이상학에 관한 텍스트이기 때문일 것이다. 그래서 그 개념들은《정신지도규칙》에서 자세히 설명된다. 제일원리, 단순명제는 직관에 의해 인식되는 반면, 이 원리로부터 멀리 떨어져 있는 것은 연역에 의해 인식된다. 그리고 제일원리로부터 직접 추론되는 명제는 보는 관점에 따라 직관적으로 아니면 추론적으로 인식된다. 데카르트에게 제일원리 혹은 단순 명제는 인식의 출발점이다. 그것은 계열 속에서 가장 단순한 것이고, 그래서 인식의 토대를 의미한다. 추론적 인식과는 달리, 직관적 인식은 과정이나 운동을 갖지 않으며, 그래서 기억의 도움이 필요하지 않다. 또 그것은 현전하는 명증성을 그 특징으로 한다. 과정을 지니고, 기억에 의존하는 추론적 인식은 종종 오류를 범할 수 있다. 왜냐하면 기억은 종종 우리를 기만하기 때문이다.《정신지도규칙》에서 데카르트는 이런 기억의 기만성에서 벗어날 방법을 제시하면서 보다 넓은 영역을 직관적으로 인식할 수 있는 길을 모색한다.[23]

《성찰》의 의심 대상은 이런 기억적 인식에만 국한되지 않는다. 그는 물질적 단순 본성의 실재성을 의심했고, 단순한 수학적 명제의 진리성도 의심했다. 이 모두는《정신지도규칙》에서뿐만 아니라 《성찰》에서도 분명히 직관의 대상으로 간주된다. 그렇다면 데카르트는 그것을 의심했으며, 그 의심의 근거가 바로 악신의 가설이라고 보아야 할 것이다. 악신의 가설은 직관 주체의 본성이 악신에 의해 잘못 창조되었다는 것이다. 따라서 직관 주체는 단순한 것을 직관할 때 항상 잘못 직관하며, 잘못 직관할 수밖에 없는 본성을 지니고 태어났다. 따라서 직관의 오류는 항상 일어난다. 데카르트가 비록 나중에 의심의 대상을 기억적 인식에만 국한하더라도, 그것이 데카르트적 의심의 본래 모습이라고 보기는 어렵다.《철학의 원

---

23 《정신지도규칙》, 제9규칙, 제10규칙, 제11규칙 참조

리》에서 시도되고 있는 악신의 가설은 이런 주장에 설득력을 부여한다. 이 책의 제1부 5항에서 데카르트는 "무엇 때문에 수학적 증명에 대해서도 의심할 수 있는가"라는 제목하에 악신의 가설을 끌어들인다. 제목만으로는 증명적 인식에 대해서만, 즉 추론적 인식에 대해서만 의심하는 것으로 보일 수 있다. 그래서 실수로 가끔 잘못 추론했을 때 일어나는 의심에 대해 말하고 있는 것처럼 보인다. 그러나 본문의 내용은 그것을 넘어선다. 여기서 데카르트는 이전에 극히 확실한 것으로 인정되었던 것들에 대해 의심하면서, "수학적 증명에 대해, 또 지금까지 그 자체로 알려진 것이라고 생각된 그 원리에 대해서도 의심하기로 하자"[24]고 말한다. "그 자체로 알려진" 원리는 《정신지도규칙》이나 《성찰》에 나타난 직관적으로 인식되는 원리임이 분명하다. 증명적 인식이 단계나 과정을 포함하고 있고, 그래서 기억에 의존하고 있다면, 원리에 대한 인식은 이 두 가지에서 벗어나 있다.

이보다 더 중요한 것은 그다음 문장이다. 왜냐하면 우리는 이런 것에 대해서도 잘못을 저지르는 사람이 있는 것을 가끔 본 적이 있고, 또 우리가 거짓으로 간주하는 것을 아주 확실한 것으로 받아들이는 사람들이 있는 것을 보았기 때문이다.[25]

이 말은 기억적 인식에 해당된다. 다른 사람들뿐만 아니라 우리도 가끔 실수로 잘못을 저지른다는 것은 악신의 가설에 의한 의심

---

24 《철학의 원리》, 제1부 5항.
25 같은 곳.

에 속하지 않는다. 악신의 가설의 정체는 다음에 나타난다.

> 또 특히 우리를 창조했고, 모든 것을 할 수 있는 신이 현존한다는 말을 들었다. 그리고 이 신이 우리에게 극히 명백하게 보이는 것에서조차 항상 잘못을 저지르도록 우리를 창조하려고 했을지도 모른다. 왜냐하면 우리가 이미 알고 있는 사항, 즉 우리가 가끔 실수한다는 것 못지않게 그런 일이 충분히 일어날 수 있기 때문이다. 더구나 우리가 전능한 신이 아니라 우리 자신에 의해 혹은 다른 어떤 것에 의해 창조되었다고 생각해본다면, 우리 기원의 창시자의 능력을 작게 간주하면 할수록, 우리가 불완전하고 항상 잘못을 저지른다는 것은 더 믿을 만하기 때문이다.[26]

이 인용문에서 데카르트가 강조하고 싶은 것은, 극히 명증적인 사항에서 우리는 '항상' 잘못을 저지르도록 창조되었을지도 모른다는 점이다. 그러므로 데카르트의 의심은 직관적 명제까지도 포함한다고 보는 것이 문맥상 타당해 보인다. 물론 그 명제는 모든 대상적 명제이다. 종국적으로 의심될 수 없는 것은 대상적 명제가 아니라 주체적 명제인 코기토 명제뿐이다.

그렇다고 하더라도 문제는 남아 있다. 데카르트가 〈제3성찰〉에서 소위 '인과론적 신 증명'을 시도할 때, 그는 "원인 안에는 그 원인의 결과 안에 있는 것과 적어도 동등한 실재성이 있어야 한다"라는 인과원리에 의해 신 존재 증명을 시도한다. 데카르트는 이 원리

---

26 《철학의 원리》, 제1부 5항.

가 "자연의 빛에 의해 명백한 것"이라고 말하면서 그 진리성을 자연스럽게 인정하고 있다. 그러나 〈제2성찰〉까지는 오직 코기토 명제만이 참이므로 어떻게 이 원리의 진리성을 주장할 수 있겠는가. 이 원리는 악신의 가설에 의해 의심할 수 없는 것인가. 만일 그것이 악신에 의해 의심할 수 있는 것이라면, 그런데 그것에 의해 신의 현존이 증명되고 있다면, 나아가 모든 지식이 성실한 신의 보증에 의해서만 진리성이 확증될 수 있다고 말한다면, 데카르트는 순환논증의 오류를 범하고 있다고 볼 수도 있다. 실제로 그는 인과원리와 같은 것을 '영원한 진리'로 명명하고, 이것을 전능한 신에 의해 창조되는 것으로 말한다. 그러나 데카르트는 이때 순환논증의 오류를 범하고 있는 것으로 보이지 않는다. 그 이유는 인과원리와 같은 논리적 원리나 형이상학적 원리는 애당초 의심의 대상에 포함되지 않기 때문이다. 그것을 의심할 수 없어서가 아니라 의심할 필요가 없었기 때문이다. 그것은 어떤 새로운 지식을 전달해준다기보다는 기존의 지식을 정당화시켜주는 원리이기 때문이다. 이런 원리의 진리성을 주장할 때 데카르트는 "자연의 빛에 의해 명백한" 혹은 "자연의 빛에 의해 드러나는"과 같은 표현을 사용한다. 나아가 논리적 원리는 정신 안에만 있는 개념이고, 그래서 본유관념에 불과하다. 그것은 정신 외적 사물을 지시하지 않는다. 그러므로 인과원리를 전제로 신의 현존이 증명되고 있다고 하더라도, 순환논증의 오류를 범하고 있다는 질책보다는 오히려 그 의심의 한계를 지적하는 것이 타당할 것이다.

2) 의심에서 정신의 현존으로

〈제2성찰〉의 제목은 "인간 정신의 본성에 관하여: 정신이 신체보다 더 쉽게 알려진다는 것"이다. 그런데 정신이 신체보다 더 먼저, 더 쉽게 알려진다는 것을 왜 〈제2성찰〉의 제목으로 설정했을까. 아마 데카르트는 이로써 자신이 왜 정신에서부터 '성찰'을 시작했어야 하는지를 말하고 싶었을 것이다.《성찰》은 '존재의 순서'가 아니라 '인식의 순서'를 따르고 있다는 것을, 즉 물체보다도, 나아가 신보다도 정신이 먼저 인식되기 때문에 정신의 현존과 본성을 먼저 논하고 있다는 것을 함축적으로 보여주고 싶었을 것이다. 가장 쉽게 알려지는 혹은 인식되는 가장 단순한 것으로 환원하라는 데카르트의 입장은 이미《정신지도규칙》에서부터 지속적으로 나타났다.

데카르트는 이 〈제2성찰〉을 시작하는 자리에서 의심이 초래한 비참한 상황을 연출한다.

> 나는 어제의 성찰로 대단한 의심들 속에 던져져 더 이상 그것들을 잊을 수 없고, 그것들이 어떤 식으로 해소되어야 하는지를 알지도 못한다. 오히려 갑자기 깊은 소용돌이에 휘말린 것처럼 어지러워 바닥에 발을 댈 수도 없고 물 위로 빠져나올 수도 없다.[27]

이 곤란한 상황에서 할 수 있는 것은 익사하거나, 아니면 다행스럽게 누가 도와주거나, 아니면 스스로 힘을 내서 빠져나오는 길밖에 없다. 데카르트는 여기서 익사할 수는 없었다. 그렇다고 모든 사람의 의견을 물리친 상황에서 누구의 도움을 기대할 처지도 못되었다. 결국 그는 스스로 이 난국을 헤쳐나가는 길밖에 없었다. 확고

---

27 이 책, 44쪽.

부동한 아르키메데스적 일점을 찾기 위해 그는 다시 길을 떠난다.

그러나 확실한 것은 아무것도 없다. 아니 확실한 것이라고는, 확실한 것은 아무것도 없다는 것뿐이다. 이것은 회의론자들이 확실한 것은 아무것도 없다고 주장할 때, 그 반대쪽에서 회의론자의 자기모순성을 지적하기 위해 사용되는 말이다. 그러나 진리를 발견하기 위해 길을 떠난 데카르트는 이에 만족할 수 없었다. 그는 다시 의심의 과정으로 돌아가, 의심 자체를 고찰한다. 혹시 어떤 새로운 것을 만나지 않을까 하는 기대 속에서, "조금도 의심할 수 없는 것은 하나도 존재하지 않는다는 사실을 나는 어떻게 알고 있는 것일까", "나는 왜 이런 가정을 하고 있을까", "나 자신이 이런 사유의 작자일 수도 있지 않을까"라고 물으면서 의심에서 벗어나려고 시도한다. 확실한 것은 아무것도 없다고 사유하는 그 주체는 누구인가. 데카르트는 이제 사유 내용의 진리성을 묻는 것이 아니라 사유 주체의 실재성을 묻는다. 악신이 나로 하여금 이런 사유를 하도록 조종하고 있더라도, 이 사유 주체는 존재해야 하는 것이 아닌가. 그러므로 이 세상에 아무것도 존재하지 않는다고 스스로 설득하고, 의심하고, 사유한다면, 이것을 설득하고, 의심하고, 사유하는 것은 존재해야 하지 않겠는가. 혹은 악신이 집요하게 나를 기만하고 있다면, 기만당하는 나는 존재해야 하지 않겠는가. 따라서 나는 어떤 것이며, 결코 무가 아니다. 데카르트는 여기서 "나는 존재한다, 나는 현존한다"라는 명제를 우선 끌어낸다.

나의 현존은 데카르트가 인식의 순서상 제일 먼저 인식한 사태 혹은 명제이다. 그런 다음에 그는 현존하는 내가 무엇인지를 고찰한다. 이때 그는 조금이라도 흔들릴 수 있는 것은 모두 제거시켜나가자고 말하면서, '나는 전에 나를 무엇이라고 믿었는지'를 묻는다.

데카르트는 우선 '나는 인간'이고, '인간은 이성적 동물'이라는 방식으로 현존하는 나의 정체를 묻기보다는 '내 생각 속에 자연스레 떠올랐던 것에 주목'한다. 나는 물질적 혹은 신체적 존재이거나, 영혼적 존재라는 것이다. 그리고 신체의 실재성은 '꿈의 가설'에 의해 의심되었기 때문에 우선 제거되고, 다음으로 영혼적 존재가 다시 전통적 도식에 따라 식물적 영혼, 감각적 영혼 및 이성적 영혼으로 세분된다. 데카르트는 '식물적' 영혼에 해당하는 것을 '영양섭취하는' 영혼으로, '감각적' 영혼에 해당하는 것을 '걷고 감각하는' 영혼으로, '이성적' 영혼에 해당하는 것을 '사유하는' 영혼으로 명명한다. 이때 영양섭취와 감각은 신체를 전제하므로 현존하는 나로부터 쉽게 제거되며, 마지막으로 '사유'만이 고찰의 대상이 된다. 데카르트의 표현에 따르면, "사유한다? 이번에 나는 발견한다. 사유이다. 이것만이 나로부터 떼어내질 수 없다. (…) 그러므로 정확히 나는 오직 사유하는 것"[28]이다. 필연적으로 현존하는 나를 사유하는 것 혹은 정신으로 파악한 후 데카르트는 다시 사유하는 것을 "의심하는 것, 이해하는 것, 긍정하는 것, 부정하는 것, 원하는 것, 원하지 않는 것, 또한 상상하는 것 그리고 감각하는 것"[29]으로 이해한다. 달리 말하면, 사유는 정신의 본질적 속성이며, 나머지 것은 그 사유의 양태일 뿐이다.

사유만이 현존하는 나와 분리될 수 없다는 말은,《정신지도규칙》의 표현에 따르자면, 사유만이 나와 필연적으로 결합되어 있다는 것이며, 그래서 양자는 혼란된 방식으로 상호 결합되어 있어서

---

28 이 책, 48쪽.
29 이 책, 50쪽.

그것들을 분리시켜 고찰하면 그 어떤 것에 대해서도 판명하게 인식될 수 없다는 것이다.[30] 즉, 내가 사유하기 위해서는 존재해야 하며, 존재하기 위해서는 사유해야 한다는 것이다. 그러나 여기서 데카르트는 왜 사유와 내가 분리될 수 없는지, 필연적으로 결합되어 있는지에 대한 명확한 설명을 내놓지 않고, 그저 주장만 하고 있을 뿐이다. 사유가 나와 분리될 수 없고, 또 의심은 사유의 한 양태라는 데카르트의 주장에는 다소 빈약한 구석이 있다. 물론 데카르트가 이성적 영혼 혹은 사유를 나의 본성으로 주장하게 된 것은, 그가 전통적 방식으로 가능적인 예를 열거한 결과일 수 있다. 그런데 데카르트는 분명히 의심에서 출발했고, 의심에서 의심하는 나의 현존을 도출했다. 그래서 그가 사유에서 의심으로 넘어가는 것이 아니라, 차라리 의심에서 사유로 넘어가는 것이 오히려 데카르트적일 수 있다. 다시 말해서, 어떤 것을 의심하는 동안 나는 현존하지 않을 수 없기 때문에 의심은 나와 필연적으로 결합되어 있고, 또 의심은 사유의 한 양태로 사유 없이는 존재할 수 없기 때문에 나는 사유하는 것이라고 주장할 수도 있다는 것이다. 실제로 데카르트는 《진리 탐구》에서 의심을 아르키메데스적 일점으로 간주하면서 이런 방식으로 나의 본성을 고찰하고 있기 때문이다.

의심하는 나는 사유하는 것이고, 사유하는 것은 정신이며, 정신은 현존한다는 것이 데카르트의 제일원리이다. 이것은 《방법서설》과 《철학의 원리》에서 "나는 사유한다, 그러므로 나는 현존한다"라는 명제로 정립된다. 이때 나의 사유와 현존은 '그러므로$_{ergo}$'라는

---

30 《정신지도규칙》, 제12규칙 참조.

접속사에 의해 연결되기 때문에, 이 제일원리가 직관적 인식이 아닌 추론적 인식에 의해 획득되었다는 반론이 데카르트 당대에 이미 제기되었다. 그러나 데카르트는 이를 강력히 부인하면서 코기토 명제는 추론적인 것이 아니라 직관적인 것임을 주장했다. 다시 말해서, 코기토 명제가 삼단논법에 의해서 추론된 것이라면, 그것은 "사유하는 모든 것은 존재한다"라는 대전제에 의존하고, 그래서 이 대전제가 먼저 인식되어야 할 것이다. 그러나 데카르트에 따르면, 이 대전제는 '존재함이 없이는 사유할 수 없다'는 사실을 먼저 스스로 경험함으로써만 획득될 수 있다. "왜냐하면 일반 명제들은 전적으로 개별 명제들의 인식으로부터만 형성될 수 있다는 것이 우리 정신의 본성이기 때문이다."[31] 코기토 명제의 진리성이 일반 명제 혹은 대전제와는 무관하게, 아니 오히려 일반 명제들은 개별 명제로부터 도출된다는《성찰》의 '제 2반박과 답변'에서 제시된 주장은《철학의 원리》에서 제시된 것과 상반된다.《철학의 원리》에서 데카르트는 "내가 만일 여기서 '나는 사유한다, 그러므로 현존한다'라는 명제를 순서적으로 철학함에서 첫째로, 아주 확실한 것으로 말했을 때, 먼저 사유, 현존, 확실성이 무엇인지를, 그리고 '사유하는 것이 현존하지 않는다는 것은 불가능하다'는 것을 먼저 알아야 한다는 것을 부인하지 않았다"[32]고 말한다. 사유, 현존, 확실성에 대한 문제는 차치하더라도 여기서 그는 분명히 일반 명제가 코기토 명제의 인식에 전제되어야 한다는 것을 시인하고 있다. 즉, 대전제인 "사유하는 모든 것은 현존한다", 소전제 "나는 사유한다",

---

31 AT: I, 140쪽.
32 《철학의 원리》, 제1부 10항.

그리고 결론 "그러므로 나는 현존한다"라는 삼단논법에 의해 코기토 명제는 획득된 것이다.

'제 2반박과 답변'과 《철학의 원리》에서의 주장이 서로 상반된다는 것을 데카르트의 젊은 추종자인 버만은 데카르트와의 인터뷰에서 정확하게 지적한다. 이에 대해 데카르트는 코기토 명제가 인식되기 전에 '사유하는 모든 것은 현존한다'라는 대전제가 '그 자체로' 혹은 '함축적으로' 코기토 명제에 우선한다는 것을 인정하지만, 코기토 명제를 인식하기 위해 대전제를 '명시적으로' 이해하고 있어야 한다는 사실에 대해서는 부정한다. "왜냐하면 나는 단지 내 안에서 '나는 사유한다, 그러므로 나는 현존한다'라는 경험만을 주목했을 뿐이지, 결코 저 '사유하는 모든 것은 현존한다'라는 공통개념에 대해서는 전혀 주목하지 않았기 때문이다. 앞에서 언급했듯이, 일반 명제들은 개별 명제와 분리될 수 없으며, 전자는 오직 후자 속에서만 형성될 수 있기"[33] 때문이다. 그러므로 데카르트의 이런 해명에 따르면, 코기토 명제는 대전제에서 추론된 것이 아니라 총체적으로 직관된 것이다. 대전제가 함축적으로 코기토 명제에 우선하지만, 명시적으로는 전자가 후자에 앞선다는 것, 즉 코기토 명제는 대전제와 무관하게 인식될 수 있다는 것이다.

그리고 코기토 명제에서 사유와 현존이 분리된 채 개별적으로 경험된 것이 아니라, 총체적으로 사유하는 나의 현존은 직관된 것이다. 이런 의미에서 데카르트는 "나는 사유한다, 그러므로 나는 현존한다"라는 명제보다는 "사유하는 정신은 현존한다"라는 명제를 기

---

[33] AT: V, 140쪽.

꺼이 제일원리로 내세웠을 것이다. 또 그는 비록《성찰》에서 나의 현존의 진리성을 먼저 확보한 후에 나의 존재와 사유와의 필연적 결합을 설명하고는 있지만, 이런 합성의 과정은 그의 형이상학적 성찰의 결과를 보다 설득력 있게 제시하고자 하는 방법론적 차원일 것이다. 그래서 코기토 명제는 의심의 수행에서 포착된 수행적 진리이고, 이것은 추론에 의해 단계적으로가 아니라 직관에 의해 총체적으로 획득된 지식이라는 주장이 보다 설득력을 가질 것이다.

3) 정신의 현존에서 신의 현존으로

데카르트는 〈제3성찰〉에서 소위 '인과론적 신 증명', 〈제5성찰〉에서는 '존재론적 신 증명'을 시도한다. 인과론적 신 증명은 '후천적으로' 혹은 결과에 의해 신을 증명하는 것이고, 존재론적 신 증명은 '선천적으로' 혹은 개념 분석에 의해 신을 증명하는 것이다. 나아가 전자는 정신 안에 있는 신의 관념에서 신의 현존을 증명하는 것이고, 후자는 신의 본성 혹은 개념을 분석함으로써 신의 현존을 증명하는 것이다. 인과론적 신 증명은 다시 결과인 신의 관념에서 그 원인인 신을 도출해내는 방식과 신의 관념을 갖고 있는 정신의 현존에서 그 원인인 신을 도출해내는 방식으로 세분된다.《성찰》에서 인과론적 신 증명을, '제2반박과 답변'의 부록에서는 존재론적 신 증명을 먼저 제시한다.

《성찰》에서 제시된 두 가지 인과론적 신 증명 방식은 '제2반박과 답변'에서 아주 간략하게 소개된다.[34]

---

34 AT: VII, 167쪽 참조.

(1) 관념의 표상적 실재성은 적어도 동등한 현실적 실재성을 형상적으로 혹은 우월적으로 갖고 있는 원인을 요구한다.

(2) 우리는 절대 완전자로서의 신의 관념을 갖고 있다.

(3) 이 신의 관념이 갖고 있는 표상적 실재성은 형상적으로도 우월적으로도 우리 안에 있을 수 없다.

(4) 그 실재성은 오직 신 자신 안에 포함되어 있다.

(5) 그러므로 신의 관념은 그 원인이 신이고, 따라서 신은 현존한다.

이때 데카르트가 가장 심혈을 기울여 논의하는 대목이 바로 (3)이다. '관념이 어떤 특정한 표상적 실재성을 갖고 있다면, 이는 그 관념이 갖고 있는 표상적 실재성과 적어도 동등한 형상적 실재성을 갖고 있는 원인에 의해서만 가능하다'는 (1)은 인과원리를 가리키고, 이 원리의 진리성은 "자연의 빛에 의해 명백한 것"으로 간주한다. 그래서 데카르트는 "내 관념들 가운데 어떤 관념의 표상적 실재성이 매우 커서, 형상적으로도 우월적으로도 내 안에 존재하지 않는다고, 따라서 내가 나 자신이 그 관념의 원인일 수 없다고 확신한다면, 이로부터 세계 안에 나 홀로 존재하는 것이 아니라 그 관념의 원인인 다른 어떤 것 또한 현존한다는 것이 필연적으로 따라 나온다"[35]는 사실에 의거, 정신 안에 있는 관념들을 고찰하고 열거한다. 관념들은 정신의 관념, 물질적인 것의 관념, 신의 관념, 천사나 짐승 혹은 다른 인간의 관념들이다. 이제 이 관념들이 가진 표상적 실재성의 정도를 측정한다.

---

35 이 책, 67쪽.

데카르트는 천사나 짐승 혹은 다른 인간의 관념을 물체, 정신, 신의 관념으로부터 합성된 것으로 간주하고, 우선 물질적 사물의 관념이 갖고 있는 실재성을 "나 자신으로부터 비롯될 수 있었다고 보이지 않을 만큼 큰 것은 아무것도 눈에 띄지 않는"[36] 것으로 파악한다. 먼저 감각적 성질의 관념은 명석판명하지 않으며, 그래서 그 관념은 질료적 허위를 내포하고 있어서 무로부터 나온 것이거나, 아니면 참된 관념이라고 해도 그것은 극히 적은 실재성만을 포함하기 때문에 실체인 정신으로부터 유래될 수 있는 것으로 파악한다. 그러므로 "이런 관념들에 나와 상이한 어떤 작자를 지정할 필요가 없다는 것은 분명하다."[37]

다음으로 명석판명한 물질적 사물의 관념 가운데 실체, 지속, 수와 같은 것의 관념은 정신이 그 작자일 수 있다. 정신은 실체이기 때문에 실체의 관념은 정신에서 비롯될 수 있고, 사유하는 동안 현존하는 정신에서 지속의 관념이, 또 다양한 사유들을 가진 정신에서 수의 관념이 형성될 수 있다. 그리고 연장, 형태, 운동과 같은 것의 관념은 사유 실체인 정신에 형상적으로 포함되어 있지는 않지만, 그것은 기껏해야 실체의 속성이나 양태에 불과하므로 실체인 정신 안에 우월적으로 포함될 수 있다. 그러므로 정신은 자신의 관념의 원인이자 모든 물질적인 것의 관념의 원인으로 나설 수 있다.[38]

그렇다면 이제 남은 것은 신의 관념뿐이다. 신이란 "어떤 무한한, 비의존적인, 전지한, 전능한, 그리고 한편으로는, 나 자신, 다른

---

36 이 책, 68쪽.
37 이 책, 69쪽.
38 이 책, 69~70쪽 참조.

한편으로는, 만일 다른 어떤 것이 현존한다면, 현존하는 다른 모든 것을 창조한 실체"[39]이다. 이런 신에 대한 정의로부터 데카르트는 즉각 신의 관념의 원인은 신 자신이어야 하고, 그러므로 신은 현존한다는 것을 증명한다.

> 분명, 이 모든 것들은 내가 보다 세심히 주의를 기울일수록 그만큼 더 나로부터만 비롯될 수 있을 것으로 보이지 않는 그러한 것들이다. 그러므로 앞에서 말한 것으로부터 신은 필연적으로 현존한다고 결론지어야 한다. 왜냐하면 나는 실체라는 바로 이 사실로부터 실체의 관념이 분명 내 안에 있다고 해도, 그렇다고 해서 그것이, 나는 유한하므로 그 관념이 실제로 무한한 어떤 실체에서 유래하지 않고서는, 무한 실체의 관념은 아닐 것이기 때문이다.[40]

이런 다음 예상되는 몇 가지 반론을 제시하면서 증명력을 설명하지만, 인과론적 신 증명의 핵심은 정신은 유한 실체인 반면, 신은 무한 실체이기 때문에, 무한 실체로서의 신의 관념은 정신일 수 없고 신 자신이어야 한다는 것이다. 그렇다면 이 증명은 사실 정신의 유한성과 신의 무한성에 무게가 실려 있다.

데카르트는 신의 관념에서 신의 현존을 증명하는 첫 번째 인과론적 증명 과정에서 "자연의 빛에 의해 명백하지 않은 것은 아무것도 없다"[41]고 주장하지만, "그러나 내가 주의를 덜 집중하고, 감각

---

39 이 책, 70쪽.
40 이 책, 70쪽.
41 이 책, 73쪽.

적 사물의 상들이 정신의 눈을 멀게 하면, 왜 나보다 더 완전한 존재자의 관념이 실제로 더 완전한 존재자에서 유래해야 하는지를 기억하기란 그리 쉬운 일이 아니다"[42]고 말하면서 두 번째 인과론적 신 증명의 도입 필요성을 역설한다. 그러므로 두 가지 인과론적 신 증명은 서로 독립적인 증명으로 볼 수 있다.

두 번째 인과론적 신 증명은 신의 관념을 갖고 있는 정신이 현존하는 것에서 신의 현존을 증명하는 것이다. '제2반박과 답변'에서 이 증명은 다음과 같이 요약된다.[43]

(1) 내가 만일 나 자신을 보존하는 힘을 가지고 있다면, 결여된 완전성을 나에게 부여했을 것이다.

(2) 그러나 나는 여전히 불완전하기 때문에 이런 힘을 갖지 않는다.

(3) 그러므로 나는 나 자신을 스스로 보존하는 것이 아니라 다른 것에 의해 보존되어야 한다.

(4) 나 자신을 보존하는 것은 내 안에 있는 모든 것을 형상적으로 혹은 우월적으로 갖고 있어야 한다.

(5) 내 안에는 신의 관념이 있고, 따라서 나를 보존하는 것은 신의 관념 안에 있는 모든 완전성을 갖고 있어야 한다.

(6) 신적인 완전성을 가진 것은 오직 신밖에 없다.

(7) 그러므로 신은 현존한다.

---

42 이 책, 73쪽.
43 AT: VII, 168쪽 참조.

이 증명 과정에서 핵심은 정신의 현존이기보다는 '신 관념을 갖고 있는' 정신의 보존력이다. 현존하는 것과 보존하는 것은 개념상의 차이이고, 따라서 정신이 현존한다면 보존하는 힘을 갖고 있어야 하는데, 이 보존력은 다시 신적인 완전성을 동시에 창출할 수 있는 힘이어야 한다. 이런 힘을 갖고 있는 것은 오직 신뿐이라는 것이다. 그래서 데카르트는 '신의 관념을 갖고 있는' 정신의 현존을 문제시했을 것이다. 이는 다음 말에서 분명히 드러난다.

> 나는 사유하는 것이고 신에 대한 어떤 관념을 내 안에 가지는 것이므로, 내 원인으로 지정되는 것이 결국 어떠한 것이든, 그것 역시 사유하는 것이고, 내가 신에 귀속시키는 모든 완전성의 관념을 갖는 것임을 시인해야 한다. 그리고 그것에 대해 다시, 그것이 자기 자신으로부터 나오는지 아니면 다른 것으로부터 나오는지를 물을 수 있다. 실로, 만일 자기 자신으로부터라면, 앞에서 말한 것으로부터, 그가 바로 신임이 분명하다. 왜냐하면 사실, 그것이 그 스스로 현존하는 힘을 가지므로, 그것은 또한 의심의 여지 없이 그 모든 완전성들—그것이 이것들의 관념들을 자신 안에 갖고 있는—다시 말해, 내가 신 안에 있다고 생각하는 그 모든 완전성들을 현실적으로 소유하는 힘도 가지기 때문이다.[44]

두 번째 인과론적 신 증명이 사실 정신의 불완전성에 근거한다면, 그것은 첫 번째 증명과 크게 다르지 않다. 첫 번째 증명도 정신

---

44 이 책, 76~77쪽.

의 유한성에 근거하기 때문이다. 그러므로 인과론적 증명은 정신의 유한성 혹은 불완전성에서 무한하고 완전한 신의 현존을 증명한다고 볼 수 있다. 이런 의미에서 데카르트는 〈제3성찰〉을 마무리하는 자리에서 인과론적 신 증명의 특징을 다음과 같이 설명했을 것이다.

> 내가 정신의 눈을 나 자신에게 향하는 동안, 나는 내가 불완전한 것이고 다른 것에 의존하는 것이며, 또 더욱더 큰 것 혹은 더 좋은 것을 무한정하게 갈망하는 것임을 이해할 뿐만 아니라, 동시에 나는 또한 내가 의존하는 그것은 이 더 큰 모든 것을 모두 무한정하게 그리고 가능적으로만이 아니라 실제로 무한하게 자기 안에 갖고 있음을, 그래서 그것이 신임을 이해한다.[45]

그러므로 정신의 불완전성에 대한 인식은 동시에 신의 완전성에 대한 인식을 수반한다. 달리 말해서, 신을 인식하는 것과 정신을 인식하는 것은 "동일한 능력으로"[46] 이루어진다는 것이다. 나아가 다음과 같이 말한다.

> 그리고 논증 전체의 힘은, 실제로 신이 또한 현존하지 않고서는, 내가 지금과 같은 본성으로 현존하는 것, 다시 말해 내가 내 안에 신의 관념을 가지면서 현존하는 것은 가능하지 않다는 것을 인지하는 것에 있다. 내가 말하는 신은 내 안에 그 관념이 있는 바로 그

---

45 이 책, 79쪽.
46 이 책, 79쪽.

신, 다시 말해, 내가 파악하는 것이 아니라 어떤 식으로 사유로 닿을 수 있는 모든 완전성을 가진 신, 그리고 어떠한 결함에도 전혀 노출되지 않는 바로 그 신이다.[47]

이 인과론적 신 증명의 출발과 끝은 사실 정신의 유한성과 불완전성에 대한 인식이다. 정신이 자기 불완전성과 유한성을 인식한다는 것은 이미 완전성과 무한성을 함축적으로 인식한다는 것이다. 그리고 정신의 유한성은 의심한다는 사실에서 단적으로 드러난다. 그렇다면 의심에서 정신의 현존이 도출됨과 동시에 신의 현존도 확보된다고 볼 수 있다. 데카르트는 인과론적 신 증명 과정에서 적지 않은 형이상학적 전제를 사용하지만, 어쩌면 이것들은 불필요한지도 모른다. 의심이라는 불완전성은 완전성을 대면하고 있을 때에 비로소 드러날 수 있고, 이 완전성의 극단이 바로 신일 것이기 때문이다. 그러므로 완전성의 총화인 신이 존재하지 않는다면, 정신은 의심도 하지 않았을 것이다. 데카르트의 인과론적 신 증명을 이런 식으로 귀착시키는 것은 다소 미진한 부분도 있겠지만, 그가 《진리 탐구》에서 의심에서 신에 대한 인식이 가능하다고 말했던 점과 〈제4성찰〉의 초입 부분에서 다음과 같이 말하는 것으로 보아 앞의 해석도 가능할 것이다.

나는 의심한다는 사실, 즉 나는 불완전하고 의존적인 것이라는 사실에 주의할 때, 비의존적이고 완전한 존재자, 다시 말해 신에 대한

47 이 책, 79쪽.

명석하고 판명한 관념이 나에게 나타난다. 그리고 이러한 관념이 내 안에 있다는 사실, 즉 그 관념을 가지고 있는 내가 현존한다는 이 한 가지 사실로부터 나는 신 또한 현존한다는 것, 그리고 내 현존 전체는 매 순간 신에 의존한다는 것을 아주 명백하게 결론짓는다.[48]

더 나아가 《정신지도규칙》에서 "정신은 현존한다, 그러므로 신은 존재한다"라는 명제를 필연적으로 결합된 명제로 간주하면서, 정신의 현존에서 신의 현존이 증명될 수 있음을 시사한 바도 있다.[49]

두 번째 신 증명인 존재론적 신 증명은 〈제5성찰〉에서 제시된다. 〈제5성찰〉의 본 주제는 "물질적 사물의 본성"에 관한 것이다. 여기서 악신의 가설에 의해 의심했던 물질적 단순 본성의 실재성 및 수학적 진리의 확실성이 복구된다. 〈제3성찰〉에서 선신의 현존이 증명됨과 동시에 악신의 가설이 제거되었기에, 이제 "명석판명하게 인식하는 모든 것은 모두 참이다"라는 진리의 규칙을 적용할 수 있게 된다. 데카르트는 이 규칙의 변용인 '어떤 것에 속한다고 명석판명하게 인식된 것은 실제로 그 사물에 속한다'라는 명제를 사용해서 신의 현존을 '다시' 증명한다.

내가 이 사물에 속한다고 명석판명하게 지각하는 모든 것이 실제로 이 사물에 속한다는 것이 따라 나온다면, 이로부터 나는 또한 신의 현존을 입증하는 논거를 가질 수 있지 않을까?[50]

---

48 이 책, 80~81쪽.
49 《정신지도규칙》, 제12규칙 참조.
50 이 책, 94쪽.

'제2반박과 답변'에서 존재론적 신 증명은 다음과 같은 삼단논법으로 제시된다.[51]

(1) 어떤 것이 한 사물의 본성 혹은 개념 속에 포함되어 있다고 말하는 것과 그것을 그 사물에 대해서 주장할 수 있다고 말하는 것은 동일한 것이다.

(2) 필연적 현존은 신의 개념 속에 포함되어 있다.

(3) 필연적 현존이 신 속에 포함되어 있다고 신에 대해 말하는 것, 즉 신은 현존한다고 말하는 것은 참이다.

여기서 핵심은 소전제인 필연적 현존이 신의 개념 속에 내포되어 있다는 것이다. 데카르트에 따르면, 신 이외의 피조물은 단지 가능적 현존만을 갖고 있다. 다시 말해, 신에 의해 창조되는 한에서만 현존할 수 있을 뿐이다. 그 이유는 신만이 스스로 자신의 현존을 보존할 수 있는 힘을 가지기 때문이다. 피조물은 그런 힘을 갖지 못한다. 신만이 자기 존재를 산출할 수 있는 전능한 존재자이기 때문이다. 그래서 신과 필연적 현존은 분리될 수 없다. 그것들은 필연적으로 결합되어 있다. 전능성이 이런 결합을 가능하게 한다. 그러므로 인과론적 신 증명이 신의 완전성에 의해 이루어졌다면, 존재론적 증명은 신의 전능성에 의해 이루어진다고 볼 수 있다.

존재론적 신 증명은 물론 진리의 규칙에 의해 개진된다. 즉, 그 대전제가 바로 그 규칙의 변용이기 때문이다. 그러나 이 규칙의 보

---

51 AT: VII, 166~167쪽 참조.

편 타당성은 성실한 신의 보증을 요청한다. 악신의 가설이 제거되지 않는 한 명석판명하게 인식한 것도 거짓일 수 있기 때문이다. 그래서 진리의 규칙이 선신의 보증하에서만 활용될 수 있다면, 그럼에도 존재론적 신 증명이 그 규칙에 의존해서 전개되고 있다면, 데카르트는 이때 순환논증의 오류를 범하는 것이 된다.

프랑스 신학자 앙투안 아르노의 《성찰》에 대한 반박인 '제4반박'에서 이 문제가 제기되고 있으나, 이에 대한 데카르트의 답변은 그의 논리에 적절치 않을 수 있다. 여기서 그는 자신이 수행한 의심의 대상이 직접적으로 인식되는 대상이 아닌 기억적 혹은 추론적으로 인식되는 인식 대상에 국한된다고 말하면서 순환 논증의 오류라는 비난을 모면하려 하나,[52] 앞에서 말했듯이 만일 악신의 가설에 의한 의심이 직관적인 지식까지도 포함하고 있다는 주장이 설득력을 가진다면, 차라리 데카르트는 다음과 같이 말할 수도 있었을 것이다. 즉, 진리의 규칙의 보편 타당성은 이미 〈제3성찰〉의 인과론적 신 증명에 의해 확보되었고, 따라서 존재론적 증명은 순환논증의 오류를 범했다기보다는 앞의 신 증명에 의존해서 전개되었다고 말이다.

4) 정신과 신체의 실재적 구분 및 물체의 현존에 관하여

정신과 신에 대한 담론 외에도 정신과 신체 혹은 물체의 실재적 구별 혹은 상이성을 제시하는 것 또한 《성찰》의 주제이다. 이로써 데카르트는, 〈헌사〉에서 강조했듯이, 신체의 소멸과 더불어 영혼이 사라지는 것이 아님을, 즉 영혼의 불멸성을 보여주려고 했을지도

---

52 AT: VII, 245~246쪽 참조.

모르지만, '영혼의 불멸성'이라는 용어는 〈제6성찰〉은 물론《성찰》
전체에서도 극히 드물게 사용된다. 이런 사실은 영혼의 불멸성에
대한 증명이《성찰》의 직접적 대상이 아님을 보여주지만, 어쨌든
〈제6성찰〉에서 정신과 물체의 상이성이 증명된다. '제2반박과 답
변'의 부록에 나타난 증명 방식은 다음과 같다.[53]

> (1) 우리가 명석하게 인식하는 것은 모두 우리가 인식하는 대로
>   신에 의해 만들어질 수 있다.
> (2) 우리는 물체와 별개로 정신을, 정신과 별개로 물체를 명석하
>   게 인식한다.
> (3) 신의 전능성에 의해 정신은 물체와 별개로, 물체는 정신과 별
>   개로 존재할 수 있다.
> (4) 어떤 다른 실체와 별개로 존재할 수 있는 실체들은 실재로 서
>   로 상이한 것이다.
> (5) 그러므로 정신과 물체는 실재로 구별된다.

따라서 정신과 물체의 실체적 혹은 실재적 상이성은 진리의 규
칙과 신의 전능성에 의해 증명된다. 그래서 이 증명은 정신과 물체
의 본성이 규정되고, 신의 선성과 전능성이 확인된 다음에 비로소
행해질 수 있다는 데카르트의 말이 이해될 수 있다.

〈제5성찰〉에서 물질적 본성의 실재성이 회복된다. 연장, 형태,
운동과 같은 것은 명석판명하게 인식되므로 무가 아니라 실재하는

---

53 AT: VII, 169~170쪽 참조.

것이기 때문이다. 나아가 〈제6성찰〉에서 물체의 현존이 증명된다. 이 증명은 상상작용에 의한 개연적 증명과 감각작용에 의한 필연적 증명으로 나뉘어 전개된다. 후자의 증명 과정은 다음과 같다.[54]

(1) 우리는 감각적 사물의 관념을 받아들이는 수동적인 감각능력을 갖고 있다.

(2) 이 수동적인 능력은 감각 관념을 산출하는 능동적인 능력이 존재하지 않는다면 전혀 쓸모가 없다.

(3) 그런데 감각 관념은 우리 의지에 반해서 산출되기 때문에, 이 능동적인 능력은 우리 안에 있는 것이 아니라 다른 실체 속에 있어야 한다.

(4) 능동적인 능력을 갖고 있는 실체는 감각 관념 속에 표상적으로 존재하는 실재성을 형상적으로 혹은 우월적으로 내포하고 있어야 한다.

(5) 그러므로 그 실체는 물체이거나, 신이거나, 아니면 물체보다는 더 고귀한 실체일 것이다.

(6) 신은 감각 관념이 물질적 사물로부터 유래한다고 믿는 커다란 경향성을 우리에게 주었다.

(7) 신은 기만자가 아니므로, 이 커다란 경향성은 참된 것이다.

(8) 따라서 감각 관념은 물체에서 유래한다.

(9) 그러므로 물체는 현존한다.

---

54 이 책, 111~112쪽 참조.

물체의 현존에 대한 논증은 감각 관념에서 출발해서, 이 관념의 작자가 물체라는 것을 보여준다. 이때 인과원리가 등장하지만, 그것은 사실 무용지물에 가깝다. 왜냐하면 이 논증의 핵심은 신에 의해 부과된 감각 관념이 물체로부터 유래한다는 믿음이기 때문이다. 물론 이 믿음은 이성에 의한 통찰이 아니라, 구체적인 인간, 즉 신체와 정신의 합성체로서 인간에게 주어진 본능적인 믿음이다. 그러므로 데카르트에게 물체의 현존에 대한 논증은 엄밀한 의미에서 논증이라기보다 신의 선성에 의한, 그리고 경향성에 의한 믿음이다. 로크J. Locke식으로 말하자면, 감각적 지식의 단계일 뿐이다. 그러나 이 지식은 추측에 의한 개연적인 지식이 아니라, 신의 선성에 의한 나름대로 확실한 지식이다.

3. 형이상학적 성찰의 이념

데카르트의 '성찰'의 대상은 형이상학이고, 그 방식은 형이상학적이다. 정신과 신이라는 초물질적인 사물을 논의의 대상으로 삼는다는 점에서 형이상학에 대한 성찰이고, 물질적 혹은 감각적으로가 아니라 비물질적 혹은 초감각적으로 그 대상을 고찰한다는 점에서 형이상학적 성찰이다. 정신과 신에 관한 담론은 전통적으로 형이상학이라는 이름으로 수행되었기에 초물질적인 사물을 문제삼는다는 것은 지극히 당연할 수 있다. 그러나 데카르트의 형이상학과 전통 형이상학이 분기되는 지점은 그의 형이상학이 다른 학문과 맺고 있는 유기적 연관성뿐만 아니라 그 독특한 방법이다. 그의 일차적 관심은 영혼의 불멸성이나 신앙의 신을 노출시키는 것보다 오히려 자연과학 및 응용학문의 기초를 마련하는 것에 있다. 달리 말해 정신의 현존은 외부 세계로 나아가는 인식 주체의 명확한 확립이고, 신의 현존은 대상 세계의 진리성을 확보하기 위한 발판으로 마련된다. 그래서 형이상학적 진리 혹은 원리는 인식의 원리인 셈이다. 이러한 정신과 신의 본성과 현존을 인식하기 위해 데카르트는 의심이라는 방법을 사용했다. 이 방법이 갖는 장점은 의심을 통해 더 이상 의심할 수 없는 사실을 획득할 수 있다는 것, 즉, 회의론자들의 반박을 일거에 해소할 수 있다는 것이다.

형이상학의 탐구는 철저히 형이상학적인 성찰에 의해서만 가능하다. 형이상학적 성찰이란 형이하학적인 고찰 방식을 뛰어넘는 것이다. 그것은 감각적인 탐구 방식을 거부한다. 형이상학적 사물은 비감각적인 방식으로만 고찰될 수 있다. 일상적인 정신을 비감각적으로 만드는 것은 결코 용이한 일이 아니다. 이를 위해 동원된 것이 바로 데카르트적 의심이다. 의심을 통해 정신은 물질적 세계로부터 분리될 수 있다. 또 의심은 유아기의 선입견이나 기존의 선입견에서 벗어나게 해준다. 이런 선입견에 물들어 있는 정신은 비록 감각에서 분리되었다고 하더라도 형이상학적 진리성을 올바로 바라볼 수 없다. 감각과 선입견에서 벗어난 순수한 정신만이 형이상학적 세계를 바라볼 수 있다. 정신의 내면화 혹은 순수화가 바로 형이상학적 성찰이 수행해야 할 일차적 과제이다.

감각과 선입견에서 해방된 순수한 정신의 확보가 형이상학에 관한 성찰에서 차지하는 중요성은《철학의 원리》제1부가 끝나는 자리에서 명확히 드러난다. 여기서 데카르트는 진리가 아니라 "오류의 주요한 원인은 유년기의 선입견에서 생긴다"[55]고 말하고, 오류의 두 번째 원인은 "우리가 그런 선입견을 잊을 수 없다는 것"[56] 이며, 세 번째 원인은 "우리가 감각에 현전해 있지 않은 것에 주의를 돌리는 데 지쳐서, 이 때문에 그것들에 대해 실제로 갖고 있는 인식에 의해서가 아니라 이전에 품었던 의견에 따라 판단하는 습관을 갖고 있기 때문"[57]이라고 말한다. 그러므로 "올바르게 철학하기 위해 준수해야 할 사항을 요약"하는 자리에서, "전에 우리가 받아들인 의견은 미리 다시 음미하여 참이라고 확인한 후가 아니라면 어느 하나도 신뢰하지 않도록 엄중히 경계해야 한다"[58]고, 나아가 "인식 가능한 모든 것에 대해 명석판명한 개념을 형성해내는 데 익숙해지는

---

55 《철학의 원리》, 제1부 71항.
56 앞의 책, 제1부 72항.
57 앞의 책, 제1부 73항.
58 앞의 책, 제1부 75항.

것"[59]에 "인간 인식의 주요한 원리가 내포되어 있다"[60]고 강조한다.

철학적 정신은 감각이나 선입견의 유혹을 끊어버린 강한 정신이다. 이런 정신만이 올바로 철학할 수 있다. 명석판명한 개념을 형성할 수 있는 습관을 지닌 정신이 데카르트가 요구한 형이상학적 정신이자 철학적 정신일 것이다. 부정적인 습관을 제거하고 긍정적인 습관을 형성하는 작업은 결코 쉬운 일이 아니다. 한 번 진리의 세계를 직시했다고 해서 진리에 대한 습관이 형성되는 것은 아니다. 가상의 세계가 허구의 세계임을 "주목한 것으로는 아직 충분치 않고, 기억하도록 마음을 써야 한다. 왜냐하면 익숙한 의견들은 끈질기게 되돌아오고 오랜 관습과 친교의 권리로 인해 그것들에게 종속된 나의 쉽게 믿는 마음을 거의 내 뜻에 반해서까지 점령해버리기 때문이다."[61] 이런 의미에서 데카르트는 코기토의 확실성을 증득하고 난 다음, "오랜 의견의 습관이란 그리 빨리 내려놓을 수 있는 것이 아니라서, 이 새로운 인식을 오랜 성찰로 내 기억에 더욱 깊이 새겨 넣기 위해 여기서 멈추는 것이 좋을 것이다"[62]라고 말하고 있는 것이 아닌가.

보조국사 지눌은 "밖에서 찾지 말라"는 교훈을 수행자에게 준 바 있다. 또 그는 모든 지각작용을 불성의 작용이라고 말한 바 있다. 그러나 이런 불성을 견성하는 일은 쉽지 않다. 마음의 본래 성품을 바라본 자가 깨달은 자이다. 데카르트가 일념회광 혹은 회광

---

59 《철학의 원리》, 제1부 75항.
60 같은 곳.
61 이 책, 41쪽.
62 이 책, 56쪽.

반조하여 자성 혹은 코기토를 바라본 것은 견성의 차원, 즉 돈오의 차원이다. "그대가 만약 내 말을 믿어 의심이 단박에 없어지고 대장부의 뜻을 내어 참되고 올바른 견해를 일으키어 친히 그 맛을 보고 스스로 옳다는 경지에 이르면, 이것이 바로 마음을 닦는 사람의 깨달은 자리다. 다시 더 계급과 차례가 없으므로 돈오라고 한다."[63] 데카르트는 일생에 한 번은 의심할 수 없는 진리를 탐구해야 한다는 화두를 갖고 철학적 수행을 시작했고, 이 수행 중에 신체의 눈이 아닌 정신의 빛을 내면으로 돌려 마침내 감각작용을 비롯한 모든 지각작용이 정신의 다양한 작용에 불과함을, 그래서 코기토는 상대성을 뛰어넘은 절대 불변의 영역임을 깨닫고, 이로부터 철학적 지혜를 형성하고자 했다.

그러나 지눌에게 견성을 한 것이 곧 성인이 된 것은 아니듯이, 데카르트에게 코기토의 진리성을 깨달은 자가 곧 진정한 철학자인 것은 아니다. 깨침(돈오)과 행하는 것(점수)이 일치하지 않기 때문에 지눌은 돈오에서 점수로 나아간다. 그것은 오랫동안 갖고 있던 습성 때문이다. 이런 습성은 깨침과 더불어 동시에 사라지지 않는다. "오랫동안 익혀온 습기를 갑자기 모두 없애기는 어렵다. 그러므로 깨달음에 의지하여 닦아 점차로 익히어 공이 이루어지고 오래오래 소질을 길러서 성인이 되기 때문에 점수라고 한다."[64] 그래서 사유하는 주체를 발견하고 선하고 전능한 신의 존재를 인식했다고 해도, 인간 정신이 기존의 굴레에 사로잡혀 있는 한, 지혜로운

---

63 지눌 저, 강건기 역, 《수심결 강의: 마음 닦는 길》, 불일출판사, 1996(이하 '지눌'), 124쪽.
64 지눌, 80쪽.

인간이 될 수 없다. "바람은 그쳤으나 물결은 아직도 출렁이고, 이치는 나타났으나 망념은 아직도 침노"[65]하는 상황에서 지혜의 끝에 도달할 수 없으며, 진정한 지혜인이 될 수 없다. 무명의 세계에 안주하는 기존의 습관에서 벗어나 명석판명한 인식을 획득하는 습관을 형성하는 작업이야말로 데카르트적인 점수이고 형이상학적 수행이라면, 데카르트의 형이상학은 곧 의심하는 주체의 자각적 인식과 더불어 주체의 세계 인식에 방해가 되는 요인을 제거하고 도움이 되는 제반 여건을 마련하는 작업이다. 그래서 데카르트의 형이상학적 성찰의 과정은 절대 불변하는 영역을 반조하는 돈오의 과정이고, 동시에 대상 세계의 인식틀을 마련하기 위한 점수의 과정인 것이다.

---

65 지눌, 앞의 책, 135쪽.

데카르트, 그의 제일철학은 신의 현존과 영혼의 불멸성을 증명하는가[1]

1. 문제성

신과 영혼이라는 두 문제는 신학보다는 철학의 도움으로 증명되어야 하는 문제들 가운데 주요한 것이라고 여기고 있었습니다. 왜냐하면 우리 신자들에게 인간 영혼은 육체와 함께 소멸하지 않는다는 것, 그리고 신은 현존한다는 것이 신앙에 의해 믿기에 충분하다고 해도, 확실히 불신자들에게는, 만일 이 두 가지가 자연적 이성에 의해 먼저 입증되지 않는다면, 어떠한 종교도 심지어 거의 어떠한 도덕적인 덕도 설득할 수 있을 것 같지 않기 때문입니다. 그리고 현세에서는 자주 덕보다 악덕에 더 큰 보상이 약속되므로, 적은 이들만이 이익보다 올바름을 앞세울 것입니다.[2]

데카르트는 자신의 형이상학적 주저인 《제일철학에 관한 성찰》을 집필하고 난 다음 소르본의 신학자들에게 장문의 〈헌사〉를 바

---

1 이 글은 《대동철학》(제41집)에 실린 논문을 수정 보완한 것이다.
2 이 책, 17~18쪽.

친다. 이 책의 집필 동기를 밝히면서 이 책을 보호해주십사 하는 바람에서다. 위 인용문은 그 〈헌사〉의 시작 부분이다. 이것과 이후 내용을 정리하면 다음과 같다. 한편으로 신이 현존한다는 것은 신앙이나 은총이 아니라 자연적 이성만으로 충분히 증명될 수 있다. 즉, 신의 현존은 "오직 우리 자신의 정신에서만 취한 근거들을 통해", 철학적 논증에 의해서도 능히 밝혀질 수 있다. 그래서 비신자들이 이와 관련해서 제기하는 순환논증의 오류라는 덫에 빠지지 않을 수 있고, 나아가 신은 그 무엇보다 더 쉽고 확실하게 인식될 수 있다는 것도 밝혀진다. 다른 한편으로 인간 영혼은 불멸이라는 것에 대해 특히 다음과 같이 말한다.

> 많은 이들이 영혼의 본성은 쉽게 탐구될 수 없다고 판단했을지라도, 심지어 몇몇 이들은 인간적 근거들이 영혼은 육체와 더불어 동시에 소멸함을 설득한다고, 그 반대는 신앙을 통해서만 견지된다고 감히 말했을지라도, 레오 10세가 주재한 제8차 라테란 공의회는 그들을 단죄하기 때문에, 그리고 기독교 철학자들에게 그들의 논거를 해소하고 온 힘을 다해 진리를 입증하라고 명시적으로 명하기 때문에, 나도 이 작업을 착수하는 데 주저하지 않았습니다.[3]

그래서 인간 영혼의 본성, 그리고 영혼의 불멸성이 신앙의 차원이 아니라 자연적 근거들에 의해, 논증에 의해 증명될 수 있음을 예고한다. 이제 데카르트는 정리한다. "불경한 자들 대부분이 신은

---

3 이 책, 18~19쪽.

존재한다는 것, 인간 정신은 신체와 구별된다는 것을 믿으려 하지 않는 이유가 이 둘을 지금까지 그 누구도 증명할 수 없었다고 말하는 것에만 있음을 저는 알고 있습니다."[4] 왜냐하면 많은 사람들이 이 두 문제들과 관련해서 좋은 근거들을 많이 제시했고, 이 근거들 가운데 "제일의, 주요한 근거들만"[5]을 면밀히 찾아 아주 정확하고 분명한 순서에 따라 설명한다면 참된 논증임을 인정하지 않을 수 없을 것이기 때문이다. 그래서 철학에서도 권위의 상징인 소르본 신학부가 자신의 논증을 세상에 증언하기만 한다면, 신과 영혼에 관해 일찍이 있어온 모든 오류는 인간 정신에서 즉시 지워질 것이고, 사이비 학자들인 무신론자들도 모순적인 영혼을 내려놓을 것이다. 바로 이것에 철학의 의미가 있다고 데카르트는 말한다.[6] 이것이 바로《성찰》을 집필하게 된 동기이고, 그 내용이 교회 당국의 입장과 부합하니 승인해주고 보호해달라는 것이 소르본 신학자들에게〈헌사〉를 바친 이유다.

이런〈헌사〉의 내용만 본다면, 비신자들이나 무신론자들의 입장을 반박하고 교화시키는 종교 문제를 해결하는 데 철학이, 정확히 말해 '형이상학적 탐구'가 효과적으로 기여할 수 있는 것 같다.〈헌사〉에서 "영혼과 신체는 서로 구별된다"는 표현보다는 "영혼은 소멸하지 않는다"는 비교적 강한 표현을 의도적으로 사용하는 것도 아마 이 때문일 것이다. 왜냐하면 영혼이 불멸한다는 것을 증명하

---

4   이 책, 19쪽.
5   이 책, 20쪽.
6   이 책, 23쪽 참조.

는 주된 이유가 "필사의 인간들에게 내세의 삶에 대한 희망"[7]을 주는 데 있다면 전자보다는 후자가 보다 종교의 도그마와 연관되어 있으니 말이다. 그렇다면 《성찰》에서 성찰의 대상을 '제일철학'으로, 그리고 '제일철학'의 주요 내용을 신의 현존과 인간 영혼의 불멸성을 증명하는 것으로 규정해도 큰 무리는 없을 것 같다. 또 바로 이런 의미에서 데카르트는 1641년에 출간된 《성찰》의 초판 제목을 《제일철학에 관한 성찰, 여기서 신의 현존 및 인간 영혼의 불멸성이 증명됨》으로 붙였을 것이다. 그런데 문제는 그로부터 1년 후인 1642년에 출간된 재판의 제목이 《제일철학에 관한 성찰, 여기서 신의 현존 및 인간 영혼과 신체의 구별이 증명됨》으로 바뀐다는 점, 즉 초판에 있는 "인간 영혼의 불멸성"이 재판에서는 "인간 영혼과 신체의 구별"로 대체되고 있다는 점이며, 나아가 《성찰》의 불역판이 《제일철학에 관한 데카르트의 형이상학적 성찰》이라는 제목으로 1647년에 출간되는데, 여기서는 "인간 영혼과 신체의 실재적 구별"로 바뀌고 있다는 점이다. 그렇지만 이와 같은 변화들이 하찮고, 그래서 무시해도 무방한 것으로 보일 수도 있을지 모른다. 왜냐하면 인간 영혼과 신체가 상이하다는 것은 인간 영혼의 불멸성에 대한 증명의 근거가 되기 때문에, 즉 이 양자는 직접적인 근거와 결론의 관계에 있기 때문이다. 그러므로 영혼이 신체와 본성상 구별된다는 주장은 신체의 소멸이 곧 영혼의 소멸을 의미하는 것은 아니라는 주장, 즉 영혼은 불멸이라는 주장과 크게 다르지 않기 때문이다.

7 이 책, 32쪽.

그렇다면 데카르트가 제일철학을 성찰한 이유, 혹은 형이상학적 성찰을 한 이유는 무엇인가. 신의 존재를 증명하고 영혼의 불멸성을 보여주기 위함인가, 신의 존재를 증명한 것이 그저 신을 두려워하지 않는 무신론자를 공격하고 내세의 삶을 믿지 않는 비신자를 신앙의 길로 인도하기 위함인가? 이 질문이 좀 유치하다면, 데카르트는 왜 신의 존재를 성찰해야 했는가, 또 왜 영혼의 불멸성이 아니라 영혼과 신체의 구별에 대해 반복해서 말하는가? 그래서《성찰》초판과 재판의 제목 변화가 그저 우연하고 지엽적인 것일 뿐인가, 아니면 소심한 데카르트가 적극적으로 의도한 것인가? 나아가 제일철학 혹은 형이상학이 비물질적인 사물을 탐구하는 학문이라면《제일철학에 관한 성찰》,《형이상학적 성찰》에서 데카르트는 왜 "물질적 사물의 본성에 관하여", "물질적 사물의 현존에 관하여" 성찰하고 있는가? 또 초기 데카르트부터 말기 데카르트까지 일관되게 주장된, '형이상학은 자연학의 토대'라는 입장은 어떻게 성립되고 어떻게 이해되어야 하는가? 여기서 종국적으로 데카르트적 형이상학의 정체는 무엇인가라는 질문이 제기된다.

2. 인간 영혼의 불멸성

영혼의 불멸성은 전통 형이상학에 단골로 등장하는 주제다. 영혼과 신체로 이루어진 인간은 죽음을 맞아 신체가 소멸되더라도 영혼은 남는다는 것이다. 이 주장은 신체는 분할 가능하고, 영혼은 분할 불가능하다는 것을 전제로 한다. 분할되는 것은 소멸되고, 분할되지 않는 것은 소멸되지 않는다는 것이다. 그런데 신체는 소멸되지만 영혼은 소멸되지 않는다는 주장의 이면에는 현세에 선을 행하고 악을 피해야 한다는, 그래서 신체의 사멸 후에도 지속하는 영혼에 그에 따른 보상과 처벌이 주어진다는 현실적이고 윤리적이며 종교적인 의미가 들어 있다. 플라톤 이후 중세 기독교 철학에서 영혼불멸론은 핵심적 이론으로 등장하지만, 근대 철학에서는 그 힘이 급격히 떨어진다. 적어도 데카르트나 스피노자에게는 그렇다.[8] 그래서 비록 데카르트가 영혼의 불멸성을 몇몇 군데에서, 특히 앞에서 본 《성찰》의 〈헌사〉에서 약간 언급은 하고 있을지라도, 맥락상 그것 자체가 주제로 설정된 적은 거의 없다. 이는 극단적으로 말해 그에게 영혼의 불멸성은 점차 사라져야 할 용어임을 암시한다. 그 대신 사용되는 것이 정신과 신체의 상이성이다. 데카르트는 아마 이것이 영혼의 불멸성보다는 훨씬 더 학문에, 철학에 적합하고 필요한 용어라고 생각했을 것이다. 이것은 《성찰》의 본문에서 단

---

8   사실 데카르트의 형이상학에서 영혼의 불멸성 증명은 지극히 부차적인, 더 솔직하게 말한다면 형이상학의 주제가 아니라는 견지를 지닌 이 글의 입장은, 스피노자의 《에티카Ethica》를 읽으면서 얻은 힌트다. 스피노자에게 문제되는 것은 영혼의 불멸성이 아니라 "정신의 영원성"이다.

적으로 드러난다. 《성찰》은 자타가 공인하는 데카르트의 형이상학적 주저이다. 주지하듯이, 데카르트는 《성찰》 이전 1637년에 《방법서설》을 출간한다. 이 책이 학자들의 언어인 라틴어가 아니라 불어로 집필되고 또 익명으로 출간되었다는 것은 몇 가지 시사하는 바가 있다. 그중에서도 분명한 사실은 이 책이 세상 분위기를 떠보기 위해 세상에 나왔다는 점이다. 1633년 갈릴레이 재판을 바라보면서 자연학적 저서인 《세계 혹은 빛에 관한 논고 Le Monde, ou Traité de la lumière》를 서랍 안에 집어넣었고, 1629년 즈음에 집필된 것으로 추정되는 데카르트의 최초의 형이상학적 저서 《형이상학 논고 Traité de Métaphysisque》 역시 세상의 빛을 보지 못했다. 그리고 《정신지도규칙》에서 정립된 방법이론들도 그저 원고로만 남아 있을 뿐이었다. 데카르트는 이런 것들을 모아 세상에 내보내고 싶었을 것이고, 맛만 보여주면서 암담했던 당시 학문 풍토의 반응을 떠보고 싶었을 것이다. 그래서 《방법서설》에는 방법이론뿐만 아니라 형이상학, 자연학 등등이 포함되어 있다.

《방법서설》의 제4부에는 형이상학이, 데카르트의 말을 빌리면 "저자가 신 및 인간 정신의 현존을 증명하는 데 사용한 근거들, 즉 저자의 형이상학의 토대들인 근거들"이 제시된다. 그런데 여기서 제시된 신과 인간 정신의 현존에 관한 증명들은 데카르트 자신도 인정하듯이 그리 완벽한 것이 아니었다. '1638년 2월 22일 바티에 신부에게 보낸 편지'에서 그는 《방법서설》에서의 형이상학에 대한 논의가 모호했음을 인정하면서, 그 주된 이유로 일반인들을 위해 집필된 이 책에서 회의론자들이 제시하는 근거들을 자세히 개진하려 하지 않았고, 또 정신을 감각에서 떼어놓는 데 요구되는 것들을 모두 말할 필요가 없었다는 점을 들고 있다.[9] 그렇지만 학자가 아닌 일반인을 대상으로 한다는《방법서설》에서도 영혼의 불멸성에 대한 언급은 단 한 번밖에 나오지 않았다는 사실에 주목할 필요가 있다.

이러한 모호성은 학자를 대상으로 한, 선입견과 감각의 굴레에서 벗어난 지성의 소유자를 대상으로 한 본격 형이상학적 텍스트인《성찰》에서 말끔히 해소될 것으로 데카르트는 기대한다.《방법서설》제4부에서 개진된 형이상학적 견해가 출판 당국으로부터 어느 정도 인정받을 것이라는 생각해서《성찰》의 출판을 결심했을 것이다. 절친한 동료 메르센 신부의 적극적인 도움을 받으면서 출판을 추진하고 있었지만, 데카르트는 여전히 주변의 시선을 의식하지 않을 수 없었고, 그래서 고육책으로 마련된 것이 〈헌사〉일 수도 있다. 그는 여기서 소르본 신학부에 아낌없는 찬사를 보내고, 자기 이론이 교회 당국의 입장에 철저히 부합한다는 사실을 강조하면서 출판 허가에 도움을 줄 것을 요청한다. "영혼은 신체의 소멸과 더불어 소멸되지 않는다"는 표현이 그에 따른 수사학적 표현일 수 있다. 마찬가지로 파리에서 출판된《성찰》초판의 제목에 들어 있는 "인간 영혼의 불멸성이 증명됨"이라는 표현도 호교적 유용성의 차원에서 사용된 것이며, 따라서 암스테르담에서 출간된 재판 제목에서 그 표현을 "인간 영혼과 신체의 구별이 증명됨"으로 대체한 것도 그저 우연이 아니라 다분히 의도된 것일 수 있다.

영혼과 신체의 상이성과 영혼의 불멸성이 근거와 귀결이라는 밀접한 관계에 놓여 있을지라도, 이 양자를 동일시할 수 없는 까닭

---

9   AT: I, 560쪽.《방법서설》에서 형이상학적 근거들의 모호성은 무엇보다도 형이상학적 의심 단계인 '악신의 가설'이 활용되지 않는다는 점에 있다.

은 데카르트 자신의 태도에서 비롯된다. 우선, 영혼의 본성이 밝혀지는 〈제2성찰〉은 물론, 영혼과 신체의 상이성이 증명되는 〈제6성찰〉에서도, 나아가 《성찰》 어디에서도 영혼의 불멸성에 대해 데카르트는 한 번도 언급하지 않는다. 이런 그의 태도는 의혹을 사기에 충분했으며, 그것을 가장 예리하게 짚은 이가 바로 메르센이다. 데카르트는 '1640년 성탄절 전야에 메르센에게 보낸 편지'에서 다음과 같이 대답한다.

> 당신은 내가 영혼의 불멸성에 대해 한마디도 안 했다고 말한다. 당신은 놀라지 말아야 한다. 나는 신이 영혼을 소멸시킬 수 없다는 것이 아니라, 영혼은 본성상 신체와 전적으로 상이하다는 것, 그래서 영혼은 신체와 더불어 죽지 않는다는 것만을 증명할 수 있었다. 이것이 종교를 위한 토대로 요구되는 모든 것이고, 내가 증명하려고 한 모든 것이다.[10]

영혼의 불멸성이 바로 종교의 토대라는 것은 부인할 수 없는 사실이다. 영혼이 소멸되는 상황에서는 종교의 의미 역시 사라질 것이기 때문이다.

데카르트는 〈제6성찰〉에서 정신이 신체와 전적으로 상이하다는 것만을 증명한다. 그러나 그렇기 때문에 영혼이 불멸한다는 말은 한마디도 하지 않는다. 왜 그랬는지에 대해 다음의 추측이 가능하다. 데카르트에게 종교는 물론 신학도 보편학인 철학의 영역에 속

---

10 AT: III, 265~266쪽.

하지 않고, 그래서 확실한 근거에 의한 학문인 철학에서 종교의 토대인 영혼의 불멸성을 언급한다는 것이 애당초 의미가 없으며, 따라서 데카르트는 영혼의 불멸성을 증명할 마음이 처음부터 없었다는 것이다. 또한 영혼이 불멸함을 인간이 아는 것은 데카르트의 지식 체계에서 아무런 역할도 못 하는 반면, 영혼과 신체의 구별 혹은 상이성에 대해 아는 것은 그의 자연학에서 결정적인 역할을 수행하기 때문이다. 만일 이런 추측이 가능하다면, 데카르트가《성찰》초판의 제목과〈헌사〉에서 영혼의 불멸성을 언급한 것은 출판 허가를 받기 위한 '립서비스'로 볼 수 있다. 앞서 말했듯이,《방법서설》에서도 정신과 신체의 상이성을 증명하는 것으로 논의가 끝날 뿐, 영혼의 불멸성으로 이어지지 않는다는 사실, 나아가《성찰》의 내용과 거의 동일한 것을 포함하고 있다는《철학의 원리》제1부에서도 영혼의 불멸성이라는 용어는 전혀 사용되지 않는다는 사실은 위 추측에 개연성을 더해준다.

영혼의 불멸성에 대한 언급이 립서비스라는 해석은 사실 그리 새로운 것도 아니다. 벡L. J. Beck 은《성찰》재판 제목에 새로 들어간 "인간 영혼과 신체의 구별"을 "영혼의 불멸성"보다 "훨씬 더 의미 있는 단어들"이라고 생각한다. 그리고 초판은 파리에서 출판됐지만, 재판은 출판 허가가 필요 없는 암스테르담에서 출간되었다는 사실에 주목한다. 또한 데카르트가 재판의 출판업자에게 재판은 프랑스에서 판매하지 않을 것을 계약 조건으로 내걸었음을 거론한다. 나아가 데카르트가 초판의 출판 인가를 받기 위해 얼마나 노심초사했는지를 보여주는 증거로, 초판에는 없었던 장문의 글인 아르노의 '제4반박과 답변'이 재판에 수록되어 있음을 지적한다. 이 부분에서 데카르트는 성체의 문제를 다루는데, 메르센 신부가

이것을 소르본 신학부에 보이지 않는 것이 좋겠다고 충고해서 초판에서는 전략상 뺐다는 것이다.[11]

게베L. Gäbe 역시 데카르트가 《성찰》을 비롯한 형이상학적 저서들을 출간하려고 할 즈음, 교회의 입장을 배려하는 태도를 취하고 있음을 설명한다. 게베에 따르면, 《성찰》의 초판이 출간되기 한 해전인 1640년 7월에 파리 예수회 학교인 콜레주 드 클레르몽에서 데카르트의 광학이 수학자 부르댕P. Bourdin으로부터 공개적으로 터무니없는 공격을 받았는데, 데카르트는 이 공격에 너무나 상처를받은 나머지 자신의 견해를 보호해줄 수 있는 권위 있는 집단을 찾기로 결심했으며, 그래서 선택한 것이 소르본 신학부였고, 개인적으로 알고 지낸 지비외프G. Gibieuf 신부를 통해 소르본 신학부의 승인을 받기를 원했다는 것이다. 게베는 데카르트가 처한 이런 사정을 다시 '1640년 9월 30일에 메르센에게 보낸 편지'에서 확인한다.

나는 무지한 사람들의 트집을 방지하기 위해 다수의 신학자들로부터 승인을 받기를 원했다. (…) 왜냐하면 부르댕 신부의 트집으로 인해 나는 앞으로 내가 할 수 있는 한 권위를 가진 사람들의 보호 속으로 들어가겠다고 결심했음을 당신에게 말하고자 한다. 왜냐하면 진리가 홀로 있을 때는 거의 인정받지 못하기 때문이다.[12]

그는 또 '1630년 11월 25일 메르센에게 보낸 편지'를 가져온다.

---

11 L. J. Beck, *The Metaphysics of Descartes. A study of the Meditations*, Calrendon Press Oxford, 1965, 17~18쪽 참조.

12 AT: III, 184쪽.

이 편지에서 데카르트는 자신이 언젠가 형이상학 소론을 탈고할 것인데, 이 소론의 요점은 신과 영혼의 현존, 영혼과 신체의 구별 혹은 상이성을 증명하고, 이로써 영혼이 불멸한다는 것을 보여주는 데 있으며, 이어서 신을 부인할 정도로 몰상식하고 뻔뻔스러운 자들이 이 세상에 있음을 보았을 때 분노를 감출 수 없었기에 이 연구를 하고 있다고 말한다.[13] 그런데 게베는 데카르트가 불과 약 7개월 전인 '1630년 4월 15일 메르센에게 보낸 편지'에서 형이상학적 연구는 종교의 문제가 아니라 자연학의 문제와 연관해서 수행되어야 한다고, 즉 신과 영혼에 대한 인식은 자연학의 토대를 발견하기 위한 필수적인 사항이라고 적고 있음을 지적하면서[14] '11월 25일자 편지' 내용의 진정성을 의심한다. 나아가 벡과 마찬가지로 게베 역시 《성찰》 초판의 제목에 "영혼의 불멸성"이라는 용어가 들어 있는 것을 데카르트가 출간 마지막 순간까지 소르본의 허가를 원했다는 증거로 보고, 허가를 받지 못하자 당국의 허가가 필요 없는 재판에서는 원래 제목인 "영혼과 신체의 구별"로 바꿨다고 주장한다.[15]

이상의 고찰이 타당하다면, 데카르트의 제일철학 혹은 형이상학의 목적은 영혼의 불멸성이 아니라 영혼과 신체가 본성상 다르다는 것을 증명하는 데에 있다. 그래서 데카르트가 《성찰》의 초판 제목과 〈헌사〉에서 영혼의 불멸성을 언급하는 것이 단지 출판 허가

13 AT: I, 182쪽 참조.
14 AT: I, 144쪽 참조.
15 R. Descartes, *Meditationen über die Grundlagen der Philosophie*, hrsg. von Lüder Gäbe, Felix Meiner, 1959(이하 '게베'), VII~XIII 참조.

를 받기 위한, 혹은 교회 권력과의 적절한 관계 유지를 위한 전략적 고려에서 이루어졌다고 볼 수 있다.《방법서설》,《성찰》의 본문,《철학의 원리》등에서 영혼의 불멸성에 대한 증명이 전혀 행해지지 않고 있고, 보다 결정적인 것은 데카르트 철학 체계의 좌표에서 영혼의 불멸성에 대한 인식은 어느 지점에도 존재하지 않기 때문이다. 이때 혹시 제기될 수 있는,《성찰》의 〈요약〉에서 영혼의 불멸성이 나름 증명된다는 반론은 큰 힘을 얻지 못할 것이다. '1640년 성탄절 전야에 데카르트가 메르센에게 보낸 편지'에서 확인할 수 있듯이,《성찰》에는 그 제목과 달리 영혼의 불멸성에 대해 한마디도 들어 있지 않다는 메르센의 지적에 데카르트는 그해 마지막 날 메르센에게 보내는 편지에서 다음과 같이 적는다.

> 나는 당신에게 내 '형이상학'의 〈요약〉을 보내는데, 당신이 허락한다면 이것을 내 여섯 성찰들의 서문으로 사용할 수 있을 것이다. (…) 〈요약〉에서 독자들은 내가 영혼의 불멸성에 대해 증명한 모든 것과 내가 내 자연학을 출간할 때 그것에 덧붙일 수 있는 모든 것을 보게 될 것이다. 순서를 깨뜨리지 않고서는 신의 존재를 증명하기 전에 영혼이 물체와 상이하다는 것을 결코 증명할 수 없었다.[16]

그러므로 〈요약〉에 제시된 영혼의 불멸성에 대한 논증은 메르센의 지적에 따라 어쩔 수 없이 부차적으로 제시되었다고 보는 것이 적절할 것이다.

---

16 AT: III, 271~272쪽.

또한 사실 "영혼의 불멸성"이라는 단어는 《성찰》에서 오직 〈요약〉에서만 집중적으로 네 차례 사용되고 있을 뿐이고, 그때도 데카르트는 영혼의 불멸성 그 자체에 대한 증명보다는 오히려 영혼의 불멸성을 인식하기 위한 여러 조건들을 밝히는 데 집중한다. 그런 다음 그는 말한다.

> 그러나 나는 이 책에서 이 점에 관해서는 더 이상 다루지 않았다. 왜냐하면 여기에서 말한 것만으로도 신체의 부패로 인해 정신의 사멸이 따라 나오지 않는다는 것을 보여주기에 충분하고, 그래서 필사의 인간들에게 내세의 삶에 대한 희망을 주기에 충분하기 때문이다. 다른 한편으로 이는 바로 이 정신의 불멸성을 결론지을 수 있는 전제들이 자연학 전체의 설명에 의존하기 때문이다.[17]

그것이 자연학적 설명에 의존한다는 것에 대해 데카르트는 부연 설명한다. 즉, 인간 신체는 우연적 성질만으로 구성되어 있는 반면, 인간 정신은 하나의 순수 실체이고, 따라서 인간 신체는 그저 몇 부분이 변하면 다른 것으로 되어버리지만, 정신은 언제나 동일성을 유지하며, 그래서 신체는 쉽게 소멸되지만, 정신은 본성상 불멸이라는 것이다.[18] 이런 논증은 그리 새로울 것도 없는, 그래서 철학의 확고부동한 토대로서 형이상학을 정립하려는 그의 시도와는 어울리지 않아 보인다.

---

17 이 책, 31~32쪽.
18 이 책, 32~33쪽 참조.

3. 형이상학 혹은 제일철학의 정체

《성찰》의 주제는 신과 인간 정신의 문제, 더 정확히 말해 신의 현존 및 인간 영혼과 신체의 실재적 상이성을 증명하는 것임에 틀림없다. 《성찰》의 〈헌사〉, 〈서언〉 및 〈요약〉에서 누누이 강조되듯이, 여섯 성찰 전체는 하나의 근거와 귀결의 관계로 이루어져 있다. 그러므로 〈서언〉에서 데카르트가 "내 근거들의 계열과 연관 관계를 파악하는 것에는 신경 쓰지 않고, 흔히들 그렇듯이, 그저 개개의 어구에 매달려 트집 잡는 일에만 골몰하는 이들은 이 글을 읽어도 큰 결실을 거두지는 못할 것"[19]이라고 말한 것도 그 때문이다. 분석적 방법으로 이루어진 《성찰》은 철저히 연역의 체계로 구성되어 있다는 것이다. 〈제1성찰〉의 '의심'에서 〈제2성찰〉의 '사유하는 정신의 현존'을 통찰하고, 이로부터 〈제3성찰〉에서 '신의 현존'을 증명한다. 〈제4성찰〉에서 제시된 '명석판명하게 인식한 것은 참이다'라는 '진리의 규칙'은 〈제3성찰〉에서 확보된 선하고 전능한 신에 의해서 타당성을 부여받고, '물질적 본성들은 허구가 아니라 실재한다'는 〈제5성찰〉의 결론은 〈제4성찰〉의 진리의 규칙이 그 근거이다. 〈제6성찰〉에서 '물체의 현존 및 물체와 정신의 상이성에 대한 증명'의 근거는 이전 성찰들이다. 이 여섯 성찰들에서 또 주목해야 할 것은, 성찰의 대상이 그저 신과 인간 정신만이 아니라는 점이다. 《방법서설》 제4부와 《철학의 원리》 제1부에서 데카르트는 정신과 신의 현존 및 그 본질에 대해, 나아가 진리의 규칙과 오류의 원인에 대해서

---

19 이 책, 28쪽.

만 논의하는 반면에,《성찰》에서는 그 논의를 물질적 본성들 및 물질적 사물들의 현존에 관한 것까지, 즉 신이나 정신과 같은 "비물질적인 것들 혹은 형이상학적인 것들"이 아닌 "물질적인 것들 혹은 자연학적인 것들"[20]에까지 확대하고 있다.《방법서설》제4부가 "형이상학의 토대들인 근거들"을 보여주는 것이고,《철학의 원리》제1부가 형이상학으로 불리는 것과 동일한 것이라고 데카르트가 말한다면, 그의 형이상학의 탐구 대상은 비물질적인 것들인 신과 정신에 국한될 것이다. 그런데《철학의 원리》불역판 서문에서 "형이상학의 난점들을《성찰》에서 설명하고자 시도"[21]했다고 하고, 그럼에도《성찰》이 진작 물질적인 것들까지도 포함한다면, 데카르트는 자신의 형이상학의 탐구 범위를 명확히 하지 않고 있다고 말해야 하는가. 이와 동시에 물어야 하는 것은, 그는 왜《성찰》의 제목을 "형이상학에 관한 성찰" 혹은 "형이상학적 성찰"이 아니라《제일철학에 관한 성찰》로 명명했는가, 이 양자는 동일한 것인가, 아니면 다른 것인가, 다른 것이라면, 데카르트는 왜 후자를 선택했는가이다.

데카르트가 인간 정신과 신의 문제를 다루는《방법서설》제4부의 내용을 '형이상학적 토대'로 간주한다는 것은 형이상학을 비물질적 사물들을 다루는 학문으로 규정한 것으로 볼 수 있고, 또 이런 입장은 서간들에 나타난 내용을 미루어 추측건대《형이상학 논고》에서도 그대로 유지된다. 나아가《철학의 원리》제1부의 고찰 범위가《방법서설》제4부의 그것과 크게 다르지 않다는 점에서 일단 외형적으로는 그 틀이 그대로 유지된다고 볼 수 있다. 이런 점에서

---

20 이 표현들은《철학의 원리》서문에 있다. AT: IX-2, 10쪽 참조.
21 AT: IX-2, 16쪽.

앞에 언급한 텍스트들은 비물질적인 신과 영혼에 관한 담론으로서
형이상학의 전통적 의미를 그대로 간직하고 있는 셈이다. 그렇다
면 물질적인 것들에 대해서도 성찰하는《제일철학에 관한 성찰》은
어떤가. 이에 대해 중요한 정보를 얻은 수 있는 것이 바로 '1640년
11월 11일에 메르센에게 보낸 편지'이다. 여기서《성찰》필사본의
제목을 정해달라는 메르센의 거듭된 요구에 데카르트는 아직 정하
지 못했다고 말하면서도,《제일철학에 관한 성찰》이 그 제목으로
적절할 것 같다고 제안한다. 그 이유는 다음과 같다.

> 내가 특별하게 신과 정신에 대해 다룬 것이 아니라 우리가 순서에
> 따라 철학을 하면서 인식할 수 있는 모든 제일의 것들에 대해 전
> 반적으로 다루고 있기 때문이다.[22]

그가 이 편지에서《성찰》의 제목을《제일철학에 관한 성찰》로
해달라고 주문하면서 그 이유를 별도로 제시한 것은 결코 우연이
아닐 것이다.

《성찰》의 필사본을 놓고 메르센과 여러 대화를 나누면서 데카르
트는 그것을 "형이상학 소고petit traité de Métaphysique" 혹은 "형이상학
에세이Essai de Métaphysique", "형이상학 논고" 등으로 지칭하면서, 형
이상학이라는 용어를 항상 애용했는데, 이 편지에서 '형이상학'이
아닌 '제일철학'에 관한 성찰이 좋겠다고 하니 부득이 그 이유를 제
시했어야 했을 것이다. 따라서 이 필사본이 다루는 대상의 영역이

---

22 AT: III, 239쪽.

그저 신과 정신이 아님을, 자신이 강조하는 것은 그것이 전통적인 의미에서 형이상학에 국한되지 않음을 암시하고, '모든 제일의, 으뜸이 되는 것들 일반'을 고찰하기 때문에 범위가 좁은, 혹은 오해의 여지가 있을 수 있는 '형이상학'보다는 '제일의, 으뜸이 되는 철학'이 보다 더 그에 어울린다고 생각했을 것이다.[23] 그래서 모든 제일의 것들 일반은 신과 정신에 관한 것만이 아니라 순서에 따라 철학하면서 인식할 수 있는 모든 으뜸 되는 근거들인 셈이다.

사실 데카르트는 《성찰》의 제목을 《제일철학에 관한 성찰》로 하면서도 제일철학이 무엇인지에 대해 설명한 적이 한 번도 없다. 심지어 〈헌사〉에서는 "형이상학적 연구"라는 표현을 사용하고, 본문에서도 제일철학이라는 용어는 거의 쓰지 않는다. 이것이 가장 분명히 나타나는 곳이 《성찰》의 〈서언〉이다.

나는 여기서 다시 신과 인간 정신에 관한 그 문제들 그리고 동시에 제일철학 전체의 시초들을 다루는 일에 착수할 것이다.[24]

다시 말해 《제일철학에 관한 성찰》의 대상은 신과 인간 정신 그리고 동시에 제일철학 전체의 토대totius primae Philosophiae initia, 메르

---

23 이 상황에서 데카르트는 '형이상학'이라는 개념을 일반적으로 비물질적인 것들, 즉 신과 영혼을 탐구하는 학문으로 간주했을 수 있고, 그래서 이 개념보다는 오히려 토대, 근거의 의미가 강하게 풍기는 '제일철학'을 선택했을 수 있다. 물론 그에게 이 두 개념이 동의어로 사용되기는 하지만 말이다. 이와 같이 철학의 전통 개념을 사용할 때 데카르트의 민감성은 '영혼anima'과 '정신mens' 개념을 구별할 때 잘 드러난다. 그는 영혼보다는 정신 개념을 선호한다고 말하는데, 전통적으로 '호흡'과 같은 어떤 물질적인 의미를 함축하는 '영혼'은 독자들이 자신의 입장을 오해할 수 있는 여지를 준다는 것이다.
24 이 책, 28쪽.

센에게 보낸 편지에 따르면 "모든 제일의 것들"이다. 이 제일철학
의 토대들, 제일의 것들 안에 정신과 신은 물론, 진리의 규칙, 물질
적 본성과 물체의 현존, 정신과 신체의 상이성 등이 포함된다. 그러
므로 우리는《방법서설》제4부와《철학의 원리》제1부와 달리《성
찰》에서 물질적인 것들(의 원리들)이 포함된 이유를 알 수 있다. 이
런 관점에서《성찰》은 단순히 정신과 신에 대한 담론으로 그치는
것이 아니라 순서에 따라 철학을 할 때 다른 사물 인식의 근거, 원
리, 토대 역할을 할 수 있는 모든 것, 즉 〈헌사〉의 표현을 빌리자면
"제일의primas, 주요한praecipuas" 근거들을 보여준다.

　　데카르트의 저작들 가운데 제일철학이라는 용어가 정식적으로
사용된 곳은《철학의 원리》불역판 서문용으로 피코에게 보낸 편
지일 것이다.

> 《철학의 원리》는 네 부분으로 이루어져 있다. 그 첫 부분에는 인
> 간 인식의 원리들이 담겨 있는데, 이는 우리가 제일철학 혹은 형
> 이상학으로 명명할 수 있는 것이다. 따라서 같은 주제를 논한《성
> 찰》을 미리 읽는 것이 도움이 될 것이다. 나머지 세 부분은 가장
> 일반적인 자연학에 속하는 모든 것이 담겨 있다.[25]

　　여기서 제일철학과 형이상학은 동의어로 사용되지만, 이때 형이
상학은 비물질적인 사물들을 고찰하는 전통적인 의미에서의 형이
상학이 아니라, 즉 인간 인식의 원리들에 관한 이론으로서의 형이상

25　AT: IX-2, 16쪽.

학이다. 철학을 나무에 비유할 경우 이 형이상학은 뿌리, 즉 토대에 해당하며, 보편학으로서 철학의 토대, 근거, 원리가 된다는 이런 의미에서 철학 중에서 으뜸인 제일철학이 된다. 그래서 인식의 원리 이론으로서, 철학의 첫 번째 부분으로서의 형이상학은 철학이라는 나무의 줄기에 해당하는 혹은 철학의 두 번째 부분인 자연학과 대비되는바, 그것은 "신의 주된 속성들과 우리 영혼의 비물질성 그리고 우리 안에 있는 모든 명석하고 단순한 개념들"[26]에 대한 설명이다. 다시 말해, 사유가 본질인 정신이 존재한다는 것, 진리의 근원인 신이 존재한다는 것, 즉 그래서 정신이 명석판명하게 인식한 것은 거짓일 수 없다는 것, 즉 "이것들이 바로 내가 비물질적인 혹은 형이상학적인 것들과 관련해서 사용하는 원리들이다. 그리고 나는 이 원리들로부터 물질적인 혹은 자연학적인 것들의 원리들, 즉 다양한 모양을 띠고 다양한 운동을 하는 길이와 폭과 깊이로 연장된 물체가 존재한다는 것을 아주 분명하게 연역했다. 간단히 말해, 이것들이 그로부터 내가 다른 사물들과 관련된 진리를 연역하는 모든 원리들이다."[27] 그러므로 제일철학으로서, 인간 인식의 원리들로서 형이상학은 철학의 뿌리이고 토대이다, 이것을《철학의 원리》제1부에서 '인간 인식의 원리들에 관하여'라는 제목으로 다룬다. 그런데 이 인간 인식의 원리들은 세 가지다. 하나는 그 본질이 오직 사유인 정신이 존재한다는 것, 철학의 제1원리이고, 또 하나는 악신의 가설을 무력

---

26 AT: IX-2, 14쪽. 이것만 보면, 전능하고 선한 신, 비물질적인 인간 영혼, 단순 개념들이 인식의 원리들이다. 이때 데카르트가 영혼의 불멸성이 아니라 영혼의 비물질성을 말하는 것에 유의할 필요가 있다.
27 AT: IX-2, 10쪽.

화시키는 모든 것을 창조하고 진리의 근원인 전능하고 선한 신이 존재한다는 것, 철학의 제2원리이고, 나머지 하나는 정신이 명석하고 판명하게 인식한 것은 모두 참이라는 진리의 규칙, 철학의 제3원리이다. 이것이 인간 인식의 원리들 전체이고,[28] 이 원리들은 또한 그 순서에 따라 근거와 귀결의 관계에 놓여 있다. 그런데 이 세 가지 인식의 원리들로부터 연역되는 또 하나의 원리가 있는바, 바로 연장을 본질로 하는 물체가 존재한다는 것이다. 이것은 "물질적 사물의 원리들에 관하여"라는 원제를 가진 《철학의 원리》 제2부 초입에서 제시되고, 《성찰》에서는 〈제5성찰〉과 〈제6성찰〉에서 설명된다.

《철학의 원리》에서 연장이 본질인 물체가 존재한다는 자연학적 원리가 자연학을 다루는 제2부에 포함된 것은 자연스러워 보이는 반면, 그것이 《성찰》에 들어 있는 모습은 어쩐지 어색해 보일 수 있다. 그러나 이는 메르센에게 보낸 편지에서 《성찰》의 제목을 정할 때 그가 제시한 이유를 떠올리면 어렵지 않게 이해된다. 즉, 《성찰》은 비물질적인 것들만이 아니라 "순서에 따라 철학하면서 인식할 수 있는 모든 제일의 것들 일반"을, 다시 말해 인식의 순서에서 다른 것의 인식을 가능하게 하는 모든 주요한 근거들 전반을 대상으로 한다는 것을 환기한다면, 그리고 확실하고 또 이로부터 다른 것들이 인식될 수 있어야 한다는 것이 《철학의 원리》에서 말하는 참된 원리들의 조건이라면,[29] 연장을 본질로 하는 물체가 존재한다는 원

---

28 물론 이것들 외에 단순 개념들이 포함될 수 있다. 《철학의 원리》에서 단순 개념들의 중요성이 강조되는 반면, 《성찰》에서 단순 개념들이 정식으로 소개되지 않으면서 은밀히 사용된다. 그 원인 가운데 하나가 《철학의 원리》는 종합적 방법으로, 《성찰》은 분석적 방법으로 논증들이 행해진다는 것이다.

29 AT: IX-2, 9쪽 참조.

리는《성찰》의 대상이 될 수 있는 조건을 모두 충족하기 때문이다.

또 이 원리가《성찰》안에 포함되어 고찰됨을 정당화하는 다른 관점도 있다.《철학의 원리》는 형이상학뿐만 아니라 자연철학, 나아가 개별 자연과학까지 모두 포함하는 텍스트이고, 그래서 형이상학이 다른 학문의 토대라는 주장이 용이하게 확인될 수 있지만,《성찰》에서는 자연학의 원리를 다루지 않았을 경우 그것이 어떻게 형이상학적 원리에서 도출되는지 그 연관성을 보여줄 수 없다는 점을 염두에 두었을 수 있다. 간단히 말해,《성찰》은 제일철학에 관한 성찰이지만, 이《성찰》이 지향하는 지점은 그저 형이상학의 영역이 아니라 물리적 사물들에 대한 확실한 인식에 있다는 것이다. 게베는 이와 연관해서 흥미로운 견해를 제시한다. 그는 데카르트가 '1641년 1월 28일 메르센에게 보낸 편지'를 검토하면서, 교정되기 전〈제2성찰〉,〈제5성찰〉,〈제6성찰〉각각의 원고 제목을 다음과 같이 간주한다.〈제2성찰: 인간 정신에 관하여〉,〈제5성찰: 물질적 사물의 본성에 관하여〉,〈제6성찰: 물질적 사물의 현존에 관하여〉. 출간된 책과 비교해볼 때, 무엇보다도 눈에 띄는 것은〈제5성찰〉에서 신에 대한 존재론적 증명에 대한 언급이,〈제6성찰〉에서 물체와 정신의 상이성에 관한 언급이 없었다는 점이다. 게베는 이로써 형이상학적 논의의 도착점은 물체의 본성과 현존이라는 것이 분명히 드러난다는 것, 그리고 이런 입장은 이미 1629년《형이상학 논고》에서부터 시작되었고, 그래서 형이상학은 자연학의 토대를 정초하는 데 그 역할이 있음을 강조한다.[30]

---

30 게베, XI~XII 참조.

4. 자연학의 토대와 형이상학

그러므로 데카르트에게 형이상학 혹은 제일철학은, 좁게는《철학의 원리》제1부가 보여주듯이, 인간 인식의 원리를 다루는 학문이고, 넓게는《성찰》이 보여주듯이, 인간 인식의 원리뿐만 아니라 물체의 본성과 현존이라는 물질적 사물의 원리 또한 포함하는 것이다. 그러나 어떤 식이든 제일철학은 이로부터 다른 사물의 인식을 가능하게 하는 원리에 관한 이론이라는 것이다. '나무의 비유'에서 잘 드러나듯이, 모든 학문은 상호 연결되어 있고, 또 한 학문의 지식 체계들도 서로 밀접한 관계를 맺고 있어, 하나를 다른 하나와 분리해서 고찰하는 것보다, 전체의 유기적 연관 속에서 각각을 인식하는 것이 올바른 방식임을 데카르트는 누누이 강조한다. 그리고 사물들의 인식들이 서로 연결되어 있다면, 이때 중요한 것은 그 계열에서 최초의 인식을 발견하는 것인데, '존재의 순서'가 아니라 '인식의 순서'에 따라 제1원인들 혹은 제1원리들 혹은 제1명제들의 인식을 요구하는 것도 바로 그 때문일 것이다. 철학이라는 나무의 학문 체계에서 가장 으뜸은 그 뿌리인 제일철학이고, 이 제일철학의 으뜸은 사유하는 정신의 현존에 대한 인식이다. 이 최초의 인식에서 선한 신의 존재에 대한 인식으로, 다시 이 인식에서 진리의 규칙, 즉 '정신이 명석판명하게 인식한 것은 참'이라는 명제의 인식으로 나아간다. 이것들이 바로《철학의 원리》제1부에서 설명하는 인간 인식의 원리들이고, 이 원리들에 관한 이론이 제일철학과 다름없으며, 나무의 뿌리인 이것은 그 줄기인 자연학의 토대들로 기능한다. 이것이 데카르트가 자연학의 형이상학적 토대들이라 부르는 것이다.

자연학은 형이상학적 토대들에 의해서만 제대로 이해할 수 있다는 데카르트의 입장은 이미 1629년《형이상학 논고》에서 드러난다. '1630년 4월 15일 메르센에게 보내는 편지'에서 그는 다음과 같이 적는다.

신이 이성의 사용을 허락한 사람들은 모두 신과 자기 자신을 인식하는 데 모든 노력을 기울여야 한다고 생각한다. 이로부터 나는 학적 탐구를 시작했으며, 이 길을 따라 자연학의 토대들을 찾지 못했다면, 나는 결코 이 토대들을 발견할 수 없었을 것이다.[31]

또《성찰》초판이 출간되던 해, '1641년 메르센에게 보낸 편지'에서도 같은 입장을 피력한다.

우리끼리 하는 말이지만, 그 여섯 성찰들은 나의 자연학의 모든 토대들을 포함하고 있다. 그러나 이를 다른 사람들에게 알리지 않길 바란다. 그럴 경우 아리스토텔레스를 추종하는 사람들이 이것들에 동의하기가 더 어려워질 것이기 때문이다. 나는 독자들이 내 원리들이 아리스토텔레스의 원리들을 폐기한다는 것을 알아차리기 전에, 서서히 내 원리들에 익숙해지기를, 또 그 원리들이 참이라는 사실을 알게 되기를 바란다.[32]

나아가《철학의 원리》불역판 서문에서 "레기우스는 나의 자연

---

31 AT: I, 144쪽.
32 AT: III, 297~298쪽.

학 전체를 뒷받침하는 몇몇 형이상학적 진리를 부정하기까지 했다"[33]는 것을 레기우스의 저서 《자연학의 토대들》을 인정할 수 없는 이유로 들고 있다는 점에서, 말기 데카르트에서도 여전히 형이상학이 자연학의 토대라는 입장이 굳건히 유지되고 있음을 알 수 있다.

형이상학과 자연학 간의 관계에 대한 데카르트의 이런 주장 때문에 형이상학적 '토대들'이 지니는 의미에 대해 많은 연구들이 있었다. 그중에는 신의 불변성과 자연법칙(운동량보존법칙을 비롯한 자연의 세 법칙)의 관계를 조명하는 연구도 있다. 클라크S. Clarke는 데카르트가 자연법칙들을 신의 본성에서 '연역한' 것으로 간주하지 않고 단지 가설로 여긴다는 것을 입증하는 근거로 세 가지 근거를 제시하는바, "그 하나는 데카르트는 철학자라기보다는 과학자이기 때문에 데카르트의 자연과학과 그 방법을 그의 형이상학을 통해 이해해서는 안 된다는 것이다. 그에 따르면, 데카르트는 엘리자베스 공주와 버만에게 《성찰》에 나오는 형이상학적 문제들에 너무 심취하지 말 것을 권유하는데, 이는 만일 데카르트가 자신의 자연과학을 형이상학을 기반으로 이해해야 한다고 생각했다면 할 수 없는 이야기라는 것이다."[34] 과학자가 물리적 환원주의자를 의미하든 안 하든 간에, 클라크가 데카르트는 과학자이지 철학자가 아니라고 주장하여, 그 근거로 데카르트가 엘리자베스와 버만에게 한 말을 제시한다면, 이는 클라크가 순박한 것도 아니고 그저 어리

---

33 AT: IX-2, 19쪽.
34 원석영, 〈데까르뜨 철학에서 자연과학과 형이상학의 관계〉, 김효명 외, 《근대과학의 철학적 조명》, 철학과 현실사, 2006, 69쪽에서 재인용.

석다고밖에 말할 수 없다. 데카르트가 그저 과학자일 뿐이라면《제일철학에 관한 성찰》의 저자는 누구란 말인가,《성찰》도 과학적 텍스트란 말인가. 이런 반론조차 유치하고 식상하다면, 엘리자베스와 버만에게 형이상학적인 문제에 너무 심취하지 말라고 한 데카르트의 충고가 진정 흄처럼 형이상학적 텍스트를 불 질러버리라는 것인가.

데카르트가 버만에게 한 말은 다음과 같다.

> 오히려 형이상학적인 것들을 나름대로 한 번 인식하고 그 결론들을 기억하는 것만으로도 충분하다. 그러지 않으면 그것은 자연학적인 것들과 감각적인 것들로부터 정신을 멀리 떨어뜨려놓고 또 정신을 그것들을 고찰하지 못하도록 만들 것이기 때문이다.[35]

엘리자베스에게 한 말도 이와 유사하다.

> 일생에 한 번은 형이상학의 원리들을 이해하는 것이 매우 필요하다고 생각한다. 왜냐하면 바로 이 원리들이 신과 우리 영혼에 대한 지식을 제공해주기 때문이다. 나는 또한 우리 지성을 너무 자주 그것들을 성찰하는 데에만 사용하는 것도 아주 해롭지 않나 생

---

35 AT: V, 165쪽. 이 말은 '1648년 4월 18일 데카르트와 버만의 대화'에 들어 있는데, 데카르트는 이런 대답을 하고는 있지만 이에 대한 버만의 질문도 없고, 또 다른 대답과 다른 텍스트에 대한 지시도 없이《성찰》에 대한 질문이 끝나는 곳에 제시되어 있다. 아른트H. W. Arndt는 데카르트의 이 대답이 5년 전에 엘리자베스에게 한 말, 즉 필자가 인용하는 글과 연관된 것이라고 생각한다(R. Descartes, *Gespräch mit Burman*, Übers. und hrsg. Arndt, H.W., Felix Meiner, 1982, 150쪽, 주 95 참조).

각한다. 왜냐하면 이렇게 되면 상상과 감각의 기능들이 제대로 발휘될 수 없을 것이기 때문이다. 그래서 가장 좋은 것은 자기 기억과 믿음 안에 우리가 한때 그 원리들로부터 끌어냈던 결론들을 간직하고 난 다음, 남은 공부 시간을 지성이 상상력과 감각과 함께 작용할 수 있는 생각들에 종사하는 것이다.[36]

클라크가 이런 글을 읽고도 데카르트는 철학자가 아니라 과학자로 생각했다면, 또 형이상학적 성찰에 너무 심취하지 말라고 한 것을 마치 자연학이 형이상학과 무관하게 독자적으로 확립될 수 있다고 간주한 것으로 이해했다면, 그의 해독력을 탓할 수밖에 없다. 한마디 한다면, 버만이나 엘리자베스에게 한 충고는, 허구한 날 형이상학만 생각하면 나중에는 자연학을 무시하게 되고 또 제대로 탐구할 수도 없게 된다는 것, 그렇지만 순수지성에 의해 탐구되는 형이상학적 사물들뿐만 아니라 상상력과 감각에 의해 탐구되는 자연학적인 것들도 있다는 의미이다. 특히 엘리자베스와의 대화에서는 정신과 신체의 통일성에 대한 앎이 문제되고 있는데, 이것들이야말로 우리의 일상적 삶에서 실제로 유익한 것임을 강조한 것일 뿐이다.

이와 같이 형이상학이 자연학의 토대라는 데카르트의 주장을 그저 신의 불변성과 자연법칙과의 관계에서만 고찰하는 것은 관점이 너무 좁다는 생각이다. 오히려 "나 자신이 공표한 것이 전혀 아닐 때는 사람들이 말하는 것들이 나에게서 나온 것으로 결코 믿지

---

36 AT: III, 695쪽.

말아달라"[37]는 데카르트의 간곡한 당부에 따라 데카르트 자신이 직접 한 말을 근거로 형이상학적 토대들의 의미를 고찰하는 것이 보다 더 본질적이고 사태에 부합된다는 생각이다. 앞서 보았듯이, 《형이상학 논고》가 집필된 무렵인 '1630년에 메르센에게 보낸 편지'에서 데카르트는 신과 정신을 인식하지 않고서는 자연학의 토대를 발견할 수 없었음을 고백하고, 1637년《방법서설》의 제4부가 형이상학적 토대들, 즉 신과 인간 정신의 현존을 증명하는 데에 사용된 근거들을 다루고 있다고 말하고, 《성찰》의 초판이 출판되던 '1641년에 메르센에게 쓴 편지'에서는 여섯 성찰들이 자연학의 모든 토대를 담고 있다고 쓰고 있으며, 1643년《철학의 원리》불역판 서문에서는 신과 인간 정신을 다루는, 그래서 인간 인식의 원리를 포함하는 형이상학을 자연학의 뿌리로 간주한다. 초기부터 말기까지 데카르트가 자연학의 형이상학적 토대를 언급했을 때 공통점은 신과 인간 정신이라는 형이상학적인 것들 혹은 비물질적인 것들의 인식들이 자연학의 토대 역할을 한다는 것이다. 그렇다면 자연법칙들이 신의 불변성에서 비롯된다는 세세한 근거들 외에, 신과 인간 정신에 대한 인식들이, 인간 인식의 원리들이, 제일철학이 어떻게 자연학의 토대 역할을 할 수 있고, 하고 있다는 것인가.

형이상학이 자연학의 뿌리라는 말의 의미는 형이상학이 존재하지 않으면 자연학도 존재할 수 없다는 것이다. 다시 말해 형이상적 인식이 없으면 자연학적 인식도 존재할 수 없다는 것이고, 이는 곧, 칸트식으로 말해, 형이상학이 자연학 인식의 가능성의 조건이라는

---

37   데카르트 저, 이현복 역,《방법서설·정신지도규칙》, 문예출판사, 2022, 98쪽.

것과 다름 아니다. 자연학적 인식이 가능하기 위해서는 형이상적 조건이 마련되어 있어야 한다는 것이다. 이런 형이상학적 조건을 마련하는 것이 제일철학의 과제이고, 그것은 자연학적 인식의 근거들, 원인들 혹은 원리들을 확보하는 일이다. 데카르트가 제일철학 혹은 형이상학을 아리스토텔레스적 의미에서 존재자들의 존재 원리가 아니라 존재자들에 대한 인식의 원리로 명명하는 것도 이 때문일 것이다. 데카르트의 관심이 존재의 원리 혹은 존재의 질서가 아니라 인식의 원리 혹은 인식의 질서에 있음은 주지의 사실이다. 사물들이 어떻게 존재하는가가 아니라 존재하는 사물들이 어떻게 인식될 수 있는가에 대한 관심이다. 그는 근대인답게 자연을 올바로 인식하고 그래서 자연의 주인이 되기를 열망한다. 자연학적 지식은 도대체 어떻게 가능한지를 모색하고, 그 가능성을 자연적 사물 자체에서가 아니라 인식하는 주체에서 확인한다. 데카르트가 인간 정신의 현존과 본질을 고찰하고, 신의 본성과 현존을 증명하는 것은 정신이 불멸한다는 것, 내세의 삶이 마련되어 있다는 것을 밝히고, 은총과 계시의 신이 존재하고 이 신은 만물을 창조하고 주재한다는 것을 밝히는 것과는 거리가 멀다. 그가 사유를 본성으로 하는 자아가 현존한다는 인식을 철학의 제1원리로 삼은 것은, 자연적 사물을 지각하는 주체를 확립하기 위함이고, 이 주체의 본성이 사유라는 것은 '인식'의 주체를 드러내려는 것과 무관하지 않다. 나아가 신의 존재를 증명하는 것은 존재하는 사물들이 이 신의 피조물임을 밝힘과 동시에, 자연적 사물들에 대한 인식 주체의 인식들에 객관적 타당성을 부여하기 위함으로, 이것이 종종 '진리의 보증자'로서의 신으로 표현되는 것이다. 이것이 바로 데카르트에게 악신의 가설이 제거되는 국면이다. 즉, 정신이 명석판명하게 인식하는 것들에서도 기만당할 수 있는 본성을 악신이 부여했을지도 모른다는 가설을 사라지게 하는 것이 바로 전능하고 선한 신이 존재하고, 이 신이 다른 모든 것들과 마찬가지로 사물을 인식하는 정신의 능력 혹은 본성도 창조했다는 것이다. 이로부터 정신이 명석판명하게 인식하는 것은 모두 참이라는 진리의 규칙이 비로소 사물의 인식에 적용될 수 있다.

앞서 보았듯이, 데카르트는《철학의 원리》제4부 204절에서 다음과 같이 말한다.

> 자연물에서 또한 우리가 절대적으로 확실하다고 따라서 도덕적으로 확실한 것 이상으로 확실하다고 여기는 것들이 있는데, 이것들은 형이상학적 토대에 의거하는 것들이다. 즉, 신은 최고의 선이며 실수를 하지 않기 때문에, 그가 우리가 참과 거짓을 구별할 수 있도록 우리에게 부여한 능력을 올바르게 사용하는 한 이 능력을 통해 판명하게 지각한 것에서는 오류를 범할 수 없다는 형이상학적 토대 말이다. 그렇게 확실한 것들이란 수학적 증명들이며, 또한 물질적 사물들이 존재한다는 것에 대한 인식이 그러한 것인데, 그것들에 관해 우리가 하는 명백한 추론들이 그러한 것들이다. 내가 여기서 설명한 것들이 인간 인식 제일의, 그리고 가장 단순한 원리들로부터 어떻게 순차적으로 연역해내었는지를 고찰하는 사람들은 이 또한 그러한 것들로 간주하게 될 것이다.[38]

---

38 불역판에서는 "형이상학적 토대에" 대신에 "형이상학의 원리 위에"가 사용된다.

인간 인식의 제일원리들로부터 여타 다른 사물들의 인식이 가능하다는 것, 이 인식의 으뜸가는 원리들이 다른 사물 인식의 토대, 형이상학적 토대들이라는 것을 말하는 이 206절은 《철학의 원리》 마지막 절인 제4부 207절, "그러나 나는 모든 것을 나의 교회의 권위에 맡긴다"는 호교론적인 발언 바로 전에 있는 것으로서 《철학의 원리》가 마무리되는, 그래서 그 무게가 느껴지는 곳이다.

그러므로 데카르트가 제시하는 자연학의 형이상학적 토대들은 사유하는 정신의 현존에 대한 인식, 내 본성을 포함한 존재하는 모든 것을 창조한 전능하고 선한 신의 현존에 대한 인식, 그래서 '정신이 명석판명하게 인식한 것은 모두 참'이라는 진리의 규칙, 나아가 공통개념들, 공리들, 영원한 진리들로 명명되는 것들로서 우리 정신에 각인되어 있는 단순 본성들 혹은 원초적 개념들이고, 이것들이 인간 인식의 원리들로서 수학적 혹은 자연학적 인식을 가능하게 하는 조건들이며, 데카르트적 형이상학, 제일철학의 진면목이다. 이로부터 〈제5성찰〉과 〈제6성찰〉에서 설명되는 연장을 본질로 하는 물체가 존재한다는 인식이, 이 물체는 사유를 본성으로 하는 정신과 실재로 구분되고 상이하다는 인식이 신의 전능성과 성실성을 주 근거로 해서 도출된다. 이것들이 《철학의 원리》 제2부가 시작되는 물질적 사물들의 원리들이다. 오직 연장을 본성으로 하는 그래서 사유의 색깔이 전혀 가미되지 않는 물질적 사물들이 실제로 존재한다는 것에서 물체들에 관한 학문인 자연학이 비로소 시작되며, 이때 정립되는 자연학은 물체가 오직 연장적 사물이라는 점에서, 원칙적으로 수학적으로 설명할 수 있는 순수자연학 혹은 응용수학이다.[39] 이로부터 다른 자연학적 사물들의 인식들이 다시 도출된다. 이것이 데카르트가 꿈꾼 보편학, 통일학, 그 뿌리가 제일철학인 철학이다. 그러한 가운데 여기서 영혼의 불멸성, 신의 현존, 심지어 정신과 신체의 상이성에 대한 증명을 데카르트가 성공했는지, 못했는지에 대한 논쟁은 어쩐지 초라해 보인다.

39 《성찰》의 주제인 정신과 물체의 상이성에 대한 증명의 성공 여부는 접어두고, 이 증명이 왜 수행되었는지, 즉 이 증명이 초래하는 효과는 어떤 것인지는 어렵지 않게 확인할 수 있다. 그 가운데 하나는, 오직 사유를 본성으로 하는 정신이 존재한다는 것은, 홉스식의 유물론을 방지할 수 있고 나아가 대상을 인식하는 주체를 확립한다는 의미가 있으며, 오직 연장을 본성으로 하는 물체가 있다는 것은 무엇보다도 아리스토텔레스-스콜라적 전통에서 말하는, 데카르트가 그토록 거부했던 실체적 형상, 실재적 성질, 은밀한 성질 등의 존재를 인정하지 않을 수 있게 한다. 그래서 정신과 물체가 실재적으로 상이하다는 것에 대한 증명은 정신과 신의 본성에 대한 고찰을 통해 가능하고, 나아가 그 증명의 결과는 다시 자연학적 인식을 가능하게 해준다는 점에서 '인식의 순서'안에, 원리 이론 안에 들어와 있다.

데카르트 철학에서
《자연의 빛에 의한 진리 탐구》의 위상[1]

들어가는 말

청년 데카르트는 학교공부를 끝낸 뒤 '세상이라는 커다란 책'을 읽기 위해 긴 여행길을 떠난다. 그 길에서 운명적으로 네덜란드 수학자인 베이크만I. Beeckman을 만나 수학적 세계관의 영감을 받고 방법론적 텍스트 《정신지도규칙》을 작성한다. 우리에게 미완성으로 남겨진 이 글은 오늘날까지 많은 연구자의 주목을 받아왔다. 또한 그 일부만이 우리에게 전해지며 거의 어둠 속에 묻혀 있는 텍스트가 있다. 바로 《자연의 빛에 의한 진리 탐구》(이하 《진리 탐구》)이다.[2]

---

1   이 글은 《칸트연구》(46집)와 《철학연구》(156집)에 실린 논문을 수정 보완한 것이다.
2   전언에 따르면 1650년 2월 11일, 스톡홀름에서 사망한 데카르트의 서류 보관함에서 대화록으로 쓰여진 수고본이 발견된다. 프랑스어로 작성된 이 글의 원본은 그곳 프랑스 대사였던 샤뉘H.-P. Chanut의 친척 클레르슬리에게 전달되지만, 클레르슬리에는 이것을 출판하지 않는다. 이 글은 1684년 네덜란드어로 처음 출간되고, 1671년 라틴어로, 《정신지도규칙》을 포함한 다른 글들과 함께, 《유고집, 자연철학과 수학*Opuscula posthuma, physica et matematica*》이라는 제목으로 네덜란드에서 익명으로 출판된다. 1676년 치른하우스E. W. Tschirnhaus는 클레르슬리에가 보관하던 프랑스어 원본을 복사해서

연구자들이 지금까지 이 텍스트에 대해 주로 논의한 것은 그 집필 연도와 관련된 것이다. 데카르트의 유물함에서 발견된 수고본이 그 사후에 출판되었기 때문이다. 연구자들에 따라 데카르트의 초기, 중기, 그리고 말기까지 추정되는 집필 연도는 다양하다. 이에 비해 그 내용, 다른 저작과의 연관성 그리고 데카르트 철학에서 차지하는 비중 등에는 극히 소수의 연구자들만이 눈길을 주었다. 그래서 이 글은,《진리 탐구》가 데카르트의 다른 저서의 이해를 도모하는 내용을 담고 있다는 판단하에, '자연의 빛', '의심', '의식' 개념을 중심으로《진리 탐구》가 데카르트의 제일철학 혹은 그의 저서에서 점하는 위상을 드러내는 것에 주된 목적이 있다. 그리고 이 세 개념을 선택한 이유는 다음과 같다. '자연의 빛'이 책 제목의 중심에 있고, 또 그 개념이 정작 본문에서는 명시적으로 단 두 번 출현한다고 해도, 데카르트의 다른 저서, 특히 형이상학적 논증에서 명시적으로 그리고 함축적으로 결정적인 역할을 담당하기 때문이다. 그리고 '의심'은 두말할 여지 없는 데카르트 철학의 출발점이자 핵심어이기도 하지만,《진리 탐구》에서 그 개념이 수행하는 역할은 다른 저서에서는 좀처럼 볼 수 없는 것이기 때문이다. 끝으로 '의식'은《진리 탐구》에서 단 한 번 등장하지만 해당 맥락에서 갖는 무게가 결코 가볍지 않고, 다른 저서에서도 논증의 전면에 서 있지는 않지만 그럼에도 그 개념이 데카르트 인식론에서 암암리에 차지하

하노버의 라이프니츠에게 보낸다. 1908년 하노버 도서관에서, 이곳에서 일하던 프랑스 여학생에 의해, 불행하게도 그 글 전체가 아니라 라틴어본에 있는 그 일부만 발견된다. 그나마 전승된 이 대화록의 일부가 데카르트 전집을 편집한 아당 타네리 판에서, 앞부분은 프랑스어 텍스트로, 뒷부분은 라틴어 텍스트로 수록되어 있는 것도 이 때문이다.

는 역할은 결코 무시할 수 없으며, 나아가 데카르트의 '사유' 개념과 관련해서만 몇몇 연구물이 있을 뿐 그 개념 자체 대한 연구는 거의 없기 때문이다.

데카르트는 《진리 탐구》에서 그가 《방법서설》에서 천명한 보편학에 걸맞는 방대한 탐구 대상을 설정한다. 그렇지만 정작 우리에게 전해지는 부분은 데카르트적 의심과 코기토 명제, 그러니까 《방법서설》 제4부 앞부분, 《성찰》의 〈제1성찰〉과 〈제2성찰〉, 《철학의 원리》의 제1부 1~10항에 들어 있는 형이상학 혹은 제일철학에 관한 내용뿐이다. 따라서 《진리 탐구》에서 논의할 수 있는 외연적 경계는 실로 '의심'과 '코기토 명제'까지다. 그런데 여기서 이 주제를 대하는 데카르트의 태도는 표현 방식에서도 그 내용적인 측면에서도 다른 텍스트와는 사뭇 다르다. 이때 다르다고 하는 것은, 데카르트가 다른 텍스트에 없는 어떤 주제를 새로이 논의한다는 것이 아니라, 다른 곳에서는 다소 불분명하게 설명된 것, 그래서 독자에게 적지 않은 논란거리를 제공한 것을 어느 정도 가늠할 수 있도록 다양하고 명확한 어법으로 제시한다는 것이다. 단적으로, 《방법서설》에서 "제일원리"로, 《철학의 원리》에서는 "최초의 확실한 인식"으로, 《성찰》에서는 "확고부동한 일점 혹은 토대"로 제시된 것이 코기토 명제인 반면 《진리 탐구》에서 그 영광은 "의심"으로 돌려지고 있다는 점이다. 또한 코기토 명제를 구성하는 의심, 사유 및 현존과 같은 개념들의 진리성을 확보하는 과정에서 언급되는 "자기 고유의 경험", "자기 안에서 경험하는 의식 혹은 내적 증언"이라는 표현은 다른 텍스트에서는 거의 혹은 전혀 등장하지 않는다는 점이다. 아마도 이런 이유에서 《진리 탐구》를 프랑스어로 새롭게 번역한 파이에는 '의식conscientia/conscience'이라는 용어에 주목하면서 그의 번역서의 부제이자 해제의 제목을 "의식에 대한 데카르트적 발견L'Invention cartésienne de la conscience"으로 달았을 것이다.[3] 그래서 이 해설에서는 자연의 빛, 의심, 의식의 개념들을 일차적으로 데카르트의 다른 텍스트들과 비교검토하면서 그 유사성과 차이성을 살필 것이고, 이차적으로 이를 둘러싼 몇몇 연구자들의 해석과 논쟁을 비판적으로 고찰할 것이다. 이로써 《진리 탐구》가 데카르트 철학에서 차지하는 지위를 직접적으로 드러냄과 동시에 여전히 문제시되는 이 문제작의 집필 연도 추정에 일정한 가이드라인을 간접적으로 제시할 것이다.

---

3 R. Descartes, *La Recherche de la Vérité par la lumière*, trans. et notes par E. Faye, Le Livre de Poche, 2007(이하 '파이에'), 특히 43~64쪽 참조.

2. 자연의 빛, 순수지성 그리고 지적 본능

우선《자연의 빛에 의한 진리 탐구》라는 제목에서 가장 눈에 띄는 것은 '자연의 빛'일 것이다. 이것은 물론 데카르트의 다른 저작에서도 자주 등장하는 역사적 개념이긴 하지만, 그가 이것을 자신의 저서 제목에 집어넣은 것은 이 텍스트가 유일하다. 그래서인지 파이에는 그의 해제에서, 사비니는 해당 주석에서[4] 이 개념을 해명한다. 파이에가 말하듯이, '자연의 빛'이 그 제목에서 의미하는 바는 "철학이나 종교의 도움을 빌리지 않고"라는 이후 문구와 비교할 경우 선명히 드러난다. 한편으로, 이때의 '철학'은 당대 강단철학인 스콜라철학을 가리킬 것이고, 그래서 스콜라철학 및 그 방법에 따라 진리를 탐구하지 않겠다는 의지의 천명일 것이다. 이것은 청년 데카르트부터 말년 데카르트까지 줄곧 이어진 그의 확신임에 틀림없고, 또한《진리 탐구》안에서도 스콜라철학의 대변자로 등장하는 에피스테몬과의 대화를 통해 유감없이 발휘된다. 다른 한편으로, 종교의 도움을 빌리지 않고 오직 자연의 빛에 의해서만 진리를 탐구하겠다는 데카르트의 말에서, 자연의 빛이 내포한 의미가 보다 명확해진다. 곧 논의하겠지만, 데카르트는 자연의 빛을 다의적으로 사용하는바, 이때 자연의 빛은 종교 혹은 신앙, 즉 초자연의 빛 혹은 계시의 빛 혹은 은총의 빛과 대비되는, 가장 넓은 의미의 '자연의 빛'을 가리킨다. 초자연의 빛에 도움을 받지 않고 전적으로 자연의 빛을 통해 진리 탐구를 하겠다는 것이다.

---

4 R. Descartes, *La Recherche de la Vérité par la lumière*, Text revus par M. Savini, Quadrige/Puf, 2009(이하 '사비니'), 125쪽, 주 2 참조.

파이에는 데카르트의 이런 입장을 토마스 아퀴나스T. Aquinas와 프란시스코 수아레스F. Suarez의 것과 비교 고찰한다.

이것은 여기서, 아퀴나스가 그의《신학대전Somme de théologie》초 입에서, '자연적 이성의 빛'이 계시를 통해 교도되지 않을 경우, 그 빛의 한계들을 강조할 때 쓰는 것과 아주 뚜렷한 대조를 이룬다. 시대적으로 데카르트와 더 가까운, 1597년 형이상학적 논박들의 저자인 수아레스는 아퀴나스의 것과 유사한 입장을 지지한다. 그 는《형이상학적 논박Disputes métaphysiques》IX, 〈거짓과 거짓된 것에 관하여De la fausseté ou de faux〉에서, '인간은 자연적인 것들 및 사변적인 것들에서조차 자연적 빛을 통해 모든 진리를 발견할 수 도 모든 오류를 피할 수도 없으며, 둘 다 신의 도움으로 가능하다 고 신학자들은 가르친다'는 것을 강조하면서 오류의 기원에 대한 그의 설명을 결론짓는다.[5]

파이에가 지적하듯이, 데카르트는 신앙의 진리가 계시의 빛을 통해 알려지고, 또 그 진리는 그 어떤 진리보다 상위에 있음을 기회 가 있을 때마다 말하고 있지만, 스콜라철학자들과는 달리 신앙의 진리 이외의 진리는 잘 지도된 인간 정신의 능력만으로 인식할 수 있음을 누누이 강조한다. 그래서《진리 탐구》의 제목에 나타난 '자 연의 빛'은 초자연의 빛 혹은 계시의 빛과 대비되는 인간 인식 능 력 일반과 다름이 아닐 것이다.[6]

---

5   파이에, 9쪽.

이런 의미에서 자연의 빛, 나아가《진리 탐구》의 제목 전체가 지향하는 이론적 그리고 실천적 성격은《정신지도규칙》의 제1규칙의 마무리 말과 상응한다.

그러므로 누군가 진지하게 사물의 진리를 탐구하고자 한다면, 어떤 하나의 학문을 선호해서는 안 된다. 왜냐하면 모든 학문은 서로 결합되어 있고 상호 의존하기 때문이다. 오히려 그는 오직 이성의 자연적 빛의 증대에 대해서만 생각할 것인바, 이는 이런저런 강단의 어려움을 해결하기 위함이 아니라, 삶의 각각의 상황에서 무엇을 선택해야 하는지를 지성이 의지에 미리 보여주기 위함이다. 그리고 그는 단기간 내에 자신이 특수한 것들에 골몰한 자들보다 훨씬 더 큰 진보를 이루었다는 것, 그리고 다른 이들이 열망하는 그 모든 것들만이 아니라, 또한 그들이 기대할 수 있는 것들보다 더 고귀한 것들에 이르렀다는 것에 놀랄 것이다.[7]

---

6   파이에가 언급하지 않았지만, 이것은 '제2반박과 답변'에서 보다 분명히 드러난다. "더 나아가, 우리의 의지를 동의로 이끌 수 있는 명석성 혹은 명료성은 두 가지라는 점을 주목해야 하네. 그 하나는 자연의 빛에 의한a lumine naturali 것이고, 다른 하나는 신의 은총에 의한a gratia divina 것이라네. 일반적으로 신앙은 모호한 것들과 관련되어 있다고 하지만, 이는 단지 그것과 연계된 사안이나 내용이 그렇다는 것이지 형식적 근거가 — 우리는 그 때문에 신앙으로써 동의하는 것인데 — 모호하다는 것은 아니네. 오히려 형식적 근거는 어떤 내적인 빛이 그 본질이며, 신이 초자연적으로supernaturaliter 그 빛을 비추어 주는 우리는 우리가 믿어야 하는 것으로 제시된 것들이 신에 의해 계시된revelata 것이며 신은 결코 기만일 수 없다고 믿는다네. 이는 종종 모든 자연의 빛보다 더 확실하며, 또 은총의 빛lumen gratia이기 때문에 더 명백하다네."(AT: VII, 147~148쪽)
7   르네 데카르트 저, 이현복 역,《방법서설·정신지도규칙》, 문예출판사, 2022(이하 '이현복'), 114쪽.

이 문구는 데카르트가 《진리 탐구》에서 에우독소스의 입을 통해 피력한 논조의 기반을 이루고 있음은 의심의 여지가 없다. 이뿐만 아니라 참된 방법의 필요성과 강단철학의 불필요성에 대한 강조 역시 제4규칙 시작 문구의 내용과 매우 흡사하다.

이런 유의 순서 없는 연구들과 모호한 성찰들은 자연의 빛을 혼란에 빠뜨리고 정신을 맹목적으로 만든다는 것이 극히 확실하기 때문이다. 그리고 어둠 속을 걷는 데 익숙한 자는 누구든 시력이 약해져서 나중에는 환한 빛을 견딜 수 없게 된다. 이것은 경험에 의해서도 확인된다. 우리는 글공부에 전혀 힘쓰지 않은 이들이 계속 강단에 있는 자들보다 마주치는 것들에 대해 훨씬 더 견고하고 훨씬 더 명석하게 판단한다는 것을 매우 자주 보기 때문이다.[8]

《진리 탐구》에서 폴리안데르는 글공부를 전혀 하지 않은 자로, 에피스테몬은 강단철학에 정통한 자로 등장하며,[9] 제1규칙에서

8　이현복, 126~127쪽.

9　《진리 탐구》의 제목에도 들어 있는 "un honnête homme(건전한 인간)"는 당대 시대상을 반영하는 용어일 것이다. 사비니와 파이에가 적절히 지적하듯이, 그 당시의 인문학자들, 특히 파레트의 《교양인 혹은 궁중예법》은 1630~1640년에만 6쇄를 찍어낼 정도로 선풍적인 인기를 끌었고, 그 용어를 세인에게 친숙하게 만들었을 것이다. 그러나 데카르트는 아이러니하게도 "honnête homme"에게 궁중예법을 터득한 인간과는 전혀 어울리지 않는 인간상을 부여한다. 적어도 《진리 탐구》에서는 그렇다. 그는 이 텍스트에서 그 용어를 명시적으로 세 번 사용한다. 사비니가 주목했듯이, 첫 번째는 학교공부는 해본 적이 없는 인간, 두 번째는 라틴어나 희랍어와 같은 학술어를 알 필요가 없는 인간, 세 번째는 우울증환자와 대비되는 인간을 가리킬 때이다. 이것들이 의미하는 인간은 "강단교육이 필요 없는 건전한sain 정신의 소유자"일 것이고, 건강한 정신은 "앎과 행위의 기반을 상식sens commun 혹은 양식bon sens에 두는 인간"일 것이다. 이는 데카르트

"이성의 자연적 빛", 제4규칙에서 "자연의 빛"은《진리 탐구》제목 에서의 '자연의 빛'과 같은 의미를 지닐 것이다. 나아가 이것들은 《방법서설》의 시작 문구를 장식하는 "양식bon sens" 혹은 "이성raison" 과 밀접한 연관을 가질 것이다.

　주지하듯이, 데카르트가 첫 번째로 출판한 작품인《방법서설》은 "양식은 세상에서 가장 잘 분배되어 있는 것이다"라는 문장으로 시 작한다. 데카르트는 이어서 "양식"을 "잘 판단하는" 그리고 "참된 것을 거짓된 것에서 구별하는 힘"으로 규정하고, 그것을 '이성'과 동일시한다. 나아가 방법의 중요성을 강조하는 문장, 즉 "좋은 정 신l'esprit bon을 가지는 것으로 충분한 것이 아니라, 주요한 것은 그 것을 잘 사용하는 것이기 때문이다. 가장 커다란 영혼들은 가장 커 다란 덕들과 마찬가지로 가장 커다란 악덕들을 행할 수 있다. 그리 고 아주 느리게 걷는 이들이 늘 곧은길을 따라간다면 뛰어가되 곧 은길에서 벗어나는 이들보다 훨씬 더 앞으로 나아갈 수 있다."[10]는 문장을 제시한다. 그리고 제1부를 끝내면서 "나는 언제나 내 행동 들에서 분명히 보기 위해 그리고 이 삶에서 확신을 가지고 걸어가 기 위해, 참된 것을 거짓된 것에서 구별하는 것을 배우려는 극도의 욕망을 가지고 있었다"[11]고, "이런 식으로 나는 우리 자연의 빛notre

가 그토록 강조한 "선입견에서 자유로운 인간"과 다르지 않을 것이다. 또한 데카르트가 《정신지도규칙》의 제9규칙에서 "빛보다 어둠을 더 선호하는 자는 분명 건전한 자가 아 니다male sani profecto qui tenebras chariores habent quam lucem"라는 표현 등을 즐겨 사용 한다는 점에서, 그래서 "honnete"를 "sanus(건전한/건강한/온전한)"의 의미로 이해하면 서 "honnête homme"를 "교양인"보다는 "건전한 인간"으로 읽었다.

10　이현복, 18쪽.
11　이현복, 28쪽.

lumiere naturelle을 흐리게 할 수 있는, 이성에 귀를 덜 기울이게 만드는 많은 오류들부터 조금씩 해방되었다"[12]고 말한다. 그런 다음, 《방법서설》제3부에서 "신은 우리 각자에게 참된 것을 거짓된 것에서 식별하기 위한 어떤 빛을 주었다"[13]고 말한다면, 이 빛은《진리 탐구》에서의 '자연의 빛'을 가리킬 것이다. 그리고 이것은《방법서설》에서 잘 판단하고 거짓된 것에서 참된 것을 구별하는 힘으로 간주한 양식, 이성 혹은 좋은 정신의 한 부분, 즉 "거짓된 것에서 참된 것을 구별하는 힘"만을 의미할 것이고, "잘 판단하는 힘"은,《성찰》에서 보다 분명해지듯이, 인식능력인 '지성'의 짝 개념으로 "선택 혹은 판단 능력"인 '의지'에 귀속될 것이다.

데카르트는 "참과 거짓에 관하여"라는 제목이 달린〈제4성찰〉에서 지성의 인식능력과 의지의 판단능력을 본격적으로 구별하고, 오류는 이 두 능력의 협력에서 기인한다고 말한다. 즉, 지성이 명석판명하게 인식하지 않은 것에 대해 의지가 판단하는 경우에 오류는 일어난다는 것이다. 그는 이때 의지를 "내가 신으로부터 가지고 있는 참을 판단하는 능력"으로 규정한다. 나아가 의지의 미결정성indifferentia과 결정성determinatio을 설명하는 자리에서, 의지의 결정성을 다음과 같이 소개한다. "나는 분명 내가 그렇게 명석하게 이해한 것은 참이라고 판단하지 않을 수가 없었는데, 이는 내가 어떤 외적인 힘에 의해 그렇게 하도록 강제되었다는 것이 아니라, 오히려 지성 안의 커다란 빛에서ex magna luce in intellectu 의지 안에 커다란 경

---

12 이현복, 29쪽.
13 이현복, 49쪽.

향성이 생겼기 때문이다."**14** "지성 안의 커다란 빛"이라는 표현에서 '지성 안에 있는 빛'은 지성의 네 가지 양태들인 순수지성, 상상력, 기억, 감각 가운데 오직 순수지성의 몫일 것이다. 왜냐하면 데카르트가 인간의 오류는 신과 무관하다는 점을 강조할 때, "사실 신이 나에게 준 것보다 더 큰 이해의 힘, 즉 더 큰 자연의 빛majorem vim intelligendi, sive majus lumen naturale을 주지 않았다고 불평할 이유가 전혀 없다"**15**고 말하면서, 상상력이나 기억 및 다른 지성의 양태들이 아니라 오직 이해의 힘 즉 순수지성만을 자연의 빛과 동의어로 사용하기 때문이다. 그래서 《철학의 원리》 제1부 30항에서 인식능력을 자연의 빛으로 간주한다고 해도**16**, 이때 자연의 빛은 지성의 모든 작용이 아니라, 오직 이해능력인 순수지성만을 의미할 것이다.

　파이에와 더불어 《진리 탐구》를 새롭게 번역한 사비니는 자연의

14　이 책, 86~87쪽.

15　이 책, 88쪽.

16　《성찰》에서 단 한 번 자연의 빛을 이해력vis intelligendi 즉 순수지성과 동의어로 사용하는 반면, 《철학의 원리》에서도 단 한 번 자연의 빛을 인식능력과 동의어("lumen naturae, sive cognoscendi facultaem")로 놓는다. 그러나 후자의 인식능력은 지성의 양태들 가운데 오직 이해력 즉 순수지성만을 가리킬 것이다. 지성의 다른 양태들, 즉 상상력, 기억, 감각은 사물의 진리를 인식함에 있어서 순수지성의 보조 수단일 뿐이기 때문이다. 특히 《정신지도규칙》 제12규칙에서, "사물의 인식을 위해 이용할 수 있는 능력은 네 가지뿐이다. 즉, 지성, 상상력, 감각 그리고 기억이다. 물론 지성만이 진리를 지각할 수 있기는 하지만, 그럼에도 우리가 우리 재간 안에 놓여 있는 어떤 것을 어쩌다 소홀히 하지 않기 위해, 지성은 상상력, 감각 그리고 기억의 도움을 받아야 한다"(이현복, 173쪽)고 말하는바, 이때 '지성'은 다음 제8규칙에 따라 순수지성임이 분명하다. "그다음에, 그가 순수지성에 대한 인식에 바로 뒤따르는 그 모든 것들을 통관했다면, 그 밖의 것들 가운데 우리가 지성 이외에 가지고 있는 다른 모든 인식 도구들을 열거할 것인데, 이것은 단지 둘, 즉 판타지와 감각뿐이다. 그러므로 그는 이 세 가지 인식 양태들을 구별하고 조사하는 것에 전력을 다할 것이다."(이현복, 154~155쪽)

빛에 대해 다소 긴 주석을 단다. 그녀는 "자연의 빛이 데카르트의 작품에서 빈번하게 재차 나타나는 용어"이지만, "우리는 이 주석에서 《진리 탐구》에 근접한 텍스트들을 특기하는 것으로 만족할 것"이라고 말하면서 위에서 인용한 데카르트의 문장들 일부를 나열한다.[17] 데카르트가 《정신지도규칙》 제4규칙 첫 문단에서 '자연의 빛'을 사용하고 있음을 소개한 후, 《방법서설》 제1부 마지막 문단에서의 '자연의 빛'은 우리 인식능력을 가리킨다고 짧게 언급한다. 그런 다음 바로, 데카르트가 허버트Herbert of Cherbury의 《진리에 관하여De Veritate》를 읽고 난 소감을 적은 '1639년 메르센에게 보낸 편지'의 일부를 가져온다. 사비니는 해당 내용을, "자연의 빛을 보편적 동의와 대립시키면서, 그는 자신이 모든 인간의 공통적 능력으로 여기는 전자를 선호한다고 말한다."[18]는 몇 마디로 끝낸다, 그렇지만 이어지는 편지내용이 함축하는 바는 결코 간과할 것이 아니다.

저자는 보편적 동의를 그의 진리의 규칙으로 삼고 있다. 나로서는, 나는 어떤 것에서 잘 어울리는 자연의 빛만을 내 진리의 규칙으로 삼고 있다. 왜냐하면 모든 인간은 동일한 자연의 빛을 갖고 있으므로, 동일한 생각들을 가져야만 할 것으로 보이기 때문이다.

---

17 사비니, 125쪽, 주 2 참조.

18 사비니는 이 문장에, "그런 다음 성찰과 반박은 이 용어를 넓게 그리고 명확히large et significatif 사용한다"는 말을 괄호에 담아 추가하고, 그 출처로 위에서 인용된 '제2반박과 답변'의 페이지를 제시한다. 그러나 그녀는 정작 《성찰》에 나타난 '자연의 빛'에 대해서는 전혀 언급하지 않을 뿐만 아니라, 데카르트가 제2반박에 대한 해당 답변에서 문제의 용어를 '넓게 그리고 명확히' 사용한다는 것이 구체적으로 무엇을 의미하는지에 대해서도 침묵한다. 그녀가 '자연의 빛'을 '순수지성'만이 아니라 그저 '인식능력 일반'으로 간주하는 것도 이 때문일 것이다.

그러나 그것은, 이 빛을 제대로 사용하는 자가 거의 아무도 없다는 점에서 아주 다르며, 그래서 많은 이들(가령 우리가 아는 모든 이들)이 동일한 오류에 동의할 수 있고, 또 자연의 빛에 의해 알려질 수 있는, 일찍이 누구도 반성하지 않은 사물들의 양이 있다.[19]

《방법서설》출간 2년 후, 그래서《성찰》이 거의 완성될 즈음에 작성된 이 편지에서, 자연의 빛이 "진리의 규칙"이고, "모든 인간이 동일하게 갖고 있는 것"이라는 말은 그것이《방법서설》에서 모든 인간에게 동등하게 주어진 것으로, 잘 판단하고 참과 거짓을 구별하는 힘으로 규정된 양식 혹은 이성과 결코 무관하지 않다는 것을 의미하기 때문이다.[20]

사비니는 데카르트의 다른 저작에 나타난 '자연의 빛'의 용례를 극히 간단히 언급한 다음《진리 탐구》에서 그것은 참된 것을 탐구

19　AT: II, 597~598쪽.

20　알키에는 이 부분에 대한 주석에서 '자연의 빛'을 '이성' 혹은 '양식'으로 이해한다 (R. Descartes, Œuvres philosophiques II, Text établis, présentés et annotés par F. Alquié, Classiques Garnier, 1967(이하 '알키에'), 145쪽, 주 2 참조), 이에 반해 '자연의 빛'을 '인식능력', 즉 의지와 대비되는 지성으로 해독하는 모리스J. Morris는 '자연의 빛'을 '이성'으로 간주하는 것에 주저한다. "이 페이지(《방법서설》 첫 페이지)는 아마도 아이러니하고, 우리는 자연의 빛을 얼마나 심각하게 이성의 특징으로 받아들여야 할지 확신할 수 없고, 잘 판단하는 힘이 참을 거짓에서 구별하는 힘과 동등한 것인지, 아니면 이것들이 이성의 두 가지 별개의 기능인지도 알지 못한다. 그러나 데카르트는 나중에 판단력을 의지에 포함시키기 때문에, 이 페이지에서 이성은 지성뿐만 아니라 의지도 포함해야 할 것이다."(J. Morris, Descartes' Natural Light, *Journal of History of Philosophy*, XI, 1973, 176쪽)

21　사비니는 주해 마지막에 키케로M. T. Cicero와 샤롱의 문장을 인용하면서 자연의 빛과 관련된 의미 있는 역사적 정보를 제공한다. 그녀는 키케로에 의해 자연의 빛이라는 용어가 악덕이나 선입견을 통해 부패될 경우 '맹목적'일 수 있는 자연적 힘으로 주제화되었고, 샤롱은 신이 모든 인간의 영혼에 불어넣은 것, 그리고 탈자연화되지 않는다면

할 때 신뢰되는 능력으로 간주한다고 말한다.[21] 다시 말해, 문제작의 본문에서 모든 적법성을 상실한 논리학의 법칙 및 학자들의 권위를 대체하는 인식 수단으로 나타난다는 것이다. 이는 물론 자연의 빛의 정체를 해명하는 말은 아니지만, 본문 대화에서 에우독소스가 모순율과 같은 논리적 법칙, 스콜라철학이 믿고 따른 포르피리우스 나무 등과 같은 것을 무력화시키고 있다는 점에서 충분히 일리 있는 주장이다. 그러나 사비니가 주목하지 않았거나 지적하지 않는 것은, 《진리 탐구》 본문에서 정작 '자연의 빛'이라는 용어가 명시적으로 사용된 것은 기껏 두 번뿐이라는 사실이다. 첫 번째는, "사실, 에피스테몬과 같이 의견들로 가득 차고, 수많은 편견들을 가진 이는 자연의 빛에만 자신을 맡기는 것이 매우 어렵습니다. 왜냐하면 그는 벌써 오래전부터 자기 이성의 소리에 귀를 기울이기보다는 권위에 자신을 내어주는 것에 익숙해져 있기 때문입니다."[22] 에우독소스가 에피스테몬을 겨냥해서 던진 이 말은 앞서 인용한 《방법서설》 제1부 마지막 문단, 즉 "그렇게 해서 나는 우리 자연의 빛을 흐리게 할 수 있는, 이성에 귀를 덜 기울이게 만드는 많은 오류에서 조금씩 해방되었다"는 것과 의미가 거의 정확히 상응한다. 그리고 두 번째, "좋은 정신을 가진 자는, 비록 그가 사막에서 성장했고 자연의 빛 이외의 빛을 가진 적이 없다고 해도, 만일 그 모든 동일한 근거를 잘 재어보았다면, 우리와 다른 견해를 가

타오르는 별처럼 빛나고 끊임없이 그 내부에서 빛을 발하는 것이 바로 이성, 공평무사, 자연의 빛이라고 주장했다고 말한다. 이와 같은 키케로와 샤롱의 입장은 데카르트의 것과 멀리 있지 않다.

22 이 책, 174 쪽.

질 수 없다"[23]는 말은, 마찬가지로《방법서설》제1부 처음 문단, 즉 "실로, 좋은 정신을 갖는 것만으로 충분치 않고, 중요한 것은 그것을 잘 사용하는 것"이라는 문장을 연상시킨다. 이렇듯이 데카르트는《진리 탐구》본문에서 '자연의 빛' 자리에 이성, 이성의 빛lumen rartionis, 양식sanus sensus, 상식sensus communis 등의 개념들을 주저 없이 가져온다. 아마도 이는《진리 탐구》가 철저히 논증형식으로 집필된《성찰》과 달리 일상의 대화형식으로 진행되는 텍스트라는 점, 그리고 특히 대화의 중심에 서 있고 지극히 무지한 폴리안데르라는 인물의 특성상 엄밀한 개념 구별은 오히려 목적 달성에 장애가 될 수 있다는 점에서 대화가 느슨하게 전개되었기 때문일 것이다.

그러나 초자연의 빛 그리고 의지의 짝 개념으로 데카르트적 자연의 빛의 정체를 완전히 해명했다고 보기는 어렵다. 파이에와 사비니가 주목하지 않은 또 다른 의미의 자연의 빛이 있다. 무엇보다도〈제3성찰〉신 존재 증명과정에서 사용된 자연의 빛이다. 주지하듯이, 데카르트는 여기서 인과원리에 의거해서 악신의 가설을 떨칠수 있는 선신의 현존을 증명한다. 이때 그는 "원인 안에는 결과 안에존재하는 것보다 적어도 동등한 실재성이 존재해야 한다"는 인과원리의 진리성의 근거를 자연의 빛에 둔다. 다시 말해, 악신의 가설이 작동하는 한, 그래서 지성이 명석판명하게 인식한 것은 참이라는 진리의 규칙이 효력을 발휘하지 못하는 동안, 더 이상 의심될 수없는 것은 오직 '사유하는 나는 현존한다'는 명제뿐인 상황에서 인과원리를 통해 신의 현존을 증명하려고 했다는 것, 그러나 그 원리

23 이 책, 153쪽.

의 진리성을 '명석판명한 인식'에 의거해 확보할 수는 없어서 자연의 빛에 호소했다는 것이다. 그는 이때 인과원리는 "자연의 빛에 의해 알려진다" 혹은 "자연의 빛에 의해 명백하다"고 단언한다. 그래서 인과원리의 진리성을 우리에게 알려주는 '자연의 빛'은 '초자연의 빛'의 짝 개념으로서 '자연의 빛'과 전적으로 무관한 것은 아니겠지만, '의지'의 짝 개념으로서 '자연의 빛' 즉 '지성'과 동일한 것으로 간주할 수는 없을 것이다. 이는 적어도 데카르트가 인과원리, 아니 그가 《정신지도규칙》에서 "단순본성들"로, 《철학의 원리》에서 "공리들", "영원한 진리들", "공통개념들"로, 엘리자베스와 주고받은 편지에서 "원초적 개념들"로 명명했던 것과 관련해서, 이것들이 지성에 의해 명석판명하게 인식되기 때문에 참이라고 말하지 않는다는 것은 확실하기 때문이다. 그래서 만일 인과원리의 진리성이 명석판명한 인식에 의해 보장된다면, 이것은 분명 데카르트 당대부터 제기된 순환논증의 오류라는 지적에서 벗어나지 못할 것이다. 그러나 아마도 데카르트는 그 오류로부터 자유로웠을 것이다. 왜냐하면 데카르트는 그 진리성을 애당초 의심의 대상에 포함시키지 않아서 선신의 보증을 필요로 하지 않았기 때문이고, 인과원리는 명석판명하게 인식되기 때문에 참인 것이 아니라, "자연의 빛에 의해 명백lumine naturali manifestum"하기 때문에 그 진리성이 보장되기 때문이다. 만일 그렇다면, 문제는 이 '자연의 빛'이 과연 무엇인가 하는 점이다.

우선 데카르트가 인과원리 등의 공통개념들에 특별한 인식론적 지위를 부여한다는 것은 틀림없다. 그는 끊임없이 공통개념들은 가장 단순한 것이고, 그래서 그 자체로 알려지는per se nota 것, "그것들을 사유하게 되는 기회occasio가 왔을 때 우리가 어떤 선입견에 의해 눈이 멀지 않았다면 알게"[24] 되는 것이라고 말한다. 이런 이유에 서 그것들을 논리학의 정의definitio Logicis를 통해 설명하려는 시도는 헛된 일임을 강조한다.[25] 이것은 아리스토텔레스의 '공리'를 염두에 두었을 것이다. 그는 또한 공통개념들에 특별한 존재론적 지위를 부여한다. 그것들은 "우리 정신에 내재하는"[26] 본유개념이라는 것이다. 그래서 모든 이들이 그것들을 명시적으로explicite 알고 있는 것은 아니지만, 선입견에서 자유로운 정신이 그것들을 사유할 기회를 갖기만 하면 그 진리성을 모를 수 없다는 것이다. 나아가 그는 공통개념들에게 특별한 역할, 즉 "원리principe/principia"의 역할을 부여한다. '1646년 클레르슬리에에게 보낸 편지'에서 원리를 두 가지로 나누면서, 그 하나를 인과원리와 같은 공통개념들로, 다른 하나를 정신의 현존이나 신의 현존과 같은 원리로 규정한다. 그리고 전자는 이미 알려진 진리를 입증하는 것인 반면, 후자는 다른 것의 현존을 새롭게 알려주는 것이라고 말한다.[27] 모순율과 같은 논리학

---

24 《철학의 원리》제1부 49항.《정신지도규칙》의 제6규칙에서는 "저절로 드러나는 진리들 sponte obvias veritates"로, 제12규칙에서는 "저절로 나타나야만 하는sponte occurrere debent" 것들로 표현된다.

25 《철학의 원리》제1부 10항.《정신지도규칙》의 제12규칙에서 다음과 같이 말한다. "운동—누구에게나 너무나 잘 알려진 것—은, 가능태인 한에서, 가능적 존재의 현실태라고 말하는 이들은, 은밀한 힘을 지니는 그리고 인간 정신의 파악을 넘어서는 마술적인 말들을 던지는 자들로 보이지 않겠는가? 실로, 누가 이 말들을 이해하는가? 누가 운동이 무엇인지 모르는가? 누가 이들이 사초에서 마디를 찾았다고 인정하지 않을 것인가? 그러므로 우리가 단순한 것들 대신 복합적인 것들을 붙잡지 않으려면, 이런 유의 정의를 통해 사물들을 설명해서는 결코 안 된다고 말해야 한다."(이현복, 191쪽)

26 《철학의 원리》제1부 49항, "veritatas quaedam aeterna, quae in mente nostra sedem habet".

27 AT: IV, 444쪽 참조.《정신지도규칙》의 제7규칙에서는 "최초의 그리고 그 자체로 알려지는 원리들primis & per se notis principiis"로 표현된다.

적 원리들, 인과원리와 같은 형이상학적 원리들은 새로운 어떤 것을 알려주는 것은 아니지만, 이미 알려진 것을 정당화하는 원리라는 것이다.[28] 데카르트는 이것을 "논리학의 정의는 가장 단순하고 그 자체로 알려지는 것들을 모호하게 만들 뿐이고, 그것들을 힘들게 얻어지는 인식들로 여겨서는 안 된다"[29]는 점을 강조하는 《철학의 원리》 제1부 10장에서 분명히 한다. "다만 그것들은 가장 단순한 개념들이며, 그것들만으로는 존재하는 것에 관한 어떠한 앎도nullius rei existentis notitiam 제공하지 않기 때문이다."

데카르트는 〈제3성찰〉에서, '제2반박과 답변'에서 그리고 《철학의 원리》에서 이와 같이 독특한 지위를 점하는 공통개념들을 근거로 신이 현존한다는 것을 증명한다. 우선 그는 〈제3성찰〉에서 자연의 빛을 여섯 번 사용하는데, 그 가운데 다섯 번을 이른바 인과론적 신 존재 증명에서 공통개념들의 진리성과 관련해서 사용한다. 그 첫 번째는 "작용적 그리고 전체적 원인 안에는 그 원인의 결과 안에 존재하는 것과 적어도 동등한 실재성이 존재해야 한다는 것은 자연의 빛에 의해 명백manifestum하다"는 것이고, "보존은 오직 사고상으로만 창조와 구별된다는 것 역시 자연의 빛에 의해 명백한 것

---

28 《정신지도규칙》의 제12규칙에서 공통개념들은 "이음줄vincula"로 표현된다. "공통적인 것들에 공통개념들도 포함되어야 하는데, 이것들은 다른 단순 본성들을 서로 연결시키기 위한 어떤 이음줄 같은 것들이고, 우리가 추론하면서 결론짓는 것은 무엇이든 이것들의 명증성evidentia에 의거한다. 즉, 제삼자와 같은 것들은 서로 같다는 것, 마찬가지로, 동일한 제삼자와 같은 방식으로 관련될 수 없는 것들은 서로 어떤 차이 또한 가진다는 것 등이다."(이현복, 183쪽)

29 《정신지도규칙》의 제12규칙에서는 "단순본성들은 아무런 노고 없이 인식되는 바, 이는 그것들이 그 자체로 충분히 알려지기 때문이다nullam operam in naturis istis simplicibus cognoscendis esse collocandam, quia per se sunt satis natae"로 표현된다.

들 가운데 하나다"가 마지막 것이다.³⁰ 그리고 《성찰》의 제2반박자의 요청으로 작성된 〈기하학적 배열에 따라 신의 현존 및 영혼과 육체의 구분을 입증하는 근거들〉에서 '열 개의 공리들 혹은 공통개념들Axiomata sive Communes Notiones'을 제시하는데, 이 가운데 아홉 개의 공통개념을 인과론적 신 증명에, 그리고 오직 "모든 사물의 관념 혹은 개념 안에는 현존이 포함되어 있다"는 공통개념만을 이른바 존재론적 신 증명에 사용한다. 나아가 《철학의 원리》에서는 인과론적 신 증명에만 네 개의 공통개념을 사용한다. 그 가운데 하나가 "무로부터 무가 나오고, 더 완전한 것은 덜 완전한 것으로부터 나오지 않는다는 것은 자연의 빛에 의해 아주 잘 알려져 있다lumine naturali notissimum est"³¹는 것이다. 이로부터 알 수 있듯이, 데카르트는 코기토 명제를 확보한 후 진리의 규칙이 아니라 오직 공통개념들 그리고 이것들의 진리성을 보증하는 자연의 빛만으로 선신의 존재를 증명한다.

---

30 두 번째는 "자연의 빛에 의해 나에게 명료한perspicuum 것은, 관념들은 일종의 상들처럼 내 안에 있으며, 이 상들은 분명 그것들이 추출된 사물들의 완전성에 미치지 못하기는 쉬울 수 있겠지만, 더 크거나 더 완전한 어떤 것을 포함할 수 없다는 것이다." 세 번째는 "왜냐하면 만일 정말 그 관념들이 거짓이라면, 달리 말해 그것들이 내 안에 있는 것은 내 본성에 어떤 것이 빠져 있고, 또한 내 본성이 전적으로 완전하지도 않다는 이유 외에 다른 어떤 이유도 없다는 것이 자연의 빛에 의해 나에게 알려지기notum 때문이다." 네 번째는 "이 모든 것에는 내가 세심히 주의를 기울인다면 자연의 빛에 의해 명백하지 않은 것은 아무것도 없다." 그리고 〈제3성찰〉을 끝내면서, 현존하는 신은 기만자가 아님을 밝힐 때 한 번 더 사용한다. "왜냐하면 모든 사기와 기만은 어떤 결함에 달려 있다는 것이 자연의 빛에 의해 명백하기 때문이다."
31 《철학의 원리》제1부 18항. 이 항에서 또한 "관념이 지니고 있는 모든 완전성을 실제로 지니고 있는 원물Archetypus이 우리 안이나 밖 그 어디에도 존재하지 않는 관념이나 상을 우리가 갖고 있을 수 없다"는 공통개념도 자연의 빛에 의해 아주 잘 알려져 있다고 말한다. 나머지 두 개의 공통개념은 제1부 20항에서 제시된다.

〈제3성찰〉에서 신은 존재하고, 그 신은 기만자가 아니며, 따라서 신이 우리에게 부여한 지성에 의해 명석판명하게 인식된 모든 것은 참이라는 진리의 규칙의 활용 가능성, 다시 말해 오류의 원인을 〈제4성찰〉에서 검토한다. 이때 공통개념들의 진리성의 보증자로서 자연의 빛이 앞서 고찰했던 의지와 짝을 이루는 자연의 빛, 즉 지성 혹은 순수이성과 동일한 것이 아님을 단적으로 보여주는 대목이 발견된다.

그런데, 내가 무엇이 참인지를 충분히 명석판명하게 지각하지 않을 때, 내가 판단 내리기를 삼간다면, 올바로 행위하고 속지 않는다는 것은 분명하다. (⋯) 그리고 만일 내가 거짓 쪽으로 향한다면, 나는 오로지 속을 것이다. 그러나 만일 내가 다른 쪽을 붙잡는다면, 나는 진리와 우연히 마주치기는 하겠지만, 그렇다고 해서 과오를 면하는 것은 아니다. 왜냐하면 지성의 지각은 언제나 의지의 결정보다 앞서야 한다는 것이 **자연의 빛**에 의해 명백lumine naturali manifestum하기 때문이다. 그리고 의지의 자유의 이 올바르지 않은 사용에 오류의 형상을 구성하는 결여가 내재한다. 말하건대, 그 결여는 작용 자체에, 이것이 나로부터 유래하는 한에서, 내재하고, 내가 신으로부터 받은 능력에 의존하는 한에서의 작용에도 내재하지 않는다. 그리고 사실 신이 나에게 준 것보다 더 큰 이해의 힘, 혹은 더 큰 **자연의 빛**non majorem vim intelligendi, sive non majus lumen naturale을 주지 않았다고 불평할 이유도 전혀 없다. 왜냐하면 많은 것을 이해하지 못하는 것은 유한한 지성의 본질에 속하

고, 유한하다는 것은 창조된 지성의 본질에 속하기 때문이다.³²

여기서 데카르트는 자연의 빛을 두 번 사용한다. 한 번은 "지성의 지각은 언제나 의지의 결정보다 앞서야 한다"는 공통개념이 "자연의 빛에 의해 명백하다"고 말할 때고, 또 한 번은 자연의 빛을 "이해하는 힘" 즉 "순수지성"과 동의어로 제시할 때이다. 따라서 이 둘은 서로 다른 것임이 분명하다.

그래서, 자연의 빛이 한편으로는 의지의 짝 개념으로서 순수지성 혹은 좁은 의미의 지성, 다른 한편으로 공통개념의 진리성에 대한 보증자를 의미한다면, 후자의 짝 개념은 무엇인가. 이것은 데카르트가 〈제3성찰〉에서 신 존재 증명에 들어가기 전, 외래관념이 외부사물과 유사하다는 믿음에 대해 말할 때 밝힌 바 있다.

> 내가 여기서 자연이 그렇게 가르친다ita doctum esse고 말할 때, 내가 이해하는 바는, 단지 어떤 자발적 충동에 의해spontaneo quodam impetu 내가 그것을 믿게끔 이끌린다는 것이지, 어떤 자연의 빛에 의해 그것이 참임이 나에게 드러난다ostendi는 것은 아니다. 이 둘은 서로 많이 다른 것이다. 실로, 자연의 빛에 의해 나에게 드러나는 모든 것, (…) 그리고 이와 유사한 것들은 전혀 의심스러울 수 없는데, (…) 그러나 자연적 충동impetus naturales에 관한 한, 나는 이미 예전에 자주, 좋은 것을 선택해야 할 때 그 충동이 나를 더 나쁜 쪽으로 몰아갔다고 판단했고, 또 내가 왜 다른 사안에서 그것을 더 신뢰해야 하는지도 알지 못한다.³³

---

32 이 책, 88쪽. 인용문 중 볼드체로 강조한 것은 옮긴이의 것이다.

33 이 책, 62~63쪽.

여기서 데카르트는 자연의 빛을 자연적 충동 혹은 자발적 충동의 짝 개념으로 규정함과 동시에 그것이 전적으로 신뢰할 수 있는 것임을 천명하고, 이후 공통개념의 보증자로 자리매김하면서 신 존재 증명을 전개한다.

자연의 빛과 자연적 충동의 대비가 다시 등장하는 곳은 〈제6성찰〉에서 의심의 근거들을 다시 검토하는 대목, 그리고 신의 선성을 근거로 "자연이 가르치는 모든 것이 참된 어떤 것을 지닌다"[34]는 것, 다시 말해 자연적 충동의 신뢰성이 확보되는 대목이다. 데카르트는 이때 자신이 이해하는 자연을 명시적으로 정의한다. 일반적인 의미에서 '자연'을 "신이거나 신이 설정한 피조물의 상호질서"로, 특수한 의미에서 '나의 자연'을 "신이 나에게 부여한 모든 것의 결합"으로 정의한다. 그런 다음 "나의 자연"을 다시 신이 내 정신에 부여한 자연, 내 신체에 부여한 자연, 그리고 정신과 신체의 합성체로서 나에게 부여한 자연으로 세분한다. 그런 다음 내 정신에 부여한 자연을 자연의 빛과 관련짓고, 정신과 신체의 합성체로서 나에게 부여한 자연을, 명시적으로 말하지는 않았지만 아마도 자연적 충동과 관련짓는다. 이어서 신이 합성체로서의 나에게 부여한 자연(적 충동)의 가르침은 신뢰해야 마땅하기 때문에, 그 참된 가르침의 경우들을 열거한다.

이와 같은 자연의 빛과 자연적 충동의 대비가 보다 선명하게 드러나는 곳이 앞서 언급한 '1639년 10월 16일 메르센에게 보낸 편

---

34 이 책, 113쪽.

지'에서 허버트의《진리에 관하여》에 대해 말하는 대목이다.

> 그는 무엇보다도 그가 그의 모든 공통개념들을 끌어내는 자연적 본능l'instinct naturel을 따르는 것처럼 보인다. 나로서는, 나는 본능의 두 종류를 구분한다. 하나는 우리가 인간인 한에서 우리 안에 있는 것이고, 순수하게 지적purement intellectuel이다. 이것은 자연의 빛 혹은 정신의 직관intuitus mentis인데, 나는 이것만이 신뢰되어야 한다고 믿는다. 다른 하나는 우리가 동물인 한에서 우리 안에 있는 것이고, 이것은 우리 신체의 보존을 위한, 육체적 쾌락의 향유를 위한 등등, 자연의 어떤 충동une certaine impulsion de la nature인데, 이것은 늘 따라야 하는 것은 아니다.[35]

데카르트는 여기서 자연의 빛과 자연적 충동을 짝 개념으로 제시한다. 그리고 "인간인 한에서" 우리에게 부여된 본능을 자연의 빛 혹은 정신의 직관으로, "동물인 한에서" 우리에게 부여된 본능을 자연적 충동으로 간주한다면, 전자는 신이 정신에 부여한 자연에, 후자는 정신과 신체의 합성체에 부여한 자연에 해당할 것이다. 인과원리의 진리성을 보증하는 자연의 빛은 바로 이 '순수하게 지적인 본능'으로, 혹은 '정신의 직관'으로 간주할 자연의 빛일 것이다. 그리고《성찰》과《철학의 원리》에서 인식론적 및 존재론적 특권을 부여한 공통개념들의 진리성을 드러낼 때 사용한 "자연의 빛에 의해 나에게 명백하다"는 어법은, 이는 비록《성찰》에만 국한되

---

35 AT: II, 599쪽. '순수하게 지적인 본능' 혹은 '자연의 빛'과 동의어로 사용된 "정신의 직관"이《정신지도규칙》에서 '연역deductio'의 짝으로 규정된 '직관'과 어떤 관계가 있는지에 대해서는 또 다른 논의가 필요할 것이다.

지만, 또 다른 본능인 자연적 충동의 가르침, 즉 "자연은 나에게 가르친다"는 것과 대비되며, 따라서 이러한 자연의 빛은 대상을 명석판명하게 인식하는 순수지성으로서의 자연의 빛과 다른 개념일 것이다.

그런데 흥미로운 것은 이 두 표현들 가운데 "자연의 가르침"은 《철학의 원리》에서 사라진다는 점, 심지어 《방법서설》에서는 두 표현 모두 보이지 않는다는 점이다. 신의 존재를 증명하는 《방법서설》 제4부에서 데카르트는 공통개념의 진리성을 보증할 때 "자연의 빛에 의해 명백하다"는 긍정적인 표현이 아니라 "명백하게 불가능하다" 혹은 "모순이다"라는 부정적인 표현을 사용한다.[36] 그리고 《정신지도규칙》에서는 "단순 본성들은 그것들을 서로 분리시키고, 그 각각을 따로따로 정신의 눈으로 집중해서 직관해야 한다"[37], "다른 모든 것들에서 따로 떼어놓고, 각자가 주의 깊게 그리고 자기 정신의 빛에 따라 직관해야 한다"[38], "다른 어떤 것에 의존해서가 아니라, 경험 자체 안에서, 혹은 우리 안에 놓여 있는 어떤 빛에 의해 직관될 수 있는 약간의 순수하고 단순한 본성들만이 있다"[39] 등으로 표현한다. 끝으로 《진리 탐구》에서는 "그 자체로가 아닌 다른 어떤 방식으로 그것을 안다는 것은 불가능하고, 자기 고

---

36 이를테면 다음의 경우다. "그러나 내 존재보다 더 완전한 존재의 관념에 대해서는 그와 같을 수가 없었다. 왜냐하면 이것을 무로부터 얻는다는 것, 이것은 명백하게 불가능한 것이고, 또 더 완전한 것이 덜 완전한 것의 귀결이고 의존이라는 것은 어떤 무언가가 무로부터 나온다는 것 못지않게 모순이므로, 그 관념을 나 자신으로부터 얻을 수는 없었기 때문이다."(AT: VI, 34쪽, 이현복, 58쪽)

37 이현복, 190쪽.

38 이현복, 191쪽.

39 이현복, 140쪽.

유의 경험 및 각자가 어떤 것을 곰곰이 재어볼 때 자기 안에서 경험하는 의식이나 내적 증언을 통해서가 아닌 다른 식으로 그것에 대해 확신하는 것은 불가능하다"[40]고 말한다.《정신지도규칙》에서 "정신의 눈으로" 혹은 "자기 지력의 빛으로" 혹은 "우리 안에 내재하는 어떤 빛으로" 혹은 "경험 자체 안에서"라는 표현은《진리 탐구》에서 "자기 고유의 경험으로" 혹은 "자기 안에서 경험하는 의식 혹은 내적 증언"이라는 표현과 상당한 유사성을 가진다는 점은 분명 주목할 만하다. 이런 표현들은 공통개념들을 포함한 단순본성들과 관련해서《성찰》에서는 보이지 않는다. 데카르트는 아마도 그것들을《성찰》에서 "자연의 빛에 의해 명백하다" 등의 기술적 용어로 대신했을 것이다.

---

40 이 책, 176쪽.

3. 의심 그리고 의심의 저편

데카르트는 《진리 탐구》에서 자신의 대변자인 에우독소스를 통해 "각각의 학문들에서 가장 견고한 것을 선택할 것이며, 이 학문들이 지금까지 있었던 것보다 훨씬 더 앞으로 밀고 나가는 방법을, 그리고 가장 예리한 정신들이 고안해낼 수 있는 모든 것을 평범한 정신을 갖고도 그 스스로 찾아내는 방법을 제안할 것"[41]이라고 약속한다. 이에 대해 강단철학의 대변자인 에피스테몬이 어린아이의 상상을 빈 서판에 비교하면서, 그리고 지성을 젊은 견습생이 스케치한 나쁜 그림에 마지막 색을 입히기 위해 고용된 훌륭한 화가와 같다고 말하면서, 지성의 작업에 회의적인 태도를 취한다. 이에 대해 에우독소스는, 특히 《성찰》에서와 마찬가지로 다음과 같이 말한다.

> 당신의 화가는 그림에서 발견되는 모든 선들을 바로잡는 데 시간을 허비하는 것보다는 그것들을 먼저 지우개로 닦아낸 다음 그 그림은 완전히 새로 시작하는 것이 훨씬 더 좋다는 것입니다. 마찬가지로 인간 각자는 인식의 연령으로 불리는 특정 시기에 도달하자마자, 그때까지 그의 상상 안에 그려진 불완전한 관념 전체를 지워버리자는 결단을 한 번은 해야 하고, 그의 지성의 모든 재간을 제대로 사용하면서 진지하게 새로운 관념을 형성하기 시작해야 합니다.[42]

이어서 《방법서설》에서처럼, 집을 완전히 허물고 새로운 집을

---

41 이 책, 153쪽.
42 이 책, 154~155쪽.

짓는 것이 집을 고치는 가장 좋은 방법임을 천명하고, 지금까지 획득한 인식 전체를 전복할 것을 요구하며, 그것을 전복하기 위한 근거, 즉 의심의 근거들을 단계적으로 제시한다.

데카르트는 다른 텍스트들과 다름없이 감각의 기만성에서 시작한다. 폴리안데르가 모든 인식 가운데 가장 확실한 것은 감각에 의한 인식이라고 말하자, 에우독소스는 "내가 보기에 이상한 것은, 인간들은 그들의 지식을 감각의 확실성에 의거할 만큼 경신credules한다는 것입니다. 왜냐하면 감각들은 가끔 속이고, 우리는 우리를 한 번이라도 속인 것에 대해서는 항상 불신할deffier 정당한 근거를 갖고 있음을 누구도 모르지 않기 때문"[43]이라며, 인간의 쉽게 믿는 마음인 '경신', 그리고 기만적인 것에 경계하는 마음인 '불신'을 내세운다. "감각이 우리를 가끔 속인다"는 일상적 사실을 의심의 근거로 삼아 감각을 통해서per sensus 받아들인 것들을 의심하는 방식은 다른 텍스트들과 대동소이하다. 이에 대해 폴리안데르는, 그럴지라도 "내가 당신을 본다" 등과 같이 "내 감각에 보통 나타나는 모든 것이 참된 것임을 내가 지금 확신asseuré하지 못하게 막지는 못합니다"[44]라면서, 감각으로부터a sensibus 직접 받아들인 것들에 대한 자신의 '확신'을 내세운다.[45] 에우독소스는 이때 폴리안데르의 확신을 불신할 근거로 우울증환자mélancholiques의 경우를 끌어들인다. "당신은 자신이 항아리라고, 또는 엄청나게 큰 신체 한 부분을 가

---

43 이 책, 156쪽.

44 이 책, 156쪽.

45 〈제1성찰〉에서는 한 걸음 더 나아간다. "게다가, 이 손들 자체 그리고 이 신체 전체가 나의 것이라는 것이 어떤 근거로 부정될 수 있겠는가?"(이 책, 37쪽)

지고 있다고 생각하는 우울증환자를 본 적이 없는지 말입니다. 그들은 자신들이 상상하는 대로 그것을 보고 있다고, 그것을 만지고 있다고 맹세할 것입니다."[46]

여기서 주목할 것은, 직접 감각된 인식이 참이라고 확신하는 우리가 우울증환자가 아니라는 보장이 없다는 이 의심의 근거는《성찰》에서 '광인insaniae의 예'로 제시되는 반면,[47]《방법서설》에서도《철학의 원리》에서도 제시되지 않는다는 점, 그리고 이 근거에, 《성찰》에서와 마찬가지로, '꿈의 가설'로 넘어가기 위한 징검다리 역할만이 부여된다는 점이다. 에우독소스는 사실, 건전한 인간에 대해, 그가, 우울증환자들처럼, 감각들과 그의 상상력이 그에게 재현하는 것에 의지하기 때문에, 그가 그의 믿음을 보증하기 위한 근거를 우울증환자들보다 더 많이 가질 수 없다고 말하는 것은 그를 모욕하는 일일 것[48]이라고 말하면서 곧장 '꿈의 가설'로 넘어간다.

그러나 당신은 내가 당신에게 다음과 같이 묻는 것을 나쁘게 여기지 않을 것입니다. 즉, 당신은 모든 인간들과 마찬가지로 꿈에 종속되지 않는지, 그리고 당신이 나를 보고 있다는 것, (⋯) 요컨대 당신이 지금 전적으로 확실하다고 믿는 모든 것을 자면서 생각할 수 없는지 말입니다. 당신은 희극에서 **나는 깨어 있는가, 아니면**

---

46 이 책, 157쪽.

47 〈제1성찰〉에서 언급하는 '광인'은 다음과 같다. "혹시 내가 알지 못하는 어떤 광인과 나를 비교한다면 모를까 말이다. 그들은 뇌가 흑담즙질의 증기로 교란되어, (⋯) 진흙 머리를 갖고 있다고, 자기 전체가 호박이라고 혹은 유리로 주조되어 있다고 한결같이 진지하게 주장하는 자들이다."(이 책, 37쪽)

48 이 책, 157쪽 참조.

자고 있는가라는 놀라운 외침을 들어본 적이 없습니까? 어떻게 당신은 당신의 삶이 계속되는 꿈이 아님을, 또 당신이 당신의 감각들을 통해 안다고 생각하는 모든 것이 자고 있을 때와 마찬가지로 지금 거짓이 아님을 확신할 수 있습니까?[49]

《성찰》에서는 이와 유사한 주장에 이어, "깨어 있음이 꿈과 결코 확실한 표지로 구별될 수 없다는 사실을 너무나 분명히 보고서 경악하게 되며, 바로 이 경악으로 내가 꿈꾸고 있다는 의견이 나에게 거의 굳어진다"[50]고 말하지만,《진리 탐구》에서 깨어 있음과 꿈의 구별 징표에 관한 문제는 언급되지 않는다. 그러나 그 대신, 에우독소스는 저 물음에 이어 '꿈의 가설'을 보충하는 근거를 추가한다.

내가 말하는 그대로 우리를 창조하는 것이 당신이 당신이라고 생각하는 그대로 창조하는 것보다 더 어렵지 않았을, 전능한 어떤 우월한 존재자가 당신을 창조했다는 것을 당신이 알게 되었다는 사실을 고려하면 특히 그렇습니다.[51]

전능하고 우월한 어떤 존재자는《성찰》의 악령 혹은 악신에 해당할 것이고,《성찰》에서 악신의 가설은 꿈의 가설과 전적으로 상이한 별개의 의심 근거로서 독자적인 의심의 대상을 가지는 반면,《진리 탐구》에서는 그저 꿈의 가설을 지지하는 보충 근거로만 사

---

49 이 책, 157쪽.
50 이 책, 38~39쪽.
51 이 책, 157쪽.

용된다는 점에서 《성찰》과 두드러진 차이를 보인다. 이런 점에서 《성찰》과 《철학의 원리》에서와는 달리 《진리 탐구》와 《방법서설》에서 의심의 대상에는 물질적 단순본성들의 실재성이나 단순 수학적 명제의 진리성은 포함되지 않는다.

　이와 같은 의심의 근거들에 대해 에피스테몬은 "그토록 일반적인 이 의심들ces doutes si generaus은 우리를 곧바로 소크라테스의 무지나 피론주의자들의 불확실성(으로 데려갈 것)"[52]이라고 말하는바, 데카르트가 의심의 귀결로서 소크라테스와 피론주의자를 명시적으로 거명하는 곳은 그의 저서들 가운데 《진리 탐구》가 유일하다. 《성찰》에서 그 귀결은 "아마도 이것 하나, 아무것도 확실하지 않다는 것이리라"[53]로 표현되고, 에피스테몬의 이어지는 말, 즉 "그리고 내가 보기에 그것(그토록 일반적인 이 의심)은 발판을 찾을 수 없는 깊은 물입니다"[54]라는 말은 〈제2성찰〉의 첫 문단을 연상시킨다. 나아가 폴리안데르가 에우독소스에 동의하면서, "내가 평생 꿈을 꾼 것은 아닌지 의심하는 것에, 그리고 내가 감각의 문을 통해서만 내 정신에 들어올 수 있다고 생각한 모든 관념들이 그것들 자체에 의해서 내 정신에 형성된 것은 아닌지를 의심하는 것에 내 주의를 기울일 것"[55]이라고 말하자, 에우독소스는 이제야 '의심하는 나'를 문제 삼는다. "그러나 당신은 당신의 의심에 대해 의심할 수 있고, 당신이 의심하는지, 아니면 그렇지 않은지가 여전히 당신에게 의

52　이 책, 158쪽.
53　이 책, 45쪽.
54　이 책, 158쪽.
55　이 책, 160쪽.

심스러울 수 있다는 것입니까?"⁵⁶ 이것은 데카르트의 다른 텍스트
들에서 매우 생소한 문장임에 틀림없다.

이 물음에 충격을 받은 폴리안데르의 말은《진리 탐구》의 의심
이 다른 텍스트와 다른 점을 여실히 보여준다.

> 그런데 당신은 이로부터 무엇을 추론inferre하길 원합니까? 이토록
> 일반적인 이 놀라움ista adeo generalis admiratio이 무엇에 쓰일 수 있는
> 지, 심지어 그러한 의심이 어떻게 우리를 아주 멀리 인도할 수 있
> 는 원리principium일 수 있는지 나는 알지 못합니다.⁵⁷

데카르트는 "그토록 일반적인 이 의심들"과 짝을 이루는 "이토
록 일반적인 이 놀라움"의 유용성의 문제를 제기함과 동시에 의심
을 단적으로 '원리'로 규정한다. 그런 다음 에우독소스의 입을 통해
《진리 탐구》의 전유물을 주저 없이 드러낸다.

> 당신이 나에게 주의를 기울이기만 한다면, 나는 당신이 생각한 것
> 보다 당신을 더 멀리 데려갈 것입니다. 왜냐하면 나는 고정되고 부
> 동한 일점과 같은 이 보편적 의심에서Hac universali ex dubitatione, veluti
> è fixo immobilique puncto 신의 인식, 당신 자신의 인식 그리고 세계에
> 있는 모든 것의 인식을 끌어내려고derivare 결심했기 때문입니다.⁵⁸

---

56 이 책, 160쪽.

57 이 책, 160~161쪽.

58 이 책, 161쪽. 이 문장은 데카르트의 다른 어떤 텍스트보다 더 명확하게 의심의 중
요성을 보여준다.《성찰》에서 "나는 현존한다" 혹은 "나는 사유하는 것이다"를 "확고부
동한firmum & immobile 아르키메데스적 일점" 혹은 "확실하고 흔들릴 수 없는certum &

의심이 하나의 원리라는 것, 게다가 "그토록 일반적인 이 의심" 혹은 "이 보편적인 의심"이 "고정되고 부동한 일점"이라는 것, 따라서 이 의심이라는 원리부터 신의 인식, 나의 인식 및 세계에 있는 모든 것의 인식이 추론된다는 것은 그 무엇보다도 《진리 탐구》만의 고유한 표현임이 분명하다. 또한 이후 대화에서 "나는 현존하고, 그 나는 신체가 아니다" 혹은 "나는 사유하는 것이다"가 제일원리prima principium로 귀착될 때까지 논변의 중심에 있는 것은 그 무엇도 아닌 나의 의심 그리고 이 의심의 확실성meam dubitationem ejusdemque certitudinem이다.

에우독소스는 우선 의심으로부터 "의심하는 한에서 나는 존재한다"는 사실을 끌어낸다.

> 그러므로 당신은 당신이 의심한다는 것을 부정할 수 없고, 반대로 당신이 의심한다는 것은 확실하며, 심지어 이것은 너무나 확실해서, 당신은 이것에 대해 의심할 수 없습니다. 그렇기 때문에 의심하는 당신이 존재한다는 것 또한 참이고, 이것 또한 너무나 참이라서, 당신은 이것에 대해 더 이상 의심할 수 없습니다.[59]

---

inconcussum 최소한의 어떤 것"으로, 《방법서설》에서 "나는 사유한다, 그러므로 나는 존재한다"를 "너무나 확고하고 너무나 확실해서si ferme et si assurée, 회의주의자들의 가장 과도한 모든 억측들로 흔들de l'ébranler 수 없는 것"으로 간주했던 반면, 《진리 탐구》에서 "고정되고 부동한 일점"은 의심의 몫이 된다. 그리고 의심에서 정신의 현존은 물론 신에 대한 인식도 추론된다는 주장은 《정신지도규칙》의 "나는 존재한다, 그러므로 신은 존재한다"는 명제, 그리고 〈제3성찰〉 후반에 제시된 '의심하는 정신에 대한 인식과 신에 대한 인식은 동시에 동일한 능력에 의해 행해진다'는 말과 같은 선상에 있을 것이다.
59 이 책, 161쪽.

데카르트는 이때 내가 존재하는 것이 참인 이유는 "내가 존재하지 않는다면 나는 의심할 수 없기 때문"[60]임을 폴리안데르의 입을 통해 말한다. 이것은 《철학의 원리》 제1부 10항에 관해 버만이 문제를 제기했던, "나는 존재한다"는 것은 "사유하는 모든 것은 존재한다"는 대전제에서 연역된 삼단논법의 결론이라는 것과는 거리가 있다.[61] 나의 의심에서 나의 존재를 끌어낸 후, 의심하는 한에서 존재하는 "나의 본질"에 대한 물음으로 곧장 나아간다.

> 당신은 존재하고, 당신은 당신이 존재한다는 것을 알며, 그래서
> 당신은 당신이 의심한다는 것을 알기 때문에 당신이 존재한다는
> 것을 압니다. 그러나 모든 것에 대해 의심하는 당신, 자신에 대해
> 서는 의심할 수 없는 당신, 당신은 무엇입니까?[62]

이는 《성찰》에서 "나는 존재한다, 나는 현존한다"는 명제는 필연적으로 참이라는 사실을 확인한 후 "그 나는 누구인가"를 묻는 것과 다름없다. 그러나 《진리 탐구》에서 의심하는 나의 존재의 정체를 확인하는 과정은 《성찰》의 그것과 비교할 수 없을 만큼 정교하다. 에피스테몬이 말하듯이, "모든 식자들이 늘 경탄해 마지않는 포르피리우스 나무[63]을 직접 끌어들이는 것이 그것을 단적으로 말해준다.

---

60 이 책, 161쪽.
61 AT: V, 147쪽 참조.
62 이 책, 162쪽.
63 이 책, 163쪽.

폴리안데르가 '의심하는 나는 무엇인가'라는 에우독소스의 물음에, 나는 인간이고, 인간은 다양한 지체를 갖고 있고, 영양을 섭취하고, 걷고, 감각하고, 사유하는 것이라고 답하자, 에우독소스는 당신이 의심하는 한에서 본래 무엇인지 나에게 말해보라고 채근한다. 이에 폴리안데르는 물체적인 것들, 그래서 신체에 관련된 모든 것의 실재성은 이미 의심되었기 때문에, 자신의 대답이 잘못되었음을 깨닫는다. 그렇지만 그 오류 덕분에, 의심하는 한에서 존재하는 나는 신체로 불리는 것이 전혀 아님을 깨달았다는 의미에서 그 오류를 '행복한 오류felix error/heureuse erreur'라고 부른다. 그런 다음에야 비로소 에우독소스는 '의심하는 한에서 나는 존재한다'는 것을 '제일원리'로 지칭한다.⁶⁴ 그리고 그 내가 무엇인지를 정확히 곰곰이 재어보면서, "당신이 당신에게 속하지 않는다고 명석하게 지각하는 것을 모두 당신으로부터 떼어놓고 거부하면서, 또 당신이 존재한다는 것 그리고 당신이 의심한다는 것과 동등하게 당신에게 확실하고 당신이 확신할 만큼 필연적으로 당신에게 속하는 것 외에는 아무것도 인정하지"⁶⁵ 말 것을 요구한다.

이후 과정은 《성찰》의 과정과 거의 동일하다. 사유 이외의 것은 모두 신체를 전제하므로 의심하는 나와 분리될 수 있고, 따라서 사유만이 분리될 수 없다는 결론에 도달한다.

내가 예전에 나에게 귀속시켰던 모든 속성들 가운데 고찰할 것이 한 가지 남아 있습니다. 바로 사유입니다. 그리고 나는 이것만이

---

64 이 책, 166쪽 참조.
65 이 책, 170쪽.

나로부터 떼어놓을 수 없는 그런 것임을 발견합니다.[66]

그러나 《성찰》에서는 왜 사유만이 현존하는 나와 떨어질 수 없는 유일한 속성인지에 대해, "나는 존재한다, 나는 현존한다, 확실하다. 그러나 얼마 동안? 물론 내가 사유하는 동안. 왜냐하면 어쩌면, 내가 모든 사유를 그친다면, 나는 그 즉시 존재하기를 완전히 멈추는 일이 생길 수도 있기 때문"[67]이라고만 제시된다. 그러나 《진리 탐구》에서는 그뿐만 아니라 사유와 의심의 관계를 직접 문제 삼는다.

> 만일 내가 의심한다는 것이 참이라면 ─ 이것에 대해 내가 의심할 수 없으므로 ─, 내가 사유한다는 것 또한 동등하게 참이기 때문입니다. 실로, 의심한다는 것이 어떤 특정한 방식으로 사유한다는 것과 다른 어떤 것입니까? 그리고 분명, 만일 내가 전혀 사유하지 않는다면, 나는 내가 의심하는지도, 내가 현존하는지도 알 수 없을 것입니다. 그렇지만 나는 존재하고, 나는 내가 존재한다는 것을 알고, 또 내가 의심하기 때문에, 다시 말해, 따라서 내가 사유하기 때문에, 나는 그것을 압니다. 그리고 심지어 어쩌면, 만일 내가 사유하기를 잠시라도 멈춘다면, 나는 또한 전적으로 존재하기를 멈추는 일이 일어날지도 모릅니다.[68]

---

66 이 책, 172쪽. 〈제2성찰〉에서 다음과 같이 말한다. "사유한다? 이번에 나는 발견한다, 사유이다. 이것만이 나로부터 떼어내divelli질 수 없다."(이 책, 48쪽)

67 이 책, 48쪽.

68 이 책, 172쪽.

데카르트는 여기서 의심과 사유 간의 관계를 통해 나는 사유하는 것임을 보여준다. 내가 의심한다는 것이 사실이라면, 내가 사유한다는 것 역시 사실인 까닭은 의심이 사유의 양태이기 때문이라는 것이다. 다시 말해 의심은 사유 없이 존재할 수도 인식될 수도 없는 반면, 사유는 의심 없이 그것이 가능하다는 것이다. 이것을 근거로 '의심하는 나'에서 '사유하는 나'로, 즉 "나는 의심하는 것ego sum res dubitans"에서 "나는 사유하는 것ego sum res cogitans"으로 순식간에 이행한다. 그러나《성찰》에서는 사유가 나와 분리될 수 없는 유일한 것임을 먼저 확인한 후, 사유하는 것의 양태를 고찰하고, '의심하다'를 다른 양태들과 함께 '사유하다'에 포함시킨다.《진리 탐구》에서 '의심' 혹은 '의심하다'에 대한 강조는 **"나는 의심한다, 그러므로 나는 존재한다** 또는 이것과 같은 것인 **나는 사유한다, 그러므로 나는 존재한다"**[69]고 표현하는 데 그치지 않는다. 그것은 또한 "어떤 이가 자신의 의심을 올바른 방식으로 사용하는 법을 알게 될 경우, 그는 이로부터 극히 확실한 인식들을 연역할 수 있다는 사실, 게다가 심지어 그 인식들은 우리가 (⋯) 이를테면 **하나의 동일한 것이 동시에 존재하면서 존재하지 않는다는 것은 불가능하다**는 대원리 위에 세우는 것들보다 더 확실하고 더 유익하다는 사실을 보는 것에서 시작해야 합니다"[70]라는 에우독소스의 말에서 더욱 명확히 드러난다.

---

69 이 책, 175쪽.
70 이 책, 173쪽.

4. 의식, 경험 그리고 사유

앞에서 밝혔듯이, 《진리 탐구》를 프랑스어로 새롭게 번역한 파이에는 "의식에 대한 데카르트적 발견"을 그의 역서의 부제로 달면서, 편지를 비롯한 데카르트의 글에서 "의식"의 프랑스어 "conscience"가 적어도 스물여섯 번, 그 라틴어 "conscientia"가 십여 번, 그리고 그 형용사 "의식하는"이 스물다섯 번 출현한다는 사실을 확인한다.[71] 그러나 그가 그 부제를 붙인 《진리 탐구》에서 의식과 관련된 용어는 단 한 번 등장한다. 그럼에도 불구하고 그가 그러한 부제를 단 이유는 '의식'이라는 용어가 해당 맥락에서 차지하는 비중과 그 명확성 때문일 것이다.

> 자, 이제 내가 이것에 덧붙이는 것은, 그 자체로가 아닌 다른 어떤 방식으로 그것을 안다는 것은 불가능하고, 자기 고유의 경험 및 각자가 어떤 것을 곰곰이 재어볼 때 자기 안에서 경험하는 의식이나 내적 증언을 통해서가 아닌 다른 식으로 그것에 대해 확신하는 것은 불가능하다는 것입니다. 그래서 아무것도 보지 못하는 자가 흰색이 무엇인지를 이해하도록 우리가 흰색이 무엇인지를 정의하는 일은 헛된 일입니다. 우리가 그것을 알기 위해서는 눈을 뜨고 흰색을 보아야 하는 것처럼, 의심이 무엇인지 사유가 무엇인지를 인식하기 위해서는 그저 의심해야 하고 사유해야 합니다. 이것은 우리에게 그것에 대해 알 수 있는 모든 것을 알려줍니다. 게다

---

71 파이에, 47쪽 참조.

가 이것은 극히 정확한 정의들보다 더 많은 것을 설명해줍니다.[72]

　이것은 "나는 의심한다, 혹은 사유한다, 그러므로 나는 현존한다"는 사실을 알기 위해서는 '의심', '사유' 그리고 '현존'이 무엇인지를 이미 알고 있어야 한다는 에피스테몬의 반박에 대한 에우독소스의 대답으로, 단순개념들은 논리적 정의가 아니라 "자기 안에서 경험하는 의식 혹은 내적 증언"에 의한 알려진다는 데카르트의 주장이다. 이와 유사한 주장이 《철학의 원리》 제1부 10항에서 제시되기는 하지만, 그것들이 무엇인지를 어떻게 알 수 있는지에 대해서는 설명하지 않는다. 따라서 그곳에서 '의식'과 같은 용어는 등장하지 않는다.

　그리고 데카르트가 프랑스어든 라틴어든 '의식' 혹은 '의식하다esse conscius'라는 용어를 수십 번 사용한다고 해도, 그 대부분은 편지글이나 〈성찰, 학자들의 반박과 데카르트의 답변〉에 등장한다. 다시 말해, 자의적으로가 아니라 편지 상대나 반박 상대에 부응해서 사용한다는 것이다. 그래서 어쩌면 그 스스로 이 용어의 사용을 가급적 절제했을지도 모른다는 것은 사후 출간된 《정신지도규칙》에서 그 용어가 단 한 번 등장한다는 것은 접어두더라도[73], 생전에 출간된 《방법서설》에서도 단 한 번, 그것도 인식적 의미가 아니라 도

72　이 책, 176~177쪽.

73　데카르트는 제4규칙에서 다음과 같이 말한다. "나의 약함을 의식하면서……"(이현복, 135쪽)

덕적 의미로, 즉 '양심'의 의미로 등장한다는 사실에서,[74] 그리고 인식적 의미로는 《성찰》에서 한 번, 《철학의 원리》에서 세 번 등장한다는 사실에서 확인될 수 있다. 그런데 문제는 데카르트가 《성찰》과 《철학의 원리》에서뿐만 아니라, 편지들 그리고 〈성찰, 학자들의 반박과 데카르트의 답변〉에서도 인식적 의미로 사용하는 '의식'이 의미하는 바가 무엇인지 전혀 밝히지 않았다는 점이다. 이 때문에 '의식(하다)'라는 개념의 해명작업이 몇몇 연구자들에 의해 전개되었다. 여기서는 그 개념이 《진리 탐구》 이외의 텍스트에서 사용된 곳을 추적하면서 저자가 그것에 부여한 의미를 추정할 것이다.

가장 먼저 살필 것은 《성찰》이다. 여기서 이 문제의 용어는 단 한 문장에서 단 한 번만 사용되지만, 이 용어와 관련해 〈성찰, 학자들의 반박과 데카르트의 답변〉 그리고 이에 대한 버만과 데카르트의 대화에서 다루어지는 것은 거의 모두 저 문장과 연관되어 있다. 그것은 다름 아닌 〈제3성찰〉에서 전개된 신 존재 증명의 논거들 가운데 하나로 제시된 문장이다.

> 그래서 나는 이제, 지금 존재하는 이 나, 이 나를 조금 후에도 존재하게끔 할 수 있는 어떤 힘aliquam vim을 내가 갖고 있는지를 나 자신에게 물어야 한다. 왜냐하면 나는 사유하는 것과 다름없으므로, 혹은 적어도 지금은 바로 사유하는 것이라는 나의 그 부분만을 다

---

74 《방법서설》 제3부에서 '둘째 준칙'을 제시할 때 다음과 같이 말한다. "그리고 이 준칙은 그때부터, 계속 오락가락하며 나중에는 나쁘다고 판단할 것을 좋은 것으로 실천하려드는 그런 약하고 흔들리는 정신들의 양심consience을 휘젓곤 하는 모든 후회와 가책에서 나를 해방시킬 수 있었다."(이현복, 46-47쪽)

루고 있으므로, 만일 그러한 힘vis이 내 안에 있다면, 나는 의심의 여지 없이 그 힘을 의식할conscius essem 것이기 때문이다. 그러나 그리고 나는 내 안에 그러한 힘이 전혀 없다는 것을 경험experior하며, 바로 이것으로부터 나는 내가 나와 상이한 어떤 존재자에 의존한다는 것을 극히 명증하게 인식한다.[75]

이 대목은, 나의 현존을 지속시키는 힘이 내 안에 있다면, 내가 사유하는 것인 한, 나는 그 힘을 의식했을 것인데, 하지만 나는 그 힘을 의식하지 못하며, 그러므로 그 힘은 나와 다른 존재자에게서, 결국 신에게서 비롯되어야 하고, 따라서 신은 현존한다는 논증의 핵심에 해당한다. 여기서 주목할 것은, 데카르트가 "내 안에서 그 힘을 의식할 것이다"에 이어 "내 안에 그 힘이 없다는 것을 경험한다"를 말한다는 점, 즉 '의식하다conscii esse'와 '경험하다experiri'를 동의어로 사용한다는 점이고, 따라서 '의식'을 모종의 '경험'으로 간주한다는 점이다.

"내 안에 그런 힘이 있다면, 내가 사유하는 것인 한, 나는 그 힘을 의식한다"는 데카르트의 주장에 대해, '제4반박'의 저자인 아르노는 다음과 같이 반론한다.

존경하는 이가 확실하다고 주장하는 것, 즉 '그가 사유하는 것인 한, 그가 의식하지 못하는 것은 그 자신 안에 아무것도 있을 수 없다'는 것은 나에게 거짓으로 보인다. 왜냐하면 그가 사유하는 것

---

75 이 책, 76쪽.

인 한, 그는 자신을 통해서 자기의 정신, 이것이 신체와 구분되는 한, 이외에는 아무것도 이해하지 못하기 때문이다. 그러나 정신이 의식하지 못하는 많은 것들이 정신 안에 있다는 것을 알지 못하는 자가 있단 말인가? 엄마 배 속에 있는 태아도 사유하는 힘vim cogitandi을 갖고 있다. 그러나 태아는 이것을 의식하지 못한다.[76]

이에 대해 데카르트는 "정신이 사유하는 것인 한, 정신이 사유하지 못하는 것은 정신 안에 아무것도 없다는 것"을 그 자체로 알려지는per se notum 것, 즉 일종의 '공통개념' 혹은 '공리'로 못 박는다. 그러나 한발 물러나 다음과 같이 말한다.

유의해야 할 것은, 우리는 분명 우리 정신의 활동들 혹은 작용들actuum, sive operatio을 항상 현행적으로semper actu 의식하지만, 능력 혹은 잠재력facultatum, svie potentiarum을, 잠재적으로potentia가 아니라면, 항상 현행적으로 의식하는 것은 아니라는 점이다. 그래서 우리가 어떤 능력을 실행하고자 할 때, 만일 그 능력이 정신 안에 있다면, 우리는 즉시statim 그것을 현행적으로 의식한다. 이 때문에 우리가 그것을 의식할 수 없다면, 우리는 그것이 정신 안에 있다는 것을 부정할 수 있다.[77]

이는 곧 살필 것이지만, 사유들cogitationes 혹은 사유 양태들modi cogitandi인 사유작용들 혹은 사유 활동들은 "항상 현행적으로 의식

[76] AT: VII, 214쪽.
[77] AT: VII, 246쪽.

되는" 반면, 사유능력들facultas sive potentia은 원칙적으로는 "가능적으로만 의식된다"는 것, 그러나 우리가 그것들을 실행할 수 있을 때는 "즉시 현행적으로 의식된다"는 것이다.[78]

'의식하다'의 정체가 보다 간결하게 드러나는 곳은 그의 명민한 추종자인 버만과의 대화에서일 것이다. 버만은 아르노의 반박에 대한 데카르트의 응답, 즉 "정신이 사유하는 것인 한, 정신이 의식하지 못하는 것은 정신 안에 아무것도 없다는 것은 그 자체로 알려진다"는 것을 문제 삼는다. 그는 이때 '의식하다'와 '사유하다'가 같은 것conscium esse sit cogitare이라는 전제하에 데카르트에게 질문한다. 이에 대해 데카르트는 "의식한다는 것은 사유한다는 것 그리고 자신의 사유에 대해 반성한다는 것이기는 하지만conscium esse est quidem cogitare et reflectere supra suam cogitationem"이라고 말하면서, 또 "영혼은 자신의 사유들을 반성한다, 그리고 이렇게 자신의 사유들을 의식한다cogitationes suas reflectere, et sic cogitationis suae conscia esse"고 말하면서, '의식하다'를 '반성하다'와 관련짓는다. 그리고 "'의식하다'는 '사유하다'이다"라는 버만의 말을 "'의식하다'는 '사유하다'이다, 그리고 '그 사유들에 대해 반성하다'이다"로 수정한다. 이는 '의식하다'는 '사유하다'이기는 하지만, '사유하다 일반'과는 구별되는 고유성을 가진다는 것, 즉 정신의 의식(하다)은 정신의 사유들을 대상으로 한다는 것이다.

〈제3성찰〉의 문제의 문장과 이것을 둘러싼 문답에서 확인할 수 있

78　아르노가 과연 이 답변에 만족했을지는 의문이다. 〈제3성찰〉에서는 지속적으로 현존하는 '힘vis', 즉 보존력이 문제가 되었고, 아르노 또한 '사유하는 힘vis cogitandi'을 거론했음에도, 데카르트는 '힘'이 아니라 '작용 혹은 활동'과 '능력'을 내세우고, 이 양자의 인식론적 지위를 구분하면서 답하기 때문이다. 그래서 어쩌면 아르노는 데카르트가 의도적으로 논점을 회피하는 것으로 여겼을지도 모른다.

는 것은, '의식(하다)'은 정신의 반성적 경험이라는 것, 그리고 정신은 사유 활동들을 항상 현행적으로 의식한다는 것이다. 데카르트는 이러한 입장을 '제2반박과 답변'에서 '사유'를 정의할 때 분명히 한다.

> **사유**라는 이름으로 나는 우리가 직접적으로 의식할 만큼 우리 안에 있는 모든 것을 포괄한다. 그래서 의지, 지성, 상상력 및 감각의 활동들 모두가 사유들이다.[79]

그렇다면 '사유들'은 두 가지 조건을 수반한다. 하나는 '정신 안에 있는 것', 다른 하나는 '정신이 직접적으로 의식하는 것'이다. 데카르트는 이때 '직접적으로'라는 말을 부가한 이유에 대해, 사유들을 '자발적 운동과 같이 사유를 기원으로 갖는 것' 혹은 '사유들로부터 생기는 것'과 구별하기 위함이었다고 말한다. 마찬가지로 《철학의 원리》 제1부 9항에서도 '의식(하다)' 개념을 통해 '사유'를 정의한다.

> 사유라는 이름으로 내가 이해하는 바는, 모든 것, 즉 우리 안에 그것에 대한 의식이 있는 한에서, 우리 안에서 우리에게 의식되는 모든 것이다. 여기서 '이해하다', '의지하다', '상상하다'뿐만 아니라 '감각하다' 또한 '사유하다'와 동일한 것이다.

이때 무엇보다 눈에 띄는 것은, '제2반박과 답변'에서와는 달리,

---

79 이 책, 127쪽.

'의식하는conscius'이라는 형용사와 더불어 '의식conscientia'이라는 명사가 사용된다는 점이다. 아마도 이는 '감각(하다)'이 '사유(하다)'와 다른 것이 아님을 강조하기 위함이었을 것이다. 이 때문에 데카르트는 사유를 그렇게 정의한 다음, "신체에 의해 수행되는 봄"과 "오직 본다는 것을 감각하는, 즉 사유하는 정신"과 관련되는 "보는 감각 자체 즉 의식ipsus sensus sive conscientia videndi"을 구분했을 것이고, 또한 그래서 '감각하다'는 '사유하다'와 동일하다고 말하는 것뿐만 아니라 '감각(그 자체)'와 '의식'을 동의어sive로 사용했을 것이다.[80]

그러므로 지금까지 살폈듯이, '의식(하다)'은 '사유들' 혹은 '사유 작용들' 혹은 '사유 양태들'에 대한 반성적인(반성적으로) 혹은 직접적인(직접적으로) 사유(하다), 경험(하다)일 것이다. 그러나《철학의 원리》에서 의식의 대상은 사유 활동이나 능력에 국한되지 않는

---

80 이 두 정의에서 데카르트의 방점은 "사유는 우리 안에서 직접적으로 의식되는 것"이라는 정의항에 있다기보다는, 오히려 의지, 이해, 지성, 감각 등의 작용들이 사유들 혹은 사유 양태들임을 가리키는 데 있어 보인다. 〈제2성찰〉에서 해당 논증은 나는 필연적으로 현존하고, 그 나는 오직 사유하는 것이며, 이 사유하는 것은 의심하는 것, 이해하는 것, 긍정하는 것, 부정하는 것만이 아니라 또한 상상하는 것, 감각하는 것임을 밝히는 순서로 길게 진행되는 반면, '제2반박과 답변'과《철학의 원리》에서는 오직 이 두 정의만으로 그러한 작용들이 사유들과 다름없다는 것을 보여주어야 했기 때문이다. 이뿐만 아니라《성찰》에서 어떻게 해서 상상하는 힘과 감각하는 힘이 사유의 양태들일 수 있는지를 설명하는 데 적지 않은 시간을 할애했다는 점을 고려한다면, 비록 '제2반박과 답변'에서는 언급되지 않았지만,《철학의 원리》에서 감각작용이 — 상상작용은 제쳐두고 그것만이라도 — 어떤 의미에서 사유의 양태에 포함될 수 있는지를 밝히고 싶었을 것이고, 이 때문에 '제2반박과 답변'에서는 "직접적으로"라는 용어로 시각작용이 "신체에 의해 수행되는 봄"과 다른 것임을 보여주려 했을 것이다. 이런 점에서 〈제2성찰〉에서처럼 상상작용과 감각작용이 사유에 포함될 수 있음을 자세히 논의했지만, 사유에 대한 두 정의에서는 "직접적으로 우리에게 의식되는 한에서", "우리 안에 그것에 대한 의식이 있는 한에서"라는 정의항으로 그것을 갈음했을 것으로 보인다.

다. 〈제3성찰〉에서 정신의 보존력이 의식의 대상에 포함되었듯이, 《철학의 원리》 제1부에서 '의식(하다)'라는 용어는 앞서 검토했던 9항 이외에 두 번 등장하는바, 이때 의식의 대상은 모두 그것과 무관하다. 첫 번째는 41항에서다.

> 그 때문에 우리는 신이 그런 힘을 가지고 있다는 것을 명석판명하게 지각할 정도로 그 힘과 충분히 마주치지만, 그가 어떤 식으로 인간의 자유로운 행위를 결정하지 않은 채 놓아두었는지를 알 수 있을 정도로 그 힘을 파악하지 못한다. 그러나 우리는 우리 안에 있는 자유와 미결정성libertatis & indifferentiae, quae in nobis est을 그보다 더 명백하고 더 완전하게 파악할 수 있는 것은 아무것도 없을 정도로 의식한다conscios esse. 본성상 우리가 파악할 수 없는 어떤 하나를 우리가 파악하지 못한다는 이유로, 우리가 긴밀히 파악intime comprehendimus하고, 우리 자신에게서 경험하는apud nosmet ipsos experimur 다른 것들에 대해 의심한다는 것은 불합리한 일일 것이다.

이것은 〈제3성찰〉의 것과 매우 유사하다. "우리는 우리 안에 있는 자유와 미결정성을 의식한다"는 것은 적어도 "우리는 그것들을 우리 자신에게서 경험한다"는 것과 다르지 않기 때문이다. 그러나 이때 그 의식 혹은 그 경험의 대상은 사유의 양태들로서 사유들이 아니라 의지의 자유와 미결정성이다.[81]

---

[81]   데카르트는 《철학의 원리》 제1부 6항에서도, "그럼에도 불구하고 우리는, 전적으로 확실치 않고 확인되지 않는 것들을 믿는 것을 삼갈 수 있을 만큼 자유롭다는 것을 우리 안에서 경험한다in nobis experimur"고 말한다.

두 번째는 66항에서다. 데카르트는 여기서 "우리가 명석하게 지각할 수 있는 것들 가운데 남아 있는 것이 감각, 정념 그리고 욕구인데, 우리 지각 안에 포함되어 있는 것, 그리고 우리가 긴밀히 의식하는intime conscii sumus 것 외에 우리가 그것들에 대해 더 많은 것을 판단하지 않도록 세심히 조심한다면, 우리는 그것들을 명석하게 지각할 수 있다"고 말한다. '우리가 긴밀히intime 의식하는 것'이 41항의 "우리가 긴밀히 파악하는 것"과 '제2반박과 답변'에서 "우리가 직접적으로 의식하는 것"이 일종의 친밀성affinity을 가진다면, "긴밀히"는 '제2반박과 답변'에서 강조한 "직접적으로immediate"와 교환 가능한 개념으로 간주할 수 있을 것이다. 또한 무엇보다 주목할 것은, '사유 양태들로서 사유들'뿐만 아니라, 감각, 정념, 욕구와 같은 '감각들' 역시 의식의 대상에 포함된다는 점이다. 데카르트는 이것을 48항에서 보다 구체적이고 명시적으로 말한다.

저자는 48항에서 '우리 지각 안에 포함되는 모든 것'을 열거한다. 그것은 세 가지로 대별된다. '사물res', '사물의 상태들affectiones rerum' 그리고 '영원한 진리들eternas veritates'이다. '사물의 상태들'에 대해 이렇게 말한다.

그리고 우리가 우리 안에서 경험하는in nobis experimur 다른 어떤 것들이 있는데, 이것들은 정신과 관련된 것도, 심지어 신체와만 관련된 것도 아니다. 그것들은 정신과 신체의 밀접하고 긴밀한 결합으로부터 유래하는 것들로, (…) 식욕, 갈증 등이 그러한 것들이다. 동요나 영혼의 격정은 분노, 쾌활, 슬픔, 사랑 등으로의 동요와 마찬가지로 사유에만in sola cogitatione 존립하는 것이 아니다. 끝으로, 통증, 간지러움, 빛과 색, 소리, 향기, 맛, 따뜻함, 딱딱함 및 다른 촉각적 성질들도 그러한 것들이다.

　정신과 신체의 결합에서 비롯되는 이 감각들은 66항에서 제시된
것과 같은 것이다. 그런데 이것들은 66항에서 "우리가 긴밀히 의식
하는 것"으로, 여기서는 "우리가 우리 안에서 경험하는 것"으로 간
주한다. 그리고 정신과 신체의 '합성체인 나'로부터 유래하는 감각
들을 혼동된confusas 사유 양태들 혹은 사유들로, 반면 '사유하는 본
성인 나'로부터 유래하는 사유 활동들을 순수한puras 사유 양태들
혹은 사유들로 부른다는 점에서,**82** 순수한 것이든 혼동된 것이든
사유의 양태들은 모두 의식의 대상, 달리 말해 정신의 반성적, 직접
적, 긴밀한 경험의 대상이다.

　그러나 정신이 의식하는 것은 이것만이 아니다.《철학의 원리》
제2부 2항에 따르면, "정신은 고통 및 다른 감각들이 그 자신만으
로부터 유래하는 것이 아님을, 또 그것들이, 정신이 사유하는 것이
라는 사실만으로부터가 아니라 인간 신체로 불리는 연장되고 움직
이는 어떤 물체와 결합되어 있다는 사실로부터, 자신에게 속할 수
있음을 의식한다est conscia." 또한 '1643년 6월 28일 엘리자베스에게

82　데카르트는 〈제6성찰〉에서, "왜냐하면 확실히 갈증, 허기, 고통 등의 이 감각들
은 신체와 정신의 합일 그리고 흡사 혼합에서 발생하는 어떤 혼동된 사유 양태들confusi
quidam modi cogitandi과 다름없기 때문이다"(이 책, 114쪽), 그리고《철학의 원리》제4
부, 190항에서, "단지 정념 혹은 영혼의 격정인 한에서, 다시 말해 정신만이 가질 수 없
고, 자신과 아주 긴밀하게 결합해 있는 신체가 어떤 것을 겪기 때문에만 가질 수 있는 어
떤 혼동된 사유들confusae quaedam cogitationes인 한에서 사랑이나 미움이나 두려움이나
분노 등의 다양한 정념들", 나아가 '1642년 1월에 레기우스에게 보낸 편지'에서, "고통과
같은 감각들은 신체와 구분된 정신의 순수한 사유들puras cogitationes이 아니라 신체와
실제로 결합된 정신의 혼동된confusas 사유들이다"(AT: III, 493쪽)라고 말한다.

보낸 편지'에서, "각자는 철학함이 없이 자기 자신에서 항상 그 합일unio을 경험한다. 즉, 각자는 신체와 사유를 함께 갖고 있는— 이 사유가 신체를 움직일 수 있고, 신체 안에서 일어나는 것들을 느낄 sentir 수 있는 그러한 본성인— 하나의 인간임을 경험eprouver한다"[83] 고 말한다. 나아가 앞서 인용한 '아르노에게 보낸 편지'에서는, "우리는 정신이 동물정기를 이런저런 신경들에게 들여보내는 방식을 의식하지 못하지만, (…) 우리는 정신이 신경들을 움직이는 모든 활동들을, 이런 활동들이 정신 안에 있는 한에서, 의식한다"[84], "정신은 정신과 신체와의 합일을 분명히 의식한다"[85]고 말한다. 그러므로 데카르트에서 의식은 그저 사유의 양태들만을 돌아보는 사유만이 아니다. 오히려 그것은 정신이 정신 '안에' 있는 모든 것을 '반성적으로', '직접적으로', '긴밀히' 혹은—《진리 탐구》에서 "각자가 자기 안에서 경험하는 '내적interno' 증언을 고려한다면— '내적으로' '경험하는', '사유하는', '지각하는', '느끼는(감각하는)' 활동으로 규정될 수 있을 것이다.[86] 이런 이유에서 데카르트는 의식을 사

---

83 AT: III, 694쪽.

84 AT: V, 221~222쪽.

85 AT: V, 222쪽.

86 데카르트가 《성찰》의 다른 곳은 물론 다른 글들에서도 '의식하다'를 '경험하다'(극히 드물게, '느끼다')로 사용하고 있지만, 이것이 보다 명시적으로 나타나는 곳이 앞서 인용한 《진리 탐구》의 문구이다. 거기서 "자기 고유의 경험", "자기 자신 안에서 경험하는(불어판에서는 '발견하는') 의식이나 내적 증언"은 같은 것을 지칭하고 있음은 분명하다. 또한 "내 부족함을 의식하는tenuitatis meae conscius"이라는 표현이 한 번 등장하는 《정신지도규칙》에서, 단순본성들naturas simplices은 "다른 어떤 것에 의존해서가 아니라, 경험 자체 안에서in ipsis experimentis 혹은 우리 안에 타고난 빛에 의해lumine quodam in nobis insito 가장 먼저 그리고 그 자체로 직관"된다고 말한다.

유, 지각과 동의어로 간주했을 것이다.[87]

그런데, 데카르트의 의식개념을 정신이 자신 안에서 일어나는 모든 것을 경험하는 하나의 사유작용을 지칭하는 기술적 용어로 이해한다면, 그 의식은 '사유'와 다른 어떤 것인가? 그렇게 생각되지는 않는다. 사유만이 정신의 본성을 구성한다는 점에서, '사유 양태들로서의 사유'가 아니라 '사유하는 본성으로서 사유를 전제로 하지 않는 혹은 그것으로부터 유래하지 않는[88] 어떠한 사유 활동도 있을 수 없기 때문이다. 그렇다면 그것은 무엇인가라고 묻는다면, 아마도 데카르트가《진리 탐구》에서 "실로, 의심한다는 것이 어떤 특정한 방식으로 사유한다는 것과 다른 어떤 것입니까? 그리고 분명, 만일 내가 전혀 사유하지 않는다면, 나는 내가 의심하는지 (…) 알 수 없을 것"이라고 말한 것과 유사하게, 이때 역시 "의식한다는 것이 어떤 특정한 방식으로 사유한다는 것과 다른 것입니까? 만일 내가 사유하지 않는다면, 나는 의식하지 않을 것입니다"라고

---

87 데카르트는 제3반박에 대한 답변에서 사유, 지각 그리고 의식cogitatio, sive perceptio, sive conscientia(AT: VII, 176쪽)을 동의어로 사용한다. 그리고 '1642년 1월 19일 지비외프에게 프랑스어로 쓴 편지'에서 "나의 고유한 사유 혹은 의식ma propre pensee ou conscience"(AT: III, 474쪽)이라는 표현을 사용하면서 사유와 의식을 같은 반열에 놓는다. 아마도 이 때문에 질송(E. Gilson, *Discours de la Methode*, commentaire, Paris 1947, 293쪽 참조), 라포르트(J. Laporte, *Le Rationalism de Descartes*, Paris 1950, 78쪽 참조)뿐만 아니라, 알키에(알키에, 586쪽, 주 1. 참조)도 이 두 개념을 동의어로 여겼을 것이다.

88 《철학의 원리》제1부 63항에서 "정신의 본성을 구성하는 사유" 혹은 "사유하는 본성으로서 사유cogitatio qua natura cogitans"를, 64항에서 "정신의 양태인 사유" 혹은 "사유 양태들로서 사유cogitatio qua modi cogitandi"를 다루면서 이 둘을 구별함과 동시에 그 관계를 설명한다. 그리고 '1648년 아르노에게 보낸 편지'에서, "내가 이해하는 사유는 모든 사유 양태들을 포함하는 보편적인 어떤 것universale quid이 아니라, 그 모든 것을 받아들이는recipit 특수한 본성naturam particularem이다"(AT: V, 221쪽)라고 말한다.

답할 것으로 보인다. 그러나 그래서 의식 활동은 정신이 '자기' 안에서 일어나는 것을 '돌아보는' 반성적 사유라는 점에서 정신의 다른 양태들과 차이가 있을 것이고, 또 이 점에서 정신의 내적 자기경험으로서 의식작용은 그 대상과 '직접적'이고 '긴밀한' 관계를 가질 것이며, 나아가 바로 이런 의미에서 데카르트에서 의식적 앎은 대상적 인식과는 달리 원칙적으로 오류 불가능infallible할 것이다.

　　그리고 데카르트의 의식개념은 그 이후 철학에 적지 않은 영향을 주었을 것이다. "그러나 그럼에도 불구하고 우리는 우리가 영원하다는 것을 느끼고 경험한다"(스피노자, 《에티카》, 제5부, 정리 23, 주석)는 스피노자의 문장, "우리는 어떤 물체가 많은 방식으로 자극된다는 것을 느낀다"(《에티카》, 제2부, 공리 4)는 문장 등에서 "느끼다sentire", "경험하다experiri"는 데카르트의 "의식하다"와 결코 무관하지 않을 것이다. 또한 "우리가 의식하는being conscious of, 우리 자신 안에서 발견하는observing in ourselves 지각, 사유, 의심, 믿음, 추리, 앎, 의지 및 다른 모든 우리 자신의 정신 활동들"(존 로크, 《인간지성론An Essay Concerning Human Understanding》, 제2권, 제1장 4항), "사유thinking와 분리 불가능한 의식consciousness"(《인간지성론》, 제2권, 제27장 11항), 그리고 무엇보다도 "내가 의심한다는 것을 안다면, 나는 의심하는 것의 현존에 대한 확실한 지각을 가진다. (…) 경험experience은 우리로 하여금 우리가 우리 자신의 현존에 대한 직관적 지식을 가진다는 것, 그리고 우리가 존재한다는 오류 불가능한 내적 지각an internal infallible perception을 가진다는 것을 확신시킨다. 감각, 추리 혹은 사유의 모든 활동에서 우리는 우리 스스로 우리의 존재를 의식한다are conscious to ourselves of our being"(《인간지성론》, 제4권, 제9장 3항)라는 로크의 표현은 데카르트의 의식개념과 밀접한 관계를 가질 것이다. 나아가 "외적 사물들을 재현하는 모나드의 내적 상태인 지각perception, 그리고 이 내적 상태에 대한 의식conscience 혹은 반성적 인식connaissance reflexive인 통각apperception"(라이프니츠, 《단자론Monadologia》, 9항)을 구별하면서, "사유하는 것인 한, 정신이 의식하지 못하는 것은 정신 안에 아무것도 없다"는 것을 "데카르트의 오류"로 지적하는 라이프니츠의 입장은 데카르트의 의식개념과 정면으로 충돌한다.

5. 나가는 말

《진리 탐구》는 데카르트의 저서들 가운데 대화체로 작성된 유일한 텍스트다. 데카르트는 여기서 자신이 추구하는 철학의 이념과 방법을 과감하고 가능한 한 쉽게 설명함과 동시에, 그가 그토록 강조했던 선입견에서 자유로운, 그래서 건전한 인간이 강단의 방법이 아닌 새로운 방법으로 새로운 진리를 발견하게 되는 여정을 묘사한다. 여기서 자신의 입장을 대변하는 에우독소스, 스콜라철학을 지지하는 에피스테몬, 일자무식의 건전한 정신 폴리안데르라는 세 등장인물을 통해 회의주의를 극복함과 동시에 아리스토-스콜라철학을 넘어 새로운 시대에 걸맞은 새로운 학문의 출발을 유감없이 선언한다. 그러나 그가 《진리 탐구》의 본문에서 약속한 보편학문의 기획에도 불구하고 우리에게 주어진 텍스트는 고작 '의심'과 코기토 명제에 관한 것뿐이다. 그는 이때 하늘에서 내리는 은총의 빛을 통해서가 아니라 유한한 정신이 타고난 '자연의 빛'에 의해 인식 가능한 모든 것에 대한 확실한 지식을 획득할 수 있다는 것, 그 모든 지식은 "나는 의심한다 즉 사유한다, 그러므로 나는 현존한다"는 최초의 지식 혹은 제일원리에서 연역된다는 것, 제일원리는 '나의 의심' 안에서 정초된다는 것, '나의 의심의 확실성'은 다름 아닌 '의식' 혹은 '내적 경험'에서 확보된다는 것을 폴리안데르와의 대화를 통해 일상적인 어법으로 간결하면서도 설득력 있게 제시한다.

나는 이 글에서 자연의 빛, 의심 그리고 의식개념을 통해 《진리 탐구》가 데카르트의 철학 혹은 저작에서 차지하는 위상이 결코 낮지 않음을 보여주려고 했다. 강단철학이나 종교에 의존함이 없이 자연의 빛만을 가지고도 인간 정신에게 열린 진리의 탐구가 충분히 가능하다는 그의 끊임없는 확신이 그 제목에 단적으로 드러나 있음을 주목했다. 그리고 데카르트적 의심이 코기토 명제가 정립되는 과정에서 그 어떤 저작들에서보다 큰 비중을 차지하고 있을 뿐만 아니라 반복적인 어투로 강조되고 있음을 확인했다. 나아가 《진리 탐구》에서 의식이라는 용어가 그저 한 번 등장하지만, 핵심 대목에서 너무나 또렷이 제 몫을 다하고 있음을, 또한 그것이 데카르트의 다른 인식론적 텍스트에서 암암리에 주된 역할을 수행하고 있음을 지적했다. 그리고 이와 같은 개념들에 대한 비교검토가 어쩌면 그동안 형식과 내용을 근거로 추정된 이 문제작의 집필 연도에 관한 논쟁에서, 즉 구이에H. Gouhier, 카시러E. Cassirer 등은 1647년 즈음으로, 로자코노E. Lojacono는 《방법서설》 출판 이전인 1633~1634년으로, 파이에는 정확한 연도를 제시하는 대신 1630년대, 즉 1631~1639년으로 판단하는 상황에서 그 집필 연도 추정에 모종의 가이드라인을 제시할 수 있을지도 모른다는 점을 고려했다.

르네 데카르트 저, 최명관 역저, 《방법서설·성찰·데까르뜨연구》, 서광사, 1983.

_____, 양진호 역, 《성찰》, 책세상, 2011.

_____, 원석영 역, 《성찰 1》, 나남, 2012.

René Descartes, le duc de Luynes (tr.), *Les Méditations métaphysiques*, AT: IX-1, Librairie Philosophique J. VRIN, 1982.

_____, M. Beyssade (Présent. et tr.), *Méditations métaphysiques*, Le Livre de Poche, 1990.

_____, F. Alquié (éd.), *Œuvres philosophiques de Descartes*, II/III, Éditions Garnier, 1967/1973.

_____, A. Buchenau (tr.), *Meditationen mit den sämtlichen Einwänden und Erwiderungen*, Felix Meiner Verlag, 1972.

_____, A. Buchenau (tr.), *Die Prinzipien der Philosophie. Mit Anhang: Bemerkungen René Descartes' über ein gewisses in den Niederlanden gegen Ende 1647 gedrucktes Programm*, Felix Meiner Verlag, 1965.

_____, J. Cottingham (tr.), *The Philosophical Writings of Descartes*, vol. 1/2, Cambridge University Press, 1984.

_____, E. Faye (tr. et notes), *La Recherche de la Vérité par la lumière naturelle*, Le Livre de Poche, 2010.

_____, M. Savini (revus), *La Recherche de la Vérité par la lumière naturelle*, Quadrige/PUF, 2009.

_____, G. Schmidt (tr.), *Die Suche nach Wahrheit durch das natürliche Licht*, Königshausen & Neumann, 1989.

ルネ デカルト 著, 三木 清 譯,《省察: 神の存在´及び人間の霊魂と肉体との区別を論証する´第一哲学についての》, 岩波文庫, 1949.

옮긴이 이현복

오스트리아 인스부르크대학교 철학박사. 독일 괴팅겐대학교 및 베를린 공과대학 철학과 객원교수. 현재 한양대학교 철학과 교수. 저서로는《Der Begriff der Natur in der Cartesianischen Philosophie》(Innsbruck, 1990),《인간 본성에 관한 철학 이야기》(공저, 2007),《확신과 불신: 소크라테스의 변론 입문》(2018)이 있으며, 역서로는《포스트모던적 조건》(1992),《지식인의 종언》(1993),《방법서설·정신지도규칙》(2022)이 이 있다. 주요 논문으로는 〈자연의 빛과 자연적 본능〉,〈근대 철학에 있어 본유원리에 대한 논쟁〉,〈데카르트의 형이상학은 신의 현존과 영혼의 불멸성을 증명하는가〉,〈스피노자의 자유의 윤리학에서 미신의 위상〉,〈데카르트 철학에서 '자연의 빛에 의한 진리 탐구'의 위상〉 등이 있다.

제일철학에 관한 성찰
자연의 빛에 의한 진리 탐구 | 프로그램에 대한 주석

제 1 판	1쇄 발행	1997년 9월 30일
제 1 판	18쇄 발행	2017년 10월 10일
개정증보판 1쇄 발행		2021년 4월 9일
개정증보판 4쇄 발행		2024년 5월 1일

지은이	르네 데카르트
옮긴이	이현복
펴낸곳	(주)문예출판사
펴낸이	전준배
출판등록	2004.02.11. 제 2013-000357호
	(1966.12.2. 제 1-134호)
주소	04001 서울시 마포구 월드컵북로 21
전화	393-5681
팩스	393-5685
홈페이지	www.moonye.com
블로그	blog.naver.com/imoonye
페이스북	www.facebook.com/moonyepublishing
이메일	info@moonye.com
ISBN	978-89-310-2203-2 03160

잘못 만든 책은 구입하신 서점에서 바꿔드립니다.

♣문예출판사® 　상표등록 제 40-0833187호, 제 41-0200044호